普通高等院校“十三五”规划教材·工商管理类

管理学

厉　伟　胡兴球　杨恺钧　凌　斌
贾　琼　蒋　瑞　蔡成喜　邓玉林　　编著
奚红华　臧德霞

南京大学出版社

图书在版编目(CIP)数据

管理学/ 厉伟等编著. 一南京 ：南京大学出版社，2017.1(2021.8 重印)

ISBN 978 - 7 - 305 - 18141 - 2

Ⅰ. ①管… Ⅱ. ①厉… Ⅲ. ①管理学一高等学校一教材 Ⅳ. ①C93

中国版本图书馆 CIP 数据核字(2017)第 011631 号

出版发行 南京大学出版社
社　　址 南京市汉口路 22 号　　邮　　编 210093
出 版 人 金鑫荣

书　　名 管理学
编　　著 厉 伟 胡兴球 杨恺钧等
责任编辑 张建霞 尤 佳　　编辑热线 025 - 83592123

照　　排 南京开卷文化传媒有限公司
印　　刷 广东虎彩云印刷有限公司
开　　本 787×1092 1/16 印张 23 字数 574 千
版　　次 2017 年 1 月第 1 版 2021 年 8 月第 4 次印刷
ISBN 978 - 7 - 305 - 18141 - 2
定　　价 56.00 元

网　　址：http://www.njupco.com
官方微博：http://weibo.com/njupco
官方微信号：njupress
销售咨询热线：(025)83594756

序　言

现代社会中，管理活动无时不在，无处不在。不管人们从事何种职业，都在参与管理：或管理国家，或管理组织，或管理家庭，或管理自身。《礼记·大学》曾言，“古之欲明德于天下者，先治其国；欲治其国者，先齐其家；欲齐其家者，先修其身……。”国家的兴衰、组织的成败、家庭是否幸福、个人价值能否实现，无不与管理是否得当有着重要的关系。

管理活动是推动社会发展和进步的重要力量。管理大师彼得·德鲁克曾说过：“在人类历史上，还很少有什么事比管理的出现和发展更为迅猛，对人类具有更为重大和更为激励的影响”。伴随着人类社会生产规模的日益扩大、组织活动的日益复杂，管理作为一种稀缺的生产要素，在人类社会生产活动中的价值日益彰显。正因为如此，人们更加认识到管理工作的重要性，从而对管理知识的追求也呈现出方兴未艾的局面。

管理学学科门类复杂，涉及企业管理、管理工程、行政管理等众多学科，各个学科均有着各自的研究领域和专注点，但有一点毋庸置疑的是，尽管管理工作千差万别，但背后都有着共同的、普遍适用的规律、理论和方法。在管理知识循序渐进的学习过程中，管理学原理作为一门重要的先导性课程，对于学习者了解管理工作的基本理念、把握管理工作的基本原则、概览管理工作的全貌都起着至关重要的作用。

需要指出的是，现代管理思想主要来自于西方。西方管理实践的不断丰富，对管理理论产生了巨大的需求，从而不断推动着管理理论向前发展。而自20世纪初期开始，西方管理理论又先后进入了古典方法、行为方法、定量方法和当代方法四个不同的阶段，这些管理思想的产生极大地丰富了管理理论并对现代人类社会的经济发展产生了重大影响。与此相对应的是，以中国传统管理思想为代表的东方管理思想尽管历史悠久、博大精深，但由于社会历史条件的限制，他们在近代没有能够与产业革命及资本主义企业经营相结合，以至在指导组织管理实践方面仍无法像西方管理思想那样更加具有针对性和系统性。20世纪50—60年代以来，由于日本及“亚洲四小龙”经济的飞速发展，以及近年来中国经济的迅速腾飞，人们的眼光开始重新从西方转向东方，开始研究中国及东方传统管理思想在当代社会经济发展中的重大价值。在东西方管理思想的碰撞过程中，如何实现“兼容并蓄，博采众长”，从而更好地服务于管理实践，是当今中国每个管理者需要思考的重要问题。

管理学这本书主要讲述管理和管理者。我们编写这本书的目的，就是在充分汲取国内外优秀经典管理理论和思想的基础上，结合中国传统管理思想和具体管理实践，为经济管理类专业的本科生、研究生和其他一切有志于学习管理理论的人们提供一本系统全面和内容丰富的书籍。希冀通过本书的学习，能够让大家充分掌握管理学的一般性原理，起到启迪管理智慧，拓宽管理思路的作用，为大家继续探索管理学科博大精深的思想宝库提供引导和帮助。

内容构成

与许多国内外通行的版本相类似，本书通过系统的模式以管理过程来组织相关内容，阐述管理者如何通过"计划—组织—领导—控制"四大基本职能活动的开展，来有效实现组织目标。

本书第一篇管理导论，讲述了管理与组织的基础性概念、西方管理思想的演变；第二篇讲述了管理情境和管理伦理问题；第三篇讲述计划职能，包括决策理论、计划和目标、战略管理等内容；第四篇讲述组织职能，包括组织结构与设计、组织变革与发展、人力资源管理等内容；第五篇讲述领导职能，包括个体与群体行为、沟通与冲突管理、激励理论、领导理论等内容；第六篇讲述控制职能，包括控制导论以及控制技术与方法等内容。在附录部分，我们还给出了中国古代管理思想的介绍。

写作特点

1. 在全书内容体系上，主要有以下两个特点。一是注重系统性和完整性，但有所侧重。内容体系围绕着管理的四大基本职能，以"管理者如何实现对组织的有效管理"这一中心，精心组织内容。在各章内容的组织上，力求用最精炼的文字给出每章内容的概貌，凝练出每章内容的精髓。同时，为了更好地与管理学后续课程进行衔接，我们对于部分章节所涉及的内容进行了简化处理，更注重对基本知识的系统讲解，而不求在各个方面做深入剖析。二是在内容组织上，引入了对中国古代管理思想的介绍。伴随着中国企业实践的不断丰富和发展，人们开始寻找中国企业成功的古代管理思想根源，本书在依据西方管理思想的逻辑体系搭建基本框架的同时，引入了对中国古代管理思想的介绍，力求在东西方管理思想交汇融合的情境下，为大家思考管理问题提供一个更全面的视野。

2. 在每章组织形式上，主要有以下三个特点。一是每章都由学习目标、情境案例、内容正文、本章小结、思考题和结尾案例几部分组成，组织形式更加完整，内容更加全面。二是为了便于学生对相关管理理论的理解和掌握，本书在每一章都引入了中国企业背景的情境案例和结尾案例。情境案例短小精干，侧重于对某一细节问题的思考，引出某一特定讨论主题；结尾案例则相对具体，提供一个更加全面的背景供学生做诠释分析，增强大家的感性认识。三是在每一章中都引入了拓展阅读材料。这些拓展阅读材料来自于两个方面，一是经典性的管理学著作和思想，二是管理实践中对某些管理问题的经验解读。这些补充材料的引入，一方面能够为学生补充正常教学知识体系外的理论知识，另一方面还能通过对管理实践中实际经验的分享，拉近管理理论与管理实践之间的距离。

致谢

河海大学商学院长期以来依托战略管理研究所这一平台，坚持从文化视角开展对东方管理思想的研究，何似龙、张阳等学者在此领域做出了积极努力并取得了丰硕的成果，形成了较大的学术影响。在商学院各层次的管理学课程教学中也高度重视这部分的内容并作为管理学教学的重要特色之一。在本书附录部分——"中国古代管理思想"的编写过程中，我们积极保留和借鉴了学院原有使用教材，由何似龙和施祖留两位老师编著的《转型时代管理学导论》一书中的相关核心内容，一方面保证了教学内容的延续性，另一方面也希望将这些优秀成果继续传承下去。在此对两位老师表示诚挚的感谢！

本书具体编写分工如下：厉伟（第 1，3，14 章），蔡成喜（第 2 章），杨恺钧（第 4 章，附录 2），凌斌（第 5，9 章），胡兴球（第 6，7 章，附录 1），邓玉林（第 8 章），蒋瑞（第 10，16 章），臧德霞（第 11 章），贾琼（第 12，15 章），奚红华（第 13 章）。全书最后由厉伟负责统稿。在本书编写过程中，张阳教授、于金教授以及管理学与人力资源系的其他老师提供了许多重要的参考意见，给予了很多帮助。此外，我们的一些研究生也参与了相关辅助工作。在此对大家的辛勤付出表示由衷的感谢！

由于水平和时间所限，本书还存在着一些不足，欢迎各位读者提供建议和帮助。同时，本书在编写过程中，曾大量地参考和引用了国内外相关文献资料和案例素材，有的可能未能一一标明，在此一并表示感谢！

厉 伟

2017 年元月于博学楼

拓展阅读

目 录

第1篇 管理导论

第1章 管理与组织导论…… 3
1.1 管理为什么重要 …… 4
1.2 管理是什么以及有效管理的标准 …… 4
1.3 组织和管理的关系 …… 7
1.4 管理的四大职能 …… 9
1.5 谁是管理者…… 10
1.6 管理的基本原则…… 15
1.7 管理的科学性与艺术性…… 17
第2章 西方管理思想演变 …… 22
2.1 西方早期管理思想…… 22
2.2 古典管理理论的诞生…… 25
2.3 行为科学理论…… 30
2.4 现代管理理论代表学派…… 33
2.5 管理理论的新发展…… 37

第2篇 管理情境与管理伦理

第3章 管理情境:约束与挑战…… 47
3.1 管理者:万能的还是象征的 …… 47
3.2 外部环境:约束与挑战 …… 49
3.3 内部情境:约束与挑战 …… 54
3.4 组织情境管理…… 60
第4章 企业伦理与社会责任 …… 70
4.1 企业伦理与社会责任的含义…… 70
4.2 企业伦理的基本理论…… 75

4.3　企业管理中的伦理问题 …… 81
4.4　企业伦理决策与建设 …… 83

第3篇　计　划

第5章　决策理论 …… 89
5.1　决策的含义、特点及分类 …… 89
5.2　决策理论的发展历程 …… 92
5.3　决策过程 …… 93
5.4　经典决策理论 …… 96
5.5　启发式与偏差 …… 104
5.6　群体决策 …… 107
第6章　计划和目标 …… 114
6.1　计划的含义、功能和制定者 …… 114
6.2　计划的层次、类型与编制方法 …… 117
6.3　目标及其设定过程 …… 121
6.4　传统目标设定与目标管理 …… 124
第7章　战略管理 …… 132
7.1　战略管理的形成与含义 …… 132
7.2　战略管理的过程 …… 135
7.3　战略的层次与内容 …… 139

第4篇　组　织

第8章　组织结构与设计 …… 151
8.1　组织结构的含义 …… 151
8.2　传统的组织结构 …… 153
8.3　当代的组织结构 …… 154
8.4　组织设计的关键要素与过程 …… 158
8.5　影响组织结构的权变因素 …… 162
第9章　组织变革与发展 …… 170
9.1　组织变革的含义与维度 …… 170
9.2　组织变革理论 …… 174
9.3　组织变革的态度与反应 …… 178

9.4 组织发展 …… 182
第10章 人力资源管理 …… 188
10.1 人力资源和人力资源管理的含义 …… 188
10.2 工作分析 …… 191
10.3 人力资源规划与配置 …… 194
10.4 人员招聘与再配置 …… 196
10.5 培训开发管理 …… 197
10.6 绩效管理 …… 199
10.7 薪酬管理 …… 202
10.8 其他人力资源管理活动 …… 203

第5篇 领 导

第11章 个体与群体行为 …… 211
11.1 理解个体行为 …… 211
11.2 理解群体行为 …… 219
第12章 沟通与冲突管理 …… 230
12.1 沟通的含义与过程 …… 230
12.2 人际沟通 …… 232
12.3 组织沟通 …… 235
12.4 信息技术与沟通 …… 240
12.5 冲突管理 …… 241
第13章 激励理论 …… 251
13.1 激励的基本原理 …… 251
13.2 激励理论 …… 254
13.3 激励方法 …… 261
第14章 领导理论 …… 270
14.1 领导的本质 …… 270
14.2 领导与管理 …… 271
14.3 权力及其类型 …… 272
14.4 授权 …… 274
14.5 领导理论 …… 276

第6篇 控 制

第15章 控制导论 …… 295
15.1 控制的基本理论 …… 295
15.2 控制的基本过程 …… 298

15.3 管理控制的基本分类 …… 303
15.4 有效控制的实现 …… 304
第16章 控制技术与方法 …… 311
16.1 预算控制 …… 311
16.2 非预算控制 …… 314
16.3 生产控制 …… 318
16.4 其他控制技术与方法 …… 321

附录 中国古代管理思想

附录1 中国古代管理思想概览 …… 329
附录2 先秦古代管理思想 …… 335
参考文献 …… 350

第1篇

管理导论

第1章　管理与组织导论
第2章　西方管理思想演变

第1章　管理与组织导论

学习目标

1. 1　解释管理为什么重要。
1. 2　理解管理是什么以及有效管理的标准。
1. 3　理解管理与组织的关系。
1. 4　描述管理的四大职能。
1. 5　描述谁是管理者及其分类。
1. 6　了解管理的基本原则。
1. 7　理解管理的科学性与艺术性。

情境案例

小张依靠一种特殊的制作方法以家庭作坊的生产方式长期出售着一种当地人喜爱的美食。近年来,小张开始尝试通过开分店的方式扩大规模,但仅仅开了几家分店之后,小张就发现自己越来越力不从心。以前家庭作坊生产时,家庭成员之间工作分工有着天然的默契,现在员工之间的默契程度很差;为了保证口味的正宗,生产继续采用纯手工制作,但许多员工在生产中过于随意,不同门店的产品口感居然出现差异;最为关键的是,为了保密制作方法,家庭成员在各分店依旧控制着关键制作阶段,但显然人手不够影响了产量的扩大。由于不放心各家门店的经营,小张每天都要去各个分店现场了解情况,这消耗了他大量的精力和时间。尽管现有规模已经到了他所能承受的极限,但小张发现离他理想中的餐饮王国的规模还很遥远。下一步究竟如何发展,小张陷入了深深的思考之中。

管理是一种普遍的社会现象和实践活动,广泛存在于人类的社会生活之中。可以这样说,没有管理活动,就没有有序的协作生产与分工劳动,也就没有人类社会的文明与进步。现代社会中,人类社会有组织的活动规模越来越大,协作的范围越来越广,组织化程度的不断提高从而对管理产生了强烈的需求,也使得管理活动在决定组织绩效方面扮演了越来越重要的角色。正确地掌握管理的一般性理论,是有效开展管理活动的前提和基础。同时,管理活动的实施主体是组织中的管理者,因此需要着重把握管理者在各项管理活动中承担的重要角色。

1.1 管理为什么重要

管理的重要性首先在于其普遍性。现代社会中,管理活动无时不在,无处不在。管理活动普遍存在于人们社会生活的各个领域当中,不管人们从事何种职业,都在参与管理:或管理国家,或管理组织,或管理家庭,或管理自身。《礼记·大学》中也讲到,古之欲明德于天下者,先治其国;欲治其国者,先齐其家;欲齐其家者,先修其身。事实上,大到国家兴衰、组织成败,小到家庭是否幸福和个人价值能否实现,都与管理是否得当有着重要的关系。

管理的重要性还体现在其价值性。随着人类社会生产活动的组织化程度不断提高,复杂性程度不断增强,管理在其中扮演的角色也越来越重要,对组织绩效的贡献度也越来越大,这一点可以从财富要素学说的变迁中得到反映。

财富两要素学说最早由英国古典经济学家威廉·配第(1623—1687)提出。他给出了"土地是财富之母,劳动是财富之父"的著名论断,说明了土地和劳动在社会财富创造过程中的重要作用,认为劳动和土地共同创造价值,也就是说,有了丰富的资源,有了各种各样的劳动者,那么就不愁没有财富了。

威廉·配第的财富两要素学说并没有提及资本,因为在配第那个年代,资本的作用还没有那么显著。资本主义兴起之后,随着资本在社会生产中的作用越来越显著,财富两要素学说逐渐发展成财富三要素学说。法国政治经济学家萨伊(1767—1832)以他的生产三要素论为基础来分析财富的分配。他认为劳动、资本和土地是生产的三要素,在生产过程中共同协作,提供生产服务,创造出产品的效用,从而创造了产品的价值;而在财富分配上,则定义为生产三要素的所有者各按其生产要素对生产所做的贡献获取报酬,提出了"劳动—工资"、"资本—利息"、"土地—地租"的"三位一体"的分配公式。

随着社会化大生产的进一步兴起,人类生产活动变得愈加复杂,社会生产的组织化需求也越来越高,管理在社会生产中的价值和作用愈发明显,并开始被单独列为一个生产要素。新古典学派创始人,英国经济学家阿弗里德·马歇尔(1842—1924)把萨伊的生产三要素扩充为生产四要素,即劳动、资本、土地和组织(企业家才能,entrepreneurship),这是他的一个独创。所谓企业家才能,是指企业家组织生产、经营管理、努力创新和承担风险的能力总和,有时将之简称为"企业家"或"管理才能"。管理活动作为财富创造源泉之一的地位确认,表明了管理活动在社会生产活动中扮演了更加重要的角色,同时在社会产出中的贡献度也得到了进一步的提高。一个社会、一个组织,其产出并不简单地依赖于传统的劳动、资本和土地等要素投入,各种生产要素是否合理配置、组织得当,这些都依赖于管理活动的有效与否。从这点意义上讲,管理要素已经超越了劳动、资本和土地等传统性的生产要素,成为社会财富创造过程中不可替代的第一要素。

1.2 管理是什么以及有效管理的标准

简单地讲,管理就是管理者在组织中所从事的工作。在更具体地讨论管理者做什么之前,我们首先考察一下管理是什么。同时,组织中的管理工作成效有好坏之分,需要了解如何来评价一项管理活动,即管理有效性的评价标准究竟有哪些。

1.2.1　管理是什么

什么是管理？关于管理的定义，至今尚未有一个统一的认识。长期以来，许多中外学者从不同的研究角度出发，对管理做出了不同的解释，归纳起来，有以下几种观点：

(1) 赫伯特·A·西蒙(Herbert A Simon)认为：决策贯穿于管理的全过程和所有的方面；组织是由一些决策者构成的系统；决策正确与否直接关系到组织工作的成败。因此，“管理就是决策”。

(2) 孔茨(Koontz)对管理的定义是：“管理就是设计和保持一种良好环境，使人们在群体里高效率地完成既定目标”，或者“管理就是通过别人来使事情做成的一种职能”。

(3) 小詹姆斯·H·唐纳利(James H Donnelly)认为：“管理就是由一个或更多的人来协调他人的活动，以便收到个人单独活动所不能收到的效果而进行的活动”。

(4) 路易斯·布恩(Louis Boone)和戴维·克茨 (David and Kurtz)认为：“管理就是使用人力及其他资源去实现目标”。

(5) 法约尔(Fayol)把管理定义为：“管理，就是实行计划、组织、指挥、协调和控制”。

(6) 斯蒂芬·P·罗宾斯(Stephen P·Robbins)认为：“管理指的是协调和监督他人的工作活动，从而使他们有效率、有效果地完成工作”。

(7) 周三多认为：“管理是社会组织中，为了实现预期目标，以人为中心进行的协调互动”。

可以说，上述定义都是从不同侧面、不同角度提出来的，只是揭示了管理的某方面的属性。因此，对于“管理是什么”这一问题，需要我们能够从多角度来进行分析，这样才能更加全面地了解管理，理解管理的实质。

在综合前人研究的基础上，我们认为管理的概念可以做如下表述。所谓管理，是在组织特定情境条件下，以有效实现组织目标为中心，对组织所拥有的各项资源和活动进行系统协调的过程，包括计划、组织、领导和控制等各项职能。对于管理定义的正确理解，需要关注以下要点：

(1) 管理的最终目的是实现组织目标。管理是为实现组织目标服务的，是有意识、有目的而进行的活动。在组织中进行管理活动，其最终目的就是为了实现组织的预期目标，否则管理就失去了意义。强调“最终目的”的意义就在于组织中的任何管理行为和活动都要以服务于组织目标实现为唯一的评判标准。同时，“有效”实现组织目标还要求必须关注管理的效率问题。

(2) 管理必须关注内外部情境。组织发展离不开对于关键的内外部情境因素的把握。任何管理工作都不是在真空中进行的，都必须考虑一定的情境条件，即内外部情境条件构成了组织管理工作的约束条件。有效的管理活动必须充分考虑组织外部和内部的特定条件，忽视其中任何一个方面，都有可能导致管理活动的偏差。

(3) 管理的实质在于协调。任何组织的生存与发展，都需要人财物等多种资源，充分运用这些资源是实现组织目标的必要条件。管理工作是一个协调活动的过程，组织协作过程中存在着大量的矛盾和不平衡，管理工作要通过协调活动解决矛盾，形成一致。

(4) 管理的主要对象是人。管理总是存在于一定的组织之中，两个或两个以上的人组成了为一定目标而进行协作活动的集体，这就形成了组织。为了保证组织活动的有效顺利进行，需要管理者带领组织成员共同为实现组织目标而努力。如何保证组织成员发挥个人最大的潜在价值，是管理工作要关注的重点问题。

(5) 管理要通过计划、组织、领导和控制等职能体现出来。管理过程是一组进行中的决策和工作活动,管理者在这个过程中从事计划、组织、领导和控制等管理职能以期实现组织目标。同时,管理活动是一个系统过程,通常以连续的方式体现出来,单单做好系统工作中的一两项不足以达到应有的效果。

1.2.2 管理有效性评价——效果和效率

管理活动的目标是将资源转化为价值,组织的绩效目标是对组织所取得的成果与所运用的资源之间转化关系的一种全面的衡量。组织的绩效高低,管理活动的有效与否,都表现在效果和效率这两大方面。

(1) 效果(effectiveness)。管理的效果是指通过管理活动实现组织目标的程度。效果可以理解为管理活动中目标达成的结果,我们希望所从事的工作和活动有助于组织达到其目标,做有助于目标实现的事,即"做正确的事"。

(2) 效率(efficiency)。管理的效率是指投入与产出的比值。效率可以理解为管理活动中资源利用的方式,我们希望以尽可能少的投入获得尽可能多的产出,以比较经济的方式做事,不浪费资源,即"正确地做事"。

效果和效率是对管理有效性从结果和过程两个不同层面上进行评判。效果更多关注的是管理活动的结果,实现目标的程度大小直接决定了管理活动的效果,通常我们评价管理效果时会判定为效果好还是不好,或者好还是差。效率则更多关注的是管理活动的过程,它与资源的利用相关,强调的是资源的转化效率问题,通常我们用高或者低来评价管理活动的效率问题。

管理活动既追求效果,又追求效率,所以管理的有效性应该是效果和效率的结合。如果说高效率是追求"正确地做事",好效果则是保证"做正确的事",有效的管理即是"正确地去做正确的事情",也就是"做好对的事",这也是绩效的衡量标准。对于成功的组织而言,高效率和好效果肯定是相伴而行的;当两者不能同时存在或者都不存在时,管理活动乃至组织绩效肯定也是不尽如人意的。因此,管理活动要努力实现低资源浪费(高效率)和高目标达成(好效果),这样的管理活动才能既有效率又有效果,才是最有效的,如图 1.1 所示。

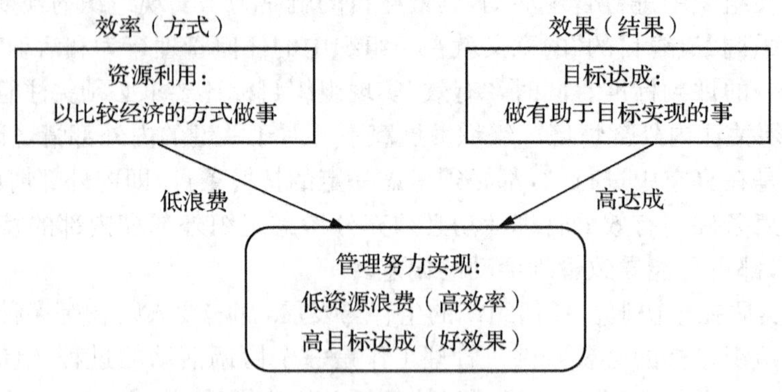

图 1.1 管理:效果和效率的结合

需要强调的是,尽管管理应该是效果和效率的结合,但是就两者之间的相互地位而言,效果永远是第一位的,效率则是第二位的,即一项管理活动首先追求的是有效果,其次才是有效率。这从管理活动的定义里就可以发现,管理活动的首要目的就是实现组织目标,实现组织目标是组织中的一切活动的起点和终点；在此基础上，管理活动才需要关注实现的手段和方式问题，即考虑如何以最经济有效的方式来实现目标，也就是我们通常称谓的效率问题。背离“效果第一位，效率第二位”的原则，就会产生南辕北辙的效应，实现不了组织目标，谈效率问题就没有任何意义。

1.3　组织和管理的关系

管理存在于组织之中，管理的载体是组织。对于管理活动的理解，需要对其赖以存在的组织概念有所了解。同时，对于组织与个人两种不同的社会生产组织方式之间的关系也要有所了解，并在此基础上把握个人形成组织的构建原则。

1.3.1　组织的概念

所谓组织，是指由两个或两个以上的个人所组成的、具有明确目标和系统性结构的社会实体。组织是一群人的集合，但是组织的成员必须按照一定的方式相互合作，形成一种整体的力量，共同努力去完成依靠单独个人力量的简单相加所不能完成的各项活动，并实现既定的组织目标。由于组织成员之间形成整体力量需要合作、协作或协调，这样管理就应运而生了，所以管理是伴随着组织的出现而产生的，是协作劳动的必然产物。因此，只要有组织存在，就需要有管理。管理产生于组织的集体活动，离开了组织的集体活动讨论管理是没有意义的。由组织的定义我们也可以得出以下三个方面的含义：

(1) 组织是由一群人组成的，成员人数至少要大于等于两个人。

(2) 每个组织都有一个既定的共同目标，共同目标可以由一个目标或者是一组目标构成。

(3) 每个组织都有一个系统化的结构，用以规范和限制成员的行为。

1.3.2　个人与组织的关系

事实上，个人与组织是进行社会生产的两种不同方式。那么，究竟在什么情况下，人们会选择加入一个组织，或者在什么情况下，人们会选择单干呢，这需要综合权衡加入一个组织的得与失。在这里，得与失需要进行综合评判，并不仅仅是一个经济上的含义。

加入一个组织的“得”在于组织的生产效率更高，能够在一定程度上更有利于实现个人目标是一个人之所以愿意留在一个组织中的根本原因。组织的功能在于克服个人力量的局限性，实现靠个人力量无法实现或难以有效实现的目标。组织的生产效率更高，其根本原因在于组织内部的分工与协作。组织分工是指在某个特定组织中，组织成员之间为完成某一项或多项任务而进行的分工，以大幅度提高工作效率与工作质量，它包括层次间分工(纵向分工)与层次内分工(横向分工)两个维度。除了内部分工之外，组织内部的协作也很重要。只有分工，没有协作，就不会形成合力，也必然不会带来生产效率的提高。另一方面，加入一个组织的“失”则在于对于个体自由度的限制。组织本身是个要素契约，即组织与成员间是一种契约关系。个体在加入组织的过程中，在享受组织生产效率更高收益的同时，也必须同时接受组织纪律的约束，使得个体的自由度在一定程度上受到了限制。

当前社会生产方式中，加入一个组织是主流，即人们为了获得更高的生产效率在一定程度上愿意牺牲个体的自由度。作为加入组织的个体而言，其与组织之间的关系可以说是一荣俱荣,一损俱损。个人在努力追求自身目标实现的同时也促成了组织目标的实现,同时组织在实现自身目标的同时也需要保证个人目标的实现,如图 1.2 所示。从这点意义上讲,个人在加入一个组织时,需要仔细思考自己能够为组织贡献什么;而作为一个管理者,则更要关注这个组织在获得自身发展、实现组织目标的同时能够给组织成员带来什么。

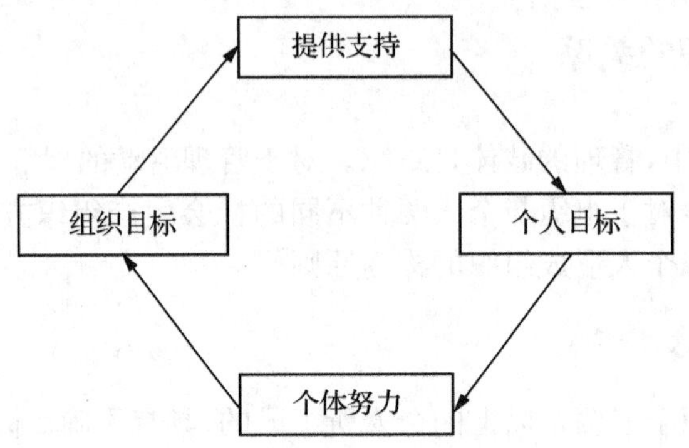

图 1.2 个人目标和组织目标的关系

阅读材料:巴纳德谈组织存续

巴纳德在谈组织存续时表示,组织要想持续存在,有效性和效率都是必不可少的,而且组织存在的时间越长,这两者的必要性就越发突出;组织的活力在于成员贡献力量的意愿,而这种意愿要求这样一种信念,即组织的共同目标能够实现;意愿的持续性还取决于成员个人在实现目标的过程中所获得的满足,如果这种满足不能超过个人所做出的牺牲,意愿也会消失,组织就没有效率。

1.3.3 组织构建原则与机制

组织构建的基本原则在于“志同道合、能力互补”,即挑选组织成员的时候必须注意组织成员之间既要志同道合,也要能力互补。组织成员之间实现能力互补,就能更加充分地发挥分工所带来的优势,并通过协作进一步放大“1+1>2”的效应,以更有效地实现组织目标。但相对能力互补原则而言,组织成员之间的志同道合更为关键,志同道合决定了组织成员之间的合作是否能够长期持久下去,而这种合作的稳定性对于组织的长期健康稳定发展至关重要。组织成员之间的合作必须建立在对于组织长期发展理念共同一致的基础之上,而不能建立在短期利益之上。相较建立在利益基础之上的合作而言,在志同道合基础之上的合作更稳固,对组织成员的激励效应也更持久。我们经常见到一个组织在初创时期,组织成员之间往往能够同舟共济,劲往一处使,但是在组织发展壮大之后,对组织发展的理念逐渐产生差异,以致组织成员之间无法继续合作并给组织发展造成了严重负面影响,这也揭示了“只可共患难,不可同安乐”的深层次原因。

组织构建的合作机制是成员“双向选择、自由组合”。“双向选择、自由组合”决定了组织成员之间的合作是建立在自愿原则的基础之上。自愿原则除了保证组织成员之间的相互认同以及对于组织发展的认同外,更重要的原因在于确保了组织成员在合作过程中的利益分享保障。正如基于自愿原则的市场交易对于交易双方都是一次福利的帕累托改进一样,基于自愿原则形成的组织对于组织成员也是一种福利的改进;违背自愿原则,在强迫交易情况下建立的组织就会出现组织成员在合作中"一方受益，一方受损"的情况，这样的组织注定是不会长久存在的，即便存在也无法获得组织成员的认同并调动组织成员投身于组织建设的积极性，这在团队建设中尤为关键。

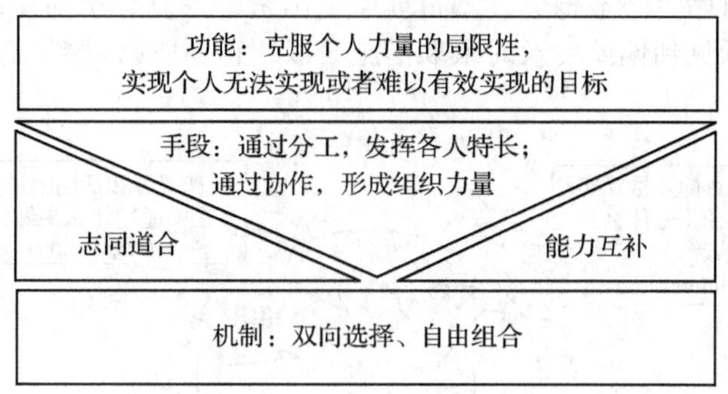

图1.3　组织的构建原则与机制

1.4　管理的四大职能

管理的职能就是管理者在管理过程中所从事的活动或发挥的作用，通俗地讲，就是解释了管理是干什么的。法国工业家亨利·法约尔在20世纪20年代首次提出，所有的管理者从事着五种管理职能：计划、组织、指挥、协调和控制。20世纪50年代，美国加州大学洛杉矶分校的哈罗德·孔茨和西里尔·奥唐纳将管理的职能另外分为计划、组织、人员配备、指导和控制。斯蒂芬·P·罗宾斯将管理职能划分为四种：计划、组织、领导和控制。当前的大部分教科书将管理活动定义为由计划、组织、领导和控制四大职能所构成的一个相互关联、连续进行的活动过程，如图1.4所示。四大职能具体含义如下：

1. 计划(Planning)

计划活动就是要明确组织的目标，制定实现组织目标的途径或方案。计划活动是管理的起点，确定目标和途径是计划职能所要完成的两大任务。目标反映了组织活动的未来终点，指出了我们将要到哪里去。而途径则是连接当前与未来的桥梁，告诉我们如何才能到达目的地。所以，计划工作告诉我们管理活动做什么及怎么做。

2. 组织(Organizing)

为了实现计划活动所确定的目标，实施计划活动所制定的行动方案，管理者必须决定应该从事哪些任务，应该由谁来从事这些任务，这些任务怎么分类和归集，谁向谁报告，以及在哪一级做出决策等，因此管理者还负有安排好组织工作和任务分工的责任。所以，组织工作告诉我们管理活动通过什么来做。

3. 领导(Leading)

仅仅有了目标和方案，规定了任务和分工，尚不足以保证目标有效地实现。每个组织都是由若干组织成员组合而成的，人是组织活动中唯一具有能动性的因素。为了最大限度地发挥这种能动性的作用，管理者必须运用各种适当的方法对组织成员施加影响，激励组织成员更好地完成组织目标。所以，领导工作告诉我们如何通过他人将组织活动做得更好。

4. 控制(Controlling)

组织是在复杂多变的环境中生存和发展的,每时每刻都会遭遇各种意想不到的障碍和困难,以及必须应对各种各样的新问题和新情况。为了确保组织目标及为此制定的行动方案顺利实现,管理者必须自始至终地根据计划目标派生出来的控制标准对组织各项活动的进展情况进行检查,发现或预见到偏差后及时采取措施予以纠正。所以,控制工作告诉我们管理活动到底做得怎么样。

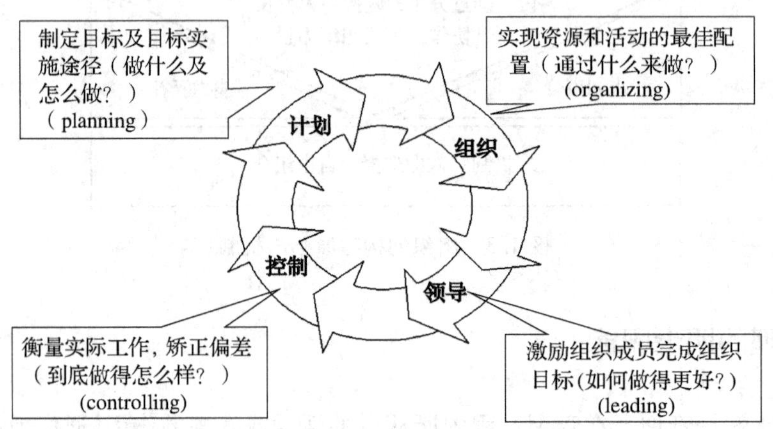

图 1.4 管理职能:管理者做什么?

上述各项管理职能构成了管理者要发挥作用的四项基本工作。这些管理职能在时间维度上遵从一定的先后顺序。对管理人员来说,管理工作的第一步是制定计划,然后是建立组织结构、配备人员,接着是指挥员工付诸行动,最后是控制整个进程,使之朝着既定目标前进。这四个步骤构成了管理工作不断反复进行的循环过程。需要指出的是,尽管各项管理职能之间存在着逻辑上的先后关系,但现实中的管理活动并不一定严格地按照计划、组织、领导和控制这样的顺序来进行。组织中的各项管理活动在时间上彼此重叠,在空间上相互交融。

除了计划、组织、领导和控制四项职能外,有些学者还提到了决策和创新两项职能。严格地讲,这两项职能并不是独立的管理职能,而是从原有四个基本管理职能中分离出来的,并贯穿于管理活动的计划、组织、领导和控制工作职能之中,因为在管理的四项职能中都会遇到决策问题,也都会遇到创新问题。

需要强调的是,管理是一个系统过程。要用系统的观点看待计划、组织、领导和控制四项职能,单纯做好其中的某一项或者几项职能并不能保证达到应有的效果。如同木桶效应一样,一项管理工作的效果在很大程度上是由上述四项管理职能中的短板所决定的,因此需要整体对待四项职能,平衡各项管理职能的能力,消除管理职能中的各种瓶颈因素。

1.5 谁是管理者

管理者工作绩效的好坏直接关系着组织的兴衰成败。在学习了管理的基础概念之后,我们还需要了解组织中谁是管理者,以及管理者在组织中扮演的角色和需要掌握的技能。

1.5.1　管理者的概念

组织中的人员通常分为两类：管理者和操作者。管理者通常是指组织中那些需要协调和监督他人工作以达到组织目标的组织成员，他们在组织中拥有下级成员。操作者则是指在组织中直接从事具体的操作性事务的组织成员。管理者处于组织的不同层次，其头衔也各式各样，如总经理、科长、车间主任等，但他们的工作具有一个共同的特征，即都是通过协调他人的工作来使组织活动更加有效进行并实现组织的目标。

1.5.2　管理者的层次

组织中的管理者有多种类型，在金字塔式的传统组织结构中，通常按管理者在组织中所处的地位将管理者分为：高层管理者、中层管理者和基层管理者，如图1.5所示。这三个层次的管理者是个有机的整体，共同保证整个组织管理工作的正常运行。但是，不同层次的管理者在所承担的管理职责和所负责的管理活动范围上各不相同，这是组织在纵向分工上的必然要求。

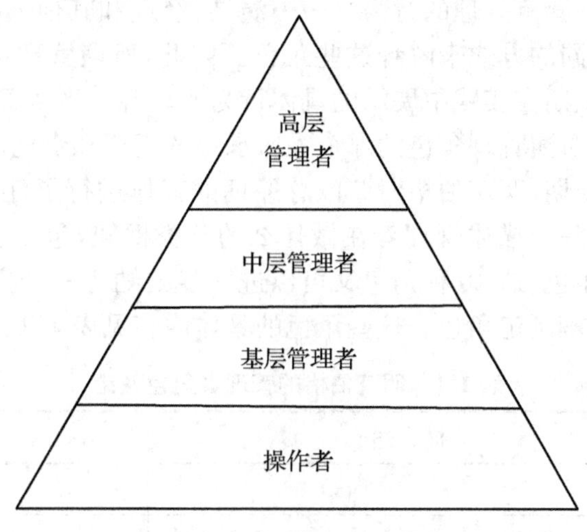

图1.5　管理者的层次

(1) 高层管理者(top managers)，是指处于组织顶层的管理者。高层管理者对整个组织负责，对外侧重于沟通组织与外部的联系，对内决定组织大政方针，注重组织良好环境的创造和重大决策的正确性。这些高层管理者的头衔通常是公司董事长、总裁、首席执行官、执行董事等。在组织的各层次管理者中，高层管理者的职位更为重要，对组织绩效的影响也最大。

(2) 中层管理者(middle managers)，包括所有处于基层管理者和高层管理者之间的各个管理层次的管理者，他们可能是地区经理、分公司经理、项目主管、部门主管等。他们需要正确领会并贯彻高层管理者的命令、指示及计划，并有效指挥基层管理者开展工作。他们负责向高层管理者直接报告工作，同时负责监督和协调基层管理者的工作，在组织中起着承上启下的作用。组织的大量日常事务的管理在很大程度上要由中层管理者来负责。

(3) 基层管理者(first-line managers)，通常被称为一线管理者，是最底层的管理人员，他们直接负责操作者(非管理人员)的日常活动。他们的职责是给下属人员分派具体工作任务，密切监督下属人员的工作情况，协调下属人员的工作，以保证完成既定工作任务目标。基层管理者向中层管理者直接报告工作，他们的工作对实现组织目标和业绩起着重要的作用。基层管理者的头衔通常是工厂中的班组长、办公室主任、部门经理等。

需要指出的是，上述管理者层次的划分在传统的金字塔结构中表现得相对明显。在组织结构整体趋向分权的今天，许多组织拥有更为分散的组织结构形式，比如合作团队等。但是，尽管在这些组织中组织成员之间地位相对平等，并没有类似金字塔结构中这么清晰的管理者层次结构，但一定仍然有某些人承担着管理者的角色，并赋予他协调和监管其他人工作的权力。

1.5.3 管理者的角色

对于管理工作，除了从计划、组织、领导和控制这四大管理职能的角度去分析外，还有一些学者从管理者角色的角度进行了深入的阐述。这方面最具有影响力的当属亨利·明茨伯格(Henry Mintzberg)所提出的管理角色理论，他认为通过考察管理者在工作中所扮演的角色，可以最恰当地描述管理者在做什么。亨利·明茨伯格在其《经理工作的性质》一书中对角色作了这样的说明："角色这一概念，是行为科学从舞台的术语中借用到管理学中来的。角色就是属于一定职责或地位的一套有条理的行为。……演员、经理和其他人担任的角色是事先规定好的，虽然各人可能以不同的方式来解释这些角色。"因此，所谓管理角色(managerial roles)，是指管理者按照人们的预期在实践中展示的具体行为或表现。当从管理角色视角来描述管理者做什么时，通常指考察扮演管理角色的那个人所承担的期望和责任。

在20世纪60年代末期，明茨伯格对5位总经理的工作进行了仔细地跟踪。通过实证研究分析，明茨伯格构造了一个描述管理者在做什么的分类框架，包含了管理者实际扮演的10种不同的但高度相关的角色，这10种角色又可以进一步归纳为三个主要的类别，即人际关系角色、信息传递角色和决策制定角色。这些角色的具体内容见表1.1。

表1.1 明茨伯格的管理者角色理论

角 色	描 述	特征活动
一、人际关系方面		
1. 挂名首脑	象征性的首脑，必须履行许多法律、社会性的例行义务	迎接来访者、签署法定文件
2. 领导者	负责动员和激励下属，负责人员配备、培训和交往的职责	实际上从事所有的下级参与的活动
3. 联络者	维护自行发展起来的外部接触和联系网络，向人们提供信息以及恩惠	发感谢信，从事外部委员会工作，从事有外部人员参加的活动
二、信息传递方面		
4. 监听者	寻求和获取各种特定的信息(其中许多是即时的)，以便透彻地了解组织与环境；作为组织内部与外部的神经中枢	阅读期刊和报告，保持私人接触
5. 传播者	将从外部人员和下级那里获得的信息传递给组织的成员—有些是关于事实的信息，有些是解释和综合组织的有影响的人物的各种有价值的观点	举行各种信息交流会，用打电话的方式传达信息

续表

角　色	描　述	特征活动
6. 发言人	向外界发布有关组织的计划、政策、行动、结果等信息；作为组织所在产业方面的专家	举行董事会议，向媒体发布信息
三、决策制定方面		
7. 企业家	寻求组织和外部环境的机会，制定“改进方案”以发起变革，监督某些方案的策划	制定战略，检查会议执行情况，开发新项目
8. 混乱驾驭者	当组织面临重大、意外的动乱时，负责采取补救行动	制定战略，检查陷入混乱和危机的时期
9. 资源分配者	负责分配组织的各种资源，事实上是批准所有重要的组织决策	调度、询问、授权，从事涉及预算的各种活动和安排下级的工作
10. 谈判者	在主要的谈判中作为组织的代表	参与工会进行合同谈判

明茨伯格认为，这些角色不是相互孤立的而是一个整体。他指出：经理实际上是一个投入—产出系统，因其权威和地位产生人际关系方面的角色，人际关系方面的角色导致投入(信息)，而这又导致产出(信息和决策)。人们不能随意地取消一种角色而期望其余的角色完整无缺。

继明茨伯格之后，大量的后续研究证明：不论何种类型的组织和在组织的哪个层次上，管理者都扮演着相似的角色。但是，管理者角色的侧重点随组织的管理层次而发生变化，特别是传播者、挂名首脑、谈判者、联络者和发言人角色，对于高层管理者要比基层管理者更重要。相反，领导者角色对基层管理者来讲，要比中高层管理者更重要。

不管是管理职能方法还是明茨伯格的管理角色方法，它们都能很好地描述管理者是做什么的。管理职能方法能清晰、明确地对管理者所从事的大量活动和使用的技巧进行职能分类；而管理角色方法也让我们从另一个角度来探究管理者的工作。

阅读材料：巴纳德的经理职能理论

美国管理学家巴纳德在其 1938 年出版的经典著作《经理人员的职能》一书中指出，经理人员(也即本书所指的管理者)在组织中的作用，就是在信息沟通系统中作为相互联系的中心，并通过信息沟通来协调组织成员的协作活动，以保证组织的正常运转，实现组织的共同目标。经理人员的职能主要有：

1. 建立和维持一个信息沟通系统。巴纳德认为，组织活动的复杂性，决定了有必要建立一个正式的信息沟通系统，这项工作包括：确定和阐明经理人员的职务，以及找到合适的人担任这一职务。

2. 从不同的组织成员那里获得必要的服务。这主要包括：招募和选聘能够提供适合服务的工作人员，以保证协作系统的生命力。

3. 规定组织的共同目标，并用各个部门的具体目标来加以阐明。

1.5.4　管理者技能

每位管理者都在自己的组织中从事某一方面的管理工作，都要力争使自己主管的工作达到一定的标准和要求。管理者需要特定的技能来履行他们的职责，开展他们的工作。管理是否有效，在很大程度上取决于管理者是否真正具备了作为一名管理者应该具备的管理技能。1955年，罗伯特·卡茨（Robert L. Katz）在美国哈佛商业评论发表了《高效管理者的三大技能》一文，指出管理者需要具备以下三种基本的管理技能：技术技能、人际技能和概念技能。

1. 技术技能（Technical Skills）

所谓技术技能，是指使用某一专业领域内有关的工作程序、技术和知识来完成组织任务的能力。技术技能强调内行领导，也就是我们常说的业务方面的技能。对于高层管理者而言，通常是指管理者对有关产业知识、组织的运作流程以及产品的基本认识。对于中层和基层管理者来说，是指在他们所工作的领域内所要具备的专业知识——财务、人力资源、生产、计算机系统、法律、市场营销等知识。对于基层管理者来说，技术技能是非常重要的，他们要直接处理员工所做的工作，成为业务内行是有效管理的前提。拥有卓越技术技能的雇员常常被晋升为基层管理者。具备技术技能，方能更好地指导下属工作，更好地培养下属，才能赢得下级成员的尊重。对中上层管理者来说，掌握技术技能的必要性可稍少些。

2. 人际技能（Human Skills）

所谓人际技能，是指与处理人际关系有关的技能。简单地讲，人际技能是与人共事，理解别人，激励别人的能力。管理者在组织中开展管理工作，需要与组织中上下左右的人打交道，包括联络、处理和协调组织内外人际关系等。同时，为了更好地与组织其他人员沟通，人际技能要求管理者了解别人的信念、思考方式、感情、个性以及每个人对自己、对工作、对集体的态度，承认和接受不同的观点和信念。最后，人际技能还要求管理者能够敏锐地察觉别人的需要和动机，判断组织成员的可能行为及其可能后果，并掌握有效的激励技术和方法，最大限度地调动员工的积极性和创造性。许多人在技术上是出色的，但在人际关系上有些欠缺。例如，他们不善于倾听，不善于理解别人的需要，或者不善于处理冲突。由于管理者是通过别人来做事，因而必须具备良好的人际关系才能实现有效的沟通，激励和授权。许多研究表明，人际技能是一种重要技能，对各层次管理者都具有同等重要的意义。在同等条件下，人际技能可以极为有效地帮助管理者在管理工作中取得更大的成效。

3. 概念技能（Conceptual Skills）

所谓概念技能，是指能够洞察组织与环境相互影响的复杂性，并在此基础上加以分析、判断、抽象、概括，并迅速做出决断的能力。例如，面对困难，管理者必须看清问题，制定解决方案，选择最优方案。管理者应具有系统和整体的观察力，了解组织与环境之间，以及组织内部各组成部分之间是如何互动的；具有良好的形势判断能力，能够科学判断组织外部和内部的形势并对其发展趋势予以准确判断，能够预见形势将朝什么方向发展，是对组织有利，还是对组织不利，以便充分利用好形势发展组织的事业，同时采取措施对付不利形势，使组织获利最多或损失最少。管理者还需要具备识别与抽象概括能力，能够快速、敏捷地从混乱而复杂的动态情况中抓住问题的起因，以及具有实质权衡不同方案优劣和内在风险的能力。本质上讲，概念技能是管理者对复杂情况进行分析、诊断，以及进行抽象和概念化的技能。概念技能是高级管理者最迫切需要的技能，实质上是一种战略思考及执行的能力。

上述几种管理技能的相对重要性随着管理者在组织中的层次不同而有所不同。对于基层管理者而言，技术技能最为重要，人际技能也是非常有益的，但概念技能的要求则相对较低。对于中层管理者而言，技术技能的重要性有所下降，人际技能的要求变化不大，但概念技能的重要性则有所上升。对于高层管理者而言，概念技能和人际技能最为重要，技术技能的要求则相对较低。因此,三种管理技能是各层次管理者都共同需要掌握的,区别仅在于各层次管理者所需掌握的三种管理技能的比例会有所不同,如图1.6所示。

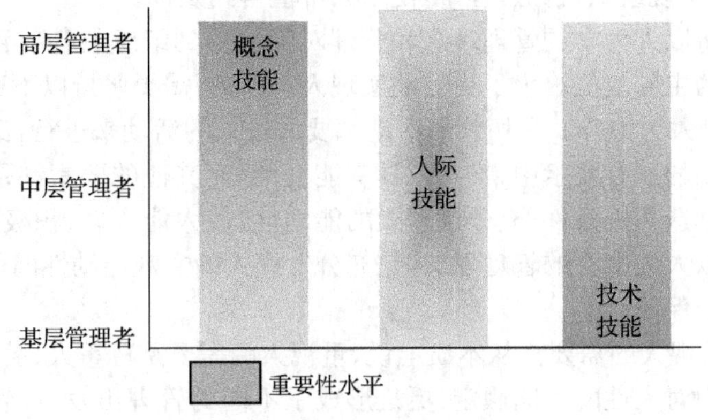

图1.6　不同管理层次所需的技能

阅读材料:组织内部晋升——任人唯贤还是论功行赏

组织内部晋升具有两种基本功能——选拔和激励。但在传统的组织内部晋升中往往忽视了这两种基本功能之间的差异性和冲突性。组织选拔要求唯贤,根据能力量才录用;激励则意味着论功行赏,提拔表现好的员工。

组织中不同层级的岗位所要求的管理技能有着很大的差异,按照罗伯特·卡茨的管理技能理论,高层管理者、中层管理者和基层管理者在概念技能、人际技能、技术技能三种技能的重要性上有着较大的差异性。选拔意味着对选拔对象是否具备更高层级岗位的技能进行评估,预测未来的状况;而激励则更多的是对既往绩效的评估和承认。

由于现岗位的优异表现并不等于其拥有更高岗位所需要的能力,因此在组织内部晋升中需要将选拔与激励分开。为了解决选拔和激励之间的矛盾,需要建立平行但不同的多个职位序列,其中每个序列内不同职位有着类似的工作性质,而不同序列的工作性质则有着很大不同。

1.6　管理的基本原则

管理的基本原则是指在管理过程中所依据的基本准则或规范。尽管在管理过程中遇到的管理问题千变万化,存在的管理情境千差万别,需要注意的管理因素很多,但有一些通用性的管理原则是我们在管理过程中所需要遵循的,具有一般性、普遍性的指导意义,能够有助于更加科学合理地开展管理工作。管理过程中遵循的基本原则包括人本原则、系统原则和权变原则等。

1.6.1　人本原则

人本原则,字面意思就是强调以人为本的原则。管理活动的主体是人,同时管理活动的对象也主要涉及对人的管理,人本原则需要充分肯定人在管理活动中的主体地位,在具体的管理活动中重视人的因素，从而达到人的主观能动性的充分发挥和提高管理效率。一切管理活动都应该突出人的作用，创造一个使人努力工作、心情愉快、关系和谐的良好组织氛围，调动人的积极性和创造性，在实现组织目标过程中，使个人价值得到发挥。

人本原则要求将以人为本的管理理念和管理对策渗透到组织的各项管理活动之中，要确立人在管理过程中的主导地位。为了更好地实现人本原则，需要坚持以下这些要点：

(1) 管理必须以人为中心。一切管理活动都要通过人的活动来进行，离开了人，管理就无从谈起。在管理活动的所有要素中，唯有人具有能动性，而其他的要素都是被动的，由人支配的。管理活动需要创造积极条件，充分调动人的能动性，使人能主动、积极地为实现组织目标而努力奋斗。树立以人为中心的管理思想，是充分发挥人的主观能动性的前提，更是做好现代管理工作的最根本的保障。

(2) 管理必须重视人的需要。从本质上说，重视人的需要是尊重人、关心人的人本原则的体现。在管理理论中对人性的不同假定，更是形成了不同的管理出发点、管理方式和手段，以及不同的组织资源配置模式。解决个人需要和组织需要之间的矛盾，是管理者的重要职责。当管理者把组织的需要和个人的需要紧密结合起来，这将会极大地调动个人与组织完成既定目标的积极性，促进个人为满足需要而努力。管理实际上就是鼓励和肯定个人的那些符合组织需要的愿望和追求。

(3) 管理必须促进人的全面发展。在现代社会，管理规模越来越大，内容日趋复杂，各种管理领域之间的联系越来越密切。面对复杂化、全面化的管理活动，必然要求有全面发展的人与之相适应。促进人的全面发展，激发人的潜能并使之成为组织发展的内在动力是十分必要的。而人的全面发展，人的潜能和创造力的充分发挥，也必然为现代管理活动注入永不枯竭的蓬勃生机，最终实现个人与组织的共赢。

1.6.2 系统原则

系统原则也称整体原则，它要求把决策对象视为一个系统，以系统整体目标的优化为准绳，协调系统各组成部分之间的相互关系。现代管理活动日益复杂，不仅组织与环境之间存在着错综复杂的相互制约的关系，而且组织内部各个组成部门之间也存在着错综复杂的相互制约关系。这就要求我们在管理工作中树立系统的观点，根据这种观点去认识管理系统和指导管理活动。

系统是由相互作用、相互依赖的若干组成部分结合而成的，是一个具有特定功能的有机整体，而这个有机整体又是它从属的更大有机系统的组成部分。系统管理强调通过系统协调达到系统整体最佳的效能与合力。任何一个系统都由许多相互联系的要素组成，每一组成要素的活力和功能，必然直接关系到整个系统的功能。同时，系统总体功能并不是系统组成要素功能的简单相加，而是通过系统要素的合理结合，达到新的更加完备的功能和特点。

系统有封闭系统和开放系统之分。其中封闭系统不与它所处的环境发生相互作用，不受环境的影响；而开放系统动态地与它所处的环境发生相互作用。一个与外界没有任何交换的封闭系统必然会走向混乱无序，只有开放的系统才有可能组织起来，向更有序的状态发展。组织是一个开放系统，即组织与它所处的环境发生着持续的相互作用。组织要保持生存和永续，就必须从外部环境中获得内部活动所需的各种要素和能量，并将内部活动产生的成果输出到外部环境中去。

系统原则对于组织管理有以下三个方面的启示。首先，组织必须适应外部环境的变化。“物竞天择，适者生存”是自然界的自然规律，这一点对于组织的生存与发展同样重要。组织要生存必须建立在对于当前外部环境适应的基础之上，而组织要发展更着重于组织对于外部环境变化的适应。柯达、诺基亚等许多大型组织的轰然倒塌正表明了那些能够生存下来，并得到长期发展的并不是那些表面强大的，而恰恰是那些最能适应外部环境变化的组织。其次，组织必须追求整体最优。组织既然是个系统，就必须以整体最优作为其追求的目标。在这个过程中，部门未必最优，甚至在某种意义上，整体最优是建立在牺牲部门最优基础之上的。第三，组织管理需要协调系统各组成部分的活动。组织的某一部分所采取的决策和行动会影响到组织的其他部分，组织管理必须协调组织各个组成部分的活动，以确保所有的相互依存的组成部分能够在一起工作从而实现组织的目标。

1.6.3　权变原则

权变原则的精髓在于“具体问题具体分析”。它要求人们在运用管理理论时放弃“放之四海而皆准”或者“一招吃遍天下”的想法，将一般的管理原理与具体的情境因素相结合，从而提高管理的有效性。

组织管理是否存在着普适性现象，是人们思考的一个重要问题。理论家提出的管理原则，大体上被认为是普遍适用的，但是后来发现这些原则的许多例外情况。比如说，工业专业化的早期拥护者将劳动分工视为增加生产率的一个不尽的源泉，这一结论在20世纪甚至更早之前毫无疑问是正确的，因为当时的专业化整体水平还比较低。但到了20世纪60年代以后，若干工作的劳动分工程度已经达到极值，此时再过分强调劳动的进一步细分就会产生人员的非经济性，人员普遍感到乏味、厌倦和疲劳等，这就是劳动生产人员的非经济性会超过专业化的经济优势，至此通过依靠专业化来提高生产率的方法已经失效。

权变原则认为，组织各不相同，又面临着不同的情况，因而需要采取不同的管理方式。管理者应当根据组织所处的内外情境来决定其管理方法和内容，考虑根据不同的情境、不同的组织类型和不同的组织目标等因素，采取不同的管理方式和管理内容，以确保组织的既定目标得以顺利实现。管理是一项复杂多变、充满变数的活动，不存在简单的、普遍适用于一切组织的管理理论与方法。在很多情况下，没有统一的处理模式，要因时间、地点、人员的不同，采取适当的管理方式和内容。管理中不但要注重管理的过程、管理的职能等一般规律，还要把管理与情境联系起来，将管理理论与管理实践紧密地联系起来。要根据不同组织的不同特点，采取相应的组织结构、领导方式，而不是按照一个固定的、僵化的模式去进行。

管理的权变原则并不是不承认管理的科学性，也不是不承认管理存在着普遍规律，而是说要充分认识到管理的灵活性和管理的多样性。权变方法最主要的价值在于，它强调不存在简单化的或者普遍适用的管理原则可供管理者遵循。

1.7　管理的科学性与艺术性

管理工作究竟是一门科学，还是一门艺术，这是多年来理论界和实业界都在争论的问题。目前形成的一种普遍看法认为，管理不仅具有科学性，也具有艺术性，作为科学的管理工作和作为艺术的管理工作是应当得到统一的。

管理的科学性是指管理作为一种活动，存在着基本的客观规律，在管理中应该遵循管理的基本理论和方法。管理理论的产生源于管理实践，人们经过无数次的失败和成功，从实践中收集、归纳、检验数据，提出假设，然后加以验证，并从中抽象总结出一系列反映管理活动过程中客观规律的管理理论和一般方法。这些反映管理过程客观规律的理论知识体系，为指导管理实践提供了根本的原理、原则和方法。人们利用这些理论和方法来指导自己的管理实践，又以管理活动的结果来衡量所使用的理论和方法是否正确，是否行之有效，从而使管理的科学理论和方法在实践中不断得到验证和丰富。所以说，管理是一门科学，是指它以反映管理客观规律的管理理论和方法为指导，有一套分析问题、解决问题的科学方法论。

但是，掌握了大量的管理理论、原理或知识，并不能表明你就是一个出色的管理人员，并不能保证你的管理活动就是有效的、成功的。管理者如果只凭书本知识来开展管理，那么其管理工作注定要失败。在将管理理论运用于管理实践时还需要有个人的经验和技巧，因地制宜地将管理理论和具体管理活动相结合。人们从事管理活动需要熟练地运用知识并通过巧妙的技能来达到某种效果，这种技能包括经验、才识、思维力和创造力，这些就是艺术。同时，管理的重心在于“人”，而人是靠思想、感情支配的，其管理更不能像自然科学的应用那样严谨、刻板和一丝不苟，因此管理工作必然带有浓厚的艺术色彩。正如法约尔所说：“原则是灵活的，是可以适应于一切需要的，问题在于懂得使用它。”从这种意义上说，管理不仅是一种知识，更是一种实践；不仅是一门科学，更是一门艺术。管理工作是一门很难掌握的艺术，它要求智慧、经验、判断和注意尺度。就像其他各种技艺一样，都要利用经过整理的基本知识，并根据实际情况加以创造性地、灵活性地运用，这样才能取得预期的成效。

简单地讲，经过系统整理的管理知识是科学；管理知识的应用，亦即管理实践是艺术。管理的科学性和艺术性应该是互为补充的，而不是相互排斥的。没有理论指导的管理活动只能是靠经验、碰运气，而片面依赖管理的书本知识来进行管理又难免纸上谈兵。有效的管理离不开对于管理理论的理解和掌握，同时也离不开人们对于管理理论在实践中的活学活用。仅凭理论或仅凭经验都不足以保证管理的成功，二者的有效结合才是管理成功的重要保证。一句话，管理工作应该是科学性与艺术性的有机统一体。

本章小结

1. 管理是在组织特定环境条件下，以有效实现组织目标为中心，对组织所拥有的各项资源和活动进行系统协调的过程。

2. 管理的有效性通常采用效率和效果这两个指标来衡量，管理活动要努力实现低资源浪费（高效率）和高目标达成（高效果），这也是组织绩效的衡量标准。

3. 管理存在于组织之中，管理的载体是组织。个人目标与组织目标之间是一荣俱荣，一损俱损的关系。

4. 组织构建的基本原则在于“志同道合、能力互补”，组织构建的合作机制是组织成员“双向选择、自由组合”。

5. 管理的职能就是管理者在管理过程中所从事的活动或发挥的作用，通常包括计划、组织、领导和控制四项职能。

6. 组织中的人员通常分为两类：管理者和操作者。管理者通常是指组织中那些需要协调和监督他人工作以达到组织目标的组织成员，通常划分为高层管理者、中层管理者和基层管理者三类。

7. 管理者在组织中扮演着相应的角色，通常包括人际关系角色、信息传递角色和决策制定角色。

8. 管理者实施有效管理通常需要三种基本技能：技术技能、人际技能和概念技能，但不同层次的管理者会有所侧重。

9. 管理的基本原则包括人本原则、系统原则和权变原则等。

10. 管理既是科学，又是艺术，具有双重性。

1. 列举国内外管理良好和管理不良的组织，你自身所在组织又如何？评价标准是什么？
2. 你愿意在什么样的公司中工作，考虑哪些因素？如果你是一个管理者，如何呼应？
3. 在平时的学习、生活中，如何保证做正确的事、正确地做事？请举例说明。
4. 找出所在组织或身边其他组织，你所接触到的管理问题？
5. 营利组织与非营利组织的管理异同点表现在什么地方？

海底捞的管理智慧

四川海底捞餐饮股份有限公司成立于1994年，是一家以经营川味火锅为主，融会各地火锅特色于一体的大型跨省直营餐饮民营企业。目前，公司已在简阳、北京、上海、西安、郑州、天津、南京、杭州、深圳、厦门、广州等全国21个城市拥有91家直营餐厅，并在新加坡、美国拥有海外直营店，员工近2万人。中国的企业，有很大一部分属于劳动密集型的中小企业，员工工时长、工作累、报酬低，劳资矛盾突出，经常为人诟病。海底捞却告诉我们，即使是在火锅这样技术含量不高的行业，一样可以创造出令人羡慕的高昂士气、充满激情的员工团队和出色的业绩。

以顾客为中心是很多企业都知晓的准则，并且大多数企业都将其视为企业的经营理念之一，但真正能够做到的却是少之又少，而海底捞就是其中的佼佼者，它将以顾客为中心的理念通过所谓的“变态服务”贯穿于从顾客进门、等待、就餐、离开的整个消费过程。排队等候就餐是个极其枯燥的过程，海底捞却反其道而行之。海底捞在每个门店都设有面积不菲的等候区，除了舒适的沙发和桌椅，顾客还可以免费吃水果、喝饮料，免费擦皮鞋，免费上网，玩飞行棋，扑克等，等待超过半小时餐费还可以打九折，年轻女孩子甚至为了享受免费美甲服务专门去海底捞。待客人坐定点餐时，服务员会细心地为长发的女士递上皮筋和发夹；戴眼镜的客人则会得到擦镜布。隔15分钟，就会有服务员主动更换你面前的热毛巾；如果带了小孩子，服务员还会帮你喂孩子吃饭，陪他们在儿童天地做游戏；抽烟的人，他们会给你一个烟嘴。服务的目的是让客人满意,可是客人的要求不尽相同。有人要标准的调料,有人喜欢自己配;有人需要两份调料,有人连半份也都用不了;有人喜欢自己涮,有人喜欢服务员给他涮。有人不喜欢免费的酸梅汤,能不能让他免费喝上一碗本该收费的豆浆?碰到牙口不好的老人,能不能送碗鸡蛋羹?让客人满意不可能完全靠标准化的流程和制度,只能靠一线服务员临场根据自己的判断完成。如果碰到流程和制度没有规定的问题,就需要大脑去创造了。比如客人想吃冰淇淋,服务员要不要到外边给他买?大脑在什么情况下才能创造?心理学证明,当人用心的时候,大脑的创造力最强。于是,让海底捞的服务员都能用心服务就变成公司的基本理念。

餐饮业属于劳动密集型行业,服务是通过服务员来传达的,所以员工是最重要的。海底捞认为,只有当员工对企业产生认同感和归属感,才会真正快乐地工作,用心去做事,然后再透过他们去传递海底捞的价值理念,因此,海底捞通过一系列企业文化、福利、授权制度和晋升机制,培养了一批具有强烈服务意愿和热情的员工,由此打造了一个服务名声远播的海底捞。海底捞的95%的员工都是来自农村,学历不高,但是他们同样也有梦想,他们同样渴望得到一份有前途的工作,希望和城市居民一样舒适体面地生活,他们也愿意为追逐梦想而努力,用双手改变命运。而海底捞就是希望能够提供这样一个平台,能够帮助他们去实现这个梦想。在整个餐饮行业中,海底捞的工资只能算中上,但其提供的隐性福利却比较多。海底捞为员工租住的房子全部是正式住宅小区的两三居室,配备空调,电脑;考虑到路程太远会影响员工休息,规定从小区步行到工作地点不能超过20分钟;还有专人负责做清洁,洗衣服。公司每个月会给大堂经理、店长以上干部、优秀员工的父母寄几百元钱,这些农村的老人大多没有养老保险,这笔钱就相当于给他们发保险了,他们因此也会一再叮嘱自己的孩子在海底捞好好干。此外,海底捞出资千万在四川简阳建了一所寄宿学校,让员工的孩子免费上学。做到一定级别之后,海底捞会为员工的子女在城里解决上学的问题。海底捞设立了专项基金,每年会拨100万用于治疗员工和直系亲属的重大疾病。充分授权也是海底捞的一个管理特色。在海底捞,员工可以享受一个特权:基层服务员可以享有打折、换菜甚至免单的权利,只要事后口头说明即可。在每一间海底捞的办公室里,墙上都会贴着一张“金点子排行榜”,这就是海底捞思想火花的来源。每个月,由各大部长、片区经理组成的创新委员会,会对员工们提出的创意服务做出评判,一旦评上就会推广到各个分店,员工可以获得200元—2 000元不等的奖励。海底捞有着很完善的晋升机制,层层提拔。在海底捞,只有两个岗位有学历的特殊要求,那就是技术总监和办公室主任合并由一个人担任,财务总监和物流董事长合并由一个人担任。其他的所有管理人员,包括大区经理都是从基层服务员开始做起来的。放眼全国,甚至全世界,能够做到对员工的工作、生活如此关怀的,除了海底捞,也许就没有第二家。正是海底捞为员工提供了如此好的条件,这些来自于农村的怀揣着梦想的年轻人能够真心地为每一位顾客服务。

作为火锅行业,菜式上很难加以创新,这虽节约了不少成本,但也使各个企业之间差异小,顾客参与度较低,价格、菜式新鲜度等是各企业主要竞争的红海。而海底捞则另辟蓝海,采取多元化的经营策略,开发多种锅底、菜式以及糕点类食品。经营品种多样化的同时,保证菜品的新鲜度及口味的独特性,使消费者可以享用多种不同品种的产品,使简单的火锅饮食丰富化,消费频率也随之增高。与此同时,海底捞从火锅底料、原料、辅料的采购、制作、配送,以及洗碗等一系列后厨工作都已经标准化、流水线化和信息化。海底捞的后台生产,完全是按照量化管理来操作。在海底捞北京大兴西红门配送中心,有一整套现代化的清洗、加工、检验、冷藏或冷冻设备,通过标准化的生产链条,每天向北京的10家分店输送菜品,这样的标准化生产使得海底捞的各个门店后厨工作变得很简单，菜品送到门店后只需要按分量分装上桌即可。海底捞和麦当劳全球物流合作伙伴美国夏晖公司合作，在全国成立了四个类似这样的配送中心，支撑全国的门店供应。另外，海底捞的后厨配备了自动的火锅加汤设备、自动洗碗机以及触摸屏点菜等自动化设备，以便做到最快速度上齐菜品。海底捞还在努力加强后台菜品配送流程，以期达到"分店无后厨"的最终境界。

绝大多数企业对于员工、干部的考评都是考察营业收入和利润，但是海底捞不是。海底捞对每一家店的店长考核，只有两个指标：一是顾客的满意度，二是员工的工作积极性。而对于服务员，让大多数顾客感觉满意，那就足够了。由于考核的内容并不是量化的指标，因此为了保持服务质量以及对员工的服务做出正确的评价，在公司内部，总部会经常派人去各个分店进行检查。另外，海底捞同时也引入了外部评价机制。海底捞会通过微博等方式从顾客里挑选一些神秘嘉宾，这些神秘嘉宾会去海底捞吃饭，但是海底捞的服务员并不知道他们是神秘嘉宾。他们将对海底捞的服务做出各方面的评价并提出一些建议，而海底捞会报销他们的账单。一方面了解顾客的需求，另一方面能够通过顾客的体验对员工进行考核。

（本案例选自"海底捞—服务制胜"等相关网络资料）

讨论题

1. 试分析海底捞的各种管理举措所反映出的管理理念。
2. 你认为海底捞成功的原因是什么，哪些因素构成了海底捞的独特竞争力？
3. 海底捞成功的经验可以模仿和复制吗？前提是什么？

第 2 章　西方管理思想演变

学习目标

2.1　了解西方早期管理思想。
2.2　掌握古典管理理论。
2.3　理解行为科学理论。
2.4　理解现代管理理论代表学派。
2.5　了解管理理论的新发展。

情境案例

福特 1863 年出生于密执安州的一个农场主家庭，自幼喜欢摆弄机器，后离家当了技工，并于 1904 年建立了福特汽车公司。福特认为，工业发展的出路是不断改进技术。在这个前提下，他在发迹之初，特别强调生产上应有所发明，有所革新。他选择的高级经理人员都是反对墨守成规的技术人才，这些人处理技术问题灵活，且具有生气勃勃的革新精神。与此同时，福特合理安排，充分利用各种机器设备，在实行产品标准化的基础上组织大批量生产。他以连续不停地传送带装配线组织作业，创造出极高的劳动生产率。20 世纪 20 年代，福特较清醒地认识到了时代的需要，极力发展廉价车，最终建成了当时世界上最大的汽车公司，其汽车销量最高的一年达到 100 万辆。1925 年 10 月，福特汽车公司一天就造出 9 109 辆汽车，平均每 10 秒钟一辆，在全世界同行业中遥遥领先。福特首创的大规模装配线生产方式和管理方法，不仅为今天高度发达的工业生产奠定了基础，并且成为加快工业建设速度的重要因素。

人类进行有效的管理实践活动，已有数千年的历史。但是，只是在过去的几百年时间里，管理理论才被系统地加以研究，逐渐成为一种共同的知识体系，成为一门正式学科。了解管理思想演变脉络的意义不仅在于继承管理先知们的管理智慧，更在于在新的管理实践中不断地去发展管理思想。同时，由于现代管理思想主要诞生于西方管理实践，因此这里主要梳理一下西方管理思想的发展脉络。

2.1　西方早期管理思想

西方早期管理思想的萌芽和发展经历了一个漫长的历史时间，从中世纪后期现代管理思想雏形的出现，直到美国科学管理思想的诞生前夜，具体包括中世纪之前、中世纪以及产业革命前后三个阶段。

2.1.1　中世纪之前的西方管理思想

西方的早期管理思想主要体现在指挥军队作战、治国施政和管理教会等活动之中。古巴比伦人、古埃及人和古罗马人在这些方面都有过重要贡献。

古巴比伦在汉谟拉比统治时期，就建立起庞大而比较完善的官僚体系。汉谟拉比之后，国王尼布甲尼撒二世统治时期，也出现了许多有效管理的实例，一些大的工程建设充分体现了当时的管理水平。巴比伦城建筑宏伟壮丽，直到100多年后希腊历史学家希罗多德来到巴比伦城时，仍称它为世界上最壮丽的城市。这一时期还建设了被称为世界七大奇迹之一的“空中花园”。

在古埃及，法老之下设置了各级官吏，最高为宰相，辅助法老处理全国政务，总管王室农庄、司法、国家档案，监督公共工程的兴建。宰相之下设有大臣，分别管理财政、水利建设以及各地方事务。上至宰相，下至书吏、监工，各有专职，形成了以法老为最高统治者的金字塔式的管理机构。为了强化法老专制政权的统治，埃及法老为自己修建了壮观的金字塔。其工程之浩大、技术之复杂，至今仍被视为难以想象的奇迹，以致被蒙上许多神秘的色彩。

在古希腊，当时的思想家们对管理有许多精辟的见解。苏格拉底曾提出管理的普遍性，认为管理技能在公共事务和私人事务之间是相通的。亚里士多德提出了国家制度的各种形式，描绘了以奴隶制为基础的“理想城邦”的轮廓。色诺芬(Xenophon)从使用价值角度考察了社会分工问题，他认为一个人不可能精通一切技艺，所以劳动分工是必要的。社会分工能使产品制作更加精美，质量更高。

古罗马人最有效的管理实例，是当时的统治者戴克里先对罗马帝国的重组。他上台之后，针对帝国组织庞大，事务繁杂，但又人浮于事这一情况，重新设计了帝国的组织结构，把军队和政府分为不同的权力层次，并对每一层次规定了严明的纪律，以保证组织职能的发挥。他把帝国分为100个郡，归为13个“省”，进一步把“省”组成4个“道”，从而建立起专制的组织结构。

2.1.2　中世纪的西方管理思想

公元5世纪末，古罗马帝国灭亡，欧洲进入封建社会，历史上将公元6世纪到18世纪这段时间称之为“中世纪”。在中世纪，欧洲大体是奴隶社会末期直至资本主义萌芽时期，社会生产力、商品生产有了一定的发展，同时管理实践和管理思想也都有了很大发展。

由于受封建制度的束缚，中世纪时期的经济发展相对来说比较缓慢。然而，城市的兴起、贸易的发展和威尼斯造船厂的管理实践都极大地丰富了古典管理思想。威尼斯造船厂建立于1436年，有2千人左右，占地60亩。其管理实践主要包括：(1) 互相制约的组织机构和领导体制；(2) 把部件编号并储存在指定地方；(3) 在运河两岸先后排列不同的安装工序，类似于装配线生产；(4) 部件标准化；(5) 建立会计制度(两本日记账和一本分类账)；(6) 存货管理制度；(7) 利用成本控制和计量方法帮助做出管理决策；(8) 计件工资和计时工资。

这个时期也涌现了一大批像阿奎那(Thomas Aquinas)、马基雅维利(Niccolò Machiavilli)和莫尔(Thomas More)为代表的管理思想家。

托马斯·阿奎那(1225—1274),意大利贵族,西欧中世纪经院哲学家与蒙昧主义典型代表,他成功地将基督教的神学思想和亚里士多德的哲学融合在一起,建立起了庞大的经院哲学体系。他一生著有18部巨著,其中包括集基督教思想之大成的《神学大全》和《哲学大全》。其管理思想主要包括:(1) 人有高低贵贱之分,封建农奴制度是必要而且合理的;(2) 体力劳动和脑力劳动的分工是划分社会等级的基础;(3) 坚信私有制,反对公有制,认为私有制是人的理性创造出来的,符合自然法则,符合上帝的意志;(4) 重视公平交易和公平价格;(5) 公平价格不仅由消耗劳动来决定,而且也受供求关系的影响;(6) 货币成为商品的保价品和等价物;(7) 反对经营商业,认为其行为和盗窃无异;(8) 认为放债取利是罪恶。

尼古拉·马基雅维利(1469—1527),意大利政治思想家和历史学家,出身没落贵族家庭。主要作品有《君主论》、《罗马史论》、《佛罗伦萨史》等,其管理思想主要包括:(1) 所有的政府,其持续存在都依赖于群众的支持,即权力是自下而上的,而不是自上而下的;(2) 要使国家能持续存在,必须要有内聚力;(3) 领导者(或管理者)的类型有两种:一种是自然或天生型,另一种是后天获得领导技术的类型;(4) 任何组织的主要目标之一是使自己生存下去。

托马斯·莫尔(约1478—1535),欧洲早期空想社会主义学说的创始人、人文主义者、政治家,出生于英国伦敦的一个富裕法官家庭,代表作《乌托邦》。主要内容:(1) 揭露了资本主义黑暗,抒发了对消除人剥削人的未来美好社会的向往;(2) 私有制是一切罪恶的根源;(3) 统一布局社会的生产和组织;(4) 社会经济要按统一原则管理。

2.1.3 产业革命前后的西方管理思想

18世纪60年代开始的工业革命使西方世界不仅在技术上而且在社会关系上出现了巨大的变化。小手工业受到大机器生产的排挤,社会生产组织形式迅速从以家庭为单位转向以工厂为单位。在新的生产组织形式下,效率和效益问题、协作劳动之间的组织和配合问题、人和机器的协调运转问题等,使传统的军队式、教会式管理方式和手段遭遇到前所未有的挑战。在这种情况下,为了解决工业革命所带来的一系列管理难题,不少对管理理论的建立和发展具有重大影响的管理思想应运而生,其中对后期的管理思想有较大影响的代表人物是亚当·斯密、罗伯特·欧文和查尔斯·巴贝奇。

1. 斯密的劳动分工观点和经济人观点

亚当·斯密(Adam Smith,1723—1790)是英国古典政治经济学家,代表作品《国民财富的性质和原因的研究》。亚当·斯密对管理理论发展的一个重要贡献是他的分工观点。他认为分工是促进生产力发展的重要因素,原因在于:① 分工可以使劳动者专门从事一种单纯的操作,从而提高熟练程度、增进技能;② 分工可以减少劳动者的工作转换,节约通常由一种工作转到另一种工作所损失的时间;③ 分工可以使劳动简化,使劳动者的注意力集中在一种特定的对象上,有利于发现比较方便的工作方法,促进工具的改良和机器的发明。斯密的分工观点适应了当时社会对迅速扩大劳动分工以促进工业革命发展的要求,成为资本主义管理的一条基本原理。

斯密的另一个重要贡献是他的经济人观点。他认为,经济现象是由具有利己主义的人们的活动产生的。人们在经济行为中,追求的完全是私人利益。如斯密在《国民财富的性质和原因的研究》中所言,"我们每天所需要的食物和饮料,不是出自屠户、酿酒家和面包师的恩惠,而是出于他们自利的打算。我们不说唤起他们利他心的话,而说唤起他们利己心的话,我们不说我们自己需要，而说对他们有好处。”斯密的经济人观点是资本主义生产关系的反映，它对于资本主义管理的实践和理论，都有着重要的影响。

2. 欧文的人事管理

罗伯特·欧文(Robert Owen,1771—1858)，英国空想社会主义者。欧文于 1800—1828 年间在苏格兰自己的几个纺织厂内进行试验。试验主要是针对当时工厂制度下工人劳动条件和生活水平都相当低下的情况来进行的，主要包括改善工人劳动条件，提高童工参加劳动的最低年龄，提高工资，缩短劳动时间，为雇员提供厂内膳食，按成本向雇员出售生活必需品，发放抚恤金等。试验的目的是探索对工人和工厂所有者双方都有利的方法和制度。欧文开创了在企业中重视人的地位和作用的先河，被称为“现代人事管理之父”。

3. 巴贝奇的作业研究和报酬制度

查尔斯·巴贝奇(Charles Babbage,1792—1871)，英国著名数学家、机械学家，既是计算机研究的先驱者，又是管理研究的先驱者。他曾用 10 年的时间考察英国和欧洲大陆的工厂管理问题，1832 年出版了《论机器与制造业的经济》一书。

巴贝奇对管理的贡献主要有以下两方面：一是对工作方法的研究。他认为，一个体质较弱的人如果所使用的铲在形状、重量、大小等方面都比较适宜，那么他一定能胜过体质较强的人。因此，要提高工作效率，必须仔细研究工作方法。二是对报酬制度的研究。他提出了一种固定工资加利润分享的制度，认为这种制度有以下好处：① 每个工人同工厂的发展和利润的多少有直接的利害关系；② 每个工人都会关心浪费和管理不善的问题；③ 能促使每个部门改进工作；④ 能鼓励工人提高技术和品德；⑤ 由于工人同雇主的利益一致，能消除隔阂，共求繁荣。

2.2　古典管理理论的诞生

20 世纪初，资本主义发展进程加快，社会迫切需要一种科学的管理理论来推动社会的发展，这种需求在美国表现得尤为迫切，人们着眼于寻找更加科学合理地管理劳动和组织的各种方法，这就形成了古典管理理论诞生的特定时代背景。古典管理理论一般包括三个不同的理论：科学管理理论、一般管理理论和行政组织理论。

2.2.1　科学管理理论

费雷德里克·泰罗(Frederick W. Taylor,1856—1915)，是美国古典管理学家，科学管理的创始人。他 18 岁从一名学徒工开始，先后被提拔为车间管理员、技师、小组长、工长、维修工长、设计室主任和总工程师。在管理生涯中，泰罗不断在工厂实地进行试验，系统地研究和分析工人的操作方法和动作所花费的时间，逐渐形成其管理体系——科学管理。泰罗的代表性著作有：《计件工资制》(1895)、《车间管理》(1903)和《科学管理原理》(1911)等。

科学管理诞生的背景是美国“南北战争”结束不久，社会很快便形成了一种新的工业发展气氛，不少工业部门开始出现了大型企业，但管理十分粗糙，仍然是凭传统的经验办事。车间管理如劳动的专业化、操作的标准化和程序化都没有建立起来，更谈不上工作的协调化、一体化和系统化，不仅造成了极大浪费，而且效率低下，生产潜力得不到发挥。面对这种境况，一批工程师和企业家对工厂和车间经营效率不高的原因进行了研究，通过实验来寻求合理组织生产和发挥工人潜力的方法，并利用美国的机械工程师协会发表各自的看法。泰罗就是在这种情况下走上历史舞台的。

泰罗的科学管理理论主要包括以下几个方面：

（1）工作定额。泰罗认为，管理的中心问题是提高劳动生产率。为了提高劳动生产率，他提出：① 企业要设立一个专门制定定额的部门或机构，这样的机构不但在管理上是必要的，而且在经济上也是合算的；② 要制定出有科学依据的工人的“合理日工作量”，就必须通过各种试验和测量，进行劳动动作研究和工作研究。其方法是选择合适且技术熟练的工人；研究这些人在工作中使用的基本操作或动作的精确序列，以及每个人所使用的工具；用秒表记录每一基本动作所需时间，加上必要的休息时间和延误时间，找出做每一步工作的最快方法；消除所有错误动作、缓慢动作和无效动作；将最快最好的动作和最佳工具组合在一起，成为一个序列，从而确定工人“合理的日工作量”，即劳动定额。

泰罗在伯利恒钢铁公司进行了有名的搬运生铁块试验。伯利恒有一个 75 人的生铁搬运小组，每人每天装货约 12.5 吨。泰罗挑选了一位名字叫斯密特的外籍移民工人，让他严格按照管理人员的指示进行工作，由一名拿着秒表的管理者掌握斯密特工作中的动作、程序和间隔休息时间。这样，斯密特在一天之内完成了 47.5 吨生铁的搬运工作，其工资也由过去的 1.15 美元增加到 1.85 美元。

（2）劳动方法标准化。泰罗认为，在科学管理的情况下，要想用科学知识代替个人经验，一个很重要的措施就是实行工具标准化、操作标准化、劳动动作标准化和劳动环境标准化。这是因为，只有实行标准化，才能使工人使用更有效的工具，采用更有效的工作方法，从而达到提高劳动生产率的目的；只有实现标准化，才能使工人在标准设备、标准条件下工作，才能对其工作成绩进行公正合理的衡量。

泰罗不仅提出了实行标准化的主张，而且也为标准化的制定进行了积极的试验。除搬运生铁试验外，泰罗还进行了铲具试验和金属切削试验。在铲具试验中，他得出铁锹每次铲物在重 21 磅时，劳动效率最高的结论；在长达 26 年的金属切削试验中，他得出影响切割速度的 12 个变数及反映它们之间相关关系的数学公式等，为工作标准化、工具标准化和操作标准化的制定提供了科学的依据。

（3）科学地选择并培训工人。泰罗指出，健全的人事管理的基本原则是使工人的能力同工作相适应，企业管理当局的责任在于为雇员找到最合适的工作，并培训他们成为第一流的工人。所谓第一流的工人，泰罗认为就是那些最适合又最愿意干某种工作的人。对于如何使工人成为第一流工人，泰罗不同意传统的由工人自己挑选工作，并根据各自的可能进行自我培训的方法，而是要求管理人员主动承担这一责任。泰罗指出，管理人员的责任是细致地研究每一个工人的性格、脾气和工作表现，找出他们的能力，并且系统地加以训练，使工人在雇用他的公司里，能担任最高、最有兴趣、最有利、最适合他们能力的工作。这种科学地选择与培训工人不是一次性行动，而是每年都要进行。

（4）差别计件工资制。泰罗认为，工人磨洋工的一个重要原因是报酬制度不合理。计时工资不能体现劳动的数量，计件工资虽然能体现劳动的数量，但工人担心劳动数量提高后雇主会降低工资率，从而等同于劳动强度的加大。

针对这种情况，泰罗提出了一种具有很大刺激性的报酬制度—“差别工资制”方案。其主要内容是:① 通过计件和工时研究,确定合理的劳动定额;② 制定差别工资率。即按照工人是否完成定额而采用不同的工资率。如果工人能够保质保量地完成定额,就按高的工资率付酬;如果工人的生产没有达到定额就将全部工作量按低的工资率付给,并给以警告,如不改进,就要被解雇。例如,某项工作定额是10件,每件完成给0.1元。又规定该项工作完成定额工资率为125%,未完成定额率为80%,那么,如果完成定额,就可得工资为10×0.1×125%=1.25(元);如未完成定额,例如哪怕完成了9件,也只能得工资为9×0.1×80%=0.72(元)。

(5) 计划职能与执行职能相分离。泰罗主张明确划分计划职能与执行职能。由专门的计划部门来从事调查研究,为定额和操作方法提供科学依据,制定科学的定额和标准化的操作方法及工具,拟定计划并发布指示和命令,比较"标准"和"实际情况",进行有效的控制工作。至于现场的工人,则按照计划部门制定的操作方法和指示,使用规定的标准工具,从事实际的操作,不得自行改变,即计划职能同执行职能分开。

另一方面,泰罗主张实行职能管理,将管理的工作予以细分,使所有的管理者只承担一种职能。他设计出八个职能工长,代替原来的一个职能工长,其中四个在计划部门,四个在车间,每个职能工长负责某一方面的工作。在其职能范围内,可以直接向工人发出命令。后来的事实表明,一个工人同时接受几个职能工长的多头领导,容易引起混乱,所以"职能工长制"没有得到推广,但泰罗的这种职能管理思想为以后职能部门的建立和管理的专业化提供了参考。

(6) 例外原则。泰罗认为,规模较大的企业不能只依据职能原则来组织和管理,而必须应用例外原则。所谓例外原则,是指企业的高级管理人员把一般的日常事务授权给下级管理人员去负责处理,而自己只保留对例外事项、重要事项的决策和监督权,如重大的企业战略问题和重要的人员更替问题等。泰罗提出的这种以例外原则为依据的管理控制方式,后来发展为管理上的授权原则、分权化原则和实行事业部制等管理体制。

与泰罗同时代的其他人,如吉尔布雷斯夫妇和甘特等,也为科学管理做出了贡献。弗兰克·吉尔布雷斯(Frank Bunker Gilbreth,1868—1924),建筑与管理学家,科学管理运动的先驱者之一。莉莲·吉尔布雷斯(1878—1972),心理与管理学家,弗兰克的妻子。弗兰克·吉尔布雷思的主要著作有《动作研究》(1911)和《应用动作研究》(1917);莉莲的著作有《管理心理学》(1916);两人合著有《疲劳研究》(1919)和《时间研究》(1920)等。动作研究是吉尔布雷斯夫妇对科学管理理论的突出贡献。所谓动作研究,就是把作业动作分解为最小的分析单位,然后通过定性分析,找出最合理的动作,以使作业达到高效、省力和标准化的方法。吉尔布雷斯夫妇在动作研究中主要采用观察、记录并分析的方法。为了分析和改进工人完成一项任务所进行的动作和顺序,他们率先将摄影技术用于记录和分析工人所用的各种动作。通过对动作的分解研究,吉尔布雷斯夫妇把手的动作分为17种基本动作,如拿工具这一动作可以分解成17个基本动素:寻找、选择、抓取、移动、定位、装备、使用、拆卸、检验、预对、放手、运空、延迟(不可避免)、故延(可避免)、休息、计划、夹持等。吉尔布雷斯把这些基本动作定义为动素,而动素是不可再分的。由于在动作研究领域所取得的突出贡献,吉尔布雷斯被后人尊为"动作研究之父"。

亨利·劳伦斯·甘特(Henry Laurence Gantt,1861—1919),美国管理学家、机械工程师,是泰罗在米德维尔钢铁公司和伯利恒钢铁公司的亲密合作者。他的最重要贡献就是创造了甘特图。这是一种用线条表示的计划图表。在图上,项目的每一步在被执行的时间段中用线条标出。完成以后,甘特图能以时间顺序显示所要进行的活动,以及那些可以同时进行的活动。

阅读材料:吉尔布雷斯的砌砖试验

1885年,吉尔布雷斯受雇于一营造商,发现工人造屋砌砖时,所用的工作方法和工作的快与慢,互不相同。他认为应该加以研讨究竟哪种方法是最经济和最有效的。吉尔布雷斯于是分析工人砌砖的动作。发现工人每砌一砖,率先以左手俯身拾取,同时翻动砖块,选择其最佳一面,在堆砌时候,放置外向。这个动作完毕后,右手开始铲起泥灰,敷于堆砌处,左手置放砖块后,右手复以铲泥灰工具敲击数下,以固定砖块。这一周期性动作,经他细心研讨,并拍制成影片,详加分析,发现工人俯身拾砖,容易增加疲劳,左手取砖时,右手闲散,也不是有效方法,再敲砖动作,也是多余。于是经多次试验,得到一个砌砖新方法。该方法是在砖块运至工作场时,先让价廉工人,加以挑选,放在一个木框内,每框盛砖90块,其最好的一面或一端,放在一个确定的方向,此木框悬挂在工人左方身边,在左手取砖时,右手同时取泥灰,同时改善泥灰的浓度,使得砖置放在上面时,无须敲击,即可到达定位,经此方法改善后,工人的工作效率大增,砌每一砖的动作由18次减至5次,工人经训练后,老方法每小时原来只能砌120块,用新方法则可砌350块,工作效率增加近200%。

2.2.2 一般管理理论

亨利·法约尔(Henri Fayol,1841—1925),出生于法国一个中产阶级家庭,后进入圣艾蒂安国立矿业学院学习,毕业时他取得了矿业工程师资格。1860年他被任命为科芒特里矿井组的工程师,在他漫长而成绩卓著的经营生涯中,他一直珍视这项事业。1918年他退休时的职务是公司总经理,退休后仍担任公司董事直到去世。

法约尔一直从事领导工作,他把企业作为一个整体来研究,他的著述很多,1916年出版的《工业管理和一般管理》是其最主要的代表作,标志着一般管理理论的形成。其主要内容如下:

(1) 从企业经营活动中提炼出管理活动

法约尔区别了经营和管理,认为这是两个不同的概念,管理包括在经营之中。通过对企业全部活动的分析,法约尔将管理活动从经营职能(包括技术、商业、财务、安全和会计等五大职能)中提炼出来,成为经营的第六项职能。

法约尔还分析了处于不同管理层次的管理者对各种能力的相对要求,随着企业由小到大、职位由低到高,管理能力在管理者必要能力中的相对重要性不断增加,而其他诸如技术、商业、财务、安全、会计等能力的重要性则会相对下降。

(2) 提出管理的五大职能

法约尔将管理活动分为计划、组织、指挥、协调和控制五大管理职能,并进行了相应地分析和讨论。法约尔认为,计划就是预测未来并制定行动方案;组织就是建立企业的物质结构和社会结构;指挥就是使企业人员发挥作用;协调就是让企业人员团结一致,使企业中所有活动和努力得到统一和谐;控制则是保证企业中进行的一切活动符合所制订的规划和所下达的命令。

(3) 提出14条管理原则

① 分工。在技术工作和管理工作中进行专业化分工可以提高效率。

② 权责相当。管理者必须有权力发布命令,但权力必须与责任相当。

③ 纪律。雇员必须服从和尊重组织规定,领导以身作则、管理者和雇员对规章有明确理

解,以及公平的奖惩对于保证纪律的有效性非常重要。

④ 统一指挥。一个下属人员只应接受一个上级的命令,并向这个上级汇报自己的工作。

⑤ 统一领导。凡目标相同的活动,只能有一个领导,一个计划。

⑥ 个人利益服从整体利益。个人和小集体的利益不能超越组织整体的利益。

⑦ 报酬。必须给工作和服务以公平合理的报酬。

⑧ 集权与分权。集权的程度应该适合于该企业的实际情况和所属环境。

⑨ 等级层次。表现为从最高层管理人员到最低层管理人员的领导系列,上下层次之间和横向部门之间应保持灵敏的信息沟通。

⑩ 秩序。企业成员和物品都应各得其位、各得其用。

⑪ 公平。管理者应该友善和公正地对待下属。

⑫ 人员稳定。减少不必要的流动,以保证所属人员能很好地完成工作。

⑬ 主动性。鼓励员工发表建议和增加执行任务的自觉性和积极性。

⑭ 团结精神。任何分裂对企业都是非常有害的,所以要注意协作、协调、沟通、配合,甚至包括必要的妥协。

法约尔的一般管理理论是西方古典管理思想的重要组成部分,在管理的范畴、管理的组织理论、管理的原则方面提出了崭新的观点,成为管理过程学派的理论基础,也是以后各种管理理论和管理实践的重要依据。

2.2.3 行政组织理论

马克斯·韦伯(Max Weber,1864—1920),德国社会学家,曾担任过教授、政府顾问、编辑,在社会学、宗教学、经济学与政治学方面都有相当的造诣。韦伯的主要著作有《新教伦理与资本主义精神》、《一般经济史》、《社会和经济组织的理论》等,其中行政组织理论产生了最为深远的影响。

韦伯认为,任何组织都必须以某种形式的权力作为基础。人类社会存在三种为社会所接受的权力:

第一种是理性的、法定的权力。指的是依法任命,并赋予行政命令的权力,对这种权力的服从是依法建立的一套等级制度,这是对确认职务或职位的权力的服从。

第二种是传统的权力。它是以古老的、传统的、不可侵犯的和执行这种权力的人的地位的正统性为依据的。

第三种是超凡的权力。它是指这种权力是建立在对个人的崇拜和迷信的基础上的。

韦伯认为,上述三种权力形态中,传统权力的效率较差,因为其领导人不是按能力来挑选的,仅是单纯为了保存过去的传统而行事。超凡权力过于带感情色彩并且是非理性的,不是依据规章制度而是依据神秘或神圣的启示,所以这两种权力都不宜作为行政组织体系的基础,只有理性和法定的权力才能作为行政组织的基础。因为理性的法定权力具有较多的优点,如有明确的职权领域,执行等级系列,可避免职权的滥用,权力行使的多样性等,因而是保证组织健康发展的最好的权力形式。

基于适合于行政组织体系的法定权力基础,韦伯勾画出理想的官僚组织模式(官僚一词在这里指由受过训练的专职人员组成的行政管理机构,并无贬义),具有下列特征:

(1) 组织中的人员应有固定和正式的职责并依法行使职权。组织是根据合法程序制定的，应有其明确目标，并靠着这一套完整的法规制度规范组织与成员的行为，以期有效地追求与达到组织的目标。

(2) 组织的结构是一层层控制的体系。在组织内，按照地位的高低规定成员间命令与服从的关系。

(3) 人与工作的关系。成员间的关系只有对事的关系而无对人的关系。

(4) 成员的选用与保障。每一职位根据其资格限制(资历或学历)，按自由契约原则，经公开考试合格予以使用，务求人尽其才。

(5) 专业分工与技术训练。对成员进行合理分工并明确每人的工作范围及权责，然后通过技术培训来提高工作效率。

(6) 成员的工资及升迁。按职位支付薪金，并建立奖惩与升迁制度，使成员安心工作，培养其事业心。

韦伯认为，凡具有上述6项特征的组织，可表现出高度的理性化，其成员的工作行为也能达到预期的效果，组织目标也能顺利地达成。

韦伯对理想的官僚组织模式的描绘，为行政组织指明了一条制度化的组织准则。时至今日，行政组织化已成为各类社会组织的主要形式。

2.3 行为科学理论

古典管理理论的代表人物泰罗、法约尔等人在不同方面对管理理论的发展做出了卓越贡献，并对管理实践产生了深刻影响，但是他们的共同特点是强调管理的科学性、合理性和纪律性，而未对管理中人的因素和作用给予足够重视。基于这种认识，工人被安排去从事固定的、枯燥的和过分简单的工作，成了"活机器"。从20世纪20年代美国推行科学管理的实践来看，泰罗制在使生产率大幅度提高的同时，也使工人的劳动变得异常紧张、单调和劳累，因而引起了工人的强烈不满，并导致了工人怠工、罢工以及劳资关系紧张等事件的出现；另一方面，随着经济的发展和科学的进步，有着较高文化和技术水平的工人逐渐占据了主导地位，体力劳动逐渐让位于脑力劳动，也使得西方的资产阶级感到单纯用古典管理理论和方法已不能达到有效控制工人并实现提高生产率和利润的目的。这使得对新的管理思想、管理理论和管理方法的寻求和探索成为必要。

2.3.1 梅奥与霍桑试验

梅奥(George Elton Myao，1880—1949)原籍澳大利亚，后移居美国。作为一位心理学家和管理学家，他主导了1924年到1932年在美国芝加哥西方电器公司霍桑工厂进行的试验，即霍桑试验。该实验分四个阶段。

第一阶段：照明实验

时间从1924年11月至1927年4月。当时在生产效率方面占统治地位的理论是劳动医学的观点，即影响工人生产效率的是疲劳和单调感等。于是，实验假设便是"提高照明度有助于减少疲劳，使生产效率提高"。可是经过两年多实验发现，照明度的改变对生产效率并无影响。具体结果是：当实验组照明度增大时，实验组和控制组都增产；当实验组照明度减弱时，两组依然都增产，甚至实验组的照明度减至0.06烛光时，其产量亦无明显下降；直至照明减至如月光一般、实在看不清时，产量才急剧降下来。该实验看起来以失败告终，但从中可以得出这样的结论：照明强度和生产效率之间没有单纯的直接关系，但生产效率仍和某种未知的因素有关。

第二阶段：福利实验

时间从 1927 年 4 月至 1929 年 6 月。实验目的是查明福利待遇的变换与生产效率的关系。但经过两年多的实验发现，不管福利待遇如何改变(包括工资支付办法的改变、优惠措施的增减、休息时间的增减等)，都不影响产量的持续上升，甚至工人自己对生产效率提高的原因也说不清楚。后经进一步的分析发现，导致生产效率上升的原因可能是：(1) 参加实验的光荣感。实验开始时 6 名参加实验的女工曾被召进部长办公室谈话，她们认为这是莫大的荣誉。这说明被重视的自豪感对人的积极性有明显的促进作用。(2) 成员间良好的关系。

第三阶段：访谈实验

1928 年至 1931 年，研究者在工厂中开始了访谈计划。此计划的最初想法是要工人就管理当局的规划和政策、工头的态度和工作条件等问题做出回答，但这种规定好的访谈计划在进行过程中却出乎调查者的预料：工人想就工作提纲以外的事情进行交谈，认为重要的事情并不是公司或调查者认为意义重大的那些事。研究人员了解到这一情况后，及时把访谈计划改为事先不规定内容，每次访谈的平均时间从 30 分钟延长到 1—1.5 个小时。访谈者详细记录工人的不满和意见，多听少说。访谈计划持续了两年多，工人的产量大幅提高。分析其原因可能是，工人们长期以来对工厂的各项管理制度和方法存在许多不满，无处发泄，访谈计划为他们提供了发泄机会。发泄过后心情舒畅，士气提高，使产量得到提高。

第四阶段：群体实验

1931 年到 1932 年，梅奥等人选择 14 名男工人在单独的房间里从事绕线、焊接和检验工作，对这个班组实行特殊的计件工资制度。实验者原来设想，实行这套奖励办法会使工人更加努力工作，以便得到更多的报酬。但试验结果却是，产量只保持在中等水平上，每个工人的日产量平均都差不多，而且工人并不如实报告产量。调查发现，这个班组为了维护他们群体的利益，自发地形成了一些规范。他们约定，谁也不能干的太多，突出自己；谁也不能干的太少，影响全组的产量；并且约法三章，不准向管理当局告密，否则将受到惩罚。进一步调查发现，工人们之所以维持中等水平的产量，是担心产量提高，管理当局会改变现行奖励制度，或裁减人员，使部分工人失业，或惩罚干得慢的伙伴。这一试验表明，在正式组织中存在着自发形成的非正式群体，这种群体有自己的特殊的行为规范，对人的行为起着调节和控制作用。为了维护班组内部的团结，工人可以放弃物质利益的引诱。

对这种“传统假设与所观察到的行为之间神秘的不相符合”，梅奥做出了如下解释：

(1) 影响生产效率的根本因素不是工作条件，而是工人自身。参加试验的工人意识到自己“被注意”，是一个重要的存在，因而怀有归属感，这种意识助长了工人的整体观念、有所作为的观念和完成任务的观念，而这些是他在以往的工作中不曾得到的，正是这种人的因素导致了劳动生产率的提高。

(2) 在决定工人工作效率的因素中，工人为团体所接受的融洽性和安全感较之奖励性工资有着更为重要的作用。

2.3.2　人际关系学说

1933 年，梅奥对其领导的霍桑试验进行了总结，出版了《工业文明中人的问题》。在书中，梅奥阐述了与古典管理理论不同的观点，首次提出了人际关系学说，该学说主要有以下一些观点：

1. 工人是“社会人”而不是“经济人”

梅奥认为,人们的行为并不单纯出自追求金钱的动机,还有社会方面的、心理方面的需要,即追求人与人之间的友情、安全感、归属感和受人尊敬等,而后者更为重要。因此,不能单纯考虑技术和物质条件,而必须首先从社会心理方面考虑合理的组织与管理。

2. 企业中存在着非正式组织

企业成员在共同工作的过程中,相互间必然产生共同的感情、态度和倾向,形成共同的行为准则和惯例,要求个人服从。这就构成一个体系,即“非正式组织”。非正式组织以它独特的感情、规范和倾向,左右着成员的行为。古典管理理论仅注重正式组织的作用是不够的。非正式组织不仅存在,而且与正式组织相互依存,对生产率有重大影响。

梅奥进一步指出,非正式组织与正式组织有重大差别。在正式组织中,以效率逻辑为其行为规范;而在非正式组织中,则以感情逻辑为其行为规范。如果管理人员只是根据效率逻辑来管理,而忽略工人的感情逻辑,必然会引起冲突,影响企业生产率的提高和目标的实现。因此,管理当局必须重视非正式组织的作用,注意在正式组织的效率逻辑与非正式组织的感情逻辑之间保持平衡。

3. 生产效率的提高主要取决于工人的工作态度

传统的科学管理理论认为,生产效率与作业方法、工作条件之间存在着单纯的因果关系。可是,霍桑试验表明,这两者之间并没有必然的直接联系。生产效率的提高,关键在于工人的工作态度,即工作士气的提高。而士气的高低则主要取决于工人的满足度,这种满足度首先体现为人际关系,如员工在企业中的地位是否被上司、同事和社会所承认等;其次才是金钱的刺激。员工的满足度越高,士气就越高,生产效率也就越高。

霍桑试验对古典管理理论进行了大胆的突破,第一次把管理研究的重点从工作和物的因素上转到人的因素上来,不仅在理论上对古典管理理论作了修正和补充,开辟了管理研究的新领域,还为现代行为科学的发展奠定了基础。

2.3.3 行为科学理论

行为科学以人的行为及其产生的原因作为研究对象,从人的需要、欲望、动机、目的等心理因素的角度研究人的行为规律,特别是研究人与人之间的关系、个人与集体之间的关系,并借助于这种规律性的认识来预测和控制人的行为,以实现提高工作效率的目的,达成组织目标。

行为科学主要包括以下内容:

1. 关于个体行为的研究

人的行为是由动机引起的,而动机则是由需要引起的,当人的某种需要没有得到满足时,这就产生了动机,从而表现出一定的行为。个体行为理论就是关于行为原因、行为过程以及行为结果的研究。个体行为理论主要有:马斯洛的需要层次理论,赫茨伯格的双因素理论,弗鲁姆的期望理论,亚当斯的公平理论等。

2. 关于群体行为的研究

这方面的研究主要是人际关系研究的继续,群体行为理论除了对正式组织与非正式组织的特征、相互关系及其作用等方面的继续探讨外,还包括群体的沟通与冲突以及群体的动态发展(群体动力学)方面的研究。

3. 关于领导行为的研究

员工在主管人员的控制下作业，主管的领导行为必然会对员工的士气和工作表现产生一定影响。领导行为研究主要有两部分：① 关于人性的不同假设。以麦格雷戈的“X 理论- Y 理论”为代表，X 理论是对“经济人”假设的概括，而 Y 理论是依据“社会人”、“自我实现人”的假设；② 关于领导方式的分析。主要理论有罗伯特·坦南鲍姆和沃伦·施密特的“连续统一理论”以及罗伯特·布莱克和简·莫顿的“管理方格理论”。

行为科学理论的诞生，引起了管理方法的转变。传统的古典管理理论强调自上而下的严格的权力和规章制度的作用，把人看成是会说话的机器，在管理活动中施以强大的外界压力，造成工人心理上的压力，从而产生对立情绪。行为科学则强调人的欲望、感情、动机的作用，在管理方法上重视满足人的需要和尊重人的个性，以采用激励和诱导的方式来调动人的主动性和创造性。与此相对应，企业界提出了“以职工为中心的”、“弹性的”管理方法，出现了“参与管理”、“目标管理”、“工作内容丰富化”等新的管理方式。

2.4　现代管理理论代表学派

第二次世界大战结束到 20 世纪 70 年代的 30 多年中，除了行为科学学派得到长足发展以外，许多管理学者也从不同的角度发表了自己对管理学的见解。这其中主要的代表学派有：管理过程学派、管理科学学派、社会系统学派、决策理论学派、系统理论学派、经验主义学派、经理角色学派和权变理论学派等。这些管理学派研究方法众多，管理理论不统一，各个学派都有自己的代表人物，有自己的用词意义，有自己所主张的理论、概念和方法，美国管理学家哈罗德·孔茨称其为管理理论丛林。

阅读材料：管理理论丛林

“二战”以后，管理实践的不断丰富给管理工作提出了许多新问题，引起了人们对管理的普遍重视。除管理工作者和管理学家外，其他领域的一些专家，如社会学家、经济学家、生物学家、数学家等都纷纷加入了研究管理的队伍，他们从不同角度用不同方法来研究管理理论，管理思想得到了丰富和发展，出现了许多新的管理理论和管理学说，形成了众多的学派。

哈罗德·孔茨形象地把这种现象称之为“管理理论的丛林”，哈罗德·孔茨(Horold Koontz)在 1961 年 12 月的《管理学会杂志》指出，管理理论已出现一种众说纷纭，莫衷一是的乱局，管理理论还处在一个不成熟的青春期。管理理论一些早期的萌芽，如弗雷德里克·泰罗对车间一级管理所进行的有条理的分析和亨利·法约尔从一般管理理论观点出发对经验进行的深刻总结等，现在已经过于滋蔓，成了一片各种管理理论流派盘根错节的丛林，孔茨把各种管理理论分成六个主要学派。1980 年，孔茨又在《管理学会评论》上发表《再论管理理论的丛林》一文，指出经过近二十年的时间之后，管理理论的丛林不但存在，而且更加茂密，至少产生了 11 个学派。

孔茨认为，如果“管理理论的丛林”继续存在，将会使管理工作者和学习管理理论的初学者如同进入热带丛林中一样，迷失方向而找不到出路。如果人们不将管理的二重属性分开认识，那么管理学永远也无法从“丛林状态”变成一棵有根有干的参天大树。

2.4.1 管理过程学派

管理过程学派又称管理职能学派，是美国加利福尼亚大学教授哈罗德·孔茨和西里尔·奥唐奈里奇提出的。

管理过程学派以管理的职能及其发挥作用的过程为研究对象，认为管理就是通过别人或同别人一起完成工作的过程。管理过程与管理职能是分不开的，管理的过程也就是管理的诸职能发挥作用的过程。以这一认识为出发点，管理过程学派试图通过对管理过程或管理职能的研究，把管理的概念、原则、理论和方法加以理性概括，从而形成一种“一般性”的管理理论。

在研究方法上，管理过程学派首先把管理人员的工作划分为各种职能，然后对这些职能进行分析研究，并结合管理实践探索管理的基本规律和原则。管理过程学派认为，运用这种研究方法，可把管理工作的一些主要方面加以理论概括，从而建立起可指导管理实践的管理理论。

至于管理的职能，孔茨他们在其代表作《管理学原理》一书中阐述为五项，即计划、组织、人事、领导和控制。

2.4.2 经验主义学派

经验主义学派代表人物有：彼得·德鲁克，主要作品有《管理实践》、《有效的管理者》、《管理——任务、责任、实践》等；欧内斯特·戴尔，代表作《伟大的组织者》；艾尔弗雷德·斯隆，事业部管理体制的首创人之一；威廉·纽曼，哥伦比亚大学教授，代表作《经济管理活动：组织和管理的技术》。

该学派主张通过分析管理者的实际管理经验或案例来研究管理学问题。他们认为，成功的组织管理者的经验和一些成功的大企业的做法是最值得借鉴的。因此，他们重点分析许多组织管理人员的经验，然后加以概括和总结，找出他们成功经验中具有共性的东西，然后使其系统化、理论化，并据此为管理人员提供在类似情况下采取的有效管理策略和技能。

经验主义学派的主要观点：

(1) 管理应该侧重于实际应用，强调管理的实践性和艺术性，反对把管理当作一种纯粹理论研究。在他们看来，管理学是一门应用学科，而不是纯知识的学科，但又不同于单纯的技巧、常识的应用，它的实际应用是以知识与责任为依据的。“任何一种知识只有能应用于实践，改变人们的生活，这种知识才会有价值”。

(2) 管理者的终极任务是了解本机构的特殊目的和使命，使工作卓有成效，使职工卓有成就。管理者是企业中最昂贵的资源，企业的目标能否达到取决于经理人管理的好坏，管理者的素质是衡量一个企业业绩的主要标志。高素质的管理者被认为是企业实力的象征，而低素质的管理者则被认为是企业虚弱的象征。作为企业主要管理者，有两项别人无法取代的职责，第一项是创造出一个富有活力的整体，把投入其中的各项资源转化为较各项资源的总和更多的东西；第二项是在其每一项决定和行动中协调当前和长期的要求。为此，每一个经理都必须：制定目标和措施并传达给相关人员；进行组织工作；进行鼓励和联系工作；对工作和成果进行评价；使员工得到成长和发展。

(3) 实行目标管理法。经验主义学派对管理学最大的贡献是他们提出了任务(或目标)管理，并据此提出了目标管理法。在他们眼中，传统管理学派偏向于以工作为中心，忽视人的一面，而行为科学偏向于以人为中心，忽视同工作相结合，而目标管理法则结合以工作为中心和以人为中心的管理方法，使职工发现工作的兴趣和价值，从工作中满足其自我实现的需要。

(4) 企业要建立符合自身条件的组织结构，这个结构必须符合企业寻求利益最大化和员工价值最大化的要求，企业与企业之间又是千差万别的，因此照搬照抄是行不通的，管理者必须根据企业的特点和以往的管理经验自行建立一个组织结构。

2.4.3　系统管理学派

系统管理学派盛行于 20 世纪 60 年代，侧重以系统观点考察组织结构及管理基本职能，代表人物是美国的弗理蒙特·卡斯特(F. E. Kast)和罗森茨威克(J. E. Rosenzweig)。

系统管理学派的主要观点：

(1) 组织作为一个开放的社会技术系统，是由五个不同的分系统构成的整体，这五个分系统包括：目标与价值分系统；技术分系统；社会心理分系统；组织结构分系统；管理分系统。这五个分系统之间既相互独立，又相互作用，不可分割，从而构成一个整体。这些系统还可以继续分为更小的子系统。

(2) 企业是由人、物资、机器和其他资源在一定的目标下组成的一体化系统，它的成长和发展同时受到这些组成要素的影响，在这些要素的相互关系中，人是主体，其他要素则是被动的。管理人员需力求保持各部分之间的动态平衡、相对稳定和一定的连续性，以便适应情况的变化，达到预期目标。同时，企业还是社会这个大系统中的一个子系统，企业预定目标的实现，不仅取决于企业内部条件，还取决于企业外部条件，如资源、市场、社会技术水平和法律制度等，它只有在与外部条件的相互影响中才能达到动态平衡。

(3) 运用系统观点来考察管理的基本职能，可以把企业看成是一个投入—产出系统，投入的是物资、劳动力和各种信息，产出的是各种产品(或服务)。运用系统观点使管理人员不至于只重视某些与自己有关的特殊职能而忽视了大目标，也不至于忽视自己在组织中的地位与作用，可以提高组织的整体效率。

2.4.4　决策理论学派

自第二次世界大战以来，许多运筹学家、统计学家、计算机学家和行为科学家都力图在管理领域寻找一套科学的决策方式，以便对复杂的多方案问题进行明确合理的选择。

决策理论学派是以社会系统论为基础，吸收了行为科学和系统论的观点，运用电子计算机技术和统筹学的方法而发展起来的一种理论。

决策理论学派的主要代表人物是曾获 1978 年度诺贝尔经济学奖的赫伯特·西蒙。他发展了巴纳德的社会系统学派，并提出了决策理论，建立了决策理论学派，形成了一门有关决策过程、准则、类型及方法的较完整的理论体系，主要著作有《管理行为》、《组织》、《管理决策的新科学》等。

决策理论学派的主要观点：

(1) 管理就是决策。组织中经理人员的重要职能就是做决策。任何作业开始之前都要先做决策，制定计划就是决策，组织、领导和控制也都离不开决策。

(2) 系统阐述了决策原理。决策过程包括 4 个阶段：搜集情况阶段；拟定计划阶段；选定计划阶段；评价计划阶段。这四个阶段中的每一个阶段本身就是一个复杂的决策过程。

(3) 在决策标准上，用“令人满意”的准则代替“最优化”准则。以往的管理学家往往把人看成是以“绝对的理性”为指导，按最优化准则行动的理性人。西蒙认为事实上这是做不到的，应该用“管理人”假设代替“理性人”假设，“管理人”不考虑一切可能的复杂情况，只考虑与问题有关的情况，采用“令人满意”的决策准则，从而可以做出令人满意的决策。

(4) 一个组织的决策根据其活动是否反复出现可分为程序化决策和非程序化决策。经常性活动的决策应程序化以降低决策过程的成本，只有非经常性活动才需要进行非程序化决策。

2.4.5 管理科学学派

管理科学学派，也称计量管理学派、数量学派。该学派始于1939年由曼切斯特大学教授帕特里克·布莱克特(Patrick · Blackett)领导的运筹学小组，埃尔伍德·斯潘赛·伯法(Elwood S. Buffa)是该学派的主要代表人物。

管理科学其实就是管理中的一种数量分析方法，主要用于解决能以数量表现的管理问题，其作用在于通过管理科学的方法，减少决策中的风险，提高决策的质量，保证投入的资源发挥最大的经济效益。管理科学理论强调将近年来的最新科学技术成果应用到管理工作的各个方面，使管理工作的科学性达到一定的高度。

管理科学学派的特点是：

(1) 建立模型定量分析。管理科学的一个重要特点就是利用模型把一个已确定研究范围的现实问题，按提出的预期目标和约束条件，将其主要因素和因果关系转变为各种符号表示的模型，以便求解。管理科学中的模型不是固定不变的，而是根据实际情况不断调整和动态优化的。

(2) 系统考虑科学决策。管理科学用系统的观点考察问题。作为一个系统，企业组织中的任何部分或任何功能的活动必然影响其他的部分或功能。因此，正确的决策首先必须从整个系统出发，考虑到各个部门和各个因素。其次，正确的决策必须是科学的。一个合乎逻辑的理性程序和理性决策必须基于所占有的大量资料和数据，运用多学科知识，并遵照一定的原则、程序和方法，进行科学计算、分析和比较以减少管理人员的主观随意性，增加决策的准确性。

(3) 理性主体。管理科学学派认为组织是由“理性人”组成的一个追求经济利益的系统，组织成员不仅有明确的利益目标，还用理性的方法来实现最优的目标。

(4) 广泛地使用电子计算机。现代企业管理中影响某一事务的因素错综复杂，建立模型后，计算任务极为繁重，依靠传统的计算方法获得结果往往需要若干年时间，致使计算结果无法用于企业管理。电子计算机的出现大大提高了运算的速度，使数学模型应用于企业和组织成为可能。

2.4.6 权变理论学派

权变理论学派是20世纪60年代在美国经验主义学派的基础上发展起来的管理学派，该学派认为没有一成不变的、普遍适用的最佳管理方式，必须根据组织内外环境自变量和管理思想及管理技术等因变量之间的函数关系，灵活地采取相应的管理措施，管理方式要适合于工作性质和成员素质等。

美国学者卢桑斯(F. Luthans)在其代表作《管理导论：一种权变学》一书中系统地概括了权变管理理论：(1) 权变理论就是要把环境对管理的作用具体化，并使管理理论与管理实践紧密地联系起来;(2) 环境是自变量,而管理的观念和技术是因变量;(3) 权变理论的核心是环境变量与管理变量之间的函数关系。

权变理论中较有影响力的是菲德勒的权变模式。1967 年,美国华盛顿大学教授菲德勒经过 15 年的调查研究,提出了一个“有效领导的权变模式”。菲德勒认为,任何领导形态均可能有效,关键是要与环境相适应。菲德勒模式表明,不存在单一的最佳领导方式,而是在一定的情境下某种领导方式可能起到最好的效果。同时,也不能只根据领导者以前的领导工作成绩来预测他现在能否领导得好,还应了解他以前的工作类型同现在的工作类型是否相同。

2.5　管理理论的新发展

20 世纪 80 年代以来,随着科技的发展、世界经济一体化进程的加快,管理理论的发展也出现了新的趋势:由过程管理向战略管理转变;由内向管理向外向管理转变;由产品市场管理向价值管理转变;由行为管理向文化管理转变。在这样的变化趋势中,涌现出了一些较有影响力的管理理论流派如威廉·大内的 Z 理论、迈克尔·波特的竞争战略理论、彼德·圣吉的学习型组织理论以及迈克尔·哈默的企业再造理论等。

2.5.1　战略管理理论

1. 企业战略研究的起源及两大主要流派

20 世纪 60 年代初,美国著名管理学家钱德勒出版了《战略与结构:工业企业史的考证》,首开企业战略问题研究之先河。钱德勒在这本著作中,分析了环境、战略和组织之间的相互关系,提出了“结构追随战略”的论点。他认为,企业经营战略应当适应环境,满足市场需求,而组织结构又必须适应企业战略,随着战略的变化而变化。

在此基础上,关于战略构造问题的研究,形成了两个相近的学派:“设计学派”和“计划学派”。“设计学派”以哈佛商学院的安德鲁斯教授为代表。设计学派认为:首先,在制定战略的过程中要分析企业的优势与劣势以及环境带来的机会与威胁;其次,高层经理人应是战略制定的设计师,并且还必须督导战略的实施;再者,战略构造模式应是简单而又非正式的,关键在于指导原则,优良的战略应该具有创造性和灵活性。“计划学派”以安索夫为杰出代表。安索夫在 1965 出版的《公司战略》一书中首次提出了“企业战略”这一概念,并将战略定义为“一个组织打算如何去实现其目标和使命,包括各种方案的拟定和评价,以及最终将要实施的方案”。计划学派主张,战略构造应是一个有控制、有意识的正式计划过程;企业的高层管理者负责计划的全过程,而具体制定和实施计划的人员必须对高层负责;通过目标、项目和预算的分解来实施所制定的战略计划等。

尽管这一时期学者们的研究方法和具体主张不尽相同,但从根本上说,其核心思想是一致的,主要体现在三个方面:① 企业战略的出发点是适应环境;② 企业战略的目标是为了提高市场占有率;③ 企业战略的实施要求组织结构与之相适应。

2. 竞争战略理论

20 世纪 80 年代初,以哈佛大学商学院迈克尔·波特为代表的竞争战略理论取得了战略管理理论的主流地位。波特认为,企业战略的核心是获取竞争优势,而影响竞争优势的因素有两个:一是企业所处产业的盈利能力,即产业的吸引力;二是企业在产业中的相对竞争地位。

因此，竞争战略的选择应基于以下两点考虑：① 选择有吸引力的、潜在利润高的产业。不同产业所具有的吸引力以及带来的持续盈利机会是不同的，企业选择一个朝阳产业，要比选择夕阳产业更有利于提高自己的获利能力。② 在已选择的产业中确定自己的优势竞争地位。在一个产业中，不管它的吸引力以及提供的盈利机会如何，处于竞争优势地位的企业要比劣势地位的企业具有较大的盈利可能性。而要正确选择有吸引力的产业以及给自己的竞争优势定位，必须对将要进入的一个或几个产业结构状况和竞争环境进行分析。

迈克尔·波特所提出的行业竞争结构分析理论在过去30年里受到企业战略管理学界的普遍认同，并且成为进行外部环境分析和进行战略选择最为重要和广泛使用的模型。

3. 核心竞争力理论

1990年，普拉哈拉德和哈默在《哈佛商业评论》上发表了《企业核心能力》一文，形成了战略管理理论中的“核心能力学派”。

在普拉哈拉德和哈默看来，核心竞争力首先应该有助于公司进入不同的市场，它应成为公司扩大经营的能力基础；其次，核心竞争力对创造公司最终产品和服务的顾客价值贡献巨大，它的贡献在于实现顾客最为关注的、核心的、根本的利益，而不仅仅是一些普通的、短期的好处；最后，公司的核心竞争力应该是难以被竞争对手所复制和模仿的。

该理论认为，公司的竞争优势取决于其拥有的有价值的资源。价值的评估不能局限于企业内部，要将企业置身于所在的产业环境，通过与其竞争对手的资源进行比较，从而发现企业拥有的有价值的资源。

该理论强调企业内部条件对于保持竞争优势以及获取超额利润的决定性作用。表现在战略管理实践上，它要求企业从自身资源和能力出发，在自己拥有一定优势的产业及其相关产业进行经营活动，从而避免受产业吸引力诱导而盲目进入不相关产业进行多元化经营。

2.5.2 企业文化

企业文化研究发起于日本，形成于美国。1981年，威廉·大内所著的《Z理论——美国企业如何迎接日本的挑战》的出版标志着企业文化研究的诞生。随后，一系列研究企业文化的著作问世，比较有影响力的有：理查德·帕斯卡尔和安东尼·阿索斯的《日本企业管理艺术》，特伦斯·迪尔和艾伦·肯尼迪的《公司文化——现代企业的精神支柱》，托马斯·彼得斯的《寻求优势——美国最成功公司的优势》等。

企业文化研究者认为，企业管理的基本原则是以人为本，即以尊重人的人格、促进人的发展为中心。成功企业之所以取得成功，不在于它们的资金、技术、设备、建筑物和销售网络等硬件，而在于有致力于人的发展的企业文化。

企业文化从层次结构上看可以概括为三个层次：(1) 物质层：是企业文化的表层部分，是形成制度层和精神层的条件，主要指企业形象环境、产品的外观包装和企业技术设备特征等。(2) 制度层：是企业文化的中间层次，主要是指企业的各种规章制度，企业职工对规章制度的认同程度和执行情况，还包括企业的组织结构。(3) 精神层：主要指企业宗旨、企业目标、企业理念、企业道德和企业精神等，是企业文化深层次的、具有隐性的内核，它决定了制度文化和物质文化，是形成企业文化制度层和物质层的基础和原则。

企业文化的作用主要有：

(1) 导向作用。企业文化反映了整体的共同追求、共同的价值观和共同的利益，对企业管理层和操作层的思想和行为产生导向作用。(2) 凝聚作用。在特定的文化氛围之下，全体员工通过自己的切身感受，产生出对本职工作的自豪感和使命感，对本企业的宗旨、目标和理念的认同感和归属感，员工把自己的思想、感情和行为与整个企业联系起来，使企业产生了强大的向心力和凝聚力，发挥出整体优势。(3) 激励作用。在企业文化创造的尊重人、理解人、关心人的氛围中，激发和调动全体成员的积极性和创造性，团结在一起为实现企业目标而拼搏。(4) 约束作用。通过企业文化所带来的制度文化和道德规范，员工们自觉接受文化的规范和约束，按照企业价值观的指导进行自我管理和控制，使其行为符合企业价值观念和企业发展的需要。

2.5.3　学习型组织

随着知识经济时代的到来，知识已不是企业经济增长的“外生变量”，而是内在核心因素，知识资源关系到企业的兴衰存亡。因此，创建学习型企业，已成为每一个企业不断适应变化、战胜挑战、在竞争中赢得有利地位的必然选择。1992 年，麻省理工学院学者彼德·圣吉出版了《第五项修炼》，首次提出了学习型组织概念，并对这一理论进行了阐述和推广。

圣吉认为，学习型组织有五个主要特征：一是人员精简。每个员工都具有一专多能的本领，能创造出组织的高效率和高效益。二是结构扁平。“学习型组织”结构是扁平的，从最上决策层到最下操作层，中间相隔层次极少，能够形成一个互相学习、整体互相思考、协调合作的群体。三是富有弹性。企业对瞬息万变的环境具有极强的适应能力，能够迅速地调整自己。四是能不断地创造自我，创造未来。即有能力超越自我，不断提升组织和员工的境界，使员工活出生命的意义。五是善于不断地学习。这是学习型组织的本质特征。学习不仅是读书、培训等狭义上的学习，而是在系统研究组织、作业项目或产品基础上的广义上的学习。

在该书中，圣吉还论述了创建学习型组织的“五项修炼”：(1) 建立共同愿景。愿景可以凝聚公司上下的意志力，透过组织共识，大家努力的方向一致，个人也乐于奉献，为组织目标奋斗。(2) 团队学习。团队智慧应大于个人智慧的平均值，以做出正确的组织决策，透过集体思考和分析，找出个人弱点，强化团队向心力。(3) 改变心智模式。组织的障碍，多来自于个人的旧思维，例如固执己见、本位主义，唯有透过团队学习，以及标杆学习，才能改变心智模式，有所创新。(4) 自我超越。个人有意愿投入工作，专精工作技巧的专业，个人与愿景之间有种“创造性的张力”，正是自我超越的来源。(5) 系统思考。应透过资讯搜集，掌握事件的全貌，以避免见树不见林，培养纵观全局的思考能力，看清楚问题的本质，有助于清楚了解因果关系。

2.5.4　企业再造

1993 年，美国学者迈克·哈默与詹姆斯·钱皮出版了《再造企业》。1995 年，钱皮又出版了《再造管理》，较早地提出了“企业再造”理论。“企业再造”就是重新设计和安排企业的整个生产、服务和经营过程，使之合理化。通过对企业原来生产经营过程的各个方面、每个环节进行全面的调查研究和细致分析，对其中不合理、不必要的环节进行彻底的变革。

哈默和钱皮认为，企业再造可以按以下程序进行：(1) 对原有流程进行全面的功能和效率分析，发现其存在问题。一般地说，原来的作业程序是与过去的市场需求、技术条件相适应的，并由一定的组织结构和作业规范作为其保证的。当市场需求、技术条件发生的变化使现有作业程序难以适应时，作业效率或组织结构的效能就会降低，因此必须深入分析现行作业流程的问题。(2) 设计新的流程改进方案，并进行评估。为了设计更加科学、合理的作业流程，必须群策群力、集思广益以及鼓励创新。(3) 制定与流程改进方案相配套的组织结构、人力资源配置和业务规范等方面的改进规划，形成系统的企业再造方案。(4) 组织实施与持续改善。实施企业再造方案，必然会触及原有的利益格局，必须精心组织，谨慎推进。既要态度坚定，克服阻力，又要积极宣传，形成共识。企业再造方案的实施并不意味着企业再造的终结。在社会发展日益加快的时代，企业总是不断面临新的挑战，这就需要对企业再造方案不断地进行改进。

企业再造理论顺应了通过变革创造企业新活力的需要，这使越来越多的学者加入到流程再造的研究中来。有学者通过大量研究流程重建的实例，针对再造工程的理论缺陷，发展出一种被称为“MTP”(Manage Through Process)即流程管理的新方法。其内容是以流程为基本的控制单元，按照企业经营战略的要求，对流程的规划、设计、构造、运转及调控等所有环节实行系统管理，全面考虑各种作业流程之间的相互配置关系，以及与管理流程的适应问题。可以说，“MTP”是再造工程的扩展和深化，它使企业经营活动的所有流程实行了统一指挥，综合协调。

本章小结

1. 西方管理思想演变经历了西方早期管理思想、古典管理理论、行为科学理论、现代管理理论和管理理论最新发展等阶段。

2. 古典管理理论以泰勒、法约尔、韦伯为代表，人性假设是“经济人”假设，管理方法是强调制度化、标准化和规模化。

3. 人际关系理论以梅奥为代表，人性假设是“社会人”假设，管理方法是满足员工的社会和心理需要，让员工参与管理。

4. 现代管理理论代表学派有：管理过程学派、经验主义学派、系统管理学派、决策理论学派、管理科学学派和权变理论学派等。

5. 管理理论的新发展包括战略管理理论、企业文化、学习型组织、企业再造等。

思考题

1. 泰勒科学管理的主要内容有哪些？
2. 法约尔的十四条原则是什么？
3. 韦伯的行政组织理论的主要思想是什么？
4. “霍桑试验”的主要内容及研究成果有哪些？
5. 现代管理理论各种流派的主要观点有哪些？
6. 20 世纪年 70 代以来，涌现了哪些新的管理理论？
7. 当前有哪些新的管理思想值得关注？基于中国实践的呢？

伊利的"优质乳"生产

最近,荷兰合作银行发布了最新的"全球乳业20强"榜单,榜单显示,长期被欧美国家霸占的前8强,这回终于出现了一个亚洲乳企的身影——伊利集团,彻底让多年来全球乳业8强无亚洲乳企的状况成为历史。同时,也传达出一个趋势,新兴市场乳业正在强势崛起,并有可能逆袭欧洲传统乳业强国。

Global dairy top 10, 2016

2016		2015	Company	Country of headquarters	Dairy turnover, 2015* (USD billion)	(EUR billion)
1		1	Nestlé	Switzerland	25.0	22.5
2		2	Lactalis	France	18.3	16.5
3		3	Danone	France	16.7	15.1
4	▲	5	Dairy Farmers of America	USA	13.8	12.4
5	▼	4	Fonterra	New Zealand	13.1	11.8
6		6	FrieslandCampina	Netherlands	12.3	11.1
7		7	Arla Foods	Denmark/Sweden	10.5	9.4
8	▲	10	Yili	China	9.3	8.4
9	▼	8	Saputo	Canada	8.6	7.8
10	▼	9	Dean Foods	USA	8.0	7.2

* Turnover data is dairy sales only, based on 2015 financials and M&A transactions completed between 1 January and 30 June 2016. Pending mergers/acquisitions not incorporated include Nestlé's JV with R&R Ice Cream, Danone's acquisition of WhiteWave Foods, FrieslandCampina's acquisition of a 51% stake in Engro Foods and Mengniu's acquisition of a 79% stake in Burra Foods.

** estimate

Source: Rabobank, 2016

图1　2016全球乳业20强榜单

那么,一个问题是,亚洲那么多乳企,为什么能进入8强的只有伊利?要回答这个问题,一个不得不提的关键词,就是"优质乳"。优质乳其实只是一个结果,而在这个过程中,要求"端到端"的完整牛奶产业链中,符合"五星"体系要求,即好奶源、高标准、严管理、优物流、强研发。

产好奶得先养好牛

在内蒙古土默特左旗沙尔营乡,有一个远近闻名的伊利哈沙图牧场。这里的牛吃的,是美国进口紫花苜蓿、锡林郭勒盟的羊草和玉米青储,由营养师调配,达到膳食结构平衡;饮牛所用的,是法国生产的自动饮水器;挤奶设备是德国威斯拉沃的:奶牛在硬件上的配备,堪称豪华级。

此外,为了让奶牛们睡的舒服,给牛下跪试床,也成了该牧场管理员的例行工作——目前包括哈沙图在内的很多伊利牧场的牛,睡的都是沙床。沙床含水量一旦超过30%就容易结块、变硬,在冬季更为明显,因此要经常翻沙、换沙。究竟如何确定沙床的软硬程度?最直接有效的办法就是人亲自跪上去感受。如此,让牛舒服,其产奶质量自然就得到了保障。

上面所说的,正是伊利哈沙图牧场的"新式养牛经",是伊利在行业内率先探索和建立牧场SOP管理的一个范例。所谓SOP(Standard Operation Procedure),即标准作业程序。伊利近几年通过组建专家团队,系统梳理和分析牧场生产环节的关键控制点而制定了统一的操作规程,在行业内率先探索和建立了标准化、规模化牧场SOP管理,即将现代牧场养殖、管理的所有流程和环节以统一规范、统一标准、统一格式清晰地梳理和描述出来。

好产品，奶源是第一位的。正因为有这样的认知，在国内不少乳企还执着于市场营销的时候，伊利就已经开始大力建设和发展标准化、规模化、集约化牧场，以保证产品中蛋白质、钙等主要营养成分，原奶菌落总数、体细胞数等关键指标，比肩全球一流标准，真正做到了养好牛、产好奶，打造出优质乳的第一颗星——好奶源。

好原料也得严筛选

当然，同样一片好菜地，并不一定每一株菜都能长得一样好。所以，一方面需要大力建设和发展标准化、规模化、集约化牧场打造优质奶源；另一方面，还需要对这些优质奶源进行严格的检验，以确保每一滴进入工厂的原奶都能达到生产优质乳的要求。而这就需要严苛的检验标准。

而伊利的标准有多严格，在伊利供应商大会上曾经发生过的一幕，很说明问题。当时，供应商发现，伊利的检验标准和频次高于国家标准，也高于欧洲、美洲、大洋洲等很多国家的标准，一位外国供应商忍不住惊讶地讲到，你们居然有 1 000 多项检验项目！这太苛刻了！

而伊利对产品就是这样苛刻。一直以来，在产品和乳品原料质量控制方面，伊利都执行严于国家标准的原材料质量控制标准，不仅增加了众多质量控制指标，而且对每项指标设定了极为严格的限量值。以生鲜牛乳质量控制的部分指标为例，伊利比国家标准多增设了 5 个卫生指标，同时对多项指标根据夏季和冬季作了明确规定，明显严于国家统一标准要求。

伊利在全产业链的各个环节，都以超高标准要求，严格确保产品质量和产品的营养价值，打造出了优质乳的第二颗星——高标准。

好产品还得严把关

好食材还需要有好厨子烹调，才能真正做出一道令人垂涎的美味。对于打造优质乳来说，这个过程，还离不开对生产各个环节的严格质量管理。

而伊利对质量管理在各个环节同样有着极为严苛的要求，甚至称得上“变态”——曾经有一辆货车拉着生产原料“葡萄糖粉”开进了金海伊利库房装卸区，原料保管师傅看过随货检验报告单后，照例对货物进行了检查。他发现货车底部的葡萄糖粉由于与车底接触，蹭的有些脏，尽管他知道每包原料粉外袋里还套着内膜袋，但为了百分百确保质量，他还是选择了拒收。

就是因为这种严苛，伊利不仅率先实现了从源头到终端的每一个食品安全和质量控制关键点的监测、分析、把控、预防。也成了中国第一家全线产品通过 FSSC22000 食品安全体系认证的乳品企业。

与世界接轨，伊利引入了国际顶级质量管理标准及认证，建立并实施完善的、一流的质量管理体系，对产品从源头到终端的各个环节进行严格管控，打造出了优质乳的第三颗星——严管理。

把好关必须优物流

但这些还不够。因为乳品的特殊性，不同的乳制品不仅保质期不同，且还需要不同的温度条件下去运输，所以，要确保消费者买到的是真正的优质乳，还要把好物流关。

先脑补一组画面：迎面一块以卫星地图为背景的大屏幕，上面标注着错综复杂的线路，“5:30分车辆从奶站出发，6:10 分进入高速路，6 点 21 分车辆突然停止前进，请重点关注”、“经传送照片鉴定，没有异常问题”等类似信息不断闪现其上，工作人员在井然有序地忙碌着……

这就是伊利视频监控室的日常，实时监控伊利在全国各区域 2 000 辆运奶车的状况，发现异常及时排除。依靠这套24小时不间断的GPS视频监控系统，伊利的GPS管理员们全盘掌握着全国各个区域每辆原奶车运输情况。

而事实上，对运奶车的全程监控，只是伊利"智慧物流"的一个缩影。为了让消费者对自己买到的产品更加放心，目前，伊利在业内还率先建立了完善的产品追溯程序——养殖基地从奶牛出生开始就为其建立了养殖档案，原奶运输过程实现全程可视化GPS跟踪，原奶入厂后采用条码扫描，随机编号检测。同时，建立了生产过程的产品批次信息跟踪表、关键环节的电子信息记录系统、质量管理信息的综合集成系统和覆盖全国的ERP网络系统，实现了产品信息可追溯的全面化、及时化和信息化，成功与国家平台实现对接，通过二维码实现了产品质量可追溯，让消费者能够安全、便捷、放心地选购伊利的产品。

物流是联结企业和消费者的重要环节，从食品安全、食品价格、食品企业效益和食品服务等各个方面，物流都起到了关键作用。伊利的"智慧物流"，打造出了优质乳的第四颗星——优物流。

受欢迎还需多创新

上面这四颗星都做到了，并不意味着就能生产出一杯"优质乳"。这几年，随着消费升级的加速，消费者的需求正越来越多样化和个性化。就像在最新款的智能手机面前，如今质量再好的功能机也无法再勾起我们的兴趣一样，没有创新，就无法创造出满足消费者各种新需求的产品。

而为了满足消费者的多样化和个性化的需求，伊利团队也是"拼了"——2010年，伊利研发团队根据健康趋势，设想开发一款含有乳铁蛋白的全脂牛奶产品。然而，当时全球尚无任何无菌、液态的乳铁蛋白原料。不过，从不轻言放弃的伊利研发团队，决心自主推进这一具有全球首创性质的原料研发。从当年7月至11月，伊利研发团队几乎在无休息日状态下，反复设计、讨论、研判方案，并且多次亲赴瑞典，指导当地实验设备供应商进行实验。这些艰苦卓绝的工作最终保证了无菌、液态乳铁蛋白的问世，并且在1个月后成功推出了富含乳铁蛋白的全脂舒化奶，开创了国际乳业创新的一个先河，赢得了巨大的市场成功。

这还仅是冰山一角。像蛋白质比普通酸奶高出30%的安慕希、系统性解决食用奶粉过程中婴幼儿胃肠道舒适度问题的高端奶粉托菲尔等，都是伊利通过不断创新，以强研发赢得市场的典型。

此外，伊利近年来更是积极整合海内外研发资源，从全球视角布设一张涵盖全球的创新体系。伊利通过集聚全球顶尖创新研发资源，在营养配方、加工工艺等多个方面，达到世界一流水准，打造出了优质乳的第五颗星——强研发。

好奶源、高标准、严管理、优物流、强研发，这五个关键因素最终凝聚，呈现给消费者的就是优质乳，直白地说，也就是符合其需求的高品质产品。而品质作为一个品牌的承诺，它是品牌塑造的根基。这种信任，对乳业企业来讲，至关重要，这也是为什么伊利将其信条定位为"伊利即品质"，又用三个"最高"着力强调了伊利势将产品做到全球最优品质的决心——"视品质如生命"的最高准则，"100%用心、100%安全、100%健康"的最高标准，以及"人人都是品质创造者"的最高行为。正是这样一种企业文化，使伊利的品牌深入消费者的心中，获得消费者的信任。

在这行，只有树立起不可动摇的品牌价值，才有可能基业长青。

（本案例选自中国网财经2016年7月27日报道）

讨论题：

1. 伊利在“优质乳”生产过程中是如何运用科学管理方法的？
2. 在强调创新的今天，科学管理理论的生命力如何？
3. 你认为西方管理理论应用于中国企业实践需要做出改变吗，为什么？

第 2 篇

管理情境与管理伦理

第 3 章　管理情境：约束与挑战
第 4 章　企业伦理与社会责任

第3章　管理情境:约束与挑战

学习目标

3.1　认识管理者:万能的还是象征的。
3.2　掌握组织外部环境分析的方法。
3.3　掌握组织内部情境分析的方法。
3.4　了解组织情境有效管理的手段。

情境案例

“互联网+”正在显示互联网思维推动经济形态不断发生演变的巨大功能。通俗来说,“互联网+”就是“互联网+各个传统行业”,利用信息通信技术以及互联网平台,让互联网与传统行业进行深度融合,创造新的发展生态。几十年来,“互联网+”已经改造及影响了多个行业,如电子商务、互联网金融、在线旅游、在线影视、在线房产等行业都是“互联网+”的杰作。小王大学毕业回乡后开展自主创业,从事高端绿色农产品的生产,希望能够为城市居民餐桌提供更多安全、美味的食材。看到“互联网+”正在如火如荼地开展,小王也开始思考“互联网+”能够给他所在的行业带来怎样的变化,以及如何才能利用互联网的力量实现企业的跨越式发展?延伸的问题是,“互联网+”又给青年人的创业与创新带来了怎样的机遇?

任何管理活动都是在一定的管理情境下进行的。所谓情境,是指情景,环境;管理情境也即指与管理活动相关的情景和环境,即那些影响组织绩效的各种力量和条件因素的总和。需要明确的是,管理情境构成了管理活动的重要约束条件,管理者需要在这些情境因素的约束下开展管理活动,同时管理绩效也深受这些情境因素的影响。管理活动的情境因素包括组织外部环境和内部情境两方面,管理者在开展管理活动时,必须综合考虑上述两方面情境因素,不可偏废。同时,对于管理者而言,认识、理解管理情境更重要的意义在于如何进行情境管理,管理者需要设计和维护一种组织情境,克服其中的各种不利因素和力量,以期为组织发展创造更有利的外部和内部条件。

3.1　管理者:万能的还是象征的

一位管理者能够给一个组织的绩效带来多大的不同?管理理论以及整个社会的主流观点认为,管理者对组织的成败承担直接责任。我们把这种观点称为管理万能论(Omnipotent

View of Management)。与此相反,其他一些人则认为组织的成败在很大程度上归因于管理者无法控制的外部力量。这种观点称为管理象征论(Symbolic View of Management)。让我们分别考察这两种观点,弄清楚管理者应该对组织的绩效承担多少责任。

3.1.1 管理万能论

管理万能论认为,一个组织的绩效好坏归因于该组织的管理者采取的决策和行动。优秀的管理者能够有效地预料环境变化,抓住市场机会,组织各项活动,纠正糟糕表现,从而实现组织绩效的提升。“没有经营不好的组织,只有不擅经营的管理者”就是管理万能论的最直接体现。当组织绩效提升时,管理者享受功劳,并且获得各种物质和精神奖励。当组织绩效下降时,高层管理者往往被解雇,人们对此所持的观点是:他们应该对组织绩效下降承担责任,新的管理者将会带来更好的结果。

管理万能论给我们呈现出以下图像:掌管组织的管理者克服任何障碍,以使组织的目标得以实现。而且,这种观点并不局限于商业组织,它也可以用来解释体育教练等一些类似人员的辞职和解雇,因为这些人通常也被认为是他们所带队伍的“管理者”。负多胜少的教练通常会被解雇,并且被新教练所取代,而后者被期待能够纠正队伍以前的糟糕表现。

3.1.2 管理象征论

管理象征论认为,管理者影响绩效结果的能力受到外部因素的影响和制约。根据这种观点,期望管理者显著影响组织的绩效是不合乎情理的。相反,对绩效产生影响的是管理者基本上无法控制的因素,例如,经济、顾客、政府、竞争者、行业状况,以及前任管理者做出的决策。

这种观点被贴上“象征性的”标签,因为它是基于这样一种理念:组织的成败在很大程度上归因于那些管理者无法控制的因素,管理者真正能够影响的是象征性的成果。管理者尽管也会从事着相关的管理工作,通过计划、组织、领导和控制实施管理行为,以便从随机的、混淆的和模糊的情况中理清管理头绪。不过,根据这种观点,对于组织的成败,管理者在其中发挥的真正作用是有限的。

在现实生活中,管理者既不是万能的,也不是象征的,但他们的决策和行为是受到约束的。组织的外部环境和内部情境对管理者构成压力,制约着他们的选择。同样也必须明确的是,任何管理行为都是在外部环境和内部情境的约束下进行的,也意味着管理者在实施管理行为时必须综合考虑组织外部环境和内部情境的影响,如图 3.1 所示。然而,尽管存在着各种约束,但管理者也并非无能为力。在一个相当大的范围内,管理者能够对组织绩效施加重大影响,这正是一个优秀管理者与拙劣管理者的区别。

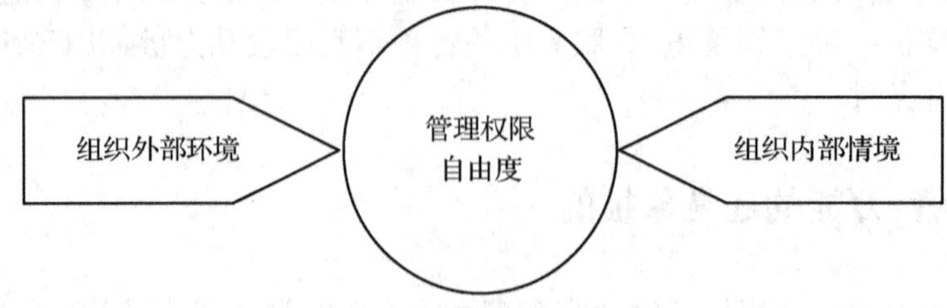

图 3.1 管理情境的约束条件

3.2　外部环境:约束与挑战

外部环境又称外部情境,指的是组织边界之外能够对该组织的绩效产生影响的因素和力量。虽然从字面的意义理解,环境指的是围绕在组织周围的一切事物,但在管理问题中,我们只讨论那些能够影响组织绩效的因素和力量。组织的外部环境通常分为一般环境和具体环境两个层面,这主要取决于该组织的目标定位和相关环境因素对组织目标影响的直接与否,如图 3.2 所示。

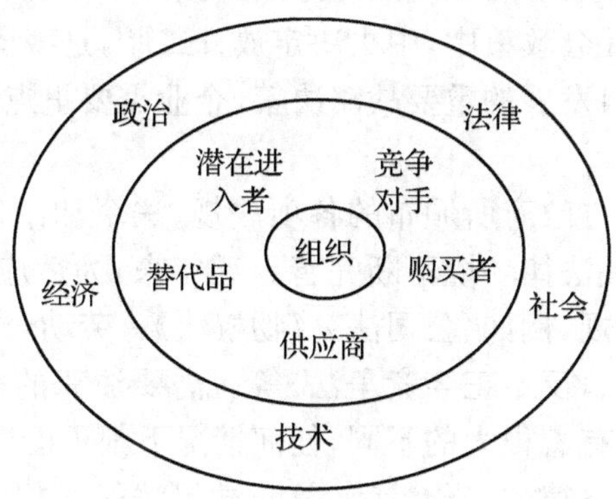

图 3.2　组织外部环境分类

3.2.1　一般环境

一般环境,通常又称为宏观因素,是指对一切产业部门和组织都产生影响的各种外部因素和力量,包括那些对组织有潜在影响,但其相互关系尚不清晰的力量,主要包括政治、经济、社会、技术等方面。

一般因素通常并不只涉及某一个具体的组织,人们普遍认为,一般环境因素对某一组织的影响不是直接的,但这些因素都能够对组织产生某种重大的影响,因此管理者必须认真分析和研究自己组织所处的一般环境。例如再生工程技术,现有的医药生产企业中很少运用该项技术,但随着再生工程技术的发展可能使药品的制造过程完全变样,医药企业如果不能正确认识到再生工程技术的潜在巨大价值以及将给组织未来生存和发展带来的潜在重大影响,毫无疑问将在未来的竞争中处于不利地位。

人们通常认为,一般环境是不会受到任何单个组织的直接影响或基本控制的,组织往往是一般环境的被动接受者。对于一般环境的分析,通常使用的是 PEST 分析工具,PEST 是英文首字母缩写词,即政治/法律的(Political)、经济的(Ecomomic)、社会的(Social)和技术的(Technological)。

1. *政治/法律环境*

政治环境主要包括企业所在地区的政治制度、政治体制、方针政策、法律法规等方面,它规定企业运行其中的游戏规则,对企业的生存状态产生巨大的影响,有时甚至是决定性的。

政治制度是指在特定社会中,统治阶级通过组织政权以实现其政治统治的原则和方式的总和;政治体制则为国家的政治、统治形态,即国家政治体系运作的形式,一般指一个国家政府的组织结构和管理体制。如宪法规定了社会主义制度是我国的根本制度,明确了社会主义基本经济制度是以公有制为主体，多种所有制共同发展；基本分配制度是以按劳分配为主，多种分配方式并存。这些基本性的制度安排给出了企业在其中运行的最大可能性边界。中国当前的一些经济现象也正是这种基本政治体制的现实反映，如国有企业在国民经济中所占的比重较高，以及在军火、石油、电力、电信、铁路、烟草等重要行业实行国家垄断等。

方针是指引导事业前进的方向和目标，如“科学发展观”、“依法治国”等；政策则是指国家和政党为实现一定时期的路线而制定的行动准则，如经济政策、货币政策、能源政策、教育政策、社会政策、公共政策、外交政策等。例如经济政策中，1980 年的特区开放政策、1999 年之后的西部大开发政策、2003 年的振兴东北老工业基地政策、2013 年的上海自贸区政策以及当前的一带一路政策等；再例如社会政策中，中央决定放开二胎，是我国进入 21 世纪以来生育政策的重大调整完善，是国家人口发展的重要战略决策，企业需要重点关注这些政策变化给企业带来的机遇和挑战。

法律环境是指国家或地方政府所颁布的各项法规、法令和条例等。改革开放 30 年以来，伴随着中国经济的发展，相关法律环境不断完善。近年来，为适应经济发展的需要，我国陆续制定和颁布了一系列法律法规，例如《公司法》、《物权法》、《劳动合同法》、《食品安全法》、《消费者权益保护法》、《反垄断法》、《反不正当竞争法》等。需要注意的是，法律具有刚性和稳定性，这一点法律环境和政策导向有着很大的不同，任何情况下都不能以法律代替政策，也不能以政策代替法律。企业必须把握法律的变化趋势，及时学习法律法规，认清自己的法律地位，做到守法经营。

2. 经济环境

经济环境是指一个国家的经济制度、经济结构、产业布局、资源状况、经济发展水平、国民消费水平以及未来的经济走势等。经济环境决定了一个企业获得各类投入品的方式和价格以及产出品的市场容量大小和实现价格。构成经济环境的关键要素包括国内生产总值、利率、通货膨胀水平、失业率、居民可支配收入、汇率等。

相比较其他几项一般环境因素而言，经济环境对企业绩效影响更加直接，有些经济因素甚至具有决定性的影响。比如，GDP 是指在一定时期内（一个季度或一年），一个国家或地区的经济中所生产出的全部最终产品和劳务的价值，常被公认为是衡量一个国家经济状况的最佳指标。它不但可以反映一个国家的经济表现，更可以反映一个国家的国力与财富。利率水平是指一定时期全社会利率的平均总水平，反映一定时期全社会资金的供求状况，反映了经济活动的资金成本。通货膨胀水平则反映了经济活动结果是否可以预期，如果通货膨胀率不可预期，投资活动就带有不确定性，人们就倾向于不投资。失业率衡量了闲置中的劳动产能，是反映一个国家或地区失业状况的主要指标。可支配收入是衡量一个国家和地区居民生活水平的基本指标，在一定程度上更反映了居民购买力以及消费市场的大小。汇率则是以一种货币表示另一种货币的价格，对国际收支、国民收入等也具有影响。

需要注意的是，就全球化的各个层面而言，经济全球化的程度要远远高于其他方面，使得国家之间在经济上的相互依赖性日益增强，除了关注本国的经济情况外，企业在决策过程中还需要关注、搜索、监测、预测和评估本国以外其他国家的经济状况。

3. 社会环境

社会环境主要由企业所在国家或地区的人口、文化教育水平、传统风俗习惯及道德价值观念等因素构成，它们通过行为规范（风俗、道德）、人口结构（人口数量、年龄结构、人口分布）的改变影响一国群体行为规范,影响人们所需商品和服务的类型与数量等,并进而影响该国各企业的经营管理。

人是社会中的人,要受到人们普遍接受的各种行为准则的约束。道德、风俗、宗教、文化等虽然大多并没有形成正式的法律条文,但对于约束个人或集体行为仍具有事实上的作用和威力,任何企业行为都不能不考虑社会秩序和伦理道德的影响。例如,就风俗习惯而言,有的国家或地区,把服装式样看成是显示自己社会地位的一种象征,因此他们很讲究服装的式样并很愿意为此花钱。而有的国家,人们对服装的式样并不讲究,只要经济实用即可。从事国际贸易的服装企业,就必须注意到不同国家在风俗习惯上的这些差异。再比如,文化不仅影响个体的生活习惯、生活态度、思想行为等,还对消费行为极具有影响力。在不同文化地区开展业务时,需要了解当地文化,是在当地市场取得成功的关键。此外,带有“绿色”、“有机”、“生态”、“纯天然”概念的产品近年来在市场上的表现都不错,这也与消费者的消费理念和消费习惯发生改变有着很强的关联性。

4. 技术环境

技术环境通常由企业所在国家或地区的技术水平、技术政策、科研潜力和技术发展动向等因素构成。这些技术因素不仅仅包括那些引起革命性变化的发明,还包括与企业生产有关的新技术、新工艺、新材料的出现和发展趋势。就一般环境而言,20 世纪下半叶以来变化最迅速的因素就是技术,像微软、苹果、惠普、通用电气等高技术公司的崛起改变着世界和人类的生活方式。同样,技术领先的医院、大学等非营利性组织,也比没有采用先进技术的同类组织具有更强的竞争力。

技术进步对于各类企业的影响是多角度的。技术进步从劳动力、劳动资料、劳动对象等多方面推动着生产力的发展,不同的技术和技术过程要求有不同的管理方式和方法,技术的发展也改变着管理活动的进行。在规划、决策、计划、组织、控制等方面,技术都占据着重要的位置,组织方式和领导方式也随着技术的发展而改变。

在当今充满变化的世界里,任何企业欲求生存和发展,都必须在产品、服务、经营方式等方面保持技术的先进性,以便在竞争中占据更有利的地位。此外,相对于渐进式的技术变革而言,企业更应关注技术环境中那些“破坏性”技术的发展,以及这些技术可能会给行业竞争带来的“颠覆性”影响,这对于那些处于快速技术变革行业中的企业而言更为重要。

3.2.2　具体环境

具体环境,又称为行业环境,是指对处于同一产业内的企业都会发生影响的环境因素。与一般环境不同的是,具体环境只对处于某一特定产业内的企业以及与该产业存在业务关系的企业发生影响。

具体环境的分析,主要通过迈克尔·波特(Michael E. Porter)的五要素竞争力模型(Five Forces Framework,简称“五力模型”)进行,如图 3.3 所示。20 世纪 80 年代,哈佛大学战略管理教授迈克尔·波特创立了五力模型,该模型在产业组织经济学基础上推导出决定产业竞争强度和产业利润率的五种力量,为行业分析提供了一个很好的分析框架,是管理界公认并广泛使用的行业环境分析模型。

根据波特的观点,决定行业环境格局的五种力量分别为:(1) 潜在进入者的威胁;(2) 现有竞争对手之间的竞争激烈程度;(3) 替代品的压力;(4) 供应商的议价能力;(5) 购买者的议价能力。波特认为,五种竞争力量的强弱,可能会随着时间和产业状况的变化而变化,管理者的任务是,认清五种竞争力量的变化如何带来新的机会和威胁;同时,行业结构引致了企业采用的战略,企业必须清醒地认识到这些行业组织环境的制约,采取相应的正确定位,并作出适当的战略反应。

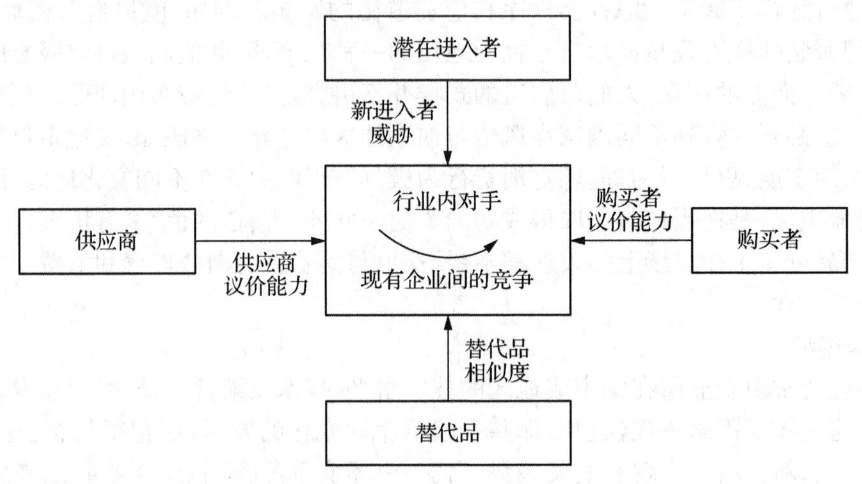

图 3.3 波特"五力模型"

1. 潜在进入者的威胁

当某一行业前景乐观、有利可图时,会引来新的竞争者进入,使该行业增加新的生产能力,并要求重新瓜分市场份额和主要资源,形成新的市场竞争格局和利益版图。另外,某些实行多元化经营的大型企业,还经常利用其综合实力和资源优势从一个行业侵入另一个行业。对于一个产业来讲,进入威胁的大小取决于呈现的进入壁垒以及准备进入者可能遇到的现存守成者的反击。

进入壁垒指企业为进入某一个新行业所要克服的困难(或风险)。决定潜在进入者威胁的主要进入壁垒因素有:规模经济、产品歧异、资本需求、转换成本、获得分销渠道、与规模无关的成本劣势、政府政策等。行业内现有厂商和潜在进入者围绕着进入壁垒所做的工作在于:现有厂商思考着如何提高进入壁垒,而潜在进入者则考虑如何降低或克服进入壁垒。

此外,潜在进入者对于现有竞争对手的反击预期也将对进入的威胁产生影响。进入会对现有企业的竞争地位和盈利水平造成损害,现有企业势必做出反应。如果进入者认为现有竞争对手会有力地反击从而使之在产业中处于不能令人满意的境地,如降价、加大广告力度、推出新产品或改善服务等,则潜在进入者将会三思而行,那么进入极有可能被扼制。如果预期现有企业会容忍进入,或者只对进入企业进行消极抵抗,将会鼓励进入。

2. 现有竞争对手之间的竞争激烈程度

就行业内部而言,每一个厂家都想从其他厂商那里夺取一些顾客,竞争行为就不可避免地在企业间经常发生。但同时,行业内部企业在对抗潜在进入者和替代品的威胁时,却又表现出合作的行为。因此,行业内部厂商间既有竞争的一面也有合作的一面。

激烈的竞争是大量结构上的因素相互作用的结果。具体而言,这些因素主要包括,众多的势均力敌的竞争对手、产业增长缓慢、高固定成本或高库存成本、歧异或转换成本欠缺、行业规模经济特征导致长期生产能力过剩、形形色色的竞争者导致难以达成共识、高额战略利益、退出壁垒大等。

3. 替代品的压力

替代品,是指在功能上部分或全部替代某一种产品的产品。广义地讲,某一行业的所有企业都将面临与生产替代品的其他行业的企业进行竞争。替代品设置了该产业中企业可谋取利润的定价上限,从而限制了一个产业的潜在收益。替代品所提供的价格—性能选择机会越有吸引力,这种限制作用就越显著和稳定,对本行业构成的冲击和压力也越大,产业利润也就越受到负面影响。

识别替代产品的判断标准就是去寻找那些能够实现本产业产品同种功能的其他产品。有效地实施这一行为需要我们摆脱以往对于产业划分的传统标准,去分析那些与该产业看来相距甚远的业务。应当引起极大重视的替代品是这样一些产品:具有改善产品价格—性能比从而排挤原产业产品;这些替代产品是由盈利很高的产业生产的;转换成本比较低。

4. 购买方的谈判力量

关于购买方和供应商的谈判力量,其实可以将这两种力量合并起来一同考虑。因为二者紧密相连:所有的企业都必须获取(输入)资源,同时提供(输出)产品或服务。购买方的谈判力量决定该厂商在市场上可以实现的最高价格;而供应商的谈判力量则决定了该厂商的投入品价格,即生产成本。由于一个厂商的利润由产品价格和生产成本共同决定,所以购买方和供应商的谈判力量对厂商的利润有着更直接的影响。

购买方的产业竞争手段是压低价格、要求较高的产品质量或索取更多的服务项目,这些都是以产业利润作为代价的。购买方集团在以下情况下有着较强的谈判力量:相对于卖方的销售量而言,购买是大批量和集中进行的;购买方从产业中购买的产品占其成本或购买数额的相当大一部分;购买的是标准或非歧异性产品;购买方转换成本低;购买方赢利低;购买方采取后向整合的现实威胁;产品对购买方产品的质量及服务无重大影响;购买者掌握充分的信息。

5. 供应商的谈判力量

供应商们可能通过提价或降低所购产品或服务质量的威胁来向某个产业中的企业施加压力。供方压力可以迫使一个产业因无法使价格跟上成本的增长而失去利润。供应商集团在以下情况下有着较强的谈判力量:供方行业由几个公司支配且集中程度高于买方行业;供方在向某产业销售中不必与替代产品竞争;该产业并非供方集团的主要客户;供方产品是买方业务的主要投入品;供方集团的产品已经歧异化或已建立起转换成本;供方集团表现出前向整合的现实威胁。

阅读材料:外部环境分析中的“势”与“变”

孟子曾讲,“虽有智慧,不如乘势;虽有鎡基,不如待时。”大意是:“虽然有智慧,不如借助形势;虽然有锄头,不如等待农时。”撇开孟子推行其“王道”的本意不谈,上述言语也强调了借助外部形势,从而取得较大成功的重要性,即所谓的“乘势待时,事半功倍”。组织管理也必须重视识别、利用外部环境的大“势”,这种大“势”代表了未来的发展趋势,并孕育着机遇与威胁。更早地积极捕捉并且呼应这种大“势”,就更能占有市场先机并获得成功,或者更早地躲避风险。组织的整体绩效是组织个体努力与外部形势叠加的结果,准确把握外部形势的重要性要远远高于个体努力程度。任何一个组织如果无法做到顺势而为,很难想象能够获得超常规的发展。

外部环境分析中,还需要强调对"变"的认识。辩证唯物主义认为,运动是绝对的,静止是相对的。组织的外部环境也有静止和运动的相对划分,对应的即为"变"或"不变"。需要注意的是,只有"变"才孕育着机会和威胁,变化越大则孕育的机会和威胁越大。在这里,"势"与"变"是紧密相连的。

3.3 内部情境:约束与挑战

组织内部情境指的是组织边界之内能够对该组织的绩效产生影响的因素和力量。组织内部情境是指组织内部的物质、文化环境的总和,包括组织资源和能力、组织文化等因素,也称组织内部条件。内部情境是企业经营的基础,是制定各项管理决策的出发点、依据和条件,是竞争取胜的根本。组织内部情境分析的目的在于掌握组织历史和现实的状况,明确组织所具有的优势和劣势。

3.3.1 企业资源与能力

1959 年 Penrose 在《企业成长论》中,正式提出了"企业是资源的集合体"的观点。该观点经过 Wernerfelt《企业资源观》一文的发展,在 20 世纪 80 年代末得到了广泛重视。资源学派认为,企业是资源的特殊集合体,那些与竞争对手相比具有资源的独特性和优越性,并能够与外部环境匹配得当的企业会具有竞争优势。资源学派诞生后,人们发现具有相似资源的企业通常在使用资源的效率方面有差异,这种差异就是企业能力的差异,是产生竞争优势的深层次因素。基于此,能力学派认为,能力是决定企业异质性的根本,企业是一个能力系统或能力的特殊集合。1990 年,C. K. Prahalad 和 Hamel 在哈佛商业评论上发表经典文献"The Core Competence of the Corporation",把能力理论推上了一个新的高度。

正确理解以上表述,可以发现任何企业活动都离不开一定数量和质量的资源与能力的投入。企业对资源与能力的拥有和利用情况影响甚至决定着企业可能开展的活动的种类、规模以及可能达到的效果。企业拥有的资源与能力形式如表 3.1 所示。

表 3.1 企业资源与能力

企业资源	企业能力
有形资源	人力资源管理能力
土地、厂房、生产设备、原材料等——实物资源	财务管理能力
应收账款、有价证券等——财务资源	产品开发和技术研发能力
无形资源	市场拓展能力
技术、商誉、人力、品牌、文化、管理等	经营管理能力

企业资源是指企业所拥有的、能够在一定程度上控制其在生产过程中投入的有形或者无形的投入品。有形资源是指能看得见、摸得着的,能被人们利用的、自然的和社会的各种资源,

有形资源是在传递客户价值中生产消费的物理因素，它包括企业的实物资源和财务资源。企业的实物资源包括企业的土地、厂房、生产设备、原材料等；财务资源是企业可以用来投资或生产的资金，包括应收账款、有价证券等。有形资源一般都反映在企业的资产中。无形资源是指那些非物质性的、看不见、摸不着的，在传递客户价值中，没有发生损耗的、隐性的产品因素；它是根植于企业历史中的，对企业经营发生长期作用的资源，包括技术、商誉、人力、品牌、文化、管理等。能够获取竞争优势的企业的资源具有用户价值性、稀缺性、难以模仿性、难以替代性的特征。

企业能力则是指对资源的综合利用和为完成特定任务对所需资源进行组合的方式和过程。企业的资源（部分或全部）及其有机结合具有内在的动力特征，这种特征是通过企业完成某种活动的可能性和效率来衡量的。企业能力包括人力资源管理能力、财务管理能力、产品开发和技术研发能力、市场拓展能力、经营管理能力等。

企业资源和能力之间存在着以下关系：(1) 资源先于能力存在，资源是能力的基础，能够投入到企业生产过程中的有且仅有资源，而不是能力。(2) 尽管资源是能力的基础，但在资源与能力的关系上，往往能力的作用是主导的，企业的优势最终还取决于能力高低；(3) 资源是外显、静态、有形的客观作用对象；能力是内隐、动态、无形的主观能动条件。

3.3.2　组织文化

组织文化作为一种无形资源，是组织内部情境的重要组成部分。组织文化建设当前被提高到了一个前所未有的高度，被认为是组织间高层次竞争的一种主要形式，并能够决定组织的成功或失败。与正式制度约束相比，文化作为一种非正式制度约束，对人们的行为引导同等重要，而在效果上甚至要远好于正式制度约束。正因为如此，本节将组织文化单列出来予以重点讨论。

1. 组织文化的概念

组织文化是被组织成员广泛认同、普遍接受的价值观念、思维方式、行为准则等群体意识的总称。就组织特定的内涵而言，组织是按照一定的目的和形式构建起来的社会集合体，为了满足自身运作的要求，必须要有共同的价值观念、思维方式、行为准则来协同组织成员的行为，否则组织就会是一盘散沙，而组织文化的任务就是努力创造这些共同的价值观体系和共同的行为准则。

2. 组织文化的特征

组织文化具有以下几个主要特征：

① 独特性。每个组织都有其独特的组织文化，这是由不同的国家和民族、不同的地域、不同的时代背景以及不同的行业特点所形成的。如美国的组织文化强调能力主义、个人奋斗和不断进取；日本文化深受儒家文化的影响，强调团队合作和家族精神。

② 稳定性。组织文化是组织在长期的发展中逐渐积累而成的，具有较强的稳定性，不会因组织结构的改变、战略的转移或产品与服务的调整而随时变化。在组织中，精神文化又比物质文化具有更多的稳定性。

③ 继承性。每一个组织都是在特定的文化背景下形成的，必然会接受和继承这个国家和民族的文化传统和价值体系。但是，组织文化在发展过程中，也必须注意吸收其他组织的优秀文化，不断充实和发展自我。正是这种融合继承性使得组织文化能够更加适应时代的要求，并

且形成历史性与时代性相统一的组织文化。

④ 发展性。组织文化随着历史的积累、社会的进步、环境的变迁以及组织变革逐步演进和发展。强势、健康的文化有助于组织适应外部环境和变革，而弱势、不健康的文化则可能导致组织的不良发展。改革现有的组织文化、重新设计和塑造健康的组织文化过程就是组织适应外部环境变化，改革员工价值观念的过程。

3. 组织文化的层次结构

一般认为，组织文化有三个层次结构，即潜层次、表层次和显现层，如图3.4所示。

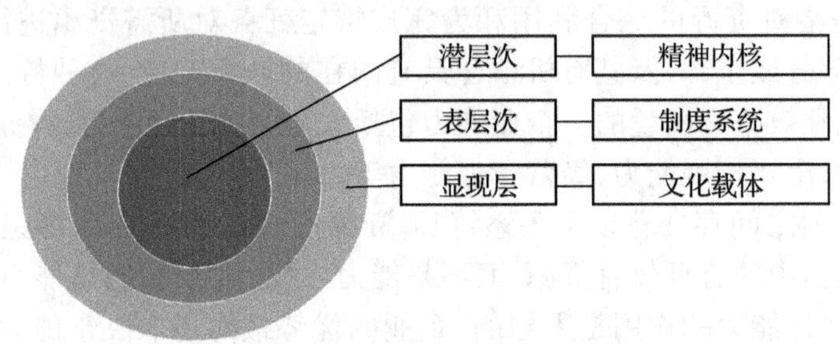

图3.4 组织文化的基本层次

潜层次的精神内核，是组织文化的核心和主体，是广大员工共同而潜在的意识形态，包括管理哲学、敬业精神、价值观念、道德观念等。

表层次的制度系统，又称制度层，是体现某个具体组织的文化特色的各种规章制度、法规和员工行为准则的总和，也包括反映分工协作关系的组织结构。它是组织文化核心(内隐部分)与显现层的中间层，是由虚体文化(意识形态)向实体文化转化的中介。

显现层的文化载体，又称物质层，是指凝聚着组织文化抽象内容的物质体的外在显现，它既包括组织整个物质的和精神的活动过程、组织行为、组织产出等外在表现形式，也包括了组织实体性的文化设备、设施等。显现层是组织文化最直观的部分，也是人们最易于感知的部分。

4. 组织文化代表性理论

组织文化分析的视角很多，以下是几种代表性的组织文化理论。

① 霍夫斯泰德文化维度理论

从1967年到1973年，荷兰心理学家吉尔特·霍夫斯泰德在跨国公司IBM进行了一项大规模的文化价值观调查，调查和分析的重点是各国员工在价值观上表现出来的国别差异。1980年，霍夫斯泰德出版了巨著《文化的影响力：价值、行为、体制和组织的跨国比较》，后又采纳了彭麦克等学者对他的理论的补充，总结出衡量价值观的五个维度：

1) 权力距离(Power Distance)指某一社会中地位低的人对于权力在社会或组织中不平等分配的接受程度。各个国家由于对权力的理解不同，在这个维度上存在着很大的差异。欧美人不是很看重权力，他们更注重个人能力。而亚洲国家由于体制的关系，注重权力的约束力。

2) 不确定性的规避(Uncertainty Avoidance)指一个社会受到不确定的事件和非常规的环境威胁时是否通过正式的渠道来避免和控制不确定性。回避程度高的文化比较重视权威、地位、资历、年龄等，并试图以提供较大的职业安全，建立更正式的规则，不容忍偏激观点和行为，相信绝对知识和专家评定等手段来避免这些情景。回避程度低的文化对于反常的行为和意见比较宽容,规章制度少,在哲学、宗教方面他们容许各种不同的主张同时存在。

3) 个人主义/集体主义(Individualismand Collectivism)衡量某一社会总体是关注个人的利益还是关注集体的利益。个人主义倾向的社会中人与人之间的关系是松散的,人们倾向于关心自己及小家庭;而具有集体主义倾向的社会则注重族群内关系,关心大家庭,牢固的族群关系可以给人们持续的保护,而个人则必须对族群绝对忠诚。

4) 男性化与女性化(Masculinityand Femininity)主要看某一社会代表男性的品质(如竞争性、独断性)更多,还是代表女性的品质(如谦虚、关爱他人)更多,以及对男性和女性职能的界定。男性度指数(MDI:Masculinity DimensionIndex)的数值越大,说明该社会的男性化倾向越明显,男性气质越突出;反之,则说明该社会的女性气质突出。

5) 长期取向和短期取向(Long-termand Short-term)指的是某一文化中的成员对延迟其物质、情感、社会需求的满足所能接受的程度。这一维度显示有道德的生活在多大程度上是值得追求的,而不需要任何宗教来证明其合理性。长期取向指数与各国经济增长有着很强的关系。20 世纪后期东亚经济突飞猛进,学者们认为长期取向是促进发展的主要原因之一。

② 丹尼森组织文化模型

丹尼森组织文化模型是组织文化诊断的有力工具。瑞士洛桑国际管理学院著名教授丹尼尔·丹尼森在经过对 1 500 多家样本公司的研究后,指出参与性(Involvement)、一致性(Consistency)、使命(Mission)与适应性(Adaptability)这四大文化特征对一个组织的经营发展具有重大影响。上述四个特征中,每个特征又各有三个维度,12 个维度分别相应地对市场份额和销售额的增长、产品和服务的创新、资产收益率、投资回报率和销售回报率等业绩指标产生着重要的影响,如图 3.5 所示。

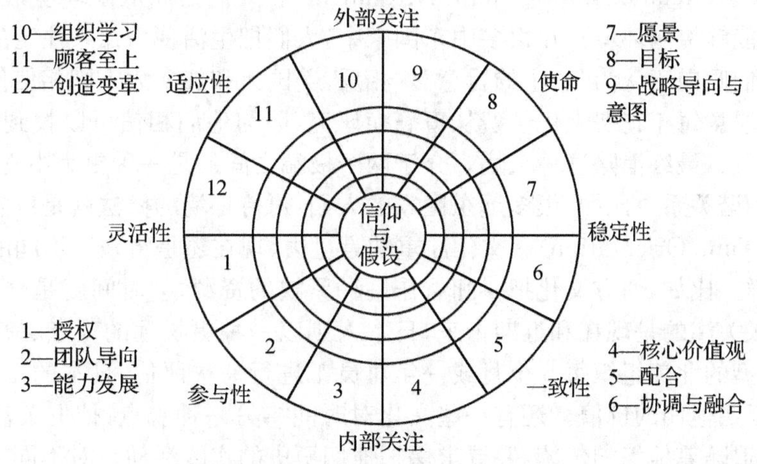

图 3.5　丹尼斯组织文化模型

参与性(Involvement)涉及员工的工作能力、主人翁精神(Ownership)和责任感的培养。公司在这一文化特征上的得分,反映了公司对培养员工、与员工进行沟通,以及使员工参与并承担工作的重视程度。参与性有三个维度:一是授权,员工是否真正获得授权并承担责任,他们是否具有主人翁意识和工作积极性。二是团队导向,公司是否重视并鼓励员工相互合作,以实现共同目标;员工在工作中是否依靠团队力量。三是能力发展,公司是否不断投入资源培训员工,使他们具有竞争力,跟上公司业务发展的需要,同时满足员工不断学习和发展的愿望。

一致性(Consistency)用以衡量公司是否拥有一个强大且富有凝聚力的内部文化。一致性有三个维度:一是核心价值观,公司是否存在一套大家共同信奉的价值观,从而使公司员工产生强烈的认同感,并对未来抱有明确的期望。二是配合,领导者是否具备足够的能力让大家的意见达成高度的一致,并在关键的问题上调和不同的意见。三是协调与整合,公司中各职能部门和业务单位是否能够密切合作;部门或团队的界限会不会变成合作的障碍。

使命(mission)用于判断公司是一味注重眼前利益,还是着眼于制定系统的战略行动计划。使命有三个维度:一是愿景,员工对公司未来的理想状况是否达成了共识?这种愿景是否得到公司全体员工的理解和认同?二是目标,公司是否周详地制定了一系列与使命、愿景和战略密切相关的目标,可以让每个员工在工作时做参考?三是战略导向和意图,公司是否希望在本行业中脱颖而出?明确的战略意图展示了公司的决心,并使所有人都知道应该如何为公司的战略做出自己的贡献。

适应性(adaptability)主要是指公司对外部环境(包括客户和市场)中的各种信号迅速做出反应的能力。适应性有三个维度:一是组织学习,公司能否将外界信号视为鼓励创新和吸收新知识的良机?二是客户至上,善于适应环境的公司凡事都从客户的角度出发。公司是否了解自己的客户,使他们感到满意,并能预计客户未来的需求?三是创造变革,公司是否惧怕承担因变革而带来的风险?公司是否学会仔细观察外部环境,预计相关流程及变化步骤,并及时实施变革?

③ 克拉克洪—斯托特柏克构架

克拉克洪—斯托特柏克构架是在分析文化差异时引用最多的方法之一,这一构架确定了6项基本的文化维度:与环境的关系,时间取向,人的本质,活动取向,责任中心和空间概念。

与环境的关系(Relationship to the Environment)。人们是屈从于环境,还是与环境保持和谐关系,抑或能够控制环境?在很多中东国家中,人们把生活视为命中注定的事情。当什么事情发生了,他们倾向于认为是“主的旨意”。相反,美国人和加拿大人则相信他们能够控制自然。比如,他们愿意每年花费上亿经费从事癌症研究,因为他们相信可以找到癌症的病因,发现癌症的治疗办法,最终消除这种疾病。介于两个极端之间的是一种更为中立的看法,即希望寻求与自然的和谐关系。比如,很多远东国家的人们,对待环境的做法就是以它为中心活动。

时间取向(Time Orientation)。文化注重的是过去、现在还是将来。不同的社会对时间的价值观也不一样。比如,西方文化把时间看作一种紧缺的资源。“时间就是金钱”而且必须高效利用。美国人关注的是现在和近期未来,日本人则以一种更长远的观点看待时间。比如在绩效评估中,典型的北美组织每6个月或一年对员工进行一次评估,日本的工人常常用10年以上的时间来证明他们的价值。还有一些文化对时间持另一种观点:他们关注的是过去。比如,意大利人就追随着他们的传统,并寻求保护他们历史的实践活动。对不同文化的时间取向的了解能够帮助你对下面这些问题有所认识:最后期限的重要程度,是否普遍采用长期计划,工作任务安排的时间范围以及构成迟到的原因。

人的本质(Man Orientation)。文化把人视为善的、恶的,还是两者的混合物?不同文化对此有着不同的理解,如北美人的看法倾向于在二者之间,他们认为人本质上是好的,但必须谨慎小心才能不被利用。文化中对人本质的看法将会影响到管理者主要的领导风格。如果国家关注的是人的邪恶的一面,则采用更为专制的风格来规范人的行为;而在强调信任价值观的文化中,参与甚至自由放任的领导风格占主流;在混合型文化中,领导风格可能会重视参与,但同时拥有严格的控制手段以迅速识别违规行为。

活动取向(Activity Orientation)。一些文化重视做事或活动,他们强调成就;另一些文化重视存在或即时享乐,他们强调体验生活并寻求对欲望的满足;还有一些文化重视控制,他们强调使自己远离物质而约束欲望。北美人生活在做事取向的社会中。他们工作勤奋,并希望因为自己的成就而获得晋升、加薪以及其他方式的认可。相反,墨西哥人则是存在取向。在这种文化中,下午的午睡时间总是步履缓慢,他们还强调即时享乐。法国则是控制取向,并且强调理性和逻辑。对文化中活动取向的理解能使你认识到这样一些问题:人们是怎样对待工作和娱乐的;人们是如何做出决策的;人们在奖励分配上使用的是什么标准。比如,在存在取向占主导地位的文化中,决策很可能是情绪型的;相反,在做事取向和控制取向的文化中,决策很可能分别强调实证和理性。

责任中心(Focus of Responsibility)。文化还可以按照对他人幸福的责任而分类。比如,美国人是高度个人主义的,他们使用个人特点和个人成就来定义自己,他们相信一个人的责任是照顾好自己。而马来西亚人和以色列人更注重于群体。比如,在以色列集体农场中,人们共同工作,共享奖励。他们看重的是群体的和谐、统一和忠诚。英国人和法国人则遵循另一个取向,他们依赖于等级关系,这些国家中的群体分成不同的层次等级,每个群体的地位保持稳定,不随时间的改变而改变。等级社会倾向于实行贵族统治。文化的这一维度对于组织中的工作设计、决策方法、沟通类型、奖励系统和选拔活动有着重要影响。比如,在个人主义社会中的选拔重视的是个人成就。而在群体社会中,能与他人很好地合作则可能最为重要。在等级社会中,选拔决策以候选人的社会等级为基础。这一维度有助于解释为什么在美国个人简历(在此列出了个人成就)十分流行,而对裙带关系(聘用自己的亲戚)持消极意见。

空间概念(Concepts of Space)。一些文化非常开放,并公开从事商业活动。另一些极端的文化则极为重视让事情在私下进行。大多数社会是两个极端的混合物,并落在某一处中间位置上。日本的组织表现出他们社会的公开特性。那里几乎没有私人办公室。经理和操作工人在同一间屋子里、在中间不分隔的桌子上办公。北美人的公司也反映出他们文化的价值观。他们通过一个人使用的办公室和拥有的秘密来反映这个人的地位。重要会议都要在关着门的房间里进行。空间常常是除本人之外其他人无权使用的。在具有混合取向的社会中,隐私和公开也是交融在一起的。在空间概念方面的这些差异中,对于组织管理,如工作设计与沟通,都有着显著的影响。

拓展阅读:内部情境分析中的“优”与“劣”

内部情境分析中,需要评判企业所拥有资源的“优”与“劣”的问题,“优”与“劣”本质上不是一个绝对的概念,而是一个相对的概念,这就涉及如何选择参照系的问题。在通常的内部情境分析中,该参照系一般选择竞争对手。

选择上述参照系无可厚非,许多管理者认为只要强于竞争对手,企业就可以没有生存之忧。因此在企业内部资源与能力建设时,将更多的注意力集中于竞争对手身上。事实上,与竞争对手相比较并不是企业资源和能力“优”和“劣”的终极判断标准,企业如果想获得更大的成功,必须跳出与竞争者比较的局限,去跑赢顾客的市场期望。只有既超越竞争对手,又超越顾客的期望,企业才能赢取真正的竞争优势。

3.4 组织情境管理

人们认识、了解组织情境,除了识别出机会、威胁以及优势、劣势外,目的还在于有效地进行情境管理,从而创造出对组织发展更加有利的外部和内部条件。从这点意义上讲,组织要从一个被动的情境影响接受者,变成一个主动的情境改造者,这不仅对于外部环境如此,对于内部情境也同样适用。

3.4.1 外部环境管理

外部环境管理的本质在于实现组织外部环境从不确定性向确定性的转变。外部环境的不确定性使得相关组织行为无法有效开展,并将给组织绩效带来负面影响。对于外部环境的管理,要求组织对于面临的外部环境进行合理的定位,并采取科学的环境管理方法和手段,减轻负面的环境压力,同时需要遵循科学的环境管理一般性步骤。

1. 外部环境定位

每个组织面临的外部环境是不一样的,要有效管理环境必须首先了解组织所处的环境。那么,怎样衡量组织外部环境的不同呢？著名组织理论家汤姆森(J·D·Thompson)提出了用环境变化程度和环境复杂程度两个维度来衡量环境不确定性的定位方法。

根据环境的变化程度,可将组织环境分为动态环境和稳定环境两类。对于一个组织来说,如果其外部环境的构成要素频繁地变化,这就是一个动态的环境。如果变化是微不足道的,这就是一个稳定的环境。稳定的环境可能是一个行业内竞争对手数量比较稳定,技术创新相对缓慢,消费者偏好比较稳定,没有什么公众对组织施加压力的环境。不同行业面临的外部环境在动态性上差别很大,如IT行业相比较一些传统制造业而言,其行业动态性要高很多。需要注意的是,如果环境是可预测的,那么该环境就不应该被认为是动态的。例如,消费者对电力的需求一般随季节和气候变化,我们可以根据这个规律进行电力需求量预测,并进而制定各季节发电和供电计划。正因为如此,管理人员需要关注的动态环境是那些不可预测的环境变化。如果某种变化是可预测的,那么它就不属于管理者要专门处理的对象。

根据环境的复杂程度,可将组织环境分为简单环境和复杂环境两类。环境的复杂程度与组织外部环境的构成因素多少及组织已拥有的对其环境影响因素的了解程度有关。一个组织的外部环境构成要素越多,对这些环境影响因素了解程度越少,组织外部环境的复杂性程度就越高。如果一个组织只需要和较少的顾客、供应商、竞争对手、政府机构接触,其外部环境就相对比较简单;另一方面,如果该组织对上述各个影响因素的情况比较了解,熟知他们的运作情况,那么该组织面临的外部环境的复杂性程度将会明显地降低。

根据组织外部环境的变化程度和复杂程度两个维度,可形成四种典型的组织环境,如表3.2所示。

表 3.2　组织外部环境分类矩阵

复杂程度＼变化程度	稳定	动态
简单	状态 1:稳定、简单环境 环境影响因素较少 环境因素变化不大 环境因素容易了解	状态 2:动荡、简单的环境 环境影响因素较少 但在不断地变化之中 环境因素比较容易掌握
复杂	状态 3:稳定、复杂的环境 环境影响因素多 环境因素基本保持不变 掌握环境因素较难	状态 4:动荡、复杂的环境 环境影响因素多 且处于不断地变化之中 掌握环境因素困难

状态 1:相对稳定和简单的环境。在这种环境中的组织会处于相对稳定的状态。此时,管理者对内部可采用强有力的组织结构形式,通过计划、纪律、规章制度及标准化等来管理。一般的日用品生产企业大部分处于此种环境。

状态 2:动态而简单的环境。处于这种环境中的组织一般处于相对缓和的不确定状态之中。面临这种环境的组织一般采用调整内部组织管理的方法来适应变化中的环境。纪律和规章制度仍占主要地位,但也可能在其他方面,如市场销售方面需要采取强有力的措施,以应对快速变化的市场形势。像音像制品公司等多属于这一环境中的组织,他们面临的竞争对手不多,材料供应商也只有固定的几个,销售渠道单一,涉及的政府管理部门也有限。但尽管环境影响因素不多,但它却面临着技术或市场需求的迅速变化。

状态 3:相对稳定但极为复杂的环境。一般来说,处于这种环境中的组织为了适应复杂的环境都采用分权的形式,强调根据不同的资源条件来组织各自的活动。不管怎样,它们都必须面对众多的竞争对手、资源供应者、政府部门和特殊利益代表组织,并做出管理上的相应改变。像汽车制造企业基本上处于此种环境之中。

状态 4:动态而复杂的环境。一般环境和任务环境因素的相互作用有时会形成极度动荡而复杂的环境。面对这样的环境,管理者就必须更强调组织内部各方面及时有效的相互联络,并采用权力分散下放和各自相对独立决策的经营方式。一般而言,高新技术企业面临的就是技术飞速发展、市场需求迅速变化、竞争对手对抗剧烈的动荡而复杂的环境。

2. 环境管理措施

外部环境因素根据其对组织影响的直接性程度,分为一般环境和具体环境,在管理上相应地也应采取两种不同的方法。一般环境通常是管理者无法影响的,更不是管理者能够改变的,对于一般环境因素,管理者主要需要考虑的是如何主动适应它;对于具体环境,管理者则是可以而且应该通过努力加以管理的,管理者通过主动改变自己实现变被动为主动。如在家电等一些产能过剩的行业,许多行业内企业往往通过兼并重组的方式来消除竞争过度;英特尔公司通过不断推出新的处理器芯片并迅速拉低价格从而阻止新进入者的进入;钢铁生产企业为了消除铁矿石厂商的垄断力量进而进入铁矿石的生产环节等。表 3.3 列出了一些管理者用以减少环境压力的常用措施。

表 3.3　减少环境压力常用的措施

广告	广告可建立名牌忠诚，减少易变的服务对象的影响，以及竞争对手推出新产品或新服务的影响。当一批顾客相信某公司的产品比其他公司的产品好时，该公司就拥有了一批稳定的顾客，并增加了该公司对其产品价格、经销商的决策选择余地，也增强了它与其他公司的竞争能力。
联合	所谓联合，是指一个组织与其他组织为某一共同的目的而团结起来，包括合资、建立战略联盟等。管理人员常用联合的方法控制其主要供应商以确保资源的稳定供应，或联合起来对付强大的竞争对手。
舆论	当组织受到其他组织威胁或危害时，管理人员常采用舆论的力量来对抗这些威胁。例如，当有关部门准备施行某些对行业不利的政策时，管理者就常借助于舆论的力量来改变其不利的地位。
制定战略	在稳定的环境中，组织可根据事先对环境变化趋势的分析和预测，提前做好应变准备；在动态环境中，管理者主要通过保持策略的灵活性来对付复杂多变的环境。例如采用多样化经营策略以减少市场风险等。
改变结构	刚性的组织结构，适应于环境相对比较稳定的组织；而弹性结构，则有助于增强组织对于复杂多变环境的响应速度。在组织结构中设置专门监控环境的部门或岗位，则有助于组织提高对环境变化的洞察能力。

来源：邢以群，《管理学》。

3. 外部环境管理的步骤

首先，管理者要了解环境因素的组成与变化情况。由于环境的复杂性和多变性，管理者首先要随时随地利用各种渠道和方法去认识和了解环境。一般而言，认识和了解外部环境因素的组成与变化是比较困难的，这就要求管理者花大量的精力收集各种信息，掌握第一手资料，从中了解在众多的因素中，哪些是对组织有利和不利的，哪些是影响组织目标实现的关键因素。

其次，在认识和了解各种环境因素的基础上，分析这些因素的变化情况，对其变化趋势进行研究，确定各种环境因素的变化对组织有什么影响，有多大的影响等。环境在不断地发生变化，对环境变化趋势的跟踪工作也需要保持连续性。

最后，管理者在对环境因素进行了一定的分析之后，要对各种环境因素的影响做出相应的反应。充分利用环境对组织有利的方面，并努力使其继续朝着这个方向发展；对于环境中不利于组织发展的因素，组织一方面可通过内部的改革使组织与环境相适应，另一方面可努力通过组织的行为去影响环境，使其朝着有利于组织的方向转化。如图 3.6 所示。

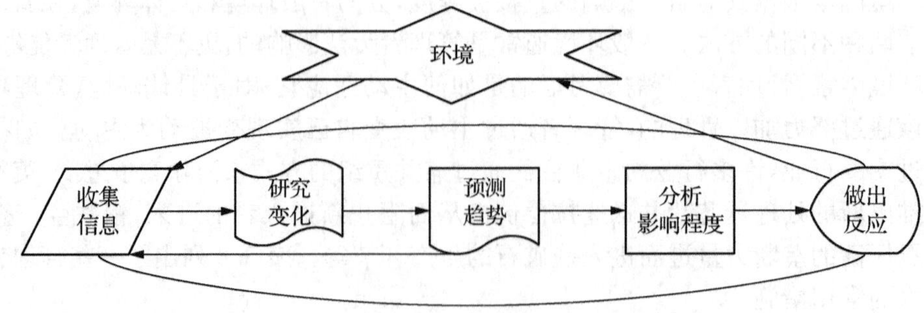

图 3.6　组织外部环境管理的一般步骤

3.4.2　内部情境管理

组织在实施管理活动时，不仅需要考虑尽量从外部环境获得各种要素和资源，还必须充分考虑组织内部的各种要素对管理的影响。组织内部情境管理主要是正确认识组织拥有的资源和能力状况，这些已经存在的内部情境因素，是实施管理的基础条件。在一定的时间范围内，各项管理职能在组织内部情境限定的框架范围内开展活动。在此过程中，组织内部情境管理既要挖掘和发挥现有内部优势资源与能力的潜力，也要合理弥补完善组织内部相对不足的资源与能力。

1. *主要方法*

内部情境管理主要使用比较分析方法。比较分析法是指对同类事物进行对比，分析其异同，进而判断其优劣的研究方法。它实质上是对事物的某些特征或属性进行研究，并且总是从剖析、对比事物的个别特征和属性开始。比较分析是一种有价值的战略分析方法，通常可以分为纵向比较和横向比较两种，前者是对同一事物不同时期的状况特征进行比较，从而认识事物的过去、现在及其未来趋势；后者是对不同国家、不同地区、不同部门的同类事物进行比较，从中找出差距，判断优劣。在组织管理分析中，通常称之为历史比较和行业比较方法。

历史比较法。历史比较是将组织的资源能力状况与以前各年相比，从而找到重大的变化。通过对一些财务指标、成长性指标等重要变量的历史轨迹的分析，可以揭示出一些变化的趋势，它促使公司重新评估其经营状况。企业还可以通过历史分析来考察组织的资源与能力变化的状况，与前几年相比有了哪些重大的变化。历史分析虽然不能直接反映企业的相对资源和能力状况，但有利于企业正确认识本身所发生的变化及对未来可能的影响。

行业比较法。通过行业间最佳业务的比较可以进一步了解组织，一个组织绩效状况的高低、满足顾客需求的程度，以及导致绩效差异的资源与能力原因只能通过与行业平均水平，尤其是标杆企业以及主要竞争对手的比较才能确定。行业比较会大大地改进历史分析效果，它帮助公司展望其资源状况和经营状况。在分析和评估战略能力时，行业分析比较关心的是公司在整个行业中的相对地位。

2. *资源利用度—转移性矩阵*

资源利用度—转移性矩阵（如图 3.7 所示）可以对企业内部资源状况进行分析评估，主要通过利用度和转移性两个维度来评判，利用度指资源被使用的程度，转移性指资源扩展、复制、使用于其他业务的可能程度。

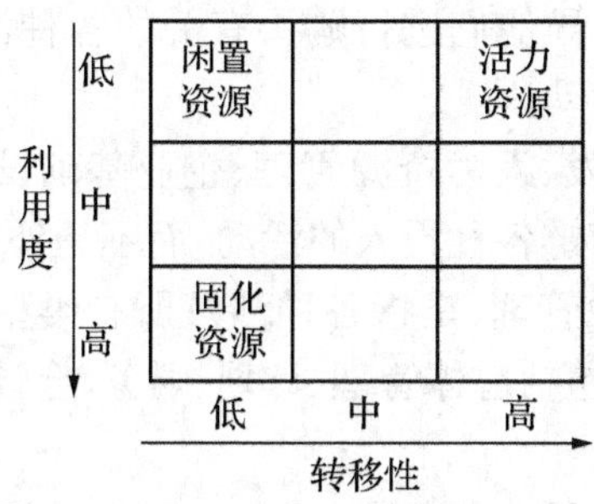

图 3.7　资源利用度—转移性矩阵

如果资源的利用度高而转移性低，叫作固化资源，其对企业发展的支持作用小，但是应当继续保有。如果资源的利用度低而且转移度也低，叫作闲置资源，其对企业既没有帮助也浪费资源，应该出售或剥离。如果资源的利用度低而转移性高，叫作活力资源，其对企业发展的支持作用大，应该充分发挥活力资源的潜力。对企业内部拥有的各种资源可以从上述方面进行评估。

3. 价值链管理

价值链思想是迈克尔·波特(Michael·E·Porter)于1985年在其著作《竞争优势》中提出的，是一种通过考察企业的所有活动及其相互作用来分析竞争优势的系统性方法。波特认为，企业正是通过比竞争对手更廉价或更出色地开展这些重要的战略活动来赢得竞争优势的。

波特认为每一个企业的价值链都是由以独特方式连接在一起的九种基本活动类别构成的，也即每一个企业都是用来进行设计、生产、营销、交货以及对产品起辅助的各种活动的集合，如图3.8所示。一个企业的价值链，以及它所指导的单项活动的方式都是这个公司历史、战略、实现其战略的方法以及其作业的根本经济状况的反映。

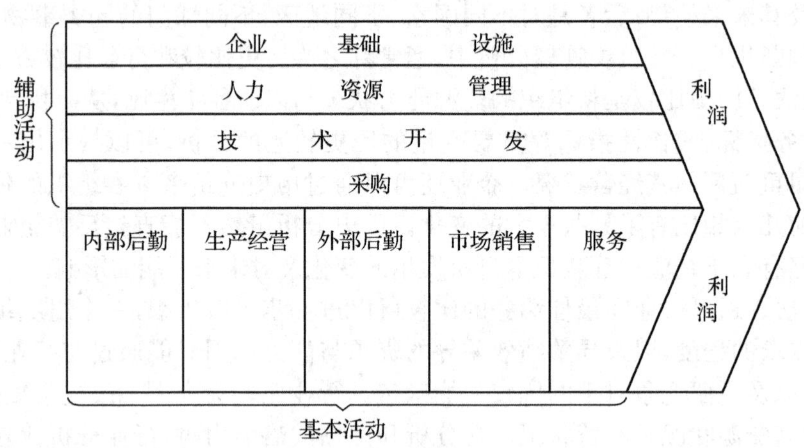

图3.8 基本价值链构成

价值链描述了企业活动的两大类：基本活动和辅助活动。

基本活动包括：内部后勤、生产作业、外部后勤、市场销售、服务等。内部后勤，是指与接收、存储和分配相关联的各种活动；生产作业，是指与将投入转化为最终产品形式相关的各种活动；外部后勤，是指与集中、存储和将产品发送给买方有关的各种活动；市场销售，是指与提供一种买方购买产品的方式和引导他们进行购买有关的各种活动；服务，是指与提供服务以增加或保持产品价值有关的各种活动。

辅助活动包括：采购、技术开发、人力资源管理、企业基础设施等，辅助活动主要支持基本活动。采购，是指购买用于企业价值链各种投入的活动，而不是外购投入本身；技术开发，是指改善产品和工艺的各种努力；人力资源管理，是指各种涉及所有类型人员的招聘、雇佣、培训、开发和报酬等各种活动；企业基础设施，包括总体管理、计划、财务、会计、法律、政府事务和质量管理。

4. 组织文化管理

组织文化对于组织的生存发展有着重大的影响，不良的组织文化会影响组织目标的实现。例如，组织内部成员若没有一种共同的使命感，没有一种团结向上的精神，这个组织就会变成一盘散沙。因此,组织文化管理是组织内部情境管理的一项重要内容。组织必须加强对组织成员的教育,倡导良好组织文化的形成。

组织文化管理的主要目的在于如何塑造一个适应环境变化和协调组织成员行为的文化氛围。组织文化的塑造是个长期的过程,同时也是组织发展过程中一项艰巨、细致的系统工程。从路径上讲,组织文化的塑造需要经过以下几个过程:

首先,选择合适的组织价值观标准。组织价值观是整个组织文化的核心,选择正确的组织价值观是塑造良好组织文化的首要战略问题。组织价值观选择首先要立足于本组织的具体特点,根据组织目标、环境要求和组成方式等选择适合自身发展的组织文化模式。其次要把握组织价值观与组织文化各要素之间的相互协调,因为各要素只有经过科学的组合与匹配才能实现系统整体优化。

其次,强化员工的认同感。在选择并确立了组织价值观和组织文化模式之后,就应把基本认可的方案通过一定的强化方式使其深入人心。具体做法可以是:① 利用一切宣传媒体,宣传组织文化的内容和精要,创造浓厚的环境氛围。② 培养和树立典型。榜样和英雄人物是组织精神和组织文化的人格化身与形象缩影,能够以其特有的感召力和影响力为组织成员提供可以效仿的具体榜样。③ 加强相关培训教育。有目的的培训与教育,能够使组织成员系统地接受组织的价值观并强化员工的认同感。

第三,提炼定格。组织价值观的形成不是一蹴而就的,必须经过分析、归纳和提炼方能定格。需要做到以下几点:① 精心分析。在经过群众性的初步认同实践之后,应当将反馈回来的意见加以剖析和评价,详细分析和比较实践结果与规划方案的差距,必要时可吸收有关专家和员工的合理意见。② 全面归纳。在系统分析的基础上,进行综合化的整理、归纳、总结和反思,去除那些落后或不适宜的内容与形式,保留积极进步的形式与内容。③ 精炼定格。把经过科学论证的和实践检验的组织精神、组织价值观、组织伦理与行为,予以条理化、完善化、格式化,再经过必要的理论加工和文字处理,用精练的语言表述出来。

第四,巩固落实。要巩固落实已提炼的组织文化首先要建立必要的制度保障。在组织文化演变为全体员工的习惯行为之前,要使每一位成员从一开始就能自觉主动地按照组织文化和组织精神的标准去行动比较困难,即使在组织文化业已成熟的组织中,个别成员背离组织宗旨的行为也是经常发生的。因此,建立某种奖优罚劣的规章制度十分必要。其次,领导者在塑造组织文化的过程中起决定性作用,应先起到模范作用。领导者必须更新观念并能带领组织成员为建设优秀组织文化而共同努力。

最后,不断丰富和完善。任何一种组织文化都是特定历史阶段的产物,当组织的内外条件发生变化时,组织必须不失时机地丰富、完善和发展组织文化。这既是一个不断淘汰旧文化、不断生成新文化的过程,也是一个认识与实践不断深化的过程。组织文化由此经过不断的循环往复以达到更高的层次。

需要注意的是,组织文化需要很长的时间才能形成,但一旦形成后,它又趋向于稳定不变。一个强的组织文化,由于得到员工们的普遍认同,要改变它更是困难。组织在推进组织文化变革的时候需要选择恰当的时机,那么哪些“有利条件”可以推进组织文化的改变呢?根据实践,在表 3.4 所列的情况下,组织文化最有可能发生变化。但是,即使这些条件存在,也不能确保组织文化一定会改变,而且任何重大的改变都要经过较长的时间才能实现。因此,就短期而言,组织文化是稳定不变的,管理人员只能去认同它并在管理工作中去适应它。

表 3.4 组织文化的改变时机

发生戏剧性的危机	危机可以是由于地位突然下降所造成的伤害,或对现有文化的怀疑等所形成的打击。例如,一个主要顾客的离散、或由竞争者带来的重大技术突破。危机可使人对习惯了的东西进行反思,从而促进已有文化的改变。
领导层发生变动	新的高层领导,可能会带来一套新的价值观念,而且由于他们常被看作是具有改变危机能力的人,因而其观念相对来说也易被员工所接受。领导层包括组织的主要领导,但也可能需要包括所有的中层管理者。
组织成立不久且规模较小	组织成立的时间越短,组织文化越不稳固。同样地,当组织规模较小时,管理者也更容易与员工沟通以建立新的价值观念。
组织文化较薄弱	组织文化渗透得越广,组织成员的认同率越高,组织文化就越难改变。相反,弱的组织文化则为管理者改变它提供了便利。

1. 任何管理活动都是在一定的管理情境约束下进行的。所谓情境,是指那些影响组织绩效的各种力量和条件因素的总和。管理活动的情境因素包括组织外部和内部情境两方面。

2. 对于管理者而言,认识、理解管理情境更重要的意义在于如何进行情境管理,管理者需要设计和维护一种组织情境,以期为组织发展创造更有利的外部和内部条件。

3. 组织外部环境指的是组织边界之外能够对该组织的绩效产生影响的因素和力量。组织的外部环境通常分为一般环境因素和具体环境因素两个层面,这主要取决于该组织的目标定位和该因素对组织目标影响的直接性与否。

4. 组织内部情境是指组织边界之内能够对该组织的绩效产生影响的因素和力量。组织内部情境包括组织资源和能力、组织文化等因素,也称组织内部条件。

5. 组织外部环境管理本质要求实现组织外部环境从不确定性向确定性的转变,组织外部环境的定位可以用环境变化程度和环境复杂程度两个维度来衡量环境不确定性。

6. 组织内部环境管理本质要求实现内部资源合理配置,扬长避(补)短地挖掘和发挥内部资源与能力的潜力或弥补完善其不足。比较分析方法、资源利用度—转移性矩阵、价值链等是组织内部情境的有效分析和管理工具。

7. 组织文化建设包括选择合适的组织价值观标准、强化员工认同、提炼定格、巩固落实、不断丰富和完善各个环节。短期而言,组织文化是稳定不变的,长期而言,组织文化具有动态的特征。

1. 组织外部环境和内部情境的构成要素都包括哪些内容,为什么管理者要深刻地理解这些构成要素?

2. 思考当前组织面临的一般环境中有哪些趋势性因素,结合部分具体行业,分析这些趋势性因素对这些行业的深远影响。

3. 选择某个具体行业,运用五力模型分析其具体环境。

4. 组织是一个资源集合体还是能力集合体,正确理解上述问题对于组织管理有何意义?

5. 当前很多组织在文化建设时无法解决文化落地生根的问题,如何有效解决文化建设与组织成员行为脱节这一问题?

6. 组织进行情境管理的目的是什么,如何做到有效管理?

"一带一路"战略与中国企业发展机遇

2013 年 9 月,国家主席习近平在访问哈萨克斯坦时提出构建"丝绸之路经济带"。2013 年 10 月,习近平又在出席亚太经济合作组织领导人非正式会议期间提出了中国愿同东盟国家加强海上合作,共同建设"21 世纪海上丝绸之路"。"丝绸之路经济带"和"21 世纪海上丝绸之路",被并称为"一带一路"。

"一带一路"的战略要点

在世界经济复苏乏力的背景下,很多国家的经济亟须新的经济增长点。中国借此机会,将有利于几乎所有国家的中国战略、政策融入"一带一路"和 APEC 中,实现共赢。

中国为推动区域经济一体化做出了很多战略规划,包括:21 世纪海上丝绸之路战略、丝绸之路经济带战略、中印缅孟经济走廊战略、中巴经济走廊战略、东北亚经济整合战略等。这些战略中,每个都是以区域经济一体化为核心的,每个都是以中国的国家战略为基础的,每个都是符合亚太乃至亚欧几乎所有成员国的战略利益。

丝绸之路经济带战略涵盖东南亚经济整合、涵盖东北亚经济整合,并最终融合在一起通向欧洲,形成欧亚大陆经济整合的大趋势。而 21 世纪海上丝绸之路经济带战略则是从海上联通欧亚非三个大陆,最终可以和丝绸之路经济带战略形成一个海上、陆地的闭环。

推动区域经济一体化乃至欧亚大陆经济融合,这就是中国包容性发展战略,实现合作共赢是战略的中心思想,这也是中国最高国家战略的包容性体现。

国内背景

"一带一路"作为一项重要的中长期国家发展战略,其要解决中国过剩产能的市场、资源的获取、战略纵深的开拓和国家安全的强化及贸易主导这几个重要的战略问题。

1. 中国的过剩产能的市场问题

中国传统的出口国主要集中在美欧日,但这些传统的出口市场增量空间已经不大,国内的过剩产能很难通过他们进行消化,在国内消费加速启动难以推进的情况下,通过"一带一路"来开辟新的出口市场是很好的抓手。中国不仅有过剩产能还有过剩外汇资产;而新兴市场国家和欠发达国家的基础设施建设仍然欠缺,中国利用积累的外汇储备作为拉动全球增长的资本金,同时通过资本输出带动消化过剩产能。

2. 中国的资源获取问题

中国的油气资源、矿产资源对国外的依存度较高,这些资源主要通过沿海海路进入中国,渠道较为单一。中国与其他重要资源国的合作还不深入,经贸合作也未广泛有效地展开,使得资源方面的合作不稳定和牢固。“一带一路”新增了大量有效的陆路资源进入通道，对于资源获取的多样化十分重要。

3. 中国的战略纵深开拓和国家安全的强化问题

我国的资源进入方式现在还主要是通过沿海海路，而沿海直接暴露于外部威胁，在战时极为脆弱。我国的工业和基础设施也集中于沿海，如果遇到外部的打击，整个中国会瞬时失去核心设施。在战略纵深更高的中部和西部地区，特别是西部地区，地广人稀工业少，还有很大的工业和基础设施发展潜力，在战时受到的威胁也少，通过“一带一路”加大对西部的开发，将有利于战略纵深的开拓和国家安全的强化。

4. 区域经济的贸易主导权

一带一路战略对中国而言，不仅能对冲掉美国主导的试图绕开孤立中国而推进的TPP(跨太平洋伙伴关系协议)、TTIP(跨大西洋贸易伙伴谈判)，还能有机会在一带一路经贸中抢占全球贸易新规则制定权。如21世纪海上丝绸之路将以国内外的港口为支点建设，推动各种规格的自贸协定谈判，在国内，特别是一旦上海自贸区试验成功后，就可以以上海(含宁波舟山)和泉州湄洲湾港的超级深水港为依托建设国际中转港，真正带动建设国际经济、金融、贸易、航运中心，掌控国际贸易主导权，定价权和资源配置权。

5. “一带一路”将促进区域平衡发展

在“一带一路”规划的编制过程中，很多地区积极参与，希望被纳入规划。但受益最大的将是西部地区，西部地区以及中部地区将借此获得重大发展机遇。“丝绸之路经济带”建设使很多西部省份及中部省份成为国际物流通道的节点，而在目前以海运为主的国际物流通道中，它们基本上是末梢。从末梢到节点的转变，将为中西部地区带来更多的物流、人流、资金以及产业。同时，由于它们在“丝绸之路经济带”中的重要地位，它们在经济政策中将成为支柱力量，而不是支持对象，这将给它们带来更多的政策空间和发展机会。

“一带一路”建设面临的新机遇

“一带一路”是一个宏伟的战略构想，它的建设过程不仅涉及众多国家和地区，涉及众多产业和巨量的要素调动，这期间产生的各种机遇不可估量。主要有以下几方面：

第一，产业创新带来的机遇。产业创新涉及产业转型升级和产业转移等带来的红利。随着“一带一路”战略的实施，中国的一些优质过剩产业将会转移到其他一些国家和地区。在国内，因为市场供求变化，一些过剩的产业，也许在其他国家能恰好被合理估值；在国内，因为要素成本的上升而使一些产业、产品失去了价格竞争力，也许在其他国家，较低的要素成本会使这些产业重现生机。在国内，因为产品出口一些发达国家受限而影响整个产业的发展，也许在其他国家就能绕开这些壁垒等。此外，由于产业转移引致的产业转型升级更是机遇无限，比如技术改造、研发投入、品牌塑造等都会给投资者带来无限机遇。

第二，金融创新带来的机遇。“一带一路”战略的实施首先需要有充足的资金流，巨量的资金需求只能通过金融创新来解决。我们已经发起设立“亚投行”和“丝路基金”，但这也只能解决部分资金问题，沿“带”沿“路”国家和地区一定会进行各种金融创新，包括发行各种类型的证券、设立各种类型的基金和创新金融机制等等，这期间的红利和机遇之多甚至是不可想象的。

第三，区域创新带来的机遇。“一带一路”本质上是一个国际性区域经济的范畴，随着“一带一路”战略的实施，必将引发不同国家和地区的区域创新，这包括区域发展模式、区域产业战略选择、区域经济的技术路径、区域间的合作方式等，其间的每个创新都蕴涵着无限的机遇。

“一带一路”成 A 股新热点

随着“一带一路”主题炒作升温,多家券商相继发布研报,推荐该主题的投资机会。如民生证券认为,“一带一路”战略将是我国未来十年的重大政策红利,初期将出现大规模的基础设施建设,紧接着是资源能源的开发利用,随后则是全方位贸易服务往来,由此带来多产业链、多行业的投资机会。而兴业证券更是认为,“一带一路”是堪比“加入 WTO”性质的普惠式机会、系统性机会,受益于“一带一路”大战略的系统行情将可能延续 3 到 5 年。不过,在众多券商看好的同时,也有部分券商“泼冷水”。如国金证券认为,基建在目前中国对外投资占比中不到 10%,规模仅在 100 亿美元级别,因此对其暂不可寄望过高。

资本市场对“一带一路”战略做出了积极的呼应,“一带一路”30 只概念股票一年股价翻倍。数据显示,截至 2015 年 3 月 5 日,过去一年中证一带一路指数上涨 86.83%,营口港、中国中铁、中铁二局等 30 只“一带一路”相关概念个股更是涨幅翻倍。其中,交通基础设施公司中铁二局过去一年涨幅超过 400%,港口、航运类公司营口港过去一年股价涨幅达 395.3%,工程机械龙头企业中国一重同期涨幅达 162.24%。

(本案例根据相关新闻报道以及网络资料整理)

讨论题

1. 试运用管理活动的组织外部和内部情境因素两方面分析中国推行“一路一带”战略的必要性。

2. “一路一带”战略真的构成了中国企业的重要市场机遇吗,又有哪些风险?如果构成重要市场机遇,哪种类型的企业将从中获益更多?

3. “一路一带”战略对你所在的组织有何影响?如何积极呼应?

第4章　企业伦理与社会责任

学习目标

4.1　了解企业伦理和社会责任的含义。
4.2　理解企业伦理的基本理论。
4.3　讨论企业管理中的伦理问题。
4.4　讨论企业伦理建设的手段。

情境案例

小包所在的村子是个贫困村。为了帮助大家脱贫，村里组织大家进行肉牛饲养，引进了国外某知名肉牛品种，因为该肉牛饲养成本高，所以引进后和本地的牛种进行了杂交改良，但肉的品质甚至比该国外肉牛的品质还要好点。尽管肉的品质不差，但是他们却无法承担起更多的营销宣传费用，导致牛肉的销售一直不理想。眼看着很多贷款养牛的农户陷入了破产的境地，小包产生了直接冒用该国外知名肉牛品种来销售的想法。因为肉的品质不错，结果先前的窘迫状况得到了很大的改善。试问如何看待小包的行为，违反了相关伦理要求吗？

企业伦理与社会责任问题正受到越来越多地重视和关注。企业伦理是企业在经营管理中所应自觉遵守的伦理原则和道德规范；而社会责任则是指该企业对社会所应负的责任。一个企业在其经济活动中，只有重视和加强这两方面的建设，积极践行企业伦理，勇于承担社会责任，才能获得社会认可，提升企业竞争力并实现基业长青。同时，管理者在进行管理时，都会遇到各种复杂的伦理道德和社会责任问题，如何正确地处理这些问题能够并且确实影响相应的企业行为，管理者应予以高度关注。

4.1　企业伦理与社会责任的含义

近年来，诸如美国安然公司事件和世通公司事件，国内的三鹿奶粉三聚氰胺事件和双汇瘦肉精事件等知名公司发生的一些广为人知的丑闻使得公众对于企业欺诈与腐败极为愤慨，人们对企业伦理和企业社会责任问题愈加关注，努力提升企业的伦理标准并勇于承担应尽的社会责任已成为企业面临的重要任务。对于这个问题的深入讨论，首先需要明白企业伦理与社会责任的基本含义是什么。

4.1.1 企业伦理的含义

企业伦理的概念源自于伦理学相关概念在企业领域的应用；同时，人们对于企业伦理问题的了解也经历了一个不断全面、不断深入的过程。

1. 企业伦理的定义

“伦理学”这一术语通常被定义成“对道德本质和道德基础的探究，这里‘道德’意味着道德判断、行为规范、行为规则”。同时，伦理学还被称为对人类行为的研究，是关于人类行为的哲学，重点在于确定对与错。《美国传统词典》(The American Heritage Dictionary)这样定义伦理学，“对道德一般特性和特殊道德选择的研究”、“道德哲学”、“某一职业必须遵循的规则或规范。”

基于上述定义，我们可以思考一下企业伦理学的概念。然而，将伦理学应用到企业必须考虑一些特殊方面。首先，企业是一个必须通过获利赢得生存和发展的组织。但通过不正当行为赚取利润，组织的寿命就会缩短。许多公司，包括雷曼兄弟和安然，都因其不当行为引发了法律和财务危机的连锁反应，最终失败或者倒闭。其次，企业必须在自身获利的欲望以及社会的需要和欲求之间取得平衡。维持这样的平衡通常需要妥协或折中。针对企业的这一特点，社会发展出法律或隐含规则以规范企业，使其在努力获利的同时不伤及个人或社会整体。

企业伦理的定义通常都与特定情境下是非对错的准则、规范和道德原则有关。一般认为，企业伦理(Business Ethics)由各种指导企业行为的原则、价值和规范组成。原则(Principles)规定是普适的、绝对的，通常成为规则的基础。一些具体的原则包括言论自由、基本公正、享有公民自由的平等权利等。价值观(Values)用来制定社会必须执行的规范，例如诚信、负责任、信任。在企业伦理行为判断过程中，投资者、雇员、顾客、利益团体、法律体系、社区通常决定某一特定行为是否正确，是否符合道德。这些团体未必完全“正确”，但它们的判断却能影响某一企业或行为是被社会接纳还是遭到排斥。

2. 企业伦理的发展

1974 年 11 月，在美国堪萨斯大学召开了第一届企业伦理学学术研讨会。对企业伦理道德、企业社会责任等问题进行了热烈的讨论，进一步明确了企业伦理学的社会意义、内容构成、经验传播等，标志着企业伦理学的正式确立。

从 20 世纪 70 年代初开始，学术界就企业的社会责任问题进行了广泛的探讨，并由此引发了“利润先于伦理”与“伦理先于利润”之争。此时，日本的企业伦理模式也开始受到关注。第二次世界大战之后由丸山敏雄创立的日本伦理研究所大力倡导伦理实践，企业伦理就是其中一项重要内容。这期间在经验研究方面的主要工作是围绕对管理者的伦理道德观和企业伦理现状的了解而展开的。在实践应用方面，70 年代中期在美国部分企业和管理者中兴起了“道德生成运动”(Moral Genesis Movement)。该运动倡导伦理因素和利润因素融为一体的企业活动模式，强调企业的社会责任，寻求旨在促进企业和企业中个人形成良好的道德行为的具体办法，建立企业与企业、企业与雇员、企业与顾客之间相互信任的关系，如图 4.1 所示。

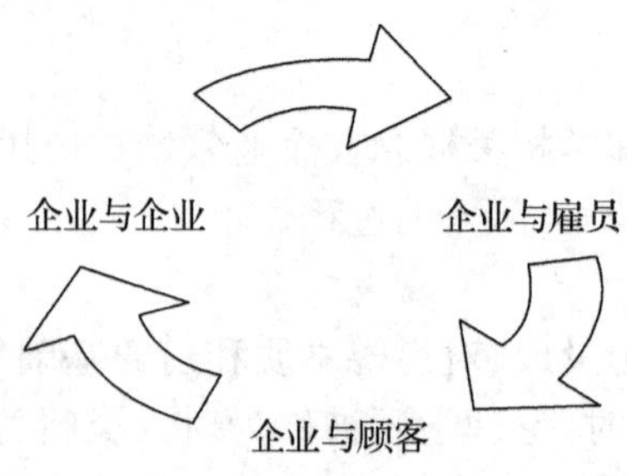

图 4.1　建立企业、雇员与顾客之间相互信任的关系

进入 80 年代后，国外企业伦理学进入了全面发展阶段。第一，企业伦理学从日本和美国扩展到了加拿大、西欧、澳大利亚、东南亚等地。第二，企业伦理学开始进入大学的课堂，各种企业伦理学的刊物和研究机构纷纷问世。美国、加拿大和西欧有近 30 所大学建立了企业伦理学的专门学术机构或以企业伦理为重要研究课题的应用伦理学研究中心。第三，理论研究进一步深化。学者们就公司的道德地位、伦理道德与企业活动能否相容、企业伦理学的理论基础等问题展开了讨论。此外，学者们还构建了企业决策的伦理分析模式，为企业伦理在企业经营管理活动中的应用找到了一条可行的途径。第四，在企业伦理的实践方面，企业伦理规范在美国大企业中得到了广泛应用，英国、加拿大和澳大利亚的企业也开始引入书面的企业伦理规范，少数企业开始设立伦理委员会和负责处理企业伦理问题的经理。

4.1.2　企业社会责任的含义

如何在企业经营过程中(如兼并、重组等)，在公司治理框架之内对作为企业责任与伦理客体的供应商、消费者、债权人等利益相关者的权益进行保护，亦成为亟待解决的现实问题。促使西方学术界和企业界开始重视利益相关者的一个很重要的原因是，全球企业在 20 世纪 70 年代左右开始普遍遇到了一系列现实问题，主要包括企业伦理问题、企业社会责任问题、环境管理问题等。这些问题都与企业经营时是否考虑利益相关者的利益要求密切相关，迫切需要企业界和学术界给出令人满意的答案。

利益相关者的定义最终可以归结为狭义和广义两种。狭义的概念是沿着斯坦福研究中心(SRI，Stanford Research Institute，1963)的思路，基于企业的立场对利益相关者进行界定，将利益相关者界定为在企业活动中占有重要位置的个人或群体(股东、员工、顾客、供应商、重要政府机关、相关金融机构等)。广义的概念则是基于弗里曼(Freeman，1984)提出的利益相关者概念框架，从利益相关者与企业的双边视角进行了界定，既包括有益于企业价值实现的利益相关者，也包含不利于企业价值实现的利益相关者(股东、员工、顾客、公益团体、抗议团体、政府机关、业界团体、竞争对手、公会等)。

利益相关者理论(Stakeholder Theory)是 20 世纪 60 年代左右在西方国家逐步发展起来的，进入 20 世纪 80 年代以后其影响迅速扩大，并开始影响英美等国公司治理模式的选择，促进了企业管理方式的转变。利益相关者理论的两大理论基础，一个是契约理论，另一个是产权理论。契约理论认为，从“企业是一组契约”这一基本论断出发，可以把企业理解为“所有利益相关者之间的一系列多边契约”，这一组契约的主体当然也包括管理者、雇员、所有者、供应商、客户及社区等多方参与者。每一个企业参与者实际上都向公司提供了个人资源，为了保证契约的公正和公平，契约各方面都应该有平等谈判的权利，以确保所有当事人的利益至少能够被照顾到，这是因为契约理论本质上要求对不同利益相关者都要给予应有的“照顾”。利益相关者理论的另一个理论基础是产权理论。由于狭隘的产权定义得出管理者只为股东利益服务的结论，但利益相关者理论的主张者坚持必须从多元理论的角度来重新定义产权概念。所谓多元理论，是指包括自由意志论、功利主义和社会契约论等在内的多元“个体判断”理论。产权理论认为，任何一个“个体判断”理论来描述产权也是不完整的。在谈论到像企业的权利和义务这样的复杂问题时，应趋向于建立一个多元的“个体判断”的产权理论。从此逻辑出发，产权理论顺理成章地提出，“只要一种多元的产权理论能够被接受，那么产权理论和利益相关者理论之间的联系也就显而易见了”。表4.1给出了企业中一些利益相关者的权利与利益的性质。

表4.1 利益相关者：权利与利益的性质

	利益的性质	权利的性质
雇员	◆ 公司中稳定的工作 ◆ 获得公平的工作报酬 ◆ 安全舒适的工作环境	◆ 联合商讨的权利 ◆ 工作或罢工 ◆ 公开
股东	◆ 满意的投资收益回报 ◆ 股票增值	◆ 基于公司法的投票权 ◆ 审查公司文件和报告
顾客	◆ 公平交易：与支出相符的价值和质量 ◆ 安全可靠的产品	◆ 从竞争者购买商品 ◆ 联合抵制产品或政策不能满意的公司
供应商	◆ 对商品合规格的定购 ◆ 对交付的供货准时付款	◆ 拒绝履行承诺 ◆ 向竞争者供货
竞争者	◆ 能够盈利、市场份额 ◆ 寻求整个行业的增长	◆ 技术、服务竞争 ◆ 价格竞争
零售、批发商	◆ 按照合理成本价格准时收到合格商品 ◆ 供给客户可靠的、有价值的产品	◆ 向竞争者购买 ◆ 联合抵制
信用机构	◆ 收回信贷 ◆ 收回债务和利息	◆ 终止信贷 ◆ 法定权利处理信贷者的资产
地方社区、政府	◆ 雇佣所在地居民 ◆ 保证地区环境 ◆ 保证地区发展 ◆ 监督企业行为和政策，使其符合法律和伦理标准，保证公众安全 ◆ 提高税收 ◆ 增进繁荣	◆ 拒绝增列附加信用 ◆ 限制经营许可和执照 ◆ 规制公司的政策，如土地、水资源的使用 ◆ 公开问题，获得公众的广泛支持 ◆ 对经营活动的限制 ◆ 支持或反对性活动

目前国际上对企业社会责任含义的共同看法如下，一是认为企业社会责任的性质属于企业的自愿行为；二是认为其承诺的责任大多高于国家法律要求；三是认为企业社会责任应包含环境、劳工权益和人权方面的保护措施，以及参与社区和社会公益活动等要素。概括而言，企业社会责任就是企业在生产经营过程中对经济、社会和环境目标进行综合考虑，在对股东负责、获取经济利益的同时，主动承担起对企业利益相关者的责任，主要涉及员工权益保护、环境

保护、商业道德、社区关系、社会公益等问题。这些责任建立在自愿基础之上并高于相关法律的要求，有利于保证企业的生产经营活动对社会产生积极影响，对人类的可持续发展目标做出贡献。

企业社会责任的拥护者认为，企业应该超越利润最大化的目标或者至少做一些具有企业社会责任的事情来达到利润最大化，对于企业是否应该承担社会责任的争论基于经济的和伦理的不同标准。这些争论并不想排他或者涵盖一切，它们仅仅帮助我们讨论经济和伦理的区别。首先，一些参与企业社会责任活动的公司仅仅是为了公众的利益，并不期望它们的贡献会有商业上的回报。这些组织认为，自己在社区中扮演重要的角色并且也有做好事的能力，这种能力来源于它们获取的利润，而利润就导致了企业拥有责任。例如，Ben&Jerry's 冰淇淋公司最近的社会环境评估解释说，它力图创造"更广阔、更醒目的愿景——如何平衡声誉和专业技术从而推动它的社会目标"。这种承担企业社会责任的企业公民模型(Corporate Citizenship Model of CSR)经常出现在对社区具有强烈责任感的强势领导身上。其次，一些企业社会责任的拥护者认为，企业通过社区公民的身份来获取利润，因此，企业与社区之间有互惠的义务。企业社会责任的社会契约模型(Social Contact Model of CSR)认为企业有责任去尊重不同利益相关者的道德权利。最后，企业的社会责任方面著名的开明的自利模型(Enlightened Self-interest Model of CSR)认为，企业社会责任行为能够给企业带来品牌声誉和市场竞争力，这对于公司现在和未来的品牌大有裨益。在这把巨大的经济雨伞下，人们将会发现基于风险减少、市场声誉、品牌形象、利益相关者关系和长期战略意义的依据。表 4.2 列明了企业社会责任的三种理论模型。

表 4.2　企业社会责任的三种理论模型

企业社会责任	企业公民模型(Corporate Citizenship Model of CSR)	该模型经常出现在对社区具有强烈责任感的强势领导身上
	社会契约模型(Social Contact Model of CSR)	企业有责任去尊重不同利益相关者的道德权利
	开明的自利模型(Enlightened Self-interest Model of CSR)	企业社会责任行为能够给企业带来品牌声誉和市场竞争力

阅读材料：弗里德曼：商业的社会责任

商人们相信：当他们宣称商业并非"仅仅"与利润有关，而且还关系到促进合意的"社会"结果时，当他们宣称商业有着"社会良心"，且认真地担负着它的提供就业、消除歧视，防止污染及其他任何可以是当代改革者的时髦口号的责任时，他们是在捍卫自由企业。但事实上，他们是在——如果他们或者其他任何人认真地看待这些责任的话，那么他们应该是在——宣扬纯粹的、真正的社会主义。这般讲话的商人们，成了那些在这过去的几十年中，一直在破坏着自由社会的根基的理智力量的、不自觉的玩偶。

关于"商业的社会责任"的讨论，负有责任主体的商人，指的是个体业主或公司总经理。说公司的总经理有着"社会责任"一定意味着：他将以某种方式行事，但并不是出于他的雇主的利益，是在为了普遍的社会利益而花费别人的金钱。他这样做的实质是在征税，同时又在决定将如何花费这些税收收入。然而此时，尽管名义上他仍然是私人企业的雇员，但实际上他已经变成了公众的雇员，变成了公务员。这一论证完全适用于下面这种新近出现的现象：号召股东们要求公司履行社会责任。

构成市场机制基础的政治原则是意见一致。在以私有产权为基础的、理想的自由市场中，除了个人分享的价值与责任外，不存在任何意义上的"社会的"价值及"社会的"责任。构成政治机制基础的政治原则是遵从，个人必须服从于某种更为广泛的社会利益在将要进行的事情上，而不论他们愿意与否，这是正当的。

在这样的社会中，"仅存在一种、而且是唯一的一种商业社会责任——只要它遵守职业规则，那么它的社会责任就是利用其资源，并且从事那些旨在增加其利润的活动，这也就是说，在没有诡计与欺诈的情况下，从事公开的且自由的竞争。"

（弗里德曼，《资本主义与自由》）

4.2　企业伦理的基本理论

伦理理论是对伦理问题所提供的一种系统性答案：人们应该怎样生活？伦理理论不仅试图去回答我们应该怎样生活的疑问，同时它也为这些答案提供了理由。企业伦理学中，人们所运用的规范伦理学理论大致可分为后果论、非后果论和德性论。后果论主要包括利己主义和功利主义；非后果论主要包括义务论、权利论、正义论；德性论主要包括以亚里士多德为代表的美德论、责任论、关怀论。同时，当代学者还结合后果论和非后果论提出了综合社会契约论、规范性原则等直接属于企业伦理学的理论。企业伦理基本理论的划分如图 4.2 所示。

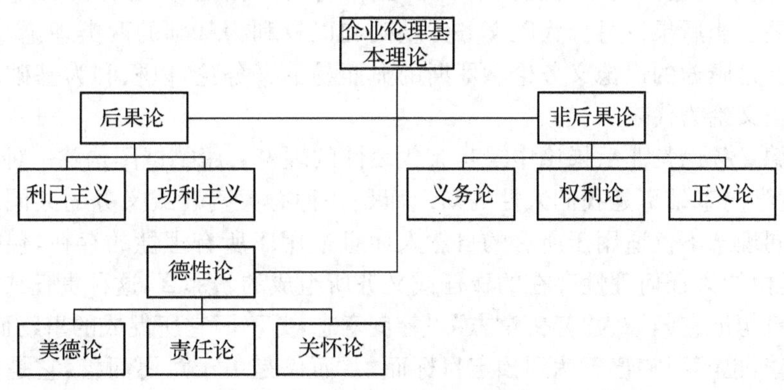

图 4.2　企业伦理基本理论

4.2.1　后果论

后果论也称为目的论、效果主义，它关注企业行为的后果或最终结果。根据这种理论，企业行为是否合乎伦理道德是由该行为造成的后果或最终结果来判断。其公式是："一个行动（或者规则）是道德的，当且仅当采取这个行动的效果或者后果是最好的"（陈真，2006）。后果论主要有利己主义和功利主义两种。

利己主义是注重行动者自我利益的一种道德理论，它认为一个行动的后果好，是因为它增加了行动者的自我利益。基于利己主义的企业行为,目的是给企业本身带来最好的结果,而不管对利益相关者的后果如何。当然这并不意味着企业采取这一行动必然会损害利益相关者,对某一企业有益的行动也有可能对利益相关者有益,但对利益相关者有益的后果则不在企业管理者的考虑范围之内。利己主义有开化的利己主义和极端的利己主义之分。开化的利己主义在一定程度上(时间、范围)考虑行动对利益相关者造成的后果,极端的利己主义则根本不考虑行动对利益相关者的后果;但它们都关注的是自我利益,在它们看来,伦理道德是谋求自我利益的工具。

功利主义是英国伦理学家边沁和密尔提出的一种伦理学理论,也是一种根据行为的最终效果来判定行为道德价值的理论,它认为一个行为如果造成了比其他行为更好的效果,它就是道德的。功利主义有两种类型:行为功利主义和准则功利主义。行为功利主义从短期角度来判断、考察某一特定行为的总体后果;准则功利主义则从长期角度来判断,注重一系列行为的后果,因为规定了一套准则,所以持续遵循它会产生最大的净效用。两者的区别可以通过下面的一个例子来说明:企业伦理中有一条准则是,不要对客户说谎。以行为功利主义来看,如果说谎的后果对客户来讲是收益大大超过说谎带来的成本,那么它就是道德的。然而准则功利主义则会问:谎言对一系列顾客会产生什么长期影响呢?信任、顾客满意度和生意都会受损。这样一来,说谎没有带来最大净效用。因此,准则功利主义就会坚持“不要对顾客撒谎”的准则(戴维·J.弗里切,1999)。

4.2.2 非后果论

非后果论也称义务论。它由许多准则组成,认为决定特定企业行为是否道德与该行为的后果无关。非后果论的准则是基于原因,而不是基于后果。其典型表达式是:“一个行动是道德的,当且仅当这个行动体现了道德的自由价值,或者和人们显而易见的义不容辞的义务一致”(陈真,2006)。非后果论可分为以义务为基础和以权利为基础的两类理论,其中以义务为基础的理论主要是康德的道德义务论和罗斯的显而易见义务论,以权利为基础的理论在当代又以罗尔斯的正义论为代表。

康德的道德义务论是非后果论中最具有代表性的理论。康德试图构建一种纯粹的道德哲学,这种道德哲学的基础不是我们人性的知识而是一种有关责任或义务的共同理念。这种责任或义务的共同理念不仅适用于所有的自然人而且适用于所有理性的存在,包括上帝。在康德看来,道德是由约束任何理性存在的责任或义务所组成的。那么,这种责任或义务的共同理念是什么呢?康德把它归结为“善良意志”,“善良意志,并不因它所促成的事物而善,并不因它期望的事物而善,也不因它善于达到预定目标而善,而仅是由于意愿而善,它是自在的善”,责任或义务就是善良意志的体现。道德行为只能出于责任,“只有出于责任的行为才具有道德价值”,“一个出于责任的行为,其道德价值不取决于它所要实现的意图,而取决于它所被规定的准则。从而,它不依赖于行为对象的实现,而依赖于行为所遵循的意愿原则,与任何欲望对象无关。”由此,康德提出这两个命题的结论:“责任就是由于尊重规律而产生的行为必要性”。康德强调,道德义务是简单的,是像科学或物理定律一样,应该是理性的、普适性的道德律令。他把这种道德律令表述为绝对命令:“除非我愿意自己的准则也变为普遍规律,我不应行动”,“要只按照你同时认为也能成为普遍规律的准则去行动”,意指只有你希望所有人在类似情况下都做出同样一种行为,这种行为才是道德的,这一绝对命令为确定行为的道德价值提供了普遍的标准。这是他提出的第一个绝对命令，也成为普遍立法原理。第二个绝对命令又称人是目的原理："任何时候都不应该把自己和他人仅仅当作工具，而应该永远看作自身就是目的"，意指人永远不应被当作达到目的的手段，而应被当作目的本身来对待，因此，当你利用他人来实现自己目的时，不能把他人看作手段，而有义务把他人看作人、看作目的。第三个绝对命令又称意志自律原理："每个有理性东西的意志的观念都是普遍立法意志的观念"，意指人是理性的，意志是自由的，意志并不简单地服从法律或法则，他之所以服从是由于他自身也是个立法者，正由于此规律，法则是他自己制定的，所以他才必须服从。与康德不同的是，罗斯把义务视作"显见的"或是有条件的，而非绝对的。罗斯认为，义务具有多元性，不同的义务之间可能发生冲突，在这种情况下，人们应该坚持"显见的义务"。罗斯把这种义务归纳为七种：诚信、补偿、感恩、公正、行善、自我完善、不作恶等。

权利论是伦理学义务论的又一种，它所关注的是尊重个人权利。所谓权利，就是一个人拥有某物的资格。它可分为法律权利和道德权利，法律权利是从法律制度中演化而来，并受这种法律制度保证的权利；道德权利是由道德体系所赋予的，由相应义务所保障的主体应得的正当权利。霍布斯认为，道德的基础是社会契约，国家的建立不能取消人们的自由和权利。他强调人们的自我保护的自然权利是不可让渡的，这是国家不得侵犯、不得剥夺的基本权利。如果国家损害了个人的这一权利，那么个人有拒绝服从的自由。与霍布斯不同的是，洛克的"自然状态"是一种完善的自由平等状态。在这种状态下，人们在理性的指导下生活在一起，每个人都是平等独立的，同等地享有各种"自然权利"，大家共同过着和平、友善、互助和安全的生活，个人的生命、自由和财产不受到任何侵犯。如果有人侵犯这些权利，受害者完全有权保护自己、惩罚犯罪和要求赔偿。但是，洛克也认为，这种自然状态也有种种不便之处，有不断受到别人侵犯的威胁，而当人们受到损害或发生争执时又无处申诉。因此，人们就可以相互订立契约、组成国家、裁判争执，以保护自己的生命和财产。在洛克看来，生命、自由和财产权等权利是天赋的、神授的，永远不能被国家所剥夺。否则，人们就有权起来推翻国家。总之，同霍布斯和其他社会契约论哲学家一样，洛克也强调权利是道德的基础。

罗尔斯的正义论也是以权利为基础的伦理学类型，他强调正义是社会制度的首要价值。在罗尔斯看来，"作为公平的正义"，"并不把原初契约设想为一种要进入一种特殊社会或建立一种特殊政体的契约。毋宁说我们要把握这样一条指导线索：适用于社会基本结构的正义原则正是原初契约的目标。这些原则是那些想促进他们自己的利益的自由和有理性的人们将在一种平等的最初状态中接受的。"人们以此来确定他们联合的基本条件，调节所有进一步的契约，指定各种可行的社会合作和政府形式。罗尔斯认为正义原则可以在一种公平的原始状态中被人们一致同意。他提出的"公平的正义"有两个正义原则：一是每个人对与所有人所拥有的最广泛平等的基本自由体系相容的类似自由体系都应有一种平等的权利；二是社会和经济的不平等应该这样安排，使它们：① 在与正义的存储原则一致的情况下，适合于最少受惠者的最大利益；② 依系于在机会公平的条件下职务和地位向所有人开放。这两个原则中，第一个原则为"平等自由原则"，第二个原则中的第一方面为"差别原则"，第二方面为"公平机会原则"。罗尔斯强调第一个原则优先于第二个原则，第二个原则中公平机会原则又优先于差别原则。这两个原则贯穿着一个基本观念：所有的社会基本善，包括自由和机会、收入和财富及自尊的基础等，都应被平等的分配，除非对一些或所有社会基本善的一种不平等分配有利于最不利者。罗尔斯提出的正义论对于企业伦理具有重要意义，它为人们深入分析企业经营管理的背景如经济体制、社会制度以及社会行为提供了分析方法和理论框架，正义原则不仅可以直接运用于社会基本结构的探讨，而且可以用来判断企业某一特定行为是否违反个人的基本人权和法定权利。

4.2.3 德性论

德性论是伦理学的最初理论形态，在西方是以亚里士多德的德性论为代表，在中国则以儒家的伦理学为代表。德性论就是把人的道德德性如何形成或培养作为关切的中心问题的伦理学理论。它是与元伦理学(或分析伦理学)、准则(规范)伦理学等处于同一层次的伦理学理论类型。

德性伦理学的主要特征有：一是德性论的核心在于德性，准则伦理学的核心在于"规范"、"准则"，其价值指向是"行为"，而德性论伦理的核心则是"德性"，其价值指向是"行为者"。内森·R.科勒(Nathan R. Kollar)说："大多数当代伦理学(即规范伦理学)都以规范或效果所证明的特定行为为中心，美德伦理学则以作为善的品质之结果的善的评价为中心"，而关于"德性"，由于道德历史的错综复杂，很难给其明确的定义。二是德性与多变的实践过程相联系，当代德性伦理学者都认为德性伦理学以行为者为中心，但在具体谈到行为者的德性时，谁也脱离不了行为者的行为活动。亚里士多德很早就说过，我们探讨德性的目的"不是为了知道德性是什么，而是为了成为善良的人"，"所以，我们所探讨的必然是实践，是怎样去行动"。三是德性论强调个体与团体的互动，德性伦理所强调的"行为者"既包括个体也包括群体。麦金泰尔认为，以亚里士多德为代表的德性伦理关于德性与法则的关系，所隐含着的是德性与团体的关系。一般情况下，个体必须遵循一定的规则，在一定道德规范的调配下生活，德性则意味着个人所具有的获得性品质，如果团体中的个体都具有了这些获得性品质，那么就可以在尊重个体个性的基础上维持团体的统一性了。

德性伦理以"行为者"的"德性"为核心，具体到企业，就是企业家和员工的德性，所罗门认为这是相对于企业行为具有的独特价值。首先，德性能使人们正确地理解企业行为。企业行为虽然可分为企业整体行为和企业中的个体行为，但最终都是落实在企业中的个体行为上。在德性论看来，美德是一种力量，能够作用于人的内心，具有超越性和自律性的特点。其次，美德使经济交易成为可能。根据德性论，企业行为中是蕴涵着德性的，商业和美德并不对立，正是企业行为中蕴涵的美德使得它具有了越来越强大的生命力。再次，美德能够使经济的运行"更有效率，也更为成功"。一方面美德可以降低交易成本，以诚信为例，如果交易双方都具有这种美德，能对彼此的物品所有权和转让权予以认可和尊重，则这一共识就能促进双方的信任，他们就会选择用交易的方式来增进彼此的利益，从而使决策简单，减少交易费用；另一方面美德可以使企业获得良好的声誉。

"关怀"是一种重要的德性。一般而言，关怀是指一方对另一方(人或事)在精神上所要承担的状态，是一方对另一方的焦虑、担心或者挂念。"关怀论"属于德性伦理学的重要流派——女性主义伦理学——的一种伦理形态。关怀论的伦理学家们认为，关怀有两种基本含义：首先，关怀与承担是等同的，如果一个人承担或者操心某种事态并为之烦恼，他就是在关怀这种事态；其次，如果一个人关注和关心某个人，他也就是在关怀这个人。需要表明的是，关怀是一种关系行为，必须由关怀方和被关怀方共同构成。一方面关怀是否能够被维持，是否能够被他人体会到首先取决于关怀方如何来维系这种关系。关怀实际是人们在身心上对他人或他物所承担的责任,是关怀方把握他人的现实性,尽可能满足他人需要,通过自身行动来实现的,并能够得到被关怀方回应的一种关系行为。另一方面,关怀关系的维持也需要被关怀方能够表示出一种感受能力。然而,尽管关怀是一种关系行为,但这种关系是一种非对等的关系。关怀是对他人的关爱照顾,其本质是对他人利益的考量,虽然需要他者的回应,但这种回应只是需要他者体会得到,并不是要他者给予相同利益的回报。

4.2.4　综合社会契约论

综合社会契约论是当代企业伦理中一种新的道德理论,但如果对其进行伦理学类型划分,它应该是后果论与非后果论相结合的道德理论类型。该理论由美国企业伦理学家托马斯·唐纳森(Thomas Donaldson)和托马斯·邓菲(Thomas Dunfee)于 1999 年出版的《有约束力的关系——对企业伦理学的一种社会契约论的研究》一书中系统地提出。我们常说的应然状态的契约和实然状态的契约把社会契约的宏观和微观的形式结合在一起,构成综合社会契约。这一道德理论体系主要包括最高规范、宏观社会契约、微观社会契约及道德自由空间四个方面的内容。

最高规范也称超规范,是综合社会契约的核心概念。所谓最高规范,是对社会中所有经济主体的经济行为提出的道德要求,是平等地适用于所有经济主体的普遍性的规范。最高规范代表了维系正常的经济秩序,甚至人类生存和发展的必要的基本原则,它可能在宗教、政治和哲学思想的会合中被发现,是对共同体一致意见的普遍限制。它包括权利和义务两个方面:权利方面包括身体自由运动的权利、拥有财产的权利、不受虐待的权利、合法审判的权利、不受歧视的权利、身体安全的权利、言论和结社自由的权利、接受最低程度教育的权利、政治参与的权利、生存的权利等,贯穿这些权利的基本精神是真正的人权;义务方面包括尊重所有人的尊严的义务。最高规范是一种跨文化的伦理规范,提供了世界上基本的道德结构,因而是综合社会契约发展的基础。

宏观社会契约,也称实体性超规范,指根据各种文化的具体情况表述后的最高规范。它作用于全球范围内,提供了建立和发展微观社会契约的特定条件。宏观社会契约包括四个方面的条款:一是地方的经济共同体拥有道德自由空间,使得它们可以通过微观社会契约为其成员形成伦理学规范;二是形成规范的微观社会契约必须以同意为基础,以个体成员履行发言权和退出权为支撑;三是为了具有强制力,微观社会契约规范必须与超规范相符;四是如果规范之间的冲突满足宏观社会契约的前三个条款,必须通过运用与宏观社会契约的精神和文字一致的规则来确立优先顺序。

微观社会契约是在宏观社会契约提供的自由空间中发展出的指导企业管理行为的特殊社会契约。它是一个共同体的规范,这些共同体包括行业、国民经济体系、公司、同业工会等组织,这些组织内部存在的、涉及组织某一方面或各个方面的各种具体的行为规范,就是微观社会契约,如一些世界知名企业所颁布的企业经营信条,其中大都是关于诚实、守信、履约、优先雇佣本国人、优先向本地供应商购买、提供安全的工作场所等具体规定。

道德自由空间是指宏观社会契约未涉及或最高规范未考虑到的特殊的具体道德领域。它使企业能够通过微观社会契约制定适用于自身特殊情况的规范。就宏观社会契约与微观社会契约的关系来看,前者是全球性规范,给本地社团组织自由的道德空间;后者是社团性规范,对社团成员有强制性约束力。一般规范不可违反最高规范,最高规范管辖社团规范,社团规范服从最高规范。

为了调解各种规范之间的冲突，唐纳森和邓菲还提出了优先准则，这也是综合社会契约论道德推理的重要内容。所谓优先准则，就是预先做出若干规定，表明当两个或更多社团规范发生冲突时，首先应该尊重和服从哪个规范。优先准则共包括六条：一是仅在一个共同体范围内的交易，对其他人或共同体没有重大不利影响的，应当用这个东道主共同体的规范来约束；二是表明愿意解决规范冲突的现有的共同体规范应当予以利用，只要它们对其他个体或共同体没有重大的不利影响；三是作为规范创造者的共同体越是广泛、越是具备全球性，这个规范就越应得到优先考虑；四是维护交易在其中发生的经济环境的规范，应当优先于可能危害那一环境的规范；五是在涉及多种相互冲突的规范的地方，可供选择的规范中呈现一致方式的提供优先考虑的基础；六是界定明确的规范通常应当比一般的、不那么精确的规范具有优先权。

4.2.5 规范性原则及其应用

上述道德理论为人们评价企业行为提供了一般性的理论和方法，但这些理论都过于抽象，简明性和实用性不足。因此，在当代企业伦理研究中，企业伦理学家应多注意从伦理学一般原理中发展出一些更为实际、直接的方法，或更为明确、具体的原则，供企业决策者们参考和遵循。这种道德理论就是“规范性原则”的应用。

戴维・J. 弗里切(D. J. Fritzsche)把公正原则分为三类：分配公正、惩罚公正、补偿公正。其一，分配公正是指在利益和责任方面，按照同等的人应同等对待，不同等的人应依其差别程度区别地对待，这种不平等必须是以各群体的相对差别为基础。其二，惩罚公正涉及对错误行为的惩罚与处罚。要使惩罚是公正的就必须通过一套相应的程序确认某人是否做错了事。公正的惩罚必须与罪行相适应，惩罚的严厉程度应与罪行的大小成比例，同时，对于不同的犯错者也应该是一致的。其三，补偿公正是指对错误行为的受害方的补偿，使受害方被复原到伤害发生之前的状态。补偿应与受害方的损失相当，但也不应该超出其损失。但当不可能提供完全补偿时，如失去生命，专有信息被提供给竞争对手等，就无法复原，此时能期望的最佳结果就是犯错者可以公平估计的损失。

理查德・A. 斯皮内洛(R. A. Spinell)在一般伦理学原理的基础上，提出了三种重要的规范性原则，这几条原则在处理企业管理道德问题方面都具有实用性。其一，自主原则。这一原则建立在康德关于所有人都具有平等价值和普遍尊严的哲学信条的基础上，强调所有的理性人均具有双重能力：有能力做出追求自认为是好生活的理性计划，有能力尊重他人同样的自我决定的能力。对每个人来说，不能拿自己的自由做妥协，同时也要将他人作为应该受到尊敬的人来对待。其二，无害原则。这一原则强调应尽可能避免给他人造成不必要的伤害。这是一条带有强制性的最低道德标准，其在行使时要求企业在管理活动中必须考虑谁受到了伤害，也就是说，要对实际的或潜在的损害或危害进行最初的道德检验，并尽量避免。其三，知情同意原则。这一原则强调某人对某事自愿表示出意见一致的意思，其前提必须是某人对某事“知情”，即他知道即将发生的实践的准确信息并了解其后果。例如，若某人同意接受一项危险的指派，他应该尽可能详细地被告知有关从事这个活动的危险信息。如果这类信息故意被阻止或由于粗心而不完整，那么同意便是在欺诈的情况下做出的，因而便是无效的。

4.3　企业管理中的伦理问题

在企业管理过程中，管理者会涉及各种形式的伦理问题。在过去，企业伦理问题更多地体现在市场营销、人力资源管理等企业相关职能领域对利益相关者的利益损害；近年来，伴随着环境问题的凸显以及企业国际化进程，企业伦理问题涉及面日渐突破了原有的界限。

4.3.1　市场营销中的伦理问题

在市场调研过程中，通常会涉及被调研者、委托人、竞争者、公众等利益相关者，在处理与这些利益相关者的关系中，面临多种多样的伦理问题。首先，市场调研经常需要与公众接触，大众信息有很多属于敏感问题，并且可能被滥用；其次，市场调研通常也是一种商业行为，过于强调利润动机可能致使调研者或者委托方忽视客观性与准确性。另外，产品设计、包装中的伦理问题往往是围绕安全、环境保护、合理利用资源而展开的。

定价策略中的伦理问题可以分为两大类：一类是妨碍公平竞争的定价策略，包括串谋定价、掠夺性定价、歧视性定价等；另一类是消费价格的合理性，容易引起争议的定价包括价格欺诈或误导性定价、暴利价格。在价格问题外，促销中广告的真实性常常引起争议，典型的伦理问题包括吹捧性广告、虚假广告、欺骗性广告和半真实广告。推销人员的两难地位、独立性、高压力性及独特角色决定了在面对顾客和竞争者时难免会遇到伦理冲突。

4.3.2　人力资源管理中的伦理问题

工作权利与生存权和发展权有一定的关系，它是从被尊重的权利派生而来的。由于存在员工和公司之间天生的不平等、外部条件的限制和不道德的雇佣条件，故奉行聘用自由原则并不能保证聘用行为是正当的。常见的就业歧视包括性别歧视、年龄歧视、健康歧视和户籍歧视。歧视是指基于种族、肤色、性别、宗教、政治、名族血统或社会出身等原因而实行的，具有取消或损失就业和职业方面的机会和待遇平等作用的任何差别、排斥或优惠。

此外，在人力资源管理中其他伦理问题包括：(1) 利益冲突是指个人由于受到非其所应有的其他利益的驱使，而使其他客观性被削弱。为了保护商业秘密权利人的利益，采取竞业禁止措施不无道理，但员工的利益也应该得到保护，因此，如何恰当地平衡两者的利益关系是解决问题的关键。(2) 在工作场所进行电子监控，雇员的隐私权势必在一定程度上受到侵害。解决这一问题的关键在于雇主和雇员双方确立恰当的界限，确保电子监控是适当行为。(3) 在不可能做到绝对安全(实际上几乎不存在绝对的安全)的情况下，雇主有责任提前告知危险、至少提供最低安全保障、培训员工识别和防范风险、监督检查、给予经济补偿。(4) 适当的压力能提高效率、刺激创新，但工作压力过高不仅适得其反，而且也违背了工作的根本目的—为了更加美好的生活。因此，企业有责任采取必要的、降低压力的措施。

4.3.3　会计活动中的伦理问题

世界经济错综复杂的财务关系构成一个巨大的网络，会计具有跟踪记录这些不确定性关系网络的重大作用；而会计伦理是指建立在会计关系上的伦理要求，是处理与会计相关的利益主体的原则和准则，该原则和准则要反映会计服务各利益主体的要求和利益。会计活动主要包括财务会计、审计及咨询，所以会计活动中的伦理问题主要也是涉及这三方面的伦理问题。财务会计中的伦理问题主要为会计信息失真，即财务会计报告所反映的数据、情况(说明、披露)与会计主体经济活动的实际状况和结果不一致，包括特定项目信息与实际不符，整体信息相对于事实不完整、不充分；审计中的伦理问题主要包括审计造假、利用不正当手段招揽客户、承接不能胜任的任务、泄露客户商业秘密以及存在收费不合理等现象；咨询业务中的伦理问题主要表现有为企业提供的咨询业务是否会影响审计结果，在实际工作中是否忽略咨询业务职业道德等问题。

我国会计伦理问题的产生，究其原因不外乎两方面：制度缺失和监督乏力。在我国现行的《公司法》、《证券法》等法律中，对会计活动中提供虚假信息法律责任的确定，主要为行政责任和刑事责任，相关民事责任的认定和赔偿责任相对缺失。而《会计法》中规定的由内部监督、社会监督与政府监督三位一体的监督体系不够完善，内部监督不力，监督效率低下；政府监督存在滞后性，监督能力有限；整个社会的监督环境相对来说并未形成。

4.3.4 环境保护中的伦理问题

人与环境关系的传统观念认为，人类是大自然的主宰，其他的一切包括环境资源以及其他生物都处于从属的地位，都要被人类利用或改造，为人类服务。而现代观点则认为，人类与其所在的环境共同构成一个相互关联的整体，人类的活动必然要依据整体的法则来进行，同时也要受到其所在整体的制约。环境的代际公平性要求当代人在考虑自己需求和消费的同时，也要对未来各代人的需求和消费负起历史责任，要逐渐消除城乡之间、区域之间、阶层之间存在的环境不公平性。环境的国际公平性要求发达国家要尽可能地减少对全球公共资源的影响和破坏，并且勇敢地承担起其在早期工业化过程中对环境污染和生态破坏的责任。

人类面临大气污染、温室效应与臭氧层破坏、酸雨、水体污染、海洋污染、“绿色屏障”锐减、“三废”问题、生物多样性下降、资源短缺、环境承载压力等重大环境问题的严峻挑战。企业之所以应该承担环境责任，是因为作为社会一分子，谁引起问题谁就有解决问题的责任，而且企业有解决环境问题的专长。一方面国际国内环境保护力度不断地加大，另一方面环境问题依然非常严重，这一现实对企业来说既是机遇也是挑战。

4.3.5 跨国经营中的伦理问题

经济全球化使得越来越多的企业走出国门，开辟新的国际生产领域和市场。但是由于不同国家和地区间的政治、经济、文化、宗教等各个方面的差异，难免会在经营管理过程中产生伦理冲突。在面临东道国的伦理规范和经营方式与母国都不同时，跨国公司该做何种选择呢？这里存在两种较为极端的评价标准：伦理优越主义认为本国的伦理优于他国的伦理，因而跨国公司在国外经营时继续奉行本国的伦理标准。伦理相对主义则认为没有哪一种文化的伦理比其他任何文化的伦理都好。但这两种观点都是片面的。

跨国公司在国际经营时，经常面临的伦理问题包括市场歧视、转移价格、有害产业转移、品牌控制等。此时国际性的伦理规范的存在是解决此类伦理困境的必要条件。在金星国际和牛津欣克赛中心概括了跨国公司在12个领域的责任后，理查德·T·乔治明确提出了跨国公司应该遵循的七条准则：不应造成任何故意的直接的伤害；应当为东道国带去利益而不是伤害；跨国公司的活动应当为东道国发展做贡献；应当尊重其雇员的人权；只要当地文化不违背道德准则，跨国公司就应当尊重它；应当缴纳其公平分摊的税款；应当与当地政府合作开发和实施公正的背景机制。经济合作与发展组织提出的跨国公司准则包括概念与原则、一般政策、信息发布、劳资关系、环境、反对行贿、消费者利益、科学技术、竞争、税收十个方面。联合国的全球协议则是一项自愿的企业公民意识方面的倡议，该协议有关企业活动的十项原则涉及人权、劳动、环境和反腐败四个基本领域。

阅读材料：全球公约

联合国秘书长科菲·安南在 1999 年 1 月 31 日对世界经济论坛的发言中首次提出全球合约；这项行动将使企业界与联合国机构、劳工和民间社会联合起来，支持人权、劳工和环境领域的九项普遍原则。

全球合约的目的是通过集体行动的力量，推动企业负责任的公民意识，从而使企业界参与应对全球化的各项挑战，它有两个相互补充的目标：使全球合约及其各项原则成为企业战略和业务的组成部分；推动主要利益相关者之间的合作，促进伙伴合作关系，以支持联合国的各项目标。全球合约在人权、劳工和环境领域的九项原则是一种普遍的共识，源于以下文书：《世界人权宣言》、《关于工作中的基本原则和权利宣言》、《关于环境与发展的里约宣言》。

九项原则是：

人权

原则 1. 企业应在其影响力范围内对保护国际人权给予支持和尊重；

原则 2. 企业应保证不与践踏人权者同流合污。

劳工

原则 3. 企业界应支持结社自由及切实承认集体谈判权；

原则 4. 消除一切形式的强迫和强制劳动；

原则 5. 切实废除童工现象；

原则 6. 消除就业和职业方面的歧视。

环境

原则 7. 企业应支持采用预防性方法来应付环境挑战；

原则 8. 采取主动行动，促进在环境方面采取更负责任的做法；

原则 9. 鼓励开发和推广不损害环境的技术。

4.4　企业伦理决策与建设

现代决策理论为人们的有效决策行为提供了很好的方法论，因而受到企业管理者的广泛接受和采纳。但是实践也证明，企业管理决策的有效性、合理性受到多方面的影响，尤其是受到企业伦理的影响。

如孔子所言："诵《诗》三百，授之以政，不达；使于四方，不能专对；虽多，亦奚以为？"大意是说熟读《诗经》三百篇，让他处理政务，却办不通；让他出使外国，又不能独立谈判。虽然学了很多，有什么用呢？很明显，孔子强调学以致用。在明白企业伦理学的基本内涵后，需要更加重视企业伦理的理论建设和实践操作，这需要切实做好以下几方面的工作。

首先是明确企业伦理目标，一方面可以通过对国内外优秀公司的伦理理论及实践的比较，发现差距，提出自己的目标；另一方面，结合国内外新型的企业社会责任报告，提出切实的、反映本企业特色的伦理目标。其次，政府在推动企业伦理建设中的作用非同小可，需要政府引导企业主动促进企业伦理建设，监督、督促对企业伦理的考评，加强法制，推动企业伦理从底线做起。最后，还可以积极动员非政府性质的社会组织协会、联合会等社团组织推动企业伦理建设，这些组织事实上具备这方面的能力和条件。

1. 企业伦理的定义通常都与特定情境下是非对错的准则、规范和道德原则有关。一般认为，企业伦理由各种指导企业行为的原则、价值和规范组成。

2. 企业社会责任就是企业在生产经营过程中对经济、社会和环境目标进行综合考虑，在对股东负责、获取经济利益的同时，主动承担起对企业利益相关者的责任，主要涉及员工权益保护、环境保护、商业道德、社区关系、社会公益等问题。

3. 企业伦理的基本理论，概括而言，分为三类：后果论、非后果论、德性论。

4. 企业在日常经营管理中，在传统的职能领域，如市场营销、人力资源管理以及会计活动中都会遇到各种各样的伦理问题；近年来，伴随着环境问题的凸显以及企业国际化进程，企业面临的伦理问题更加复杂多样。

5. 关于企业伦理的建设，需要企业、社会和政府的多方面努力。

1. 列举你身边观察到的企业违反伦理行为，解释一下它们为什么会发生？

2. 遵守伦理行为能够给企业带来的积极和消极结果各是什么？其与企业利润最大化目标相违背吗，如何看待两者之间的关系？

3. 如果企业的利益相关者之间存在着利益上的冲突，如何处理相关的伦理问题？

4. 作为一个管理者，你该如何进行企业伦理建设？

5. 讨论中国传统商业伦理对当前企业伦理建设的影响。

三鹿集团的毒奶粉事件

2008 年 6 月 28 日，位于兰州市的解放军第一医院收治了首例患“肾结石”病症的婴儿，据家长反映，孩子从出生起就一直食用三鹿牌婴幼儿奶粉。7 月中旬，甘肃省卫生厅接到医院婴儿泌尿结石病例报告后，随即展开调查并报告了国家卫生部。之后两个多月，该院收治的患婴人数增加到 14 名。9 月 11 日，陕西、宁夏、湖南、湖北、山东、安徽、江西、江苏等省都报告有类似病例发生。中国卫生部高度怀疑三鹿牌婴幼儿配方奶粉受到三聚氰胺污染。三聚氰胺是一种化工原料，可以提高蛋白质检测值，人如果长期摄入会导致人体泌尿系统膀胱、肾产生结石，并可诱发膀胱癌。

而早在 2008 年 5 月，一位网友揭露他于去年 11 月在浙江泰顺县城一家超市里买的三鹿奶粉存在质量问题，该奶粉令他女儿小便异常。后来他向三鹿集团和县工商局交涉未果。为此，该网民以网上发文自力救济，并以“这种奶粉能用来救灾吗?!”为题提出控诉，不过该控诉遭三鹿集团地区经理以价值 2476.8 元的四箱新奶粉为代价，取得该网民的账户密码以请求删除网上有关帖子。事后该网民则表示说，他因为相信了三鹿集团的解释，他买到的是假货，因此同意接受赔偿并删除帖子。

依据“三鹿集团内部邮件”显示：2008 年 8 月 1 日下午 6 时，三鹿取得检测结果：送检的 16 个婴幼儿奶粉样品，15 个样品中检出了三聚氰胺的成分。2008 年 8 月 2 日下午，三鹿分别将有关情况报告给了其注册所在地石家庄市政府和新华区政府。并开始回收市场上的三鹿婴幼儿奶粉。2008 年 8 月 4 日至 9 日，三鹿对送达的原料乳 200 份样品进行了检测，确认“人为向原料乳中掺入三聚氰胺是引入到婴幼儿奶粉中的最主要途径”。

确认因自己集团生产的奶粉导致众多婴儿患有肾结石后，三鹿集团开始进行危机公关工作。三鹿公关公司北京涛澜通略国际广告有限公司被指在 2008 年 8 月 11 日向三鹿集团建议与中国最大的互联网搜索引擎公司百度合作，屏蔽有关新闻的公关解决方案建议：

“安抚消费者，1 至 2 年内不让他开口；与百度签订 300 万广告投放协议以享受负面新闻删除，拿到新闻话语权；以攻为守，搜集行业竞争产品‘肾结石’负面新闻的消费者资料，以备不时之需。百度的 300 万框架合作问题，奶粉事业部已经投放 120 万元，集团只需再协调 180 万元就可以与百度签署框架，享受新闻公关保护政策。”

这封由自称三鹿公关公司的员工在网上发帖声称为公关解决方案的建议，在三鹿毒奶粉事件曝光后的 2008 年 9 月 12 日开始广泛流传于网上。

事发后的 2008 年 9 月 13 日，百度公司针对此种说法声明，表示从未接受这种要求：

“ 2008 年 9 月 9 日晚，三鹿的代理公关公司致电百度大客户部希望能协助屏蔽最近三鹿的负面新闻，由于该提议违反公司规定以及百度一贯坚持的信息公正、透明原则，大客户部在第一时间严词拒绝了该提议。2008 年 9 月 12 日，该公关公司再次致电希望能屏蔽三鹿的负面新闻，再次被大客户部予以否决。”

2008 年 9 月 11 日上午 10 点 40 分，新民网连线三鹿集团传媒部，该部负责人表示，无证据显示这些婴儿是因为吃了三鹿奶粉而致病。据称三鹿集团委托甘肃省质量技术监督局对三鹿奶粉进行了检验，结果显示各项标准符合国家的质量标准。不过事后甘肃省质量技术监督局召开新闻发布会，声明该局从未接受过三鹿集团的委托检验。很快在同一天的晚上，三鹿集团承认经公司自检发现 2008 年 8 月 6 日前出厂的部分批次三鹿婴幼儿奶粉曾受到三聚氰胺的污染，市场上大约有 700 吨。

2008 年 9 月 12 日三鹿集团声称，此事件是由于不法奶农为获取更多的利润向鲜牛奶中掺入三聚氰胺。三聚氰胺在一份报价单中的价格为每吨 8 700 元。早在 2008 年 7 月中旬，就有记者就从三鹿品牌甘肃省总经销商——兰州兴源食品公司了解到三鹿已经停止生产确认受到三聚氰胺污染的奶粉品牌三鹿优加奶粉，2008 年 9 月 12 日网易财经编辑从三鹿品牌总监处得到确认，2008 年 8 月 5 日就通知各地经销商，三鹿在 2008 年 3 月至 8 月 5 日之前生产的产品受到污染，停售优加系列产品，并且秘密召回，但未公之于众。这导致在此后的一个多月里，又有一批婴儿仍食用了三鹿问题奶粉。

2008年9月13日，中国国务院启动国家安全事故1级响应机制（“1级”为最高级：指特别重大食品安全事故）处置三鹿奶粉污染事件。患病婴幼儿实行免费救治，所需费用由国家财政部承担。有关部门对三鹿婴幼儿奶粉生产和奶牛养殖、原料奶收购、乳品加工等各环节开展检查。质检总局将负责会同有关部门对市场上所有婴幼儿奶粉进行了全面检验检查。

河北省政府决定对三鹿集团立即停产整顿，并将对有关责任人做出处理。河北省政府2008年9月底制定下发了《三鹿牌婴幼儿配方奶粉销毁办法》，决定由工商、环保、公安、监察等部门负责，采取集中销毁与就近销毁相结合的方式，在2008年10月4日前把共计450余吨的问题奶粉全部销毁，以防止其回流社会。而三鹿集团董事长和总经理田文华被免职，后并遭刑事拘留，石家庄市分管农业生产的相关政府官员相继被撤职处理，李长江也引咎辞去国家质检总局局长职务，这是因此次事件辞职的最高级官员。

（本案例根据相关新闻报道以及网络资料整理）

讨论题

1. 三鹿集团的行为是否违背企业的道德伦理，具体表现在哪些方面？
2. 对于三鹿集团的行为，相关利益主体的作为是否恰当合理，理由是什么？
3. 如何杜绝此类违反道德伦理事件的再次发生？

第3篇

计　划

第5章　决策理论
第6章　计划和目标
第7章　战略管理

第 5 章　决策理论

学习目标

5.1　理解决策的含义、特点及分类。
5.2　了解决策理论的发展过程。
5.3　掌握科学决策的过程。
5.4　了解经典决策理论。
5.5　了解启发式与偏差。
5.6　理解群体决策。

情境案例

Y公司是一家从事服装行业的民营企业。在创始人汪先生的带领下，企业由小到大，取得了很大的发展。汪先生出身于营销人员，对于市场有着天生的敏锐嗅觉，而他本人也一直依赖于这种直觉判断来做出各项决策。尽管很多决策不够严谨以及有些随意，但由于市场机会比较好，因此总体并没有太大的失误。作为创始人，汪先生在企业的各项决策中拥有说一不二的权威性，尽管公司也强调决策过程中的大家参与，但实际上下属对汪先生的意见很难表现出质疑和反对。然而近年来，由于市场环境变得更加动荡复杂，汪先生发现依靠以往直觉判断的方式做出决策出现了多次失误，给公司带来了很大的经济损失。汪先生开始反思怎样才能确保决策的正确性，如何实现科学决策？

决策是组织管理的重要职能，贯穿于整个组织管理过程之中。诺贝尔经济学奖获得者 Herbert A. Simon 提出管理即决策的思想，将决策提高到了管理核心的位置。管理学探讨的是如何实现科学决策。科学决策要求决策制定过程中将决策过程进行专业化设计，体现科学逻辑过程和专业决策技术。面对管理决策问题，人们需要明确应该如何做出一项科学决策，制定决策过程中需要遵循哪些经典理论和规律，以及如何避免决策过程中的偏差行为。

5.1　决策的含义、特点及分类

管理者不论在何种组织内或组织的哪个领域中，都在制定决策。无论是战略计划的制定、组织资源的配置、领导机制的设计还是控制手段和方法的选择都存在着决策问题，都需要管理者针对具体问题做出选择和判断，如图 5.1 所示。管理者为了科学地对各种各样的管理问题做出判断,首先必须明确了解决策的具体含义、特点及其分类。

计划

组织的长期目标是什么?
什么战略能够最佳地实现这些目标?
组织的短期目标应当是什么?
个人目标的难度应当有多大?

组织

直接向我汇报的职员应当有多少?
组织应当有多大程度的集权?
职位应当怎么设计?
什么时候组织应当实行不同的结构?

领导

我怎么处理雇员情绪低落的问题?
在给定的条件下什么是最有效的领方式?
某项具体的变革会怎样影响工人的生产率?
什么时候是鼓励冲突的适当时间?

控制

需要对组织中的哪些活动进行控制?
怎么控制这些活动?
绩效差异偏离到什么程度是显著的?
组织应当具有什么类型的管理信息系统?

图 5.1　管理职能中的决策问题

5.1.1　决策的含义及特点

经济学家赫伯特·西蒙认为:“管理就是决策”。韦伯斯特大词典认为:“决策有广义和狭义之分。狭义地说,决策是在几种方案中做出抉择;广义地说,决策还包括在做出最后抉择之前必须进行的一切活动。”管理学教授基·格里芬则认为:“决策是从两个以上的备择方案中选择一个的过程。”从上述定义来看,决策就是一个选择过程,没有选择也就无所谓决策;但同时,决策的前提也是为了实现一定的目标,没有目标也就无从决策。因此,所谓决策,就是为了实现某一目标而从若干备选方案中选择一个满意方案的过程。

管理学重点关注科学决策问题,科学决策一般具有以下特点:

(1) 目标性。目标是决策的前提,决策必须有明确的目标,如果没有目标,也就无从决策。组织的决策不仅有长期的和战略性的目标,也有短期的和战术性的目标;不仅有单一的目标,也有多重的目标。

(2) 理性化。决策过程强调理性,理性是一种与感性相对应的思维方式。理性的思维重视并遵循规律,通常会选择一个符合事物发展规律的可行方法。同时,理性一般追求效率,需要考虑经济成本,时间成本等,而感性一般无视这些成本。

(3) 可行性。任何决策都是在一定的约束条件下进行的,这些约束条件包括组织的人、财、物等各个方面。决策是为了采取行动,而行动又受到上述诸多条件的约束。要使决策可行,必须对有利因素和不利因素、主观因素和客观因素等作周密地分析。

(4) 多方案。科学决策需要从众多备选方案中去选择合适的方案,这些备选方案在决策标准的各个维度上各有优劣,管理者要做的事情是如何科学地筛选出最终方案。备选方案不能唯一,否则决策就失去了意义。

(5) 满意性。组织决策并非总是追求最优方案,这些最优方案通常既不经济也不可行。组织决策必须能够达到一定的目标,决策者在制定决策时,要确定一套标准,这些标准的最低限度是令人满意的，即主要目标实现，次要目标也足够好。

5.1.2　决策的类型

按照划分维度的不同，决策可以划分为以下类型。

(1) 按照决策的重要性来划分，决策可以分为战略决策、战术决策和业务决策。

战略决策是关于组织全局性、长期性的目标和方针等重大方面问题的决策。这类决策需要更多地考虑外部环境，力求组织与环境之间实现动态平衡。这类决策对组织的影响程度深，决策者的责任也很大，因此主要由组织的高层管理者来做。

战术决策的目的是为了实现战略决策的目标，其主要内容为组织内部人、财、物的分配、协调和控制等。这类决策对组织的效益有直接的影响，但决策的影响程度和决策者承担的责任都比战略决策小些。这类决策主要由组织的中层管理者来做。

业务决策是指在日常工作中为提高效率而做出的决策。业务决策涉及的范围较小，决策的影响程度和决策者所承担的责任都比较小，一般由组织中的基层管理者来做。

(2) 按照决策的重复性来划分，决策可以分为程序化决策和非程序化决策。

程序化决策是指对组织中重复出现的例行活动所做出的决策。在组织运行过程中，管理者面临的问题十分繁多，但有许多问题是他们经常遇到的，因此管理者可以把决策过程标准化、程序化，从而形成组织的政策、程序、规章制度等。程序化决策通常用于处理结构良好的问题，结构良好的问题具有一目了然的、熟悉的和易定义的特征，对管理者斟酌决定的要求最小。程序化决策一般为重复性决策、定型化决策和常规决策，通过程序化决策可以提高组织效率。

非程序化决策是指为了解决偶然出现的、不易确定且无前例的问题所做的决策。由于这类问题不经常出现，而且通常较为错综复杂，因而不能依据常规的办法来解决，需要管理者做出新的决策。非程序化问题通常用于处理结构不良的问题，结构不良的问题是指那些新颖的、不经常发生的、信息模糊的和不完整的问题，非程序化决策一般为一次性决策、非定型化决策和非常规决策，更频繁地发生在高层管理者上。

(3) 按照决策的主体来划分，决策可以分为群体决策和个体决策。

个体决策是组织决策的一部分。个体决策主要靠个人的价值观、知识、经验以及个人所掌握的信息去进行决策。个体决策有如下优点：它能使人们对事物感知得更迅速、更有效；有助于使人们透过事物的表面现象抓住事物的本质；有助于人们从不完全的信息中获取重要的变化信息；有助于人们形成决心，做出果断而大胆的选择。个体决策的缺点是容易使人们在情况发生变化时固守过时的观点，因循守旧，错失成功的良机，以及固执先入为主的成见等。

由群体成员制订决策的过程称为群体决策。群体决策研究如何将一群个体中每一成员对某类事物的偏好汇集成群体偏好，以使该群体对此类事物中的所有事物做出优劣排序或从中选优。作为一种抉择的手段，群体决策是处理重大定性决策问题的有力工具。与个体决策相比，群体决策的优点主要表现在：群体决策有利于集中不同领域专家的智慧，应付日益复杂的决策问题；群体决策提供了决策的可接受性，有助于决策的顺利实施；另外，群体决策使人们勇于承担风险，在群体决策中，许多人比个人更勇于承担风险。群体决策的缺点是，群体决策的速度、效率可能低下；群体决策过程中，决策者存在着从众压力；群体决策还会出现少数人控制的现象；群体决策受到责任不清的影响等。

(4) 按照决策的可靠程度划分,决策可以分为确定型决策、风险型决策和不确定型决策。

确定型决策亦称标准决策或结构化决策,是指决策过程的结果完全由决策者所采取的行动所决定。确定型决策一般具备以下四个条件:存在着决策者希望达到的一个明确目标;只存在一个确定的自然状态;存在着可供选择的两个或两个以上的行动方案;不同的行动方案在确定状态下的损失或利益值可以计算出来。确定型决策通常可采用最优化、动态规划等方法解决。

决策是面对未来的,而未来又有不确定性和随机性,因此,有些决策具有一定的成败概率,叫风险型决策。许多管理决策都是在风险情境下做出的。决策者对于某种选项可能获益或损失一定价值结果的概率具有不同水平的感知,在决策过程中,人们会预先判断决策选项可能获益或损失的概率和结果。这类决策事件发生的概率是客观的和给定的,因此这种情境是一种风险型决策。风险型决策常用的方法有:以期望值为标准的决策方法、以等概率(合理性)为标准的决策方法、以最大可能性为标准的决策方法等。

不确定型决策所处的条件和状态都与风险型决策相似,不同的只是各种方案在未来将出现哪一种结果的概率不能预测,因而结果不确定。不确定型决策与风险决策是不同的,而且更加普遍。相比之下,当决策事件发生的概率是主观的和未给定时,这类决策情境属于一种不确定型决策。现实管理和生活情境中,人们更多面临的是不确定型决策而非风险型决策,因为决策事件发生的概率很难事先给定,需要决策者依据决策情境和线索来进行主观判断和评估。不确定型决策常用的准则有拉普拉斯准则(等可能性法)、瓦尔德准则(保守法,小中取大原则)、赫维兹准则(冒险法,大中取大原则)、混合准则和萨沃格准则(最小最大后悔值法)等。

5.2 决策理论的发展历程

从决策理论发展历程看,大体经历了古典决策理论,行为决策理论和决策理论的新发展三个阶段。

5.2.1 古典决策理论

古典决策理论又称规范决策理论,是基于"经济人"假设提出来的,主要盛行于20世纪50年代以前。古典决策理论认为,应该从经济的角度来看待决策问题,即决策的目的在于为组织获取最大的经济利益。古典决策理论的主要内容是:

(1) 决策者必须全面掌握有关决策环境的信息情报;

(2) 决策者要充分了解有关备选方案的情况;

(3) 决策者应建立一个合理的自上而下的执行命令的组织体系;

(4) 决策者进行决策的目的始终都是使本组织获取最大的经济利益。

古典决策理论假设,作为决策者的管理者是完全理性的,决策环境条件的稳定与否是可以被改变的,在决策者充分了解有关信息情报的情况下,是完全可以做出完成组织目标的最佳决策的。古典决策理论忽视了非经济因素在决策中的作用,这种理论不一定能指导实际的决策活动,因而逐渐被更为全面的行为决策理论所代替。

5.2.2 行为决策理论

由于古典决策理论难以完美解释现实决策过程，赫伯特・A・西蒙对古典决策理论的“经济人”假设提出了质疑，他在《管理行为》一书中指出，理性的和经济的标准都无法确切说明管理的决策过程，进而提出“有限理性”标准和“满意度”原则。其他学者对决策者行为的进一步研究也发现，影响决策者进行决策的不仅有经济因素，还有其个人的行为表现，如态度、情感、经验和动机等。行为决策理论的主要内容是：

（1）人的理性介于完全理性和非理性之间，即人是有限理性的，这是因为在高度不确定和极其复杂的现实环境中，人的知识、想象力和计算力是有限的。

（2）决策者在识别和发现问题时容易受知觉上的偏差的影响。而在对未来的状况做出判断时，知觉的运用往往多于逻辑分析方法的运用。所谓知觉上的偏差，是指由于认知能力的有限，决策者仅把问题的部分信息当作认知对象。

（3）由于受决策时间和可利用资源的限制，决策者即使充分了解和掌握了有关决策环境的信息情报，也只能做到尽量了解各种备选方案的情况，而不可能做到全部了解。

（4）在风险型决策中，与经济利益的考虑相比，决策者对待风险的态度起着更为重要的作用，决策者往往厌恶风险，倾向于接受风险较小的方案，尽管风险较大的方案可能带来更为可观的收益。

（5）决策者在决策中往往只求满意的结果，而不愿费力寻求最佳方案。导致这一现象的原因有多种：决策者不注意发挥自己和别人继续进行研究的积极性，只满足于在现有的可行方案中进行选择；决策者本身缺乏有关能力，在有些情况下，决策者出于个人某些因素的考虑而做出自己的选择；评估所有的方案并选择其中的最佳方案，需要花费大量的时间和金钱，这可能得不偿失。

5.2.3 决策理论的新发展

继古典决策理论和行为决策理论之后，决策理论有了进一步的发展。新发展的决策理论认为，决策贯穿于整个管理过程，决策程序就是整个管理过程。整个决策过程从研究组织的内部条件和外部环境开始，继而确定组织目标、设计可达到该目标的各种可行方案、比较和评估这些方案进而进行方案选择，最后实施决策方案，并进行追踪检查和控制，以确保预定目标的实现。

最新的决策理论对决策的过程、决策的原则、程序化决策和非程序化决策、组织机构的建立同决策过程的联系等都做了精辟的论述。当今的决策者应在决策过程中广泛运用现代化的手段和规范化的程序，应以系统理论、运筹学和电子计算机为工具，并辅之以行为科学的有关理论。这就是说，最新决策理论把古典决策理论和行为决策理论有机地结合起来，它所概括的一套科学行为准则和工作程序，既重视科学理论、方法和手段的应用，又重视人的积极作用。

5.3 决策过程

根据决策制定的程序不同，组织决策可以划分为程序化决策和非程序化决策。程序化决策可以通过制定一系列例行程序来实施，而非程序化决策则难以遵循固定的选择程序和模式。针对程序化决策，通常遵循以下步骤：

1. 识别决策问题情境

决策者首先需要清楚问题情境，哪里出现了问题，是否需要做出决策和选择，需要决策者搜集信息来理解决策的必要性。在明确这个问题需要解决之后，如何定义你的问题以解决真正的问题是首要关键所在。如果起点错误，从一个错误的问题入手，那么你根本不可能做出一个正确的决策。为了得到创造性的问题定义，你需要打破常规，创造性地进行思考。先写下你对问题的最初评估，然后质疑它，检验它，提炼它。

① 首先问问什么触发了这项决定，为什么我要考虑它。如你的上司让你拟定一个标准去多选择几家优质供应商。而实际的问题是如何防止被单一供应商勒索。你有可能发现，后向一体化可能也是公司的一项可行选择。

② 其次，要质疑问题定义中的限制条件，问题定义中往往包含了缩小你选择范围的限制条件。如上司需要决策某一重要问题，要求安排召集营销领导小组的三名成员见面召开一个三天的会议。结果你发现三人很难同时具备时间。你开始反问，是否需要三天，是否三人要同时出席？结果你发现，安排一天也很困难。于是你想为什么我们需要开会呢？答案是要做出决策。决策问题实际就从“我们什么时候开会”变成了“我们怎么做出决策的行动计划”，你可以通过电子邮件之类的沟通工具来安排，而不是最初的开见面会。

③ 再次，需要建立足够和可操作的问题定义范围，一个定义过窄的问题的解决方案对于一个定义足够宽泛和准确的问题可能是个灾难。比如，你想降低汽车油费开支，结果你选择将轮胎充足，结果你省下的汽油费远远不及轮胎耗损的价值。如果你的问题是降低汽车运行的总开销的话，这就是一个糟糕的决定。

2. 确定决策目标

正确地定义了问题之后，问题又是能够加以解决的，则要确定应当解决到什么程度，明确预期的结果是什么，也就是进一步明确决策的目标。仔细考虑自己的目标，你真正想要什么？你真正需要什么？你的希望是什么？你的目标是什么？

决策目标是指在一定环境和条件下，根据预测，所希望得到的结果。目标之所以这么重要的原因在于，同样的问题，由于目标不同，采用的决策方案也会大不相同。因为它们是你衡量可选方案的基础，或者说，它们是你决策的标准。

目标将影响整个决策过程，包括开始时定义各种可选方案，对各种方案的分析以及最终选择的合理性证明。但有的时候，决策者往往没有花足够的时间去清楚、完整地定义他们的目标，或者过于简单轻率地去列出目标清单，导致后续决策无法进行。同时，决策者在制定目标的时候，经常会发生以下一些错误：过于关注那些有形、可量化的因素，忽视无形和主观的因素；重视“硬”因素，忽视“软”因素；强调短期，而忽视长期。

在决定目标的过程中，组织的价值准则和决策者的价值观在确定最终目标方面起到重要的作用；同时，管理者需要根据对组织总目标及各种目标进行综合平衡，以及通过掌握系统准确的统计数据和事实来确定目标。实际操作中，决策者可以依照下面步骤来确定自己的目标：

① 写下你所关注的全部事项，尽量全面；

② 将你关注的事项转换为简洁的目标；

③ 将手段目标与基本目标分离，建立基本目标集；

④ 澄清每个目标对你的意义；

⑤ 测试你的目标，看它们是不是你的兴趣所在。

3. 制定备选方案

这一步骤的关键是如何创造出更好的备选方案以供决策选择。备选方案是决策的基础，它提供了可供决策者选择的一个范围，因此备选方案的确定是决策过程中的重要环节。

“多方案抉择”是科学决策的重要原则。决策情境中必须要包含至少两种备选方案以供选择。这种方案需要管理人员根据问题的结构和信息来制定出不同视角的决策方案，需要给出每种方案的特征和要求。一般情况下，需要管理人员给出尽可能多的备选方案，来增加决策的效果。

在制定备选方案的时候，关键一点是不要把自己局限在有限的方案中，要充分发挥积极性、创造性和丰富的想象力。很多人不去穷尽可供选择的方案，认为已经列出了所有可供的选择，其结果是导致决策在一个很狭窄的范围内做出，最终影响决策质量。那么，怎么才能得出一些好的方案呢。

① 要紧紧围绕着所要解决的问题和决策目标。既然目标驱动决策，那么多看看这个备选方案是否有助于解决问题和实现确定的目标。

② 重新审视约束条件。很多方案由于受到各种约束条件的限制而无法实施，即方案不具备可行性。事实上，有些约束条件是真实的，你无法去改变它，但有些约束条件则是假的，是可以通过努力改变的。

③ 设立高标准。设立难以实现的目标可能会增加好的，不落俗套的方案的机会，高标准可能会迫使你按照一种全新的思维方式去思考问题，而不是对传统思考方式的细枝末节的改动。

④ 学习他人的经验。在自己着手之前，看看别人遇到同样情况时是如何处理的，借鉴他人的成功做法和经验。

⑤ 先进行独立思考，再咨询别人意见。在整个过程中，要秉持思维开放性原则，不要约束思维的发散性。

⑥ 依赖直觉和潜意识。有的时候直觉和潜意识往往会给我们带来意外的惊喜，要及时用笔记下来，防止灵感稍纵即逝。

4. 评价备选方案

在选择阶段，决策者需要仔细对比各个方案的优缺点，通过对每种方案的价值或效用做出评价来确定最符合问题解决的方案，这里隐含的一个前提条件是决策者全面知晓每个方案的结果是什么。一般所要参照的评价标准包括方案的成本、风险、收益和不确定性等因素，通过计算的方式来确定哪种方案会更好。传统决策理论(如期望效用理论)强调选择最优化的备选方案作为决策方案，而 Simon 认为决策方案的评价以满意化作为筛选原则。

决策者在此阶段需要构建一个结果表，将各个方案的结果放入表中进行相互对比，再进行两两对比，并剔除明显不利的方案。如果此时仍然不能得出明确结论，则意味着你需要进行一定的权衡。

权衡是在无法实现所有目标的情况下如何做出艰难的妥协。一方面，各个方案之间彼此各有优缺点，另外一方面，很少有决策是单目标决策，在多目标决策情况下，各个目标之间它还会存在着相互冲突的情况。可选方案越多，决策目标越多，决策者权衡的难度就越大。权衡需要从以下两个方面做出努力。

① 找出并剔除被支配方案。如果 A 方案在某些指标上比 B 好，并且在其他指标上不比 B

差，那么可以认为B方案可以被A方案支配。在实际操作中，如果A的某些指标比B好很多，而在另一些指标比B弱一点，也可以认为他们之间是一种支配关系。通过这种识别出备选方案中的支配关系在一定程度上可以减少备选方案的数量，为决策提供方便。

② 使用等价置换法进行权衡。决策工作中一条重要的原则是，如果对于某一目标，所有的方案都是相等的，那么在这些方案中进行选择时就可以忽略该指标。等价置换法提供了一种调整各种不同方案结果的方法，它使一个特定方案下的结果都是等价的，这样这个目标就和决策不相关了。等价置换增加了一个方案在一个目标上的价值，而等量地降低了这个方案在另外一个指标上的价值。这里实际上涉及不同指标间在决策者决策过程中权重的大小。

阅读材料：需要避免的决策偏向

1. 受最初印象的影响。当考虑如何决策时，心里往往特别看重第一次所接受到的有关信息。这些最初的印象，统计数字，或估计常常成为以后想法和判断的基础。过去发生时间或趋势有时也会成为形成印象的基础。

2. 维护过去的决策。许多人会陷入一个怪圈，就是用现在的决策来证明过去的决策是正确的，即使过去那些决策显然不对。这就是承诺升级，管理者为了证明自己起初决策的正确，不惜进一步增加对前期无效行动的资源投入，实际上造成了浪费。

3. 只看自己希望看到的东西。人们习惯于寻找能够支持自己直觉或观点的信息，而不理睬那些与之相反的信息。这种偏向会对人们到哪里去寻找信息，以及如何理解所接受到的信息产生影响。重视那些支持自己看法的信息，而忽视那些与自己看法冲突的信息。需要端正动机，保留持异议者。

4. 感情偏见可以歪曲问题的本质。决策者由于背景、地位、经验，以及利益的不同，甚至组织文化的影响，看待问题的重点也不同，感情上的偏见使得他们无法保持客观、公正的立场。

5. 决策者常常在决策过程中过早就对某个具体方案有所偏爱，从而左右着整个决策过程，使之偏向于这个方案。

6. 安于现状，故步自封。将自己决策建立在以往工作的基础上，而不是探索新的选择，挖掘其他的信息，或者采用新的技术。绝大多数人在决策时，对改变现状拥有很大的偏见。

7. 过于自信。许多人对于自己预测不确定后果的能力估计过高，从而做出错误的决策。

8. 受如何表达的影响。一个经理的决策可能仅仅因为表述问题时所使用的语言而受到影响，从而选择不同的方案。

5.4 经典决策理论

决策理论是关于如何做出决策的理论，是对人们"应该"或"实际上"该如何做出决策等一系列问题的探讨。目前，决策理论尚未形成完全统一的理论框架，不同学科对于决策理论存在不同认识。经济学关注决策过程中的经济人假设，以标准化或规范化的视角来研究决策选择的最优化目标；心理学关注个体决策过程中的行为特征和心理状态，探讨不同的认知倾向、个体差异、动机情绪等因素对决策选择的影响；政治学研究政府选票背后的决策规律和集体决策特征；哲学则对决策中的行为理性原则进行深入探讨，把理性作为一个重要的研究命题。

早期决策理论主要以规范性模型为主，追求决策选择中的“应然”状态和理性标准，产生了一系列指导人们做出理性选择应该遵循的公理和法则，理性和效用最大化是规范性模型的重要特征。随着人们对决策过程更加深入的探讨和认知，一些无法用规范性模型解释的决策偏差让人们开始关注决策选择的“实然”状态，从而产生描述性决策模型。描述非决策模型中，决策中的理性标准受到挑战，有限理性假说比完全理性假说更加能够洞察人类决策的实际情况，决策的目标不再是效用最优化或最大化，而是满意化原则。基于从规范性模型到描述性模型的理论转变，本章节按照理论演进的时间重点对现代决策理论中的期望效用理论、决策悖论和展望理论等议题进行探讨和阐述。

5.4.1　期望效用理论

期望效用理论（Expected Utility Theory）是由 John von Neumann 与 Oskar Morgenstern 于 1947 年提出的经典性决策理论。它属于规范性的决策理论，即它所关注的问题不是描述人们具体的决策行为，而是在一定的理性决策条件下解释人们应该如何做出决策。其目的就是为理性决策者提供一套标准化的基本假设和公理。这里的期望效用更加准确地说是“概率—加权的效用理论”，每个决策选项在不同事件状态中采用概率来对其效用值进行加权，然后再加总在一起，作为每个选项的期望效用。

出门是否带伞是我们经常会碰到的一个决策问题，天气状况是影响是否带伞的重要因素。带伞与否碰到不同的天气状况会形成四种不同的结果，每种决策结果具有不同的效用，如表 5.1 所示。决定我们选择带伞或不带伞的因素取决于对下雨概率的判断。概率为不同状态下的效用值进行加权。

表 5.1　不同天气状况下的效用矩阵

	下雨	不下雨
带伞	15	16
不带伞	0	18

假定我们对下雨的概率设定为 10％，那么选择带伞的期望效用为 10％×15＋90％×16＝15.75，而选择不带伞的期望效用为 10％×0＋90％×18＝16.2。根据效用最大化原则，应该做出不带伞的决策，这符合理性假设，属于最优化决策。如果我们对下雨的概率给出一个更高的设定，比如 50％，那么选择带伞就是一个最优化决策。

期望效用理论运用数学模型来处理决策问题，它提出了许多指导人们决策行为的公理。符合理性原则，需要决策者根据这些公理来做出选择。其中主要的决策公理有下面几种：

(1) 完备性公理。在决策中，个体可以对决策选项进行很好的界定，可以对两个决策选项进行任意比较，他们要么偏好其中一个方案，要么对两种方案都不偏好。

(2) 占优性公理。对于一个理性决策者来说，存在两种不同的决策策略，永远不应该选择一个被占优策略。当一个策略只在至少一个方面比其他策略更好，而在其他方面都一样，这种策略称之为微弱占优策略；当一个策略在所有方面都好过其他策略，称之为强势占优策略。作为理性决策者，占优策略（即便是微弱占优）最应该成为首选。反过来，最不应该选择被占优策略，哪怕是微弱被占优策略。

(3) 抵消性公理。如果两个决策选项的结果包含完全相同的部分,那么在选择时应该忽略其相同结果的效用,只需要比较结果中不同的部分。即选项中相同的结果在选择时应该相互抵消,不作为选择判断的参考内容。

(4) 连续性公理。对于一个理性的决策者来说,当出现最好结果的概率非常大时,他们更偏好于在最好与最坏的结果中进行博弈,而不是取其中间的结果。

(5) 可传递性公理。作为一个理性的决策者,假如偏好 A 胜于 B,偏好 B 胜于 C,那么应该也存在偏好 A 胜于 C。即决策偏好的方向在理性决策者中是可以依次传递的。

(6) 恒定性公理。理性决策者不应该受到决策选项表征方式的影响。理性决策者不应该在内容相同但形式不同的选项中有不同的偏好。比如对于一个复杂形式的博弈:参加两个阶段的游戏,每个阶段获胜概率为 50%,两个阶段都将获得 100 元;而简单形式的博弈:参加一个游戏,有 25%的概率获得 100 元。理性决策者不应该在两种不同形式的博弈中有不一样的偏好。

(7) 独立性公理。假定存在一个定义明确的决策偏好,偏好 A 胜于 B,假如有两个博弈为 A 和 B 设定相同的概率 p(假定两个博弈在其他方面都相等),同时每个博弈混合了第三个选项 C,概率为$(1-p)$,那么也存在 $pA+(1-p)C > pB+(1-p)C$。同样道理,如果事先决策者对 A 和 B 选项都无所谓,同样在 $pA+(1-p)C$ 和 $pB+(1-p)C$ 之间也保持无所谓。

5.4.2 决策悖论

期望效用理论为决策者提供了指导人们做出选择的基本假设和公理,但是事实上,人们的实际决策行为却经常违背这些假设和公理。其中比较经典的阿莱斯悖论、埃尔斯伯格悖论、偏好反转、框架效应和偏好的不可传递性等。这些悖论挑战了期望效用理论,也开启了人们对描述性决策模型的探讨。

1. 阿莱斯悖论

阿莱斯悖论由法国经济学家莫里斯·阿莱斯(Maurice Allais)于 1953 年提出,他挑战和质疑了相互抵消性公理,认为人们的实际决策行为违背了该公理。抵消性公理指出决策者在两个选择方案间做出选择时只取决于它们的差异,而忽略结果中的相同成分。但是实际情况是人们的选择不可能只关注选项的差异部分,往往还会受到相同结果的影响。阿莱斯提出了经典的决策问题来证明自己的观点。假设你有两次选择的机会,如下:

第一次决策:

选项 A:100%的概率获得 100 万美金。

选项 B:10%的概率获得 250 万美金,89%的概率获得 100 万美金,1%的概率什么也得不到。

大多数人在第一次决策中会选择 A,尽管 B 的期望值要更高。这是因为决策者会偏好于选择一个明确性选项。

第二次决策:

选项 C:11%的概率获得 100 万美金,89%的概率什么也得不到。

选项 D:10%的概率获得 250 万美金,90%的概率什么也得不到。

在第二次选择中,多数人都会选择 D 而不是 C。根据期望值的计算,D 的期望值为 25 万,确实高于 C 的 11 万。

根据期望效用理论的计算，第一次决策的效用偏好可以用公式表达为：

$$U(100\text{万})10\%+U(100\text{万})89\%+U(100\text{万})1\%>U(250\text{万})10\%+U(100\text{万})89\%+U(0)1\%$$

公式两边抵消掉相同部分，可以写为：

$$U(100\text{万})10\%+U(100\text{万})1\%>U(250\text{万})10\%+U(0)1\% \quad ①$$

第二次决策的效用偏好也可以用公式表示：

$$U(100\text{万})10\%+U(0)89\%+U(100\text{万})1\%<U(250\text{万})10\%+U(0)89\%+U(0)1\%$$

公式两边抵消掉相同部分，可以写为：

$$U(100\text{万})10\%+U(100\text{万})1\%<U(250\text{万})10\%+U(0)1\% \quad ②$$

前后① 和② 两次决策，$U(100\text{万})10\%+U(100\text{万})1\%$和$U(250\text{万})10\%+U(0)1\%$的偏好是不一样的，即阿莱斯悖论。阿莱斯悖论的另一种表述是：按照期望效用理论，风险厌恶者应该选择 A 和 C；而风险喜好者应该选择 B 和 D。然而实验中的大多数人选择 A 和 D。

阿莱斯悖论包含了两对二择一选择题。从中可见，第一对选择题包含一个肯定备择方案和一个风险备择方案。第二对选择题实际上是从第一对选择题脱胎而来：消除了一个各方案所共同拥有的可能结果(0.89 的概率获得 \$1 000 000)，选择 A 便成了选择 C，而选择 B 便成了选择 D。据阿莱斯报告，面临第一对二择一选择题时，大多数人偏爱 A(肯定备择方案)，该选择在期望效用理论里意味着：

$$u(100\text{万})>0.10u(250\text{万})+0.89u(100\text{万})+0.01u(0)\text{或}(1-0.89)u(100\text{万})>0.10u(250\text{万})$$

然而，面临第二对二择一选择题时，大多数人则偏爱 D，该选择在期望效用理论里意味着逆向的不等关系：

$$0.11u(100\text{万})<0.10u(250\text{万})$$

以上结果违背了期望效用理论的独立性(Independence)原则或称为“确定事件原则”(Surething Principle)。依独立性原则，人们对选择 A(C)或选择 B(D)的偏爱不应受到由0.89的概率所产生的共同结果值(\$1 000 000 或 \$0)的影响。

2. 埃尔斯伯格悖论

埃尔斯伯格悖论也体现了对抵消性公理的违背，它是由丹尼尔·埃尔斯伯格(Daniel Ellsberg)在 1961 年提出的。他设计了一个决策情境来证明人们在决策时是如何违背抵消性公理的。该情境假设盒子里有 90 个球，其中红球 30 个，而剩下的则是黑球和黄球组成，具体比例结构未知。要求决策者从中任意抽取一球，其颜色决定了收益。埃尔斯伯格设计了两种不同的收益规则，如表 5.2 所示。对于不同颜色的球，你会如何下注呢?

埃尔斯伯格通过研究发现，在第一种情况下，大多数被试会选择 A，即在红球上进行下注。因为红球的概率是比较明确的，而其他两种球的概率分布是未知的。而在第二种情况下，多数被试会选择 B。即人们更多地选择在黑球或黄球上下注，而不是红球或黄球。被试在两次选择中做出不同的选择。

表 5.2 第一种决策收益矩阵

	30	60	
	红球	黑球	黄球
选项 A:一个红球	100 美元	0 美元	0 美元
选项 B:一个黑球	0 美元	100 美元	0 美元

表 5.3 第二种决策收益矩阵

	30	60	
	红球	黑球	黄球
选项 A:一个红球或黄球	100 美元	0 美元	100 美元
选项 B:一个黑球或黄球	0 美元	100 美元	100 美元

在这两次选择中,如果根据抵消性公理,理性决策者应该保持一致的选择。因为在两次选择的收益矩阵中,唯一不同的是黄球,黄球在每种情况下都是相同的收益结果。在第一种情况下,选择投注黄球意味着什么都得不到,而在第二种情况下发生改变,投注黄球意味着 100 美元。根据抵消性公理,两个选项之间做出选择应该只关注差异部分,相同部分不应该影响决策偏好。

另外,埃尔斯伯格悖论也体现了对独立性公理的违背。因为在两种情境下,决策者对于选项的偏好方向不应该因为混合了第三种选项而发生改变。在第一次决策中,决策者偏好红球胜于黑球,而在第二种情况下,加入具有相同收益结果的黄球使得决策偏好的方向发生改变。

3. *偏好反转*

偏好反转是由萨拉·利希滕斯坦(Sarah Lichtenstein)和保罗·斯洛维奇(Paul Slovic)于 1971 年提出的决策悖论,人们在选择和定价时会表现出偏好的不一致。在期望值大致相同的一对博弈中,当要求人们在二者之间做选择的时候,决策者常常会选择概率高而损益值小的博弈,称之为安全博弈 H,例如 99%的概率赢得 4 美元,1%的概率输掉 1 美元;当要求他们接受最低售价时,他们对概率低而损益值大的博弈定较高的售价,称之为风险博弈 S,比如 33%的概率赢得 16 美元,67%的概率输掉 2 美元。如果用 Hc 和 Sc 分别表示对 H 和 S 博弈的定价策略,偏好反转用公式表示为:$H>S$,但 $Hc<Sc$。萨拉·利希滕斯坦和保罗·斯洛维奇设计了一系列实验来证明偏好反转,包括实验室情境和现实生活情境,结果表明,在高获胜概率和高获胜金额的博弈中选择高获胜概率的被试中,81%的人给予高获胜金额博弈更高的定价。

偏好反转动摇了经典决策理论的根基,因此也遭受许多学者的批判和质疑。Grether 和 Plott 对偏好反转的研究提出了大量的质疑,包括缺乏动机、收入效应、策略性反应等,他们设计了一系列严谨的实验想消除偏好反转,在尽可能控制了一些因素之后,仍然发现显著的偏好反转效应。心理学家将偏好反转解释为偏好显示方式的差异导致的,不同显示方式会引起不同的心理加工过程,进而导致偏好反转效应的发生。决策后悔理论认为偏好反转违背了可传递性公理。根据后悔理论,人们的情绪感受取决于决策选项带来的结果以及放弃选择带来的结果。若对决策方案的价值单独进行评估,不依赖其他作比较的方案时,传递性可以得到满足,但是当考虑到预期因素时,传递性就难以成立,决策偏好就可能发生反转。

4. 框架效应

框架效应(Framing Effect)是由 Tversky 和 Kahneman (1981)提出的另外一个决策悖论,他们发现决策问题的表现形式会改变人们对于具有相同效用决策选项的偏好,这违背了期望效用理论的恒定性公理。框架效应指的是问题表征形式(即框架)的改变导致个体对同一问题的备择选项发生偏好反转的现象,这里的框架具体指的是个体对决策问题选项、结果及其可能性的感知。他们以"亚洲病"作为决策情境来开展研究,指出人们对期望值相同而表述不同的选项会产生偏好反转。面对同一情境,当问题被框定为收益情境时,人们倾向于回避风险,而当问题被框定为损失时,人们反过来又倾向于寻求风险。

"亚洲病"问题描述成一种决策情境:美国正在应对一种罕见的亚洲病,预计该病的爆发将会导致 600 人死亡。目前有两种应对方案可供选择。假定每种方案产生的后果都可以精确预算。这两种方案,一种被表述成相对正面的形式,即正面框架,另一种被描述成相对负面的形式,即负面框架。

正面框架:

方案 A:200 人将生还。

方案 B:有 1/3 的概率将使 600 人生还,而有 2/3 的概率使得无人生还。

负面框架:

方案 C:400 人将死去。

方案 D:有 1/3 的概率无人会死去,而有 2/3 的概率将使 600 人死去。

这前后两个选项,除了表征形式不同外,在决策效用上都是等同的,A 和 C,B 和 D 都属于等同选项。根据恒定性公理,在两种情境中做出决策不应该受到问题形式的影响,应该保持选择偏好的恒定,但实际上框架效应揭示了人们实际决策行为对恒定性公理的违背。Tversky 和 Kahneman (1981)研究表明,在正面框架下做决策,大部分被试会偏好 A,但是一旦在负面框架下做决策,多数被试会选择 D。即便是期望值相同,问题形式不同,人们的偏好也会转变。

框架效应根据表征形式的不同,可以分为不同的类型,比较常见的有三种类型:风险框架效应、特征框架效应和目标框架效应(Levin, Schneider & Gaeth, 1998)。风险框架效应是由 Tversky 和 Kahneman (1981)提出来的,也是最经典的一种,它指的是面对期望值相同的选项,获益框架使得个体偏好风险规避,损失框架使得个体偏好风险寻求。特征框架效应指的是采用积极或消极框架来表现某个事物的关键特征,这会影响人们对该事物的偏爱程度。一般来说,人们更加喜好用积极框架来表述事物。目标框架效应则从做事情的动机和出发点来进行不同的框定,面对一件事情,强调做事情是为了获益还是强调不做事情导致损失,这会影响人们对决策的判断。

框架效应是现代行为决策理论中非常经典的研究问题,也是现实管理生活中非常普遍的现象。许多研究已经在经济、医学、管理、政治、营销等领域验证了框架效应的存在。

5.4.3　展望理论

决策悖论对经典的期望效用理论提出了挑战和质疑。决策研究的理论视线也从规范性模型向描述性模型转变。其中最为著名的描述性理论是 Kahneman 和 Tversky 于 1979 年共同提出的展望理论(Prospect Theory)。与期望效用理论相比,展望理论解释了个体很多违背理性的行为和偏差。

展望理论提出了两个函数:价值函数和权重函数。与期望效用理论不同,展望理论用“价值”的概念来代替“效用”的概念,效用通常用净财富的角度来进行定义,而价值则是通过收益和损失的角度来定义。收益和损失是相对于决策参照点来界定的。展望理论指出影响个体决策选择的不是最终的财富值,而是相对于某个参照点的收益或损失,并把相对于该参照点的价值变化作为价值函数的影响变量。价值函数是一种分段函数,包括收益的价值函数和损失的价值函数,同时这两种函数也是不相同的。如图 5.2 所示,处于损失函数的部分,横轴以下的部分更加凸出,线条更加陡峭,也叫作凸函数。处于收益函数的部分,横轴以上的部分更加凹进去,而且线条不是那么的陡峭,反而平缓,叫作凹函数。

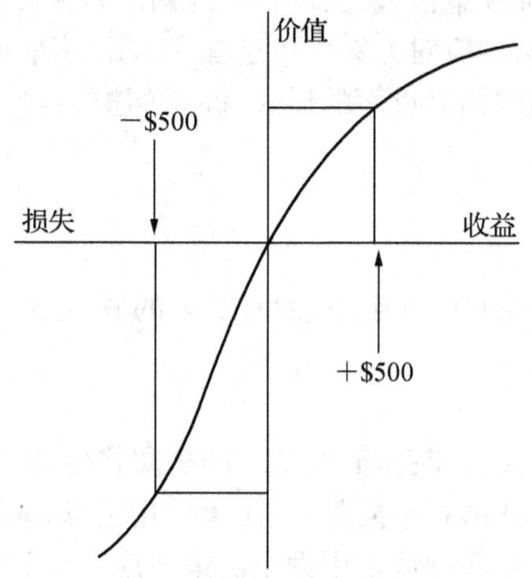

图 5.2 展望理论的价值函数

由于损失函数的图形比收益函数的图形更加陡峭,所以损失所产生的心理感受要比收益更加强烈。如图 5.2 所示,损失 500 美元带给个体的感受要更强于得到 500 美元。由于人们对损失带来的负面感受更加强烈,从而导致了人们对损失的厌恶和排斥,称为损失规避现象。在现实的谈判和管理实践中,这种现象也非常普遍,由于人们更加害怕损失,导致人们在谈判中更加不容易让步和妥协。公司员工由于担心个人薪资和机会方面的损失会更在意人力资源薪酬设计中的自身利益。此外,损失规避产生的另外一个结果就是禀赋效应(Endowment Effect),即当一件物品成为个人的禀赋时(被个人所拥有),它的价值会提升(Thaler, 1980)。比如人们对其所拥有的一件物品定价时要高于愿意购买该物品给出的价格,也就是说卖出一件物品的预期价值要高于买进同样物品的预期价值。人们之所以存在禀赋效应,可以从损失规避的理论上进行解释,给自己拥有的物品进行定价意味着损失,而购买物品意味着获益,同样的物品,损失所带来的心理感受要高于收益,所以人们对于其所禀赋的物品会给予更高的价值。

权重函数是展望理论另外一个重要概念,采用“权重”的概念来取代期望效用理论中的“概率”的概念,代表了人们对于某种决策展望的渴望程度,它不是客观具体的概率。期望效用理论中,50%的客观概率对于个体来说就是 50%的获胜概率,而权重更像是一种主观的概率评估。展望理论指出偏好是决策权重的一个函数,权重不是与概率一一对应。在权重函数中,决策权重往往会高估小概率事件,而低估一般或高概率事件。权重函数中横轴表示客观概率水平,而纵轴代表主观权重。如图 5.3 所示,曲线表示权重函数的概念,其斜率在 0 和 1 之间,在对角线以上的权重函数表示对小概率的高估,在对角线以下的权重函数表示对一般和高概率的低估和忽视。

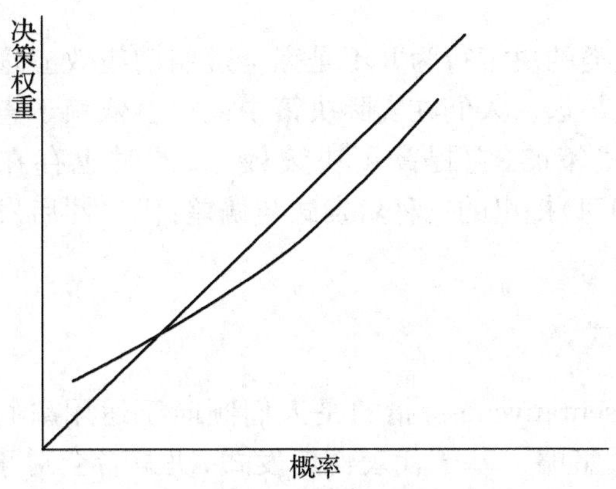

图 5.3　展望理论的权重函数

通过权重函数可以知道人们对于小概率事件具有高估的倾向,这能够解释人们为什么对保险、彩票和赌博情有独钟,他们以较小的相对固定成本来换取概率极小但潜在价值巨大的收益。Kahneman 和 Tversky(1979)做了一组实验来说明这个问题,他们设计了两组决策来说明人们对小概率事件的重视。

第一组决策

选项 A:千分之一的概率赢得 5 000 美元;

选项 B:百分之百的概率赢得 5 美元。

他们调查了 72 名被试,结果发现将近 3/4 的人偏好选项 A,即通过小概率来获得相对较高的收益。在现实生活中,购买彩票就是这样一个例子。获得一笔巨额的财富,从概率上来讲是极其微小的,但是绝大多数人仍旧孜孜不倦,愿意在彩票上持续投资。

第二组决策

选项 C:千分之一的概率损失 5 000 美元;

选项 D:百分之百的概率损失 5 美元。

第二组决策中,面对相对高额的损失(5 000 美元),即便是再小的概率,也会让人产生抗拒。Kahneman 和 Tversky 的结果表明超过 4/5 的人选择 D,他们愿意付出较小的损失来避免较大的损失。购买保险就是一个很好的说明该问题的例子。

概括而言,展望理论包括四个方面:(1) 影响人们做出决策的因素不是净财富值,而是财富的变化值。与总量相比,人们更愿意关注与参照点比较后的收益或损失情况。(2) 人们面对损失会更加风险偏好,而面对收益时则又变得更加风险规避。(3) 损失等量财富值所造成的痛苦感受要显著强于获得等量财富所带来的快乐感受。损失函数要比获益函数更加陡峭。(4) 前期决策的结果会影响后期的风险态度和决策。前期决策获益会提高人们的风险偏好,还会缓冲后期决策损失的感受。但是前期决策损失会加剧后期损失的负面感受,进一步增强风险厌恶和损失规避效应。

5.5 启发式与偏差

展望理论告诉我们人类的决策行为并不是完全遵照期望效应理论所规定的那样，实际决策行为与规范和标准相差甚远。人们在实际决策中往往会依赖于直觉和认知捷径，这种捷径就是决策判断中的启发式策略，它提高了决策效率，同时也存在决策偏差。本章只介绍Tversky 和 Kahneman(1974)提出的三种启发式与偏差：代表性启发式、易得性启发式和锚定与调整。

5.5.1 代表性启发式

代表性启发式(representativeness)指的是人们倾向于运用事物的相似度和典型性特征来做出决策的一种启发式策略。基于代表性启发式，决策者会对事物与其所属母群体的核心特征的相似性做出主观判断，然后将这种相似性特征作为决策判断的依据。比如，个体在决策中以 A 和 B 的相似性作为衡量依据，认为 A 可以代表 B，那么就会运用 A 的相关数据和信息来对 B 进行评估，认为发生在 A 上的事件也会延伸到 B 上。人际判断中的刻板印象就是利用代表性启发式的典型例子，由于人们对个体特征如性别、种族、教育和区域等与某类群体建立隐含的联系，当对个体进行评价时会启用这种相似性和代表性特征，只运用较少的信息便形成对一个人的整体刻板印象。启发式所运用的信息不像期望效用理论那样要搜索全部的信息，因此在信息加工上会更加高效，但是这也会付出一定的代价，导致启发式容易产生决策偏差，最为重要的原因是忽略了事件发生的基准概率，忽视样本容量，错误地理解概率特征，忽视回归。

Tversky 和 Kahneman(1982)在研究中设计了一个经典的决策问题来说明利用代表性启发式如何导致决策的偏差。决策任务给出个人的特征描述，要求被试回答个体职业从属的问题，决策情境如下：

琳达，31 岁，单身，性格开朗、坦率。她的专业是哲学。当她还是一名学生的时候，就热衷于关注歧视和社会公正问题，同时也参加了反对核武器的活动。请从下面选择一项更加符合她身份的选项。

选项 A：琳达是一名银行出纳；

选项 B：琳达是一名银行出纳，同时也是一名活跃的女权主义者。

Tversky 和 Kahneman(1982)对 86 名被试做出调查，结果表明超过 90%的人相信琳达就是一名银行出纳，也是一名活跃的女权主义者。似乎选项 B 更加符合琳达的身份。但是这样的回答似乎导致的偏差更大，因为大多数人忽略了一个基本事实，从概率角度来分析，作为一名银行出纳和作为一名女权主义者是两个独立事件，这两个事件共同发生的概率显然要小于单个事件发生的概率。这种现象也被 Tversky 和 Kahneman 称为联合谬误(Conjunction Fallacy)。图 5.4 更加清晰地说明了两个事件的概率问题，左面的圆形表示成为一名银行出纳的概率，右面的圆形表示成为一名女权主义者的概率，而中间相交部分表示既是一名银行出纳，又是一名女

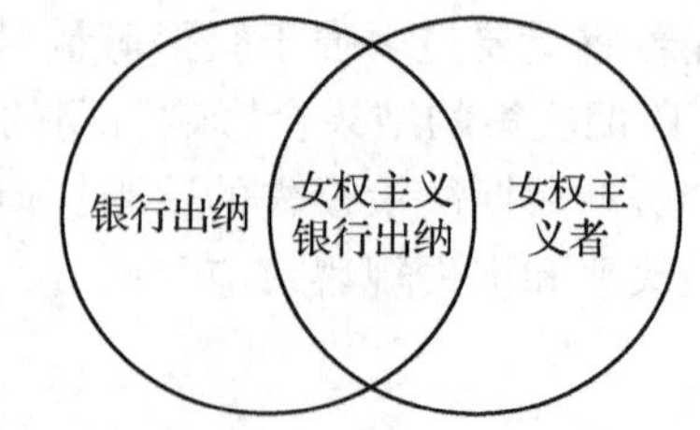

图 5.4 银行出纳与女权主义者的交集

权主义者的概率。从图形中可以看到左右两个圆形所表示的概率水平要高于中间相交部分的概率水平。

基于代表性启发式做出决策需要注意不要被环境的细节迷惑，同时也要重视事件发生的基线概率。一般来说，决策情境中细节越多越是容易让人相信情境的代表性，但实际情况是细节越具体，事件发生的可能性越小，即便是这个情境看起来更具代表性。因为基线概率决定了事件发生的真实水平。

5.5.2　易得性启发式

易得性启发式（Availability）指的是人们倾向于依据决策事件和现象在个体知觉或记忆中提取的难易程度来评估概率的一种启发式策略。一些事件相比其他事件更加容易被观察到，并不是因为这些事件发生的概率更高，而是由于环境、资源或信息渠道等方面的原因，它们更加容易被记忆提取或知觉感知到。比如有些事情刚刚发生，也可能是因为掺杂了一些敏感特征导致更加容易被曝光。决策者个人的认知能力是有限的，人们有时候会根据自己比较熟悉或容易获得的信息来做出判断和评估。这些根据易得性获得的信息作为决策判断的根据，很容易导致决策的系统偏差。

国外学者对易得性偏差做了大量研究。比如下面两个例子：

（1）在美国，以下哪个原因更可能导致死亡——被飞机上掉下的零件砸死，还是被鲨鱼袭击

A. 被飞机掉下的零件砸死　　　　B. 被鲨鱼袭击

（2）下面哪种情况是更常见的死亡原因

A. 糖尿病　　　　B. 龙卷风　　　　C. 车祸

在第一个例子中，许多美国人认为鲨鱼袭击导致的死亡更加常见，但是实际上飞机掉下的零件导致的死亡事件是鲨鱼袭击的 30 倍。这可能是由于美国媒体和电影等渠道对鲨鱼袭击做了更多的渲染和报道，导致人们认为鲨鱼袭击更加平常（Plous，1993）。而在第二个例子中，大多数相信龙卷风或车祸是更加常见的死亡原因，因为这些事件往往是新闻媒体争相报道的新闻，更加容易进入人们的视野。相反，糖尿病等疾病的个案很少被媒体报道。这些判断主要是基于人们的直觉，而现实的数据显示糖尿病等疾病每年导致的死亡案例要高于其他两个方面（Combs & Slovic，1979）。

当事件本身很难被想象时，也有可能导致易得性偏差。Tversky 和 Kahneman（1973）对该问题做了研究，他们设计的决策问题是：在一般的英文词汇中，以字母 K 作为开头的单词和 K 作为第三个字母的单词相比，哪种单词会更多呢？大多数人认为由 K 作为首字母的单词应该是更多的，但事实上这个答案是错误的，因为 K 作为第三个字母的单词数是前者的三倍多。尽管这个问题很难依靠个体的知识储备来回答，但是个体在直觉上认为 K 作为首字母更加常见，而 K 作为第三字母很容易被忽略。

同样在视觉上更加容易辨认的时候，也有可能导致易得性偏差。Tversky 和 Kahneman（1973）设计了一组图形材料要求被试做出判断，如图 5.5 所示。

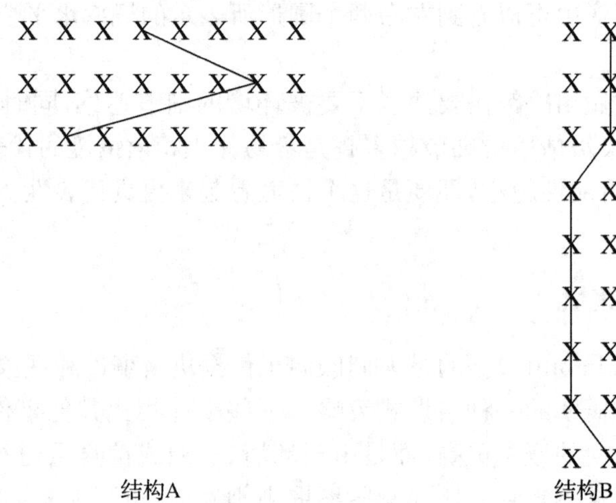

图 5.5　易得性偏差图形

材料要求决策者认知观察上述 A 和 B 两种结构，要求连接每一层的 X 形成通路。在结构 A 中，需要连接三层 X，属于三层通路。而在结构 B 中，需要连接九层 X，因此其通路是九层。要求被试做出直觉判断，回答哪种结构中的通路最多。Tversky 和 Kahneman (1973)研究发现 85%的被试认为结构 A 要比结构 B 包含更多的通路。而实际情况是两种结构的通路是相等的，在结构 A 中通路的数量是 8×8×8=512 个，而结构 B 中通路的数量为 2×2×2×2×2×2×2×2×2=512 个。为什么会导致这种偏差呢？原因是结构 A 的层次比较少，更加容易识别出通路，而结构 B 的纵深比较长，其通路也不容易识别。

5.5.3　锚定与调整

锚定与调整(Anchoring and Adjustment)指的是人们在决策判断中倾向于根据某个特征或经验来设定初始的锚定值或参考点，然后根据锚定值来对事件发生的概率进行调整，但是其调整的范围会向着锚定值靠近。Tversky 和 Kahneman(1973)认为锚定值有可能是决策问题表述的一种暗示，由锚定值向目标值调整是不充分的，容易导致偏差。Tversky 和 Kahneman (1974)在研究中要求被试估计非洲国家在联合国中的比例情况，事先通过轮盘游戏获得一个数字 10 或者 65，然后要求被试回答非洲国家在联合国中的比例是高于 10%(65%)还是低于 10%(65%)。这里的数字 10 和 65 是锚定值，当锚定在 10 的时候，被试给出的答案大概在 25%，而当锚定在 65 的时候，被试的答案平均在 45%。Tversky 和 Kahneman (1974)还设计了另外一个实验来说明锚定效应的存在，他们要求一组学生来估算 8×7×6×5×4×3×2×1 的结果，得到的平均估算值是 2250；又让另外一组学生来估算 1×2×3×4×5×6×7×8 的结果，得到的平均估算值为 512。显然，这两组数据的结果都是一样，只不过排序不同。前面一组学生将较高的数字 8、7、6 作为锚定值，调整后的结果也更高，后面一组学生将较低的数字 1、2、3 作为锚定值，调整后的结果也较低。

根据引发锚定效应的范式将其划分为传统锚定效应、基本锚定效应和自发锚定效应。(1) 传统锚定效应指的是 Tversky 和 Kahneman (1974)提出的两步式方法产生的锚定效应。第一步先给被试一个随机数值作为锚定值，第二步要求被试对决策任务做出判断。上述判断非洲国家在联合国比例的决策就是利用两步式范式来证明锚定效应的。初始的锚定值影响了后续目标值的判断，并产生了决策偏差。(2) 基本锚定效应指的是只通过一步式地呈现一个无关锚定作用的信息来让被试做出绝对性判断就能影响决策，并导致最终的决策向着锚定值趋近。这种范式常用数字作为启动材料，上述数字计算就是一种基本锚定效应。(3) 自发锚定效应指的是自发锚产生的一种锚定效应，即外部环境没有提供锚定值，而是由自身根据经验或知识提供的线索而产生的锚定值或参照标准。比如当问到"华盛顿什么时候当选总统"，尽管没有提供外部锚定值，但是有些人知道美国建国的时间是 1776 年，因此会自动地把这个数字作为锚定值，随后的判断也在这个范围内进行调整。锚定和调整在决策中是非常普遍的，无论是在日常生活，还是在管理领域，人们的决策经常会受到初始锚定值或参照值的影响。

5.6　群体决策

组织管理活动中经常会做出群体决策，成为组织中普遍采用的决策方式。群体决策主要研究一群人如何共同实施一个联合行动的选择问题。而联合行动的选择问题既可以是群体各方为了共同利益而共同开展同一行动，也可以是为了各自利益参与同一行动。组织是由众多利益相关的部门和结构组成，群体决策的效率和质量对于组织的运行和发展非常重要。通过对群体决策的研究，了解群体决策过程机制和影响因素，可以帮助组织中的部门和团队更有效地做出决策。

群体决策的研究最早可以追溯到法国数学家 J. C. Borda 于 1784 年撰写的有关选择选举制的论文，他提出了对于群体方案进行排序的 Borda 规则，以及 M. De Condorcet 在 1875 年发表的关于陪审团定理的文章，他最先阐述在正确选择决策方案上，群体决策规则下的群体绩效要优于个体的平均绩效。1944 年，Von Neumann 和 Morgenstern 通过博弈论来研究群体选举问题，1948 年 Black D 首次明确提出群体决策(Group Decision Making)的概念。诺贝尔经济学奖获得者 Kenneth J. Arow 在其著作《社会选择与个体价值》中提出了群体决策的"不可能性定理"，认为社会条件下的群体决策应该满足一系列理性条件：广泛性原则、一致性原则、独立性原则和非独裁性原则。20 世纪 70 年代之后，群体决策的研究主要划分为两条不同的研究路线，一条是社会心理学家通过实验方法来观察和研究社会认知与信息加工、群体交互和动力过程对于集体选择任务的影响；另外一条是经济学家采用定量方法对个体选择偏好的集结模型的研究。群体决策理论在谈判、军事、市场、组织管理等领域得到了普遍地应用。

5.6.1　个体选择变成群体决策的策略

有两种方法可以将个体的择优选择集合起来转变成群体决策问题，一种是程序化方法，即群体遵循严格程序，将群体成员的择优选择变成群体决策；另外一种是非程序化的方法，即鼓励群体成员通过自由讨论、头脑风暴、群体影响等方式来确定优化方案。本章节主要介绍程序化方法。

1. 简单多数策略

通俗地讲，简单多数策略就是"少数服从多数"的原则，即在一个群体中当大多数人支持方案 A 而不是 B 的时候，对于方案 A 的选择就成为一个群体决策，不再是单纯的个体决策。采用该策略来确定群体决策的择优方案时，应该对每种方案的选择比例进行比较。当知道了方案 A 和

B的择优比例后，群体决策就可以确定了。这体现了一定的民主原则，具有很强的操作性。

2. 等级累积策略

等级累积策略需要群体成员把所有备选方案按照优次顺序进行排序，然后把每个方案的等级顺序进行累加，等级累积分数最低的方案应该作为群体决策的最优方案。例如，群体中包含三个人 A、B、C，他们需要对四种备选方案（a_1，a_2，a_3，a_4）进行排序。

$A = a_2 > a_3 > a_4 > a_1$

$B = a_4 > a_1 > a_2 > a_3$

$C = a_4 > a_1 > a_2 > a_3$

$>$表示前面的方案优于后面的方案。

然后计算等级累积分数

$a_1 = 4+2+2 = 8$

$a_2 = 1+3+3 = 7$

$a_3 = 2+4+4 = 10$

$a_4 = 3+1+1 = 5$

a_4 的等级累积分数最低，成为群体决策的最优方案。

3. 最小离差策略

最小离差策略指的是要使个体择优选择与群体择优选择间的差距值达到最小化。具体计算时先要求群体成员为所有备选方案进行评价，按照优次顺序进行打分，比如有三个方案，最优的打 3 分，次优的打 2 分，最差的打 1 分。然后依次对每种方案作为最优的值进行比较，离差最小的方案为最优选择。

比如，有三个方案 a_1，a_2，a_3，群体有 3 人组成（A，B，C），如表 5.4 所示。

表 5.4 个人择优选择矩阵

	A	B	C
a_1	3	1	2
a_2	2	2	3
a_3	1	3	1

运用最小离差策略，假定每种方案作为群体最优方案时，将其与个体择优方案进行比较，计算离差。例如当 a_1 为最优方案时，成员 A 的离差值为 0，B 的为 2，C 的为 1。

表 5.5 群体择优选择与个体择优选择的离差值

	A	B	C	累计
a_1	0	2	1	3
a_2	1	1	0	2
a_3	2	0	2	4

（资料来源：卢盛忠，2008）

从表 5.5 中可以看到，方案 a_2 的离差值为最小，所以称为群体决策的最优方案。

5.6.2　群体决策的偏差

1. *群体归因偏差*

不仅个体决策存在偏差，群体决策同样也会存在偏差。群体归因偏差是其中之一，它指的是个体倾向于在群体决策中将相应的态度归因于群体成员，尽管信息表明群体成员并不一定支持该群体决策，这是对群体成员做出的内在归因倾向。与个体的基本归因偏差相似，群体归因偏差往往忽略外在的环境因素，将群体行为指向内在的态度。群体归因偏差导致个体认为单个群体成员的特征就是整个群体特征的反应，将整体责任归因到局部；或者群体决策的结果反映了某些群体成员的偏好，尽管信息表明可能是另外一回事。比如在经营管理中，人们往往会将高管团队的管理失误归结为某位领导或者负责人，并对高管团队的能力和态度产生怀疑，而会忽略外部环境的影响。

群体服务偏差指的是群体成员往往会把群体成功归因为群体内部因素，而将群体失败归因为群体外部因素。这与个体的自我服务偏差是很相似的。另外一个与群体归因有关的偏差是外群体同质性偏差。与个体认为自己比别人更具多样性一样，群体成员会认为自身群体会比其他群体更具有多样性，认为外群体成员更具同质性。该偏差会进一步加深刻板印象，由于外群体会被认为更具同质性，所以其成员个体会被低估。

2. *群体极化*

群体极化指的是在群体讨论中容易增强群体成员达成一致的倾向。个体在参加了群体讨论之后，更加愿意支持冒险性的群体活动，因此群体决策相比个体决策，更具有冒险性，这也是一种风险迁移的现象。

已有研究比较了个体决策与群体决策冒险水平，分别分为个体组和群体组。要求他们来完成一套情境测验，每个测验描述了主人公所面临的冒险行为和保守行为的选择。其中一道题目描述了一位会计师冒着风险做心脏手术还是让病情继续恶化。

B 先生是一位 45 岁的会计师，医生最近诊断出他得了一种严重的心脏病。这种疾病会让 B 先生改变一些生活习惯：减少工作压力、彻底改变饮食、放弃最喜欢的休闲嗜好。医生建议他尝试做外科手术。如果手术成功，就可以完全治愈心脏病，但是手术也可能失败。

假定你为 B 先生提供建议，手术成功的概率值如下几种。

请选择你所能接受的最低的手术成功率，并在相应的横线上打钩。

______无论手术成功的概率有多大，B 先生都不应该做手术；

______手术成功的概率是 90%；

______手术成功的概率是 70%；

______手术成功的概率是 50%；

______手术成功的概率是 30%；

______手术成功的概率是 10%。

（资料来源：Plous，1993）。

通过对两组数据的比较，结果表明群体决策的冒险水平要高于个体决策冒险的平均水平。无论是现实生活，还是学术研究都表明群体风险迁移的普遍性。这可能是由于群体集合导致责任分摊，个人责任的稀释，也可能是由于强化和放大了某些群体领导的作用，使得群体成员受到冒险性领导的影响。

1. 所谓决策，就是为了实现某一目标而从若干备选方案中选择一个满意方案的过程。

2. 从决策理论发展历程看，大体经历了古典决策理论，行为决策理论和决策理论的新发展三个阶段。

3. 针对程序化决策，制定决策包括四个步骤：识别决策问题情境、确定决策目标、制定备选方案、评价备选方案。

4. 现代决策理论包括期望效用理论、决策悖论和展望理论等议题。期望效用理论属于规范性的决策理论，它所关注的问题不是描述人们具体的决策行为，而是在一定的理性决策条件下解释人们应该如何做出决策。

5. 期望效用理论为决策者提供了指导人们做出选择的基本假设和公理，但是事实上，人们的实际决策行为却经常违背这些假设和公理。其中比较经典的阿莱斯悖论、埃尔斯伯格悖论、偏好反转、框架效应和偏好的不可传递性等。

6. 展望理论提出了两个函数：价值函数和权重函数。

7. 有三种启发式和偏差：代表性启发式、易得性启发式和锚定与调整。

8. 群体决策主要研究一群人如何共同实施一个联合行动的选择问题。包括简单多数策略、等级累积策略、最小离差策略等方法。也存在群体归因偏差和群体极化等决策偏差。

1. 决策的要素包含哪些部分？如何实现科学决策？

2. 如何理解期望效用理论中存在的决策悖论？

3. 你是如何理解展望理论的两个函数？分别说明了什么问题？请结合实例分别说明这两种决策函数在现实生活中的应用。

4. 请结合管理实践分别谈一谈你对三种决策启发式（代表性启发式、可得性启发式和锚定效应）的理解，以及在决策中如何避免决策偏差。

史玉柱与管理决策

在中国，史玉柱是一个集传奇性、话题性和争议性于一身的企业家。他曾被《福布斯》列为内地富豪第8位，也曾一夜之间公司倒闭破产，负债高达2.5亿，成为中国“首负”。此后他又东山再起，推出每个中国人都耳熟能详但具有争议性的产品“脑白金”和“黄金搭档”；其后进军IT界，开发“巨人网游”，并入股民生银行，均取得了巨大的成功。回顾史玉柱的经历，可以发现其决策能力与方式对其有着深刻的影响。

1. 豪赌性决策促进了初创期企业的成长

1980 年，史玉柱以安徽怀远县总分第一的成绩考入浙江大学数学系，并被分配至安徽省统计局。工作期间被所在单位送往深圳大学进修，并获得深圳大学软科学硕士学位。由于在深圳求学期间的经历，使其在获得学位后不久就辞职“下海”去了深圳创业。这一决定对于当时的人们来说是件无法理解的事情，即使到了今天，有决心离开公务员队伍创业的人也是极少数，这一决策需要极大的魄力才能够做出。

当时个人电脑(PC 机)刚刚被开发出来，由于个人电脑无法处理中文文字，因此许多单位除了巨资购买电脑外还要再买一台价格昂贵的中文打字机输出中文文档。史玉柱决定编一套软件，取代中文打字机，直接用电脑打字并输出中文文档。1989 年，巨人汉卡的第一个版本 M-6401 诞生了，直接支持个人电脑打出比原来中文打字机更漂亮的汉字并直接输出。

如何快速推广产品是史玉柱面临的第一个难题，他决定在当时 IT 界的权威杂志《计算机世界》登一个 8 400 元的广告“M-6401:历史性的突破”，但是要求先发广告后付钱，因为他当时只剩 4 000 多现金。“如果广告没有效果，我最多只付得出一半的广告费，然后只好逃之夭夭”，史玉柱事后这么说。这次的豪赌性决策给史玉柱带来了企业的第一桶金，两个月后，他赚进了 10 万元。史玉柱又把这笔钱全部进行广告宣传，4 个月后，他赚了 100 万元，并依靠这笔钱创立了“巨人公司”。1989 年 10 月，史玉柱砸下 100 万元广告费，到 1990 年的前三个月，他挣到了 3 000 万。

公司创立后不久，史玉柱又做出了一个让所有部下都反对的决策:全国各地的电脑销售商只要订购 10 块巨人汉卡就可以免费来珠海参加巨人的销售会。史玉柱以数十万元的成本搭建了一张当时中国电脑行业最大的连锁销售网络。

此后一段时间，巨人公司每年的销量都以几何级数的速度在增长，产品类型也日趋丰富，包括笔记本电脑、财务软件等，巨人的年度销售商大会成了全国规模最大的电脑盛会，巨人公司成长成为中国行业的领头军。1992 年，巨人的资本超过 1 亿元，史玉柱也成为中国新一轮改革开放的典范人物和现代商界最有前途的知识分子代表。他被评为“中国十大改革风云人物”、“广东省十大优秀科技企业家”。包括中共中央总书记江泽民、国务院总理李鹏都亲自考察巨人公司。

2. 豪赌性决策给巨人带来巨大的失败

由于国外软件开始进入国内市场以及国内涌现大量同质产品，市场竞争日趋激烈。习惯于获得超额利润的史玉柱在考察美国回来后决定进入保健品市场。当时保健品市场已经初步形成了格局，史玉柱继续依靠广告开拓业务，首先拿出 1 亿给首个保健产品“脑黄金”产品造势。很快“脑黄金”成了巨人的支柱性产品，每年利润超过 1 亿。1995 年，巨人推出了 12 种保健品，均获得了一定的成功。

当巨人拥有了 IT 和保健品这两大成长性极好的产业后，史玉柱宣布实施“百亿计划”，要用不到三年的时间使巨人公司达到百亿产值。这其中包括了导致巨人公司破产的巨人大厦。

其实 1992 年史玉柱就开始构想投资 2 亿建造 18 层的巨人大厦作为公司办公用。由于当时全国正值房地产热，史玉柱大举进入房地产行业，因此巨人大厦改成 39 层。此后当地政府的一些领导建议史玉柱为珠海建一座标志性大厦，因此，巨人大厦蓝图又改至 54 层。后来得知广州要盖全国最高的楼，定在 63 层，史玉柱立刻把巨人大厦定到 64 层。此后考虑 64 层也没有和国内一些高楼拉开太大距离，因此临时宣布巨人大厦要做到72层，成为当时全国最高的建筑。对于巨人大厦的筹资，史玉柱通过1/3靠卖楼花，1/3靠贷款，1/3靠自有资金筹集。由于巨人大厦的楼花卖得火爆，很快就获得现款1.2亿元。

1994年2月巨人大厦破土动工，不幸的是该项目选址恰好在三条地震断裂带交叉点上。在设计为38层时不需要打钢桩，而改为72层时，选址的地质条件决定了必须打65米深的钢桩，穿过地震断裂带坐在岩层上，共打了68根钢桩，因此总投资也由最初的2亿飙升至12亿元，投资额已超过巨人资金实力的十几倍。此外在打基础期间，珠海市发生了两次大的水灾，巨人大厦地基两次被泡，整个工期耽误10个月。

为了应对巨人大厦的资金需求，史玉柱先前靠巨人汉卡、保健品等赚得的所有钱都调往巨人大厦。1996年全国保健品市场普遍下滑，巨人保健品产品的销量也急剧下滑，巨人保健品业的发展受到了极大的影响，但是史玉柱仍然决定将保健品方面的全部资金调往巨人大厦。到1996年底，巨人大厦一期工程未能完成，建大厦时卖给内地的4 000万楼花就成了导致巨人财务危机的导火索。1997年初，资金链断裂的巨人大厦，只建到地面三层就停工了。随后，巨人集团财务危机爆发，史玉柱没有做出任何决策而在公众视野中“消失”。

3. 东山再起后的决策

1998年前后，“脑白金”横空出世，横扫中国保健品市场。人们从“脑白金”营销方式上看到了史玉柱“脑黄金”的身影，后被证实确实是史玉柱幕后运作。2000年，“脑白金”创造了13亿元的销售奇迹，规模超过了鼎盛时期的巨人。其后，“黄金搭档”、“黄金酒”等保健品陆续推出，史玉柱也开始慢慢从幕后走向前台。2004年，史玉柱设立征途网络，谋求向网络游戏转型。3年后，征途网络更名巨人网络，并在纽交所上市成功。其时，史玉柱身价超过500亿元。经过十余年的产业运作，时至今日，史玉柱的投资版图横跨金融、保险、新能源等产业。

其实在巨人大厦危机爆发前几天，史玉柱在一次名为“批评与自我批评”的内部会议上总结自己的过失。第一个就是决策过程不科学，另外就是不尊重员工的想法。显然，史玉柱从巨人失败中吸取了经营教训，重新崛起后的决策更具有理性色彩，并且重视团队决策的作用。他这样总结道：我们的投资原则非常谨慎，我们有一个战略发展团队，经常在外面收集各种合作与投资项目。团队给我们管理层推荐了很多项目，到总裁刘伟那边先砍了90%，到我这边又砍掉90%，剩下的就不多了。我们的挑选法则是，首先对公司战略发展是否有帮助，如果没有，就看它是否很有性价比。

2003年房地产大亨冯仑清理非地产业务以外的资产，当时股市低迷，无人有数亿元的现金来接盘，最后以非常便宜的价格把1.43亿股民生银行的股票卖给了史玉柱。金融危机时，史玉柱曾大量减持民生银行。但从2011年3月开始，史玉柱秉持“别人恐慌的时候我贪婪”的巴菲特理念，在民生银行A股和H股的增持共包含85次单笔交易，合计耗资约55亿元，并承诺“三年不抛售民生银行A股”。其后民生银行股价创新高，从接手民生银行股票到其后13个月，史玉柱浮盈60亿。如何进行的决策，史玉柱在微博上说：“其实买股票没那么复杂。认真研究：第一，该公司未来盈利能否持续理想增长？第二，眼前股价被低估没？只要同时满足这两条就买入……看不懂的行业，我不买；15倍以上市盈率的，我不买。”

（本案例根据相关新闻报道以及网络资料整理）

讨论题

1. 如何评价史玉柱的决策行为？
2. 不同发展阶段，史玉柱的决策特点有何不同？
3. 你认为企业家的直觉决策与科学决策是矛盾的吗，如何理解？
4. 在组织内部，如何通过机制建设来保证科学决策？

第6章 计划和目标

学习目标

6.1 了解计划的含义、功能和制定者。
6.2 掌握计划的层次、类型及编制方法。
6.3 了解目标的含义及设定过程。
6.4 理解传统目标设定与目标管理之间的差异。

情境案例

Y公司从事某种高技术产品的生产，行业扩张迅速但竞争异常激烈。为了更快地抢占市场，赢取竞争优势，公司制订了极富侵略性的目标，要求公司产值在三年内以每年100%的速度递增。为了将目标落实下去，总经理和高级管理层为所有部门、经理、关键员工设置了工作目标。同时，为了确保指标的落实，公司还强化了奖惩措施，尤其对到期不能完成指标的部门和员工制定了严厉的惩罚措施。然而不幸的是，不但客户满意度下降，公司利润也在下降。很多部门和员工抱怨指标压力太大，生产部门的产品不合格率大幅攀升，销售部门为争取订单不惜违法去行贿对方人员。部门间的矛盾也不断加剧，相互之间都把完不成指标的责任推给其他部门。总经理发现公司工作已经陷入一片混乱之中，试问为什么会出现这样的情况？

计划在管理职能中处于首要地位。管理工作的最初一步就是要制定一个切实可行，并且有助于实现最终目标的计划。对于计划，主要关注目标以及手段两个方面，即做什么和怎么做。一个明确的、可行的目标是计划的核心，如何科学地制定目标是计划工作的关键。管理工作本身就可以看作是围绕着实现组织目标而展开的一系列活动。

6.1 计划的含义、功能与制定者

人们需要明白计划是什么，理解其特定的含义，才能进一步理解计划工作为什么这么重要，以及它能给我们带来何种利益，即达到制定计划的目的。同时，明白组织中谁应该成为计划的制定者也很关键，组织中各层次人员的合理参与将有助于更加科学地制定计划并增加其有效性。

6.1.1　计划的含义

在管理学演进的一百多年时间里，人们曾广泛地讨论“管理究竟应该包含哪些职能”，不同学者归纳的管理职能不完全相同，但是普遍认可“计划”是管理的职能之一，并且是最为基本的职能。

法约尔在将计划确立为管理的五项职能之一时，认为计划“就是探索未来，制定行动计划”。孔茨认为，计划“包括确定使命和目标以及完成使命和目标的行动，这需要制定决策”。乔治·A·斯坦纳将计划工作视为一个过程，“这一过程始于目标，对实现这些目标的战略、政策和详细计划加以定义、建立起执行政策的组织并对业绩进行检查和反馈”。罗宾斯将计划界定为：“定义组织的目标，制定全局战略以实现目标，以及开发一组广泛的相关计划以整合和协调组织的工作”。相对而言，加雷思·琼斯对于计划的定义更为明确，“管理者确定并选择恰当的组织目标和行动方案的过程”。从以上定义中可以认为，计划就是管理者为组织确定的在未来一段时期内的发展目标，以及为实现这一目标而需要采取的一系列活动。

组织制定计划，首先是确保制定出科学合理的目标。目标选择错误，计划再周密具体也枉费心机。尤其是进入 21 世纪以来，组织面对的外部环境变化更为剧烈，组织在制定计划时首先要对外部环境进行分析，对未来的变化做出预测，以保证制定的目标能够适应外部环境。影像行业巨头柯达公司在确立企业发展目标时，过于眷恋传统领域，没有充分认识到数码技术对影像行业带来的根本变革，虽然拥有转型所需的技术储备，但是仍然错过了最好的转型机会。

在目标确定以后，就要选择具体的实现路径和采取的行动，这也是计划的关键环节。孔茨说过，“计划工作是一座桥梁，连接起现在和将来要达到的目标，并使得未来不会发生的事情，现在有可能发生”。因此，一个完整的计划，只有目标是不够的，还要根据组织的特点与能力，设计出实现目标的路径以及应该采取的行动。中国移动制定的“十五”发展战略中，确定了“创世界一流通讯企业”的战略目标，同时提出了保持业务领先、占据核心市场、推进资本运营、创建企业文化、实施人才工程和实现企业信息化六大举措来保障目标能够实现。

6.1.2　计划的功能

管理者为什么要制定计划，法约尔曾引用格言“管理应当预见未来”来说明计划对于管理活动的意义。任何组织或者管理者，如果没有明确的计划，将无法有效地实施其他管理职能，所以孔茨强调需要将计划活动置于管理的其他活动之前加以实施。只有制定计划，才能“了解需要什么样的组织关系，什么样的人员，按照什么样的方针去领导下属，以及采用什么样的控制”。具体而言，制定计划的目的在于以下几个方面。

首先，计划为组织成员指明了努力的方向。计划包含目标，当组织成员了解了组织发展的方向以及将会取得的成就后，积极性就会被激发出来，进而自觉地按照计划所确定的方向和要求采取行动。

其次，计划提供了协作的基础。计划建立了协作化的努力，为组织内部各部门之间以及组织成员之间的相互合作提供了行为规范，通过参照计划要求来协调各自行为，减少相互之间的冲突，以期通过共同努力实现组织目标。

第三，计划减少了不确定性。对于未来，组织面临着很大的不确定性，计划则包含对未来的预期，通过实施计划，组织就可以主动地影响未来而不是仅仅被动地接受未来，可以减少未来不确定性带来的不利影响。

第四，计划提高了资源的使用效率。计划的制定过程，就是对有限的资源进行合理配置的过程。有效的计划可以避免组织对资源的不合理利用，减少重复和浪费活动，从而让有限的组织资源更有效率地去实现组织目标。

最后，计划为控制提供了标准。控制意味着纠偏，而偏差的判断则离不开标准的确立。在管理工作中，这一标准是由计划来提供的。管理者正是通过判断组织活动进展与计划之间的差异，来判断组织目标是否实现以及是否需要采取控制活动。

阅读材料：计划是万能的吗？

对于计划的作用，也要有一个正确的认识。计划不是万能的。罗宾斯认为，“正式计划并不必然地导致高绩效，外部环境的影响通常是更关键的”。战略联盟影响范围一般局限于行业领域内，政府、法规，西方的工会组织等都会限制管理者对于目标以及行动方案的选择，并且管理者难以准确预测这些环境的变化，这都会削弱计划对于组织未来发展的影响。此外，衡量计划的效率也应加以重视，即衡量计划对于组织目标的贡献程度。过于看重计划，可能会使得管理者付出不必要的代价来促成目标的实现。

Hackett Benchmarking & Research 公司曾经做过调查，在美国，一般一家年收入平均 10 亿美元的企业每年在制定预算上花费的人工高达 2.5 万个人 * 天，一些大型企业甚至花费半年时间来制定预算。特别是企业的管理者，大约 30% 的工作时间被用于制定预算。令人沮丧的是，大部分的预算都不能获得预期的收益。根据埃森哲的调研，高达 80% 的企业对预算制定过程持不满意的态度。

6.1.3 计划的制定者

企业计划具有整体性和层次性，是一个有机的系统。一般而言，企业的总体计划制定是由企业的高层管理者承担，但是关于职能、业务等领域的计划，具体的实施者也会参与到制定的过程之中。

企业的总体战略计划，一般由企业的董事会以及高层领导者制定。企业的高层管理者大都是具有一定领导水平和专业能力的职业经理人。德鲁克认为：高层管理者的第一项任务就是仔细考虑企业的使命，研究“我们的企业是什么以及应该是什么？”，即确定目标、制定计划、为了取得未来的成果而在目前做出决策是高层管理者的首要职责。在组织架构上，作为公司的最高战略决策机关，董事会始终执行着对公司战略性计划的指导、制定、批准、实施以及控制评价的职责。当前，西方大企业还流行于在董事会中增加战略委员会，与高层管理者一起制定企业的目标及实现目标的战略，从总体上对企业的未来进行把握。

在总体计划制定完成后，组织的各个层级的职能和业务部门需要在总体计划的指导下，制定本部门计划，同时做好与总体计划的衔接工作。每个财政年度末，联想自上层至基层部门都要做规划，联想总部编制了统一的企业战略规划模板和财务预算指导手册，引导员工按企业战略规划框架和流程思考企业战略规划的各方面内容。总部和事业部或子公司做三年和一年的规划，注重战略目标、市场和竞争优势分析，市场竞争策略的规划；基层部门则做新一年的规划。基层部门所做的部门规划细致到包括部门目标、客户需求分析、竞争力分析、业务策略和措施、进度和财务预算等。

近年来，由于信息技术进步带来的组织结构扁平化发展趋势，使得各个层次的计划制定者在参与各级计划制定时不断打破身份界限，中层管理者甚至基层员工参与企业战略规划制定的情况越来越多。部门负责人的位置为其理解来自组织内外的多种信息提供了一个特别的视角，能够不断向高层管理人员提供信息，辅助战略决策。他们通常对所在部门和具体经营环节有更深入的认识，有机会听到其他部门和下属单位对企业计划提出的不同意见，有助于形成新的计划思路，因而有中层管理者参与制定的计划往往更加切合企业经营的实际。同样，中层管理者在制定计划时，也会让他们的下属参与这一过程，因为计划的实施更多的要依靠基层员工。

正如加雷思·琼斯指出的，企业计划的制定，虽然最终责任要由组织各个特定等级上的管理者承担，但是，几乎所有的管理人员和很多非管理层员工事实上都参与了计划过程。

6.2　计划的层次、类型与编制方法

计划具有层次性，不同层次的计划在重要性上有着一定的差异性，同时它们又组成了一个有机的相互衔接的整体。其次，人们通常还依据不同的分类标准将计划划分为不同的类型，需要了解这些划分类型之后的内在含义。最后，作为管理者还需要掌握一些计划的编制方法。

6.2.1　计划的层次

哈罗德·孔茨和海因·韦里克从抽象到具体，把计划自上而下划分为 8 个不同的层次：使命或宗旨、目标、战略、政策、程序、规则、方案，以及预算，如图 6.1 所示。

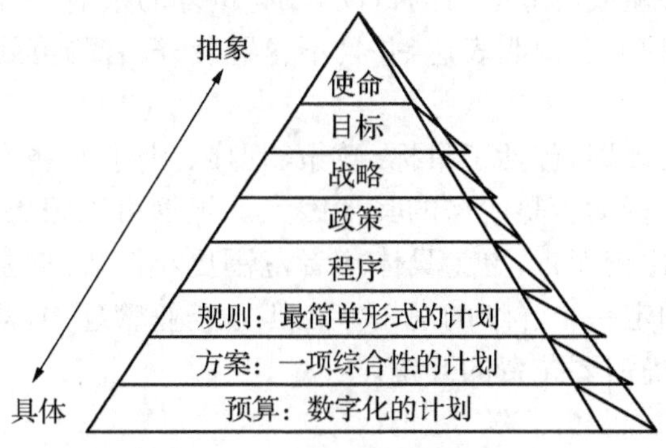

图 6.1　计划的层次体系

1. 使命

使命是企业“形成和存在理由”的宣言，一个强有力的组织必须要靠使命驱动。使命是企业在未来发展过程中自我坚持和发扬的价值判断标准，是企业必须坚持的基本准则，它不仅回答企业是做什么的，更重要的是为什么做，是企业终极意义的目标。企业使命确定了企业经营领域与重点、构成了制定战略目标和分配资源的基础，是企业最长远、最根本的计划，直接影响一个企业的境界高低和事业成败。

2. 目标

企业的目标基于企业的使命而制定，是指企业各项活动的最终目的。在一些涉及企业长远发展的计划中，一般是以目标体系的形式存在，涉及多个时期的目标以及多个领域的目标。

目标不仅代表计划的终点，而且也代表管理其他职能所要达到的最终要求。

3. 战略

战略是一种计划，它将企业的主要目标、政策与活动按照一定的顺序结合成为一个紧密的整体。在这里，战略作为一种统一、综合、一体化的计划，在使命和目标的指引下，确立如何达成这些目标的备选方案，如实现企业基本目标需采取的发展方式或路径。这些发展方式或路径不是一些具体的行动，而是指导这些行动的计划、政策、原则等，它们需要促使企业的各种行动形成一个整体。

4. 政策

在孔茨那里，政策被视为次于战略的一种计划。政策定义为确定一个制定决策的范围，确保决策和目标保持一致，并有助于目标的实现。通过一套明细完整的政策体系的建立，企业的高层管理者就能够更好地实施授权，确保下属能够按照自己的意图完成各项工作。在企业中，政策并非像使命或者战略那样总是有着非常明确的文本，很多时候，管理者的行事风格往往会被下属看作是企业的政策。

5. 程序

程序是用来处理未来活动所需要的一种方法。程序一般按照时间顺序对完成计划所要实施的一系列活动进行排序。甘特图是一种比较常用的排序方法，以图示的方式通过活动列表和时间刻度形象地表示出任何特定工作中各项活动的顺序与持续时间。由于程序要对各项活动进行排序，因此程序相比前面几种类型的计划更为明确，需要详细列出具体的方法。

6. 规则

规则一般是指组织对某一事务或活动的行为准则做出具体规定的规范性文书。孔茨将规则定义为阐明了具体的必须或者非必需的行动，没有例外的余地，因此规则与其他计划层次不同，往往以最为简明扼要的文字说明表达，并且不容置疑，没有酌情处理的余地。

7. 规划

规划是一个综合性的计划，包括了目标、政策、程序、规则、任务分配、要采取的步骤、要使用的资源以及为完成既定行动步骤所需的其他因素。规划可以很大，这种规划一般又被称为战略规划，与企业战略相比较而言，更为具体或者范围更小。规划也可以很小，例如为了召开一个各地经销商大会而制定一个详细的规划。在西方企业管理中，规划必须要由预算加以支持，也就是要在规划中明确需要花费的开销。

8. 预算

西方企业的管理建立在财务报表中，预算是财务报表的重要内容，因此预算成为最为基本的，也是最为重要的计划手段。预算是专门反映企业未来一定预算期内预计财务状况和经营成本，以及现金收支等价值指标的各种预算的总称。根据孔茨的观点，预算可以看作是用数字表示预期结果的报表。

6.2.2 计划的类型

根据维度不同，可以将计划划分成不同的类别。罗宾斯从计划的宽度、时间框架、具体性以及使用频率四个维度对计划进行了分类，成为划分不同类型计划的基本方式，需要关注这些不同的分类方式对实际工作具有的指导意义。

1. 战略性计划和战术性计划

从计划的影响或者涉及层面看，也即罗宾斯的计划宽度这一维度，可以将计划分为战略性计划和战术性计划两类。战略性计划是一个组织的整体性、长期性计划。战略性计划是组织一个在较长时期内具有指导作用的总体目标。一旦战略性计划得以实施，一般不会被轻易修改。战术性计划是建立在战略性计划基础上的，是组织为了实现战略性计划目标而规划的实施细节、程序以及步骤，相对而言，战术性计划覆盖面窄，并且在较短的时间内实施。

2. 长期性计划和短期性计划

按照时间维度，计划可以分为长期性计划和短期性计划。一般将超过 5 年的计划称之为长期计划，也有学者将 3 年以上的计划都视为长期计划。长期计划描述了组织较长时期的发展方向和方针，为组织绘制了长期发展的蓝图。短期计划实施的时间较短，一般认为 1 年及其以下的计划都属于短期计划。短期计划具体规定了组织以及各部门在一个较短时期内所要完成的任务。

3. 具体性计划和方向性计划

如果目标制定的非常明确，并且具有很强的可操作性，一般称之为具体性计划。具体性计划必须非常清晰，没有任何变动的余地，并且不能存在解释上的歧义，战术性计划、短期计划一般属于具体计划。如果计划实施时间较长，或者受影响的因素较多，那么只能制定方向性计划。方向性计划只确定了原则性的内容，但是一般不涉及具体的行动、政策和规定。

4. 程序性计划和非程序性计划

为例行活动制定的计划是持续性计划，或者成为程序性计划。这些计划由于其实施的对象是例行的，因此将被持续地实施。一般而言，组织的政策、规则、规划等都属于程序性计划。一些非程序性的活动，也需要为之制定计划，以便这些活动一旦发生时能够找到可供参考的实施办法或方针。这些非程序性计划可能是一次性的，也可能是多次被实施，但是并不持续，因此又被称为一次性计划或者非程序性计划。一般而言，战略层面的计划大都属于此类型。

6.2.3　计划制定方法

企业制定计划有多种方法，管理人员应根据企业的实际情况，面临的外部环境以及企业业务特征选择合适的制定方法。

1. 滚动计划法

滚动计划法是最常用的一种计划制定方法（如图 6.2 所示），这种方法将短期计划、中期计划和长期计划有机地结合起来，根据计划的执行情况和环境变化定期修订未来的计划，并逐期向前推移。由于企业经营面临的外部环境不停地发生变化，很难做出准确的预测，并且企业计划的周期越长，不确定性就越大，因此滚动计划法可以避免这种不确定性带来的不良后果。

滚动计划法在每次编制或调整企业计划时，均将计划按时间顺序向前推进一个计划周期，即向前滚动一次，并按照制定的计划进行经营。具体而言，企业制定计划，首先同时制定未来若干周期（一般为一年或者一个季度）的计划，但是不同周期的计划详略程度不同，越是近期计划越是详细，而远期计划则随着周期越长计划越简略。计划在实施过程中，每经过一个周期，就根据实际面临的外部环境以及前一个周期计划实施情况，对原制定的计划进行调整和修订，并将计划周期向前推进一期，如此不断地滚动与延伸，保持计划的延续性。

滚动计划法能够使计划更为切合实际，因为缩短了计划的编制周期，保证能够根据实际情况进行调整；滚动计划法还能够将不同阶段的计划有机地衔接起来，保证长期、中期与短期计划保持一致；滚动计划法能够增强计划的弹性，在滚动计划法的指引下企业能够有效地提高应变能力。

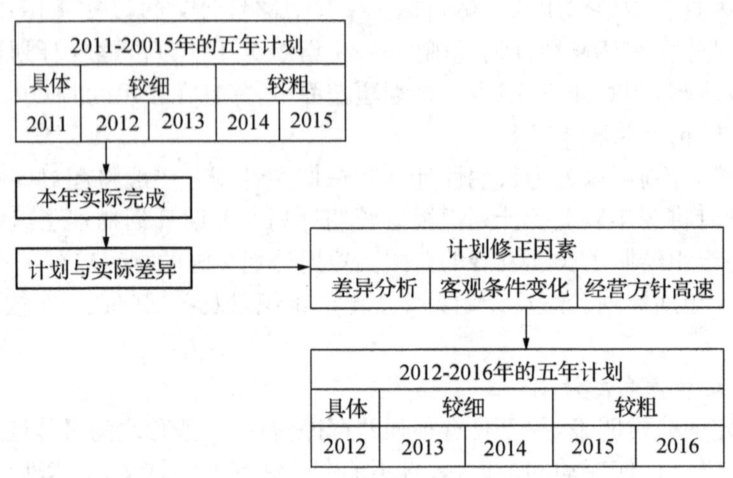

图 6.2 滚动计划法

2. 网络计划技术

网络计划技术是 20 世纪 50 年代末在美国产生与发展起来的制定计划的一系列方法(如图 6.3 所示)，在涉及多项作业、需要多家企业参与的大型工程领域应用的比较广泛。1956 年，为了制定不同业务部门的系统规划，杜邦公司创造了一套网络计划方法。杜邦公司通过网络图来显示各项业务单元与所需要的时间，以及各项业务单元的相互关系，并找出在编制计划及计划执行过程中的关键路线，这种方法被称为关键路线法(CPM)。1958 年，美国海军武器部为了制定研制"北极星"导弹计划，借鉴了网络分析与网络计划方法，但它更为关注对各项工作安排的评价和审查，这种计划称计划评审法(PERT)。通过计划评审法的应用，"北极星"导弹计划工期由原计划的 10 年缩短为 8 年。

网络计划技术的基本原理是通过将一项任务进行分解，分割成若干个相对独立的作业单元，然后根据作业单元的先后顺序进行排列并通过网络图对整项任务进行统筹规划和控制，以便使用最少的资源，最少的工期完成任务。网络计划技术的具体流程包括以下步骤：① 确定目标，对项目所要达成的目标进行确定，包括工期、成本、质量等方面的具体要求；② 作业单元的分解，通过绘制网络图，将项目分解成各项作业单元，作业单元的划分根据项目的目标与参与企业的实际情况确定；③ 进行作业单元的分析，以便确定先行作业，平行作业和后续作业；④ 绘制网络图，并根据网络图计算出全部网络时间和时差，确定关键线路。对于复杂的项目，有时还会进行网络计划方案的选择与优化，寻找出最有效率的实施计划。

首先，网络计划技术能够系统而明确地表明一个项目各项作业之间的先后顺序和它们之间的相互关系，便于从总体上全面了解项目情况。其次，网络计划技术可以迅速地在复杂的计划中找出对整个计划的完成最具影响力的关键点和关键路线，便于管理人员集中精力和资源。最后，网络计划技术能够事先评价实现目标的可行性，通过网络图能够清楚地了解项目实施的难点以及对整个项目的影响，便于管理人员提前准备好应急措施，应对风险。

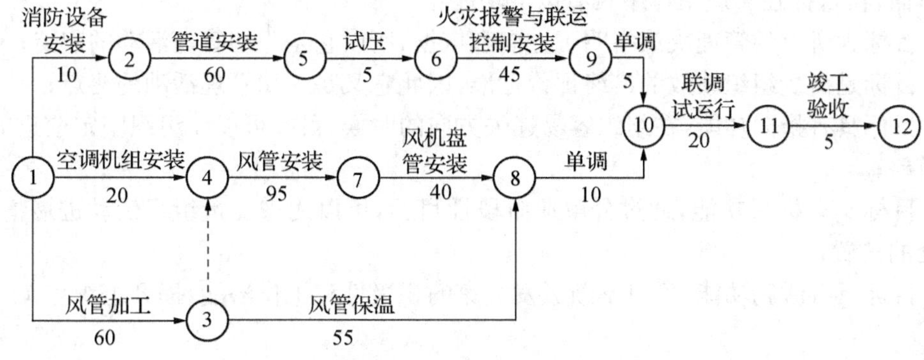

图 6.3　网络计划技术

阅读材料:计划的 5W1H 分析法

1932 年,美国政治学家拉斯维尔提出“5W 分析法”,后经过人们的不断运用和总结,逐步形成了一套成熟的“5W＋IH”模式。5W1H 分析法也叫六何分析法,是管理工作中对目标计划进行分解和进行决策的思维程序。它对要解决问题的目的、对象、地点、时间、人员和方法提出一系列的询问,并寻求解决问题的答案。

1. Why——为什么干这件事?(目的);
2. What——怎么回事?(对象);
3. Where——在什么地方执行?(地点);
4. When——什么时间执行? 什么时间完成?(时间);
5. Who——由谁执行?(人员);
6. How——怎样执行? 采取哪些有效措施?(方法)。

5W1H 分析法是一种思考方法,也可以说是一种创造技法。通过这些问话和思考办法,可使思考的内容深化、科学化。

6.3　目标及其设定过程

目标是计划工作的基础,设立目标是计划工作的首要内容,一个计划必须含有明确的目标才有意义。作为计划工作的起始,目标引导人们去探究组织计划工作的具体内容,即做什么、怎么做、何时完成,以便进一步制定组织的全局战略,最终实现目标。

6.3.1　目标的含义和功能

目标是指组织在一定的时期内想达到的理想状态或期望获得的成果。作为计划工作的起始,目标引导人们去探究组织计划工作的具体内容。孔茨认为,目标是企业或其他组织所有活动的最终指向,不仅代表了计划工作的最终目的,同时也是其他管理职能的最终目的。厄威克认为所有的组织都应该有一个明确的目标,因为目标既是组织存在的前提,也是组织活动的方向和标准。他甚至认为:“除非是为了一个共同的目标,否则就无理由要求人们进行合作,也无理由要把他们组织起来。”

具体而言，目标在管理工作中具有以下功能：

（1）目标为所有的管理决策指明了方向和依据，所以它是一切管理活动的起点；

（2）目标是衡量组织绩效的最终评价标准，因此它又是一切管理活动的终点；

（3）目标具有指向功能，在组织容易迷失方向的时候，目标可以使组织坚定前进方向并回到正确道路；

（4）目标具有标尺功能，通过分解成阶段性目标，可以用来衡量组织活动进展情况，了解自己所处的位置；

（5）目标具有激励功能，可以不断激发大家的积极性和工作潜能，提升组织和个人的努力水平。

管理者需要正确理解目标及其功能的重要意义，而不能仅仅局限于表面形式。对于组织而言，确定一个目标并不困难，难点在于如何用目标来统领一切组织活动。管理者需要注意的是，如何防止从纷繁复杂的管理活动中迷失方向，关键在于组织的一切活动以及一切管理活动都以围绕着目标实现为中心，哪些活动需要做或者做到什么程度，都要以是否有利于组织目标实现作为唯一和最终的评价标准。这也是管理者在组织管理过程中必须要坚持的首要基本原则。

6.3.2 目标的类型

依据不同的分类标准，目标可以划分为不同的类型。管理者需要了解各种不同划分的意义，以及各种目标之间的相互关系。

1. 定量目标和定性目标

基于明确程度，目标可以分为定量目标和定性目标，并且定性目标通常决定了定量目标的方向和重点。通过具体的数字形式表达的目标称之为定量目标，目标通常而言应该定量化，其优点在于直观、量化、清晰，并且便于监督考核。但是由于目标是对于未来活动的期望，受到具有高度不确定性的内外部环境的影响，因此很多时候目标很难以明确的数字予以表达，特别是目标实现的期限比较长、不可控因素多的情况下，以指导思想的形式表达的、不涉及具体数字的定性目标可能更具有现实意义。相对而言，定性目标实现期限较长，涉及层次较高，涉及领域更为广泛；而定量目标则是要求在较短的时间内实现，针对组织的某个领域而制定。

2. 战略目标和战术目标

计划的类型不同，目标也不相同，与战略性计划和战术性计划相对应的是战略目标和战术目标。战略目标是对组织未来长期发展所达到状态的描述，一般以定性目标的形式体现，涉及组织的各个领域。战术目标则是为了实现战略目标，在相对较短的期限、在具体的领域内对于要完成状态的描述。许多企业高管经常会提及战略目标，但是却很少去做战略目标的分解，也就是制定战术目标。战略目标是企业的总体目标，该目标需要由各个部门合作完成，战略目标因此也需要进一步分解到各个部门，各个业务环节，进而分解到团队和个人以及分解到年度、季度甚至月度，只有如此，战略目标与战术目标才可以实现有机统一。

3. 宣称目标和真实目标

宣称目标是组织向外界宣称的和试图使各个利益相关群体相信的对于组织未来状态的正式陈述。组织的宣称目标通常可以从该组织的章程、战略、年度报告或管理者在各种场合的讲话中找到。真实目标是指组织实际追求和注重的目标。组织的真实目标可以通过仔细观察该组织的实际行动来获知。需要注意的是，组织的真实目标有可能与其宣称目标相背离。很多企业在竞争过程中会通过宣传目标来迷惑对手，企业通过故意隐瞒的方式，让竞争对手摸不清真实情况，最终达到出奇制胜的效果。

6.3.3　目标的设定过程

自“科学管理之父”泰罗起，组织如何设定目标已经形成了一套比较典型的做法。一般而言，组织目标由最高管理者基于对组织内外部环境所做的分析而设定，自上而下的贯穿整个组织，并形成组织各个领域的子目标，层层传递的目标引导着每一个员工实现上级下达的各项任务。具体而言，组织目标设定的典型步骤如下：

(1) 对组织发展历史的回顾。通过回顾历史，可以了解组织发展轨迹，由此进一步了解组织的优势、能力。此外，还需要深入理解组织的使命、宗旨，保证目标的设定符合组织使命与宗旨。

(2) 进行组织环境分析。环境分析包括外部和内部环境分析。通过对环境的分析，可以对组织面临内外部环境的现状、发展趋势和环境对企业的影响程度形成客观地分析与判断，以此作为组织目标设定的依据。

(3) 制定组织的总体目标。通过环境分析，组织的最高管理者或者参谋部门就可以制定出组织发展的总体目标，并且很多时候会制定出多个目标以供选择。总体目标应包括组织发展的各个方面，例如卡普兰提出的平衡积分卡包括的财务、客户、内部经营过程和学习成长四个方面。

(4) 选择目标并具体化。对于不同的目标进行分析论证，评估目标的实施条件、可行性、面临的问题，可能的绩效以及风险等，最后选择一个最优或者满意的目标方案，同时进一步把目标分解，层层落实到组织的每个层次、部门、岗位和个人。

(5) 目标的绩效评价。在目标实施过程中，还需要在预定的时间内，评估各个层级的绩效以确定所设立的目标是否已经按照计划在实施，并在目标最终完成后对相关人员进行奖惩。

6.3.4　有效目标的设定原则

目标设定的科学合理是发挥目标功能的前提和基础。目标设定应该遵循一些特定原则，以便提高其有效性。一个有效的目标在设定过程中应遵循以下一些基本原则，通常也称为“SMART”原则。

1. “S”(Specific)——明确性

所谓明确就是要用具体的语言清楚地说明要达成的行为标准。很多组织不成功的重要原因之一就是因为目标定的模棱两可，或没有将目标有效地传达给相关成员。比如，“增加顾客满意度”这种对目标的描述就很不明确，因为增加顾客满意度有许多具体做法，如减少客户投诉，提升服务速度，使用规范礼貌用语，采用规范服务流程等。笼统地谈“增加顾客满意度”就无法明确到底指哪一块？不明确就没有办法评判、衡量。明确性原则要求目标设置要有项目、衡量标准、达成措施、完成期限以及资源要求，使考核人能够很清晰地看到计划要做哪些事情，计划要完成到什么程度。

2. “M”(Measurable)——衡量性

衡量性就是指目标应该是可以衡量的，而不是模糊的。应该有一组明确的数据，也就是前面提到的定量目标,作为衡量是否达成目标的依据。如果制定的目标没有办法衡量,就无法判断这个目标是否实现。如领导一直向下属强调产品质量提升目标,有一天问"为什么这个目标没有达成?",而下属的回答却是"我们早实现了"。原因就在于双方对于提升的具体程度理解有差异,没有给定一个定量的可以衡量的目标。再如,在制定培训计划的时候,培训目标就应明确在这个课程结束后,学员的评分需要在85分以上,低于85分就认为效果不理想,这样对于提高培训绩效也有很大帮助。衡量性原则要求遵循"能量化的量化,不能量化的质化"。在目标设定中形成一个统一的、标准的、清晰的可度量的标尺,杜绝一些概念模糊、无法衡量的描述。

3. "A"(Attainable)——实现性

目标具有激励的作用,但是一个让员工觉得无法实现的目标,会让员工产生气馁情绪。上司如果基于自己的个人意愿制定目标,而不考虑下属能否完成,下属典型的反应是一种心理和行为上的抗拒,这样的目标也必然不可能实现;但是另一方面,具有一定难度的目标要比过于容易实现的目标更容易激发员工的工作热情。对于目标设定高度的"度"的把握能够反映管理者的管理技巧和水平。可实现性原则要求目标设置要坚持员工参与、上下左右沟通,使拟定的目标在组织及个人之间达成一致。

4. "R"(Relevant)——相关性

目标的相关性是指实现此目标与其他目标的关联情况。如果实现了这个目标,但对其他的目标完全不相关,或者相关度很低,那这个目标即使被达到了,意义也不是很大。比如一个前台接待人员,你让她学习商务礼仪以便接待的时候用得上,这时候提升礼仪水平和前台接待服务质量就有关联。若你让她去学习质量管理,就存在很大问题,因为学习质量管理与提高前台工作水准这一目标相关度很低。

5. "T"(Time-based)——时限性

目标的时限性是指目标是有时间限制的,比如该目标应该在一年内完成,或在一个月内完成。没有时间限制的目标没有办法考核,或带来考核的不公。管理层级之间对目标轻重缓急的认识程度不同,没有具体的目标完成时间要求,容易让下属产生懈怠的心理。"将市场份额提升10%"的目标,一年与两年的实现期限对于员工的影响是完全不同的。这种没有明确的时间限定的方式也会带来考核的不公正,伤害工作关系,伤害下属的工作热情。时限性原则要求目标设置要具有时间限制,根据工作任务的权重、事情的轻重缓急,拟定出完成目标项目的时间要求,定期检查项目的完成进度,及时掌握项目进展的变化情况。

6.4 传统目标设定与目标管理

目标能够为管理活动提供方向和指导,同时具有激励效应和评价功能。这些目标可以分别通过传统目标设定方法和目标管理两种不同的方法设定,但两种方法有着很大的差异性。

6.4.1 传统目标设定

在传统目标设定中,一般由组织的高层管理者设定组织总体战略目标并沿着组织的等级链逐层向下传达;同时,目标在向下传达过程中也逐层分解转化为每个部门、每个团队以及每个员工个人的目标,如图6.4所示。

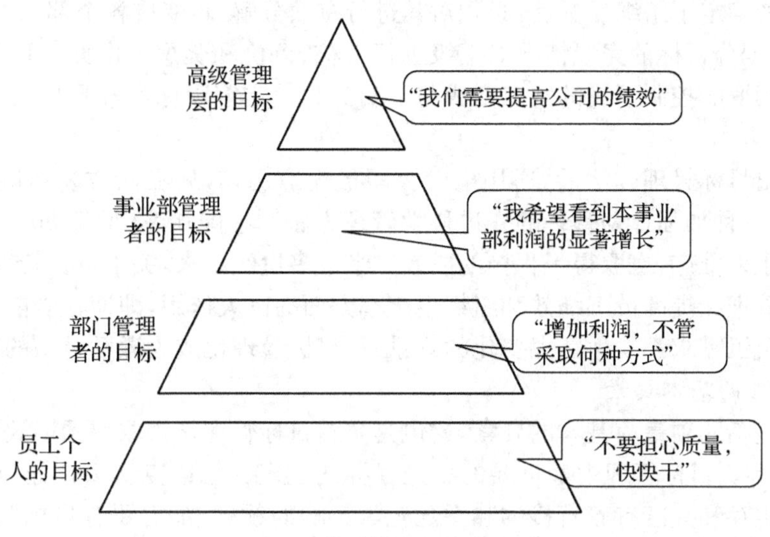

图 6.4 传统的目标设定方法

需要指出的是，在上述传统目标设定中尽管也有目标，每年各部门都要做计划，但此时"目标"的作用更多是一种控制手段，对员工起着外在硬性约束的作用，通过目标的压力促使员工工作。传统管理的目标采用上级给下级单向设定，下级很少有机会表达意见，这种管理有很多缺陷，例如，高层管理者并非总是"站得高、望得远"，使得目标设定可能不科学；将宽泛的战略目标逐层分解有可能是一个较为困难的过程，使得目标可衡量性和可操作性差、难以考核；以及将目标更多地作为对员工施加外在压力的方式，使得目标的激励性差等。

此外，传统目标设定中更强调利润最大化这一主要目标，利润最大化是一项误导性目标，过分追逐这一目标的公司会忽视甚至牺牲非常重要的领域，如研发投入、产品质量、客户满意等。各个部门和员工个人为了完成上级下达的利润指标，有可能采取一些超乎想象的负面手段来完成，最终会伤害到组织的正常运营和长远发展。

6.4.2 目标管理

1954年，德鲁克在《管理实践》中提出了一个具有划时代意义的概念——目标管理。"所谓目标管理，就是管理目标，也就是依据目标进行的管理"。目标管理是德鲁克提出的最重要、最有影响力的概念。

1. 目标管理的含义

德鲁克认为，"管理就是制定目标，目标管理是一种战略性导向"，而企业的目标应该从"我们的事业是什么？我们的事业将是什么？我们的事业应该是什么？"这三个基本问题中寻求答案。管理的真正含义就在于设定目标，以此来决定管理者做的是什么样的事情，它应该是什么样，以及如何才能实现这一标准，即把目标作为管理的核心，把管理作为围绕目标决策的一种实践。

目标管理可以看作是一个设定管理者与员工都认同的目标，并以这些目标的实现来评价员工绩效的过程。德鲁克认为，并不是有了工作才有目标，而是相反，有了目标才能确定每位员工的工作。所以"企业的使命和任务，必须转化为目标"，如果企业经营的某个领域没有设立目标，那么这个领域的工作必然就会被忽视。因此管理者应该通过目标对下级进行管理，当组织最高层管理者确定了组织目标后，必须对其进行有效分解，转变成各个部门以及各个人的分目标，管理者根据分目标的完成情况对下级进行考核、评价和奖惩。由此，目标管理把管理者的工作由源自泰罗的控制下属的观点变成与下属一起设定客观标准和目标，让他们靠自己的积极性去完成。

德鲁克提出目标管理方法后，通用电气公司最先应用，其后在西方发达国家得到迅速推广，被公认为是一种加强计划管理的先进科学管理方法。中国在20世纪80年代初开始在企业改革过程中予以推广，也取得了积极的成效。半个多世纪以来，关于目标管理的实践已经充分证明了目标管理在提高员工绩效和组织生产率方面的巨大作用，即使在当前企业组织形式、生产方式以及员工需求都发生巨大变化的背景下，目标管理也成为激励员工的有效办法。

2. 目标管理的基本要素

目标管理包括四项最为基本的要素，这也是实施目标管理能否取得预期效果的关键。

① 明确目标。目标管理中最重要的就是目标的设定。德鲁克认为，“任何一个其业绩和结果对企业的生存和兴旺有着直接的和举足轻重影响的领域，都需要有目标”，因此目标管理的目标也应该是多个领域的。德鲁克进一步指出了对于企业经营具有重要影响的八个领域：市场地位、创新、生产率、实物和金融资源、利润、管理人员的表现和培养、工人的表现和态度、公共责任感。特别是最后三个无形领域决定着企业的精神和公共信念。“真正的困难的确不在于我们需要确立什么目标，而在于决定我们如何制定目标。只有一种有效的方法可以做出这一决策：决定在每个领域内应该衡量什么，以及衡量标准应该是什么。”德鲁克提出这一观点的缘由就在于目标管理必须不断地将实现目标的进展情况反馈给个人，这就要求在制定目标时就要确立好绩效评价的标准，因此目标必须可以进行定量度量和评价。

② 参与决策。目标管理理论的人性基础是Y理论，这就要求企业的每个员工都应该积极地参与到目标的制定过程中，而不是泰罗提倡的被动接受上级的任务指派。“每个管理人员自己提出和确立本单位的目标”是目标管理的特点，作为管理者，“必须知道和理解企业的最终目标是什么，企业对他的期望是什么，为什么对他作这种期望，企业将根据什么衡量他，怎样衡量”。只有如此，管理者才能积极和负责地参与到目标的制定过程中，而高层管理者才能提出确切的要求，保证上下级能够共同参与目标的选择和对如何实现目标达成一致意见。

③ 时间期限。时间性是企业目标的一个重要原则，目标管理也不例外。目标管理过程中形成的每一个目标都应该有简单明确的时间期限，如一个季度、一年。一般而言，员工的层次位置越低，为完成目标而设置的时间往往越短。“不同的领域需要不同的时间跨度”，例如研发目标可能就需要较长的时间期限，而一次促销行动，可能一个月就应该进行考核。此外，“主管人员必须在近期的未来——今后的几年——与长久的未来如五年或更长的时间之间取得平衡”。

④ 绩效反馈。德鲁克认为“目标管理的最大优点也许是它能使管理人员控制他自己的表现”。这就要求目标管理过程中要及时准确地将绩效评价结果反馈给每一个员工，以便他们能够调整自己的行动。“每个管理人员应该掌握衡量他业绩所需要的信息，并且应该尽快获得这种信息以便为达到所需要的结果而做必要的调整。”这种信息“应该是自我控制的手段，而不是上级控制下级的工具”。

3. 目标管理的过程

在遵循目标管理基本要素的基础上，可以按照以下流程完成组织的目标管理工作。

① 组织的高层管理者基于环境分析制定组织的整体发展目标和战略并向参加目标管理的员工提供有关信息，使之了解各自的地位、职责和利益。

② 组织的高层管理者根据发展目标，向各经营单位和部门征求主要的目标方案，获得各方面的意见并使主要目标方案逐步完善。

③ 企业各经营单位和部门的管理者和他们的上级一起设定本部门的具体目标。各级管理人员都可以对本部门的目标提出建议、对各项目标和评价标准达成协议，以形成一个完整的目标体系，并将达成协议的目标和评价标准报送上一级。

④ 部门的所有成员参与设定自己的具体目标，通过相互讨论并修改，集思广益，以增强每一个员工的参与感和实现计划的积极性。

⑤ 管理者与下级共同商定如何实现目标的行动计划。

⑥ 实施行动计划，计划的实施过程中员工实行自我管理和自我控制，上级管理者只是根据例外原则对重大问题过问和监督，并对他们加以支持和诱导，鼓励员工充分发挥他们的积极性、主动性和创造性，为实现目标而努力。

⑦ 定期检查实现目标的进展情况，并向有关单位和个人反馈。

⑧ 基于绩效的奖励将促进目标的成功实现。把目标实施结果同原来制定的目标相比较，对成就予以各种形式的奖励；对问题尽量由员工自行总结，上级给以指导，帮助员工总结经验和教训，将其应用到下一个目标管理的周期之中，不断提高目标管理工作的水平。

阅读材料：对目标管理的争议

质量管理大师戴明一直不认可德鲁克提出的目标管理，戴明认为“绩效考核，不管称它为控制管理或什么其他名字，包括目标管理在内，是唯一对当时美国管理最具破坏性的力量。”他认为，管理不应该过度追求以“果”为导向，而应专注于以“因”为导向，在戴明看来，制造业中 80%以上的问题集中于质量管理领域，只要解决了质量管理与过程控制问题，那么企业中其他各类问题也都可以迎刃而解。

美国银行(Bank of America)曾一度制定了全美国最有雄心的目标绩效考核激励奖罚制度，以发放贷款的数额决定贷款员的表现，表现最佳者可获得超过中等表现者 50%收入的奖励，结果美国银行得到了他们想要，也该得到的东西：大批的坏账，虽然实现了管理目标，但随后银行却因此遭受了巨大损失。只看贷款数额，而不去考虑表面看不到的更重要的贷款质量、风险、客户忠诚等因素。只知道要求雇员 110%地努力工作，随后再加 10%的目标要求，如此年复一年是非常愚蠢的管理方法。

本章小结

1. 计划是管理者为组织确定的在未来一段时期内的发展目标，以及为实现这一目标而需要采取的一系列活动。

2. 计划的制定者不仅仅局限于高层管理者，关于职能、业务等领域的计划，具体的实施者也会参与到制定过程之中，目标管理更是强调企业中的所有员工都要参与到计划的制定过程中。

3. 计划可以分为八个层次，即使命、目标、战略、政策、程序、规则、规划和预算。

4. 滚动计划法和网络计划技术是比较常用的计划制定方法。

5. 目标既是企业存在的前提，也是企业活动的方向和标准。目标是企业或其他组织所有活动的最终指向，不仅代表了计划工作的最终目的，同时也是组织、人员配置、领导和控制等其他管理职能的最终指向。

6. 一个好的目标应具备 SMART 原则，即目标应具体、可以衡量、可以实现、和其他目标具有相关性以及有明确的期限。

7. 目标管理，就是管理目标，也就是依据目标进行的管理。目标管理可以看作是一个设定管理者与员工都认同的目标，并以这些目标的实现来评价员工绩效的过程。

8. 目标管理具备明确目标、参与决策、时间期限和绩效反馈四大要素。

思考题

1. 一项完整的计划应包括哪些内容？为什么每一部分都不可或缺？
2. 如何解决当前外部环境变化的动态性需求与计划的内在稳定性特征两者之间的矛盾？
3. 组织的目标往往是多元化的，管理者如何协调、平衡和管理这些多元化的目标？
4. 如何评价目标管理？它的优越性和局限性都有哪些？

案例

马云的菜鸟网络计划

2013 年 5 月 28 日，中国的物流业爆出惊天消息：由阿里巴巴集团牵头国内知名物流企业共同组建，马云出任董事长，整体投资 3 000 亿元，首期投资 1 000 亿元的“菜鸟网络科技有限公司”（菜鸟网络）在深圳成立。成立当天，“菜鸟网络”就启动了全国多个城市建设仓储系统的所谓“中国智能骨干网”项目。要在全国范围内建设物流仓储基地网络，并向制造商、电商、快递物流公司、第三方服务公司开放，计划能支撑日均 300 亿元的网络零售额配送，订单做到 24 小时必达。”

“菜鸟网络”是继电商王国后马云新的发展征程，目标可谓非常宏大，同时也面临艰巨的征程和叵测的未来，马云提出至少要“傻傻干十年”，“未来是否成功谁也说不清楚，但是这个事情是一定要做的”，“这是一个理想主义色彩的项目，需要十年左右的时间才能完成，很感谢物流伙伴们的信任。

商务部于 2011 年发表了《商贸物流发展专项规划》，预计到 2015 年初步建立一套与商贸服务业发展相适应的高效通畅、协调配套、绿色环保的现代商贸物流服务体系。这是“菜鸟网络”成立的背景。马云用十年的时间创建了一个交易额达 1 万亿的电商王国，这个数字听起来有些不可思议，而马云的预测是，未来 5 到 10 年，淘宝的目标是做到 10 万亿的销售额。到 2014 年底，中国网络零售市场 B2C 交易规模达 28 211 亿元，同比增长 49.7%，占到社会消费品零售总额的 10.6%，同比增长 32.5%。其中排名前三位的包括：天猫，总成交额为 7 630 亿元；京东，交易总额为 2 602 亿元；苏宁，线上平台实体商品交易总规模为 257.91 亿元。与此同时，各种类型的电商大促销使得物流系统几近崩溃。如果按照目前电子商务的增长速度，几年之内网络零售交易额就将触及 50 万亿元大关，这就意味着每天会有数亿个包裹需要送达，显然，电商发展面临的最大“瓶颈”就是效率不高、成本不低的物流。马云认为“按照目前国内的物流发展体系那肯定就瘫痪了”，中国需要打造一个智能物流骨干体，而这个体系需要有人牵头去做，这也是“菜鸟网络”想要做到的。

马云对物流的探索从 2003 年淘宝成立就开始了。菜鸟挂牌成立之前的十年，阿里巴巴一直用社会开放平台的方式解决物流问题，顺丰和三通一达因为淘宝飞速成长，同时淘宝天猫的发展也依赖于他们。

2007 年 9 月 30 日阿里巴巴的战略会上，马云提出物流是电子商务的瓶颈。他们为此讨论时，拥有如今中国最完善自建物流体系的京东商城才刚完成第一笔融资。当时阿里巴巴将物流分成仓储、干线运输和配送三大板块，然后分别在各个板块做出尝试，期间他们一直摇摆不定，“仓、干、配，我们到底要做哪一块？”同时，外界也对阿里巴巴做出判断，它只适合做线上业务，不适合做线下。

在阿里内部，没有任何一个战略像菜鸟这样经过这么久的讨论。“2003 年做淘宝，半年时间就做出来了；做支付宝，说做就做了，大家都知道路要怎样走。只有物流，它离线下太近，快递公司的社会化物流网络也在那里了，似乎也不错。”菜鸟首席运营官童文红回忆到，“甚至阿里花了很长时间讨论，自己要不要做物流。阿里不可能自己做一家快递公司。如果做服务又不能真正进入服务本质，到底应该怎样做？”

2011 年在“自建物流必死”的质疑声音中，京东的物流配送体系坚持三年后，在终端的服务优势开始体现。年初，阿里巴巴也提出要自建物流，马云提出了“百亿物流计划”。

阿里巴巴首席战略官曾鸣回忆到，“广州、上海、天津把地都拿下来了，也开始建仓了。做了一半，我们就把节奏放慢了，因为我们对地产、对商业、对物流的了解实在不够。”

马云经常在各种场合提到物流对电子商务的制约，他也数次提到阿里建设物流板块的构想。尤其最近五年，物流计划从 10 亿元升级到百亿直到千亿，却一直雷声大雨点小。

阿里内部却比以往任何时候都坚定。2012 年末，马云预见淘宝的规模一定会在 2013 年突破万亿元。用户需求也在巨变，他们在乎的不仅是商品，还有服务。而用户体验是个正向循环，体验越好，电商发展速度越快。马云说，如果未来阿里能从一万亿到十万亿，现有的物流体基础建设肯定是无法支撑的。

“如果让社会化物流自我成长，阿里不去助力的话，那么这股自我成长的民营力量和电子商务的增长的速度就太不对等，太不匹配了。”童文红说。

数次探路也让阿里想明白了方向——要建设一个全国性的仓储网络。“单独仓价值不大，必须连接成网络才能把物流瓶颈突破。”曾鸣说道。

马云给菜鸟定了两个要求，第一是 24 小时之内送货可达，之前他用的词是“必达”，“可达”意味着不仅能到，还可以按照用户约定的时间送到；第二是菜鸟的人数不能超过 5 000 人。童文红说：“这两个框牢了，你就知道菜鸟要做什么，它注定菜鸟不能做快递。”但菜鸟今天应该先建仓呢，还是先和快递去谈，马云没有说。在这个框架内，童文红又想明白了两件事。首先，明确了用户是商家，商家之痛是没有好的仓内管理系统和守则，没有好的提高周转率、把库存深度变得科学合理的解决方案。菜鸟从商家的需求出发提供产品，服务好商家，再由它们将优质服务提供给消费者。菜鸟躲在商家背后即可。

马云一直说“要让天下没有难做的生意”，于是有了淘宝天猫让商家不用再开实体店，有了诚信体系让大家开始在网上交易，有了支付宝解决付款问题，又有了小微解决商家的借贷问题。现在需要帮助商户解决的大事儿只剩下物流了，菜鸟就是来给商家解决物流问题的。

菜鸟从行业切入，联合快递公司提供物流解决方案，降低物流门槛，让更多人来做电商。最典型的就是菜鸟联合日日顺推出的大家电配送服务。日日顺是一张非常传统的物流网络，脱胎于海尔的大家电配送体系，基本能覆盖到中国所有的行政乡，是中国最完整的一张大家电物流网。菜鸟把天猫上的订单集合起来，对接给日日顺，目前天猫大家电的物流完全可以做到大家电上楼和家电下乡，甚至比自建物流的京东和做了大家电配送体系十几年的苏宁效率更高。

童文红把天猫、淘宝这样的平台形容为阿里的上半身，菜鸟是阿里的下半身，下半身的第一要务就是服务好上半身。

马云说，“这是一个挺大的努力与尝试，而且它很艰难。即使它失败了——由于任何原因失败了——也是成功的，因为我们是第一次开始做这样的事。”

马云在推介会上这样为参与企业说明计划可以实现的缘由：

四年来我们一直不敢下手，这个理想太大，没有人干过，甚至想都不敢想，我们觉得这是一个国家项目。我们去考察了日本、欧洲、美国，今天在欧洲、美国、日本都没有这样的先例，日本的物流发展非常好，美国的物流发展也非常好，但是他们基于IT。

在中国基于互联网、基于电子商务，如何把国家已经投下的基础设施能够发挥作用，如何能够把今天全中国100多万快递人员能够支撑未来再增加的1 000万快递人员。从小的来讲，我希望更多的快递人员有尊严，这是一个很好的工作，我寄希望于中国的物流、中国的效率，大家知道中国整个GDP中18%来自物流。但是发达国家在12%，这6个点如果降下来对整个国家经济效益是非常高。

这是一个理想主义项目，这个项目我们不是一年两年做出来，而是准备花十年时间，淘宝花了十年，支付宝花了9年，阿里巴巴花了14年，任何一个有理想色彩的公司必须花十年才能做下来。

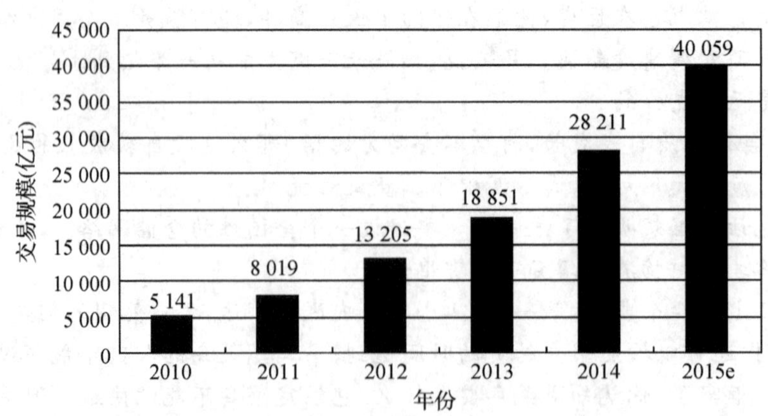

图6.5　2010—2015中国网络零售交易规模

讨论题

1. “菜鸟网络”计划反映了哪些环境变化，其目标设定的合理吗？

2. 为了实现“菜鸟网络”计划，并在实施过程中赢取竞争优势，菜鸟还应设定哪些具体目标？

3. 你认为“菜鸟网络”的实现路径会成功吗，还需要哪些保障支撑条件？

第 7 章　战略管理

学习目标

7.1　认识战略管理的形成与含义。
7.2　掌握战略管理的过程。
7.3　掌握战略管理的层次与内容。

情境案例

F公司是一家从事汽车生产的大型跨国企业集团，旗下拥有多个汽车品牌。10多年前，为了开拓海外市场，F公司海外并购了国外某一豪华汽车品牌V。最初，该品牌给F公司带来了巨大的商业价值，然而好景不长，因为V品牌所处市场竞争越来越激烈，V品牌开始陷入年年亏损的境地，并拖累F公司整体业绩的成长。公司新董事长上任后，制订了回归自有品牌的战略规划并迅速付诸实施，决定将包括V在内的众多先前收购的品牌剥离，将资源集中于自有品牌的发展。然而，事情的发展出乎人们意料，此时V品牌的市场表现与先前相比大相径庭，不但实现了扭亏，而且盈利能力越来越强。董事长开始陷入思考，需要继续将V品牌剥离吗？

战略是计划的重要组成部分。麦肯锡研究指出，“成功的企业基于两条原因，一是必须有明确的发展战略；二是以有限的资源组合专注于组织目标的实现”。从中文的字面意思来看，战是战争，略是大略，是对大方向的谋划。引申到管理中，战略就是组织发展的方向性、长远性、全局性的谋划。战略和战术是一组相对应的概念，是全局与局部的关系，战略是指为达到战略目标的总体谋划，而战术是指为达到战略目标所采取的具体行动。因此，战略与战术是目的与手段的关系。一般来讲，先有战略，后有战术，战术必须服从和服务于战略。当前，组织战略对于组织发展的重要性日益凸显，战略失败是很多组织走向衰退的重要原因，战略也因此受到管理者越来越广泛地重视。

7.1　战略管理的形成与含义

战略管理作为企业经营管理的一项重要活动，是随着企业管理活动变迁而逐渐形成的。20世纪中期战略管理开始作为一个学科出现，经过大量的企业实践以及许多学者的推动，现已具有独特的研究问题，并逐渐超越“计划”这一管理职能范畴而形成了一套完整的理论体系。战略主要涉及组织的长期性发展方向和全局性范围决策，可以视为一种系统的、规范的组织长期计划。

7.1.1　战略管理的形成

当前，战略管理这一概念已经脱离原来的空泛表述，被视为一项具体的管理活动，成为组织经营领域的重要职能。而战略管理作为一门学科体系，其框架也已经得到了广泛的认可，并成为一门大家普遍学习与运用的管理知识。

战略管理是现代工商企业发展到一定阶段的产物。19世纪60年代至20世纪20年代，美国企业经历了从大批小规模传统公司并存、充分进行自由竞争的发展阶段，逐渐向企业大量生产与大量分配相结合，并最终形成垄断发展的转折，古典管理理论也是这一时期形成的。这一阶段企业的经营主要围绕生产展开，企业管理者更多考虑的是如何提高生产效率，扩大产量。通过运用现代管理理论，以福特汽车为代表的众多企业实现了企业生产与销售规模的惊人扩张。

之后，以杜邦和通用汽车为代表的成功实现规模经济的企业，开始进一步追求范围经济效应，实现业务的多元化，这引起了公司宏观管理问题和战略性决策的出现。通用汽车的斯隆尝试改革，建立了通用汽车的中央委员会负责公司的规划与执行，使这一机构将职责放在公司发展战略上。虽然斯隆并没有将这种方式称为战略管理，但这奠定了大公司战略管理的基本组织模式。这种模式在以后的相当长时期内保持了稳定，几乎成为一种标准模式。多部门的大公司体制实际上是一种分权与集权相结合的管理，集中的是公司的战略、投资等决策权力，而分散的是业务的经营权力。

二战后，有利的外部环境催生了大量跨国经营企业，例如通用汽车、通用电气、可口可乐、西门子、丰田汽车、索尼等。跨国公司逐步成为现代企业的主体。从管理结构上看，跨国公司是多部门大公司体制的发展，基本继承了通用式的体制。但是，由于企业的业务已经越出国界，需要企业以全球市场作为自己的目标市场，制定全球视野的发展计划，企业在国际市场竞争中面对的环境更加复杂和动荡，对战略的需求也更加迫切了。从某种程度上讲，企业的跨国经营和跨国公司的发展直接推动了战略管理的快速发展。

在新旧世纪交替之际，自西方扩展而来的企业组织变革与管理变革以前所未有的速度发展。信息技术发展导致了企业微观组织和管理的基本方式发生了革命性的变化，极大冲击着现代管理理论体系，战略管理的内容也因此发生着巨大的变化。

7.1.2　战略与战略管理

“战略”是个古老的词汇，当应用于组织经营活动时，一般认为是组织和个人制定并实现其长远目标的方式或路径。现代战略理论的开创者安德鲁斯认为，战略是一种模式，它决定和揭示企业的目的与目标，提出实现目的与目标的重大方针与计划，确定企业经营的业务范围，明确企业的经济类型与人文组织类型，以及企业应该对员工、顾客和社会做出的各种贡献。战略管理大师明茨伯格认为战略就是企业为了收益制定的与组织使命和目标一致的最高层的计划。希特认为战略就是用来设计开发竞争力、获取竞争优势的一系列综合的、协调的约定和行动。战略管理理论的奠基者安索夫则认为企业战略要解决以下问题，这奠定了企业战略应包含的核心内容:企业如何成长和变革、企业如何开展竞争、企业如何拓展新的市场、企业如何充分利用自己的优势并且避免劣势。其中，企业如何成长和变革的问题是每一个企业在制定战略时都必须回答的问题，其他问题都是第一个问题的展开。企业必须在战略中提出自己的成长方向,安索夫以产品/市场为基础,给出了战略的四个构成要素并提出了著名的企业成长矩阵。由此可以看出,战略涉及企业基本的发展方向和目标,寻找并明确这些目标是企业战略的主要内容,但是不同的企业在不同情况下应该确立怎样的方向与目标应该是非常具体的。战略还需要确立企业如何达成这些目标,确立怎样的发展路径。这些发展方式或路径不是一些具体的行动,而是指导这些行动的计划、政策、原则等,它们需要使企业的各种行动形成一个整体。

那么战略管理的含义是什么呢?海尔进入国际市场是中国企业"走出去"的一个成功典型,张瑞敏提出了"先难后易"的战略思路,通过进入最难的欧美市场,树立国际知名度,再进入其他国家就会非常顺畅;为了在美国站稳脚跟,海尔购买美国家电厂实现设计、制造、销售一体的本土化,融入当地市场。海尔的成功显示了企业领导人有力地推进企业战略能够实现的成效。这一制定战略并予以推进的过程就是战略管理的过程。将战略管理视为一个管理过程是战略管理理论的核心观点。安索夫和安德鲁斯都认为,战略管理就是高层管理者研究、制定、实施组织的长期目标、成长方式与组织架构的过程。由此战略管理可以看作是企业制定战略并予以实施的过程,一般包含了战略分析、战略制定、战略实施、战略评价等管理过程。

战略管理对于企业经营日趋重要。首先,战略管理直接影响企业的绩效。尽管面临同样的市场环境,但是成功的企业总是少数,研究表明,那些制定战略并有效实施的企业要比没有制定战略或者没有真正实施的企业拥有更好的绩效指标。其次,战略管理是对不断变化的外部环境的有效应对。在计划未来经营活动时,管理者要通过战略管理过程考察相关的环境因素,并采取措施应对这种不确定性。第三,组织的复杂性和多样性需要战略管理的指引。任何一个企业都包含着大量的组织单元,战略管理为每个组织单元提供了一个共同的目标,并且指导其如何实现。

7.1.3 战略管理理论演变

战略管理区别于其他领域的一个突出特点是实践与理论研究相伴而生。战略管理理论来源于战略管理实践,数量庞大的各种类型企业的战略管理实践不断地丰富着战略管理理论,为战略管理理论的发展提供了支撑;而战略管理理论又反过来为战略管理实践提供了指导,以减少或避免企业发展战略中重大决策的失误。

自现代企业管理从20世纪初开始出现后,战略思想就开始在企业管理活动中逐渐萌芽。在当时,企业对于计划的管理,特别是长期计划的管理已经蕴涵着朴素的战略管理思想。

20世纪中期,多部门制的企业高层管理者不得不从原来的以职能为核心的管理活动中解脱出来,思考企业长远发展的战略问题,这一阶段是战略管理理论从萌芽走向成熟的阶段,钱德勒的《战略与结构》、安索夫的《公司战略》等著作的发表,奠定了战略管理理论的最初学科基础。

20世纪60年代后,跨国公司这种新型的企业组织形式开始涌现,高层管理者进入更深层次的思考领域,这直接激发了对战略管理理论的探索,战略管理理论因此得到了迅速地发展,战略管理学科体系正式得以构建,此时的代表文献包括安索夫的战略管理思想,明茨伯格对于战略流派的划分等。

20世纪80年代后,基于企业间的竞争态势,波特提出了"竞争战略"理论,普拉哈拉德和哈默提出了"企业核心能力"理论,引发了企业战略管理理论的震荡,获取竞争优势和构建并维持核心能力成为这一阶段企业战略管理实践的目标。进入21世纪后，超竞争环境对企业经营活动产生了巨大影响，企业间不仅仅局限于竞争关系，“在竞争中合作，在合作中竞争”是新时期企业战略管理实践的核心内容。

如同孔茨将管理理论总结为“管理理论丛林”一样，面对错综复杂的战略管理理论，明茨伯格也尝试将战略管理理论总结为“十大流派”。“十大流派”中处于主流地位的是设计学派、计划学派和定位学派，此外还有企业家学派、认识学派、学习学派、权力学派、文化学派、环境学派和结构学派等。

阅读材料：战略管理学派

我们对于战略形成的认识就如同盲人摸象，因为从未有人能够具备完整地审视大象的眼光。每个人都紧紧地抓住战略形成的某一部分，同时对认识不到的其余部分则是一无所知。我们当然不能把大象的各个部分简单地加以拼凑来得到完整的大象，因为一只完整的大象远非简单的局部相加。但为了认识整体，我们却必须先理解局部。

这十个学派可以分成三类。从性质上看，最前面的三种属于说明性的学派，它们关注的是战略应如何明确地表述，而不是战略形成过程中的一些必要工作。随后的六个学派对战略形成过程中的具体方面进行了思考，它们侧重于描述战略的实际制定和执行过程，而不是侧重于描述理想的战略行为。最后一个学派则是其他学派的综合。不同流派的思想决定了组织形成战略的模式甚至影响到其对战略的看法，我们应该以什么样的视角和观点来看待战略和战略的确立，是战略管理理论综合的基本目的。

明茨伯格等《战略历程——纵览战略管理学派》，机械工业出版社

7.2　战略管理的过程

战略管理过程是一个组织分析、制定、实施和控制战略的管理过程，也是企业构建竞争力和获取竞争优势所实施的一系列的任务、决策和行动。典型的战略管理过程包括以下5个步骤（如图7.1所示）：(1) 确定公司使命、愿景与目标；(2) 分析组织的外部环境，识别机会与威胁；(3) 分析组织的内部环境，发现组织的优势与劣势；(4) 选择能够发挥组织优势，矫正劣势的战略，利用外部的机会，迎击外部的威胁；(5) 战略实施与评价。分析组织内外部环境以及选择合适战略的任务通常称为战略制定；相应地，将制定的战略付诸行动的工作则称为战略实施。

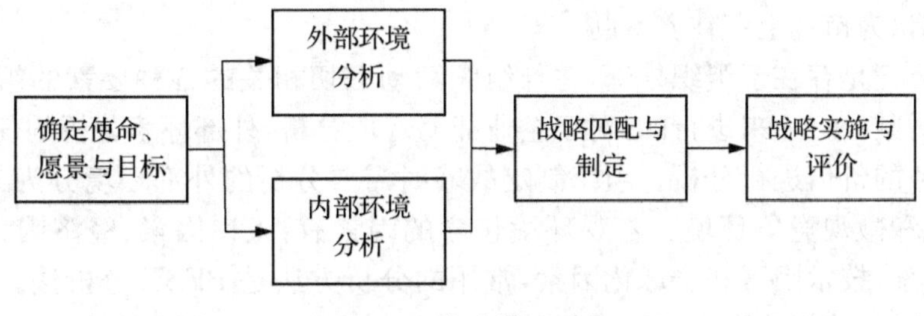

图7.1　战略管理过程

7.2.1 使命、愿景与目标

公司在确定战略之前,需要了解公司现有的任务、目标和战略,并在此基础上搞清楚自己的目标和最终追求是什么,即明确公司的使命、愿景以及主要的公司目标。

使命是关于公司存在意义的陈述。腾讯公司的使命是"通过互联网服务提升人类生活品质";万科的使命是"建筑无限生活";吉利汽车的使命是"造最安全、最环保、最节能的好车,让吉利汽车走遍全世界";中粮集团的使命是"我们奉献营养健康的食品和高品质的生活服务,建立行业领导地位,使客户、股东、员工价值最大化"。在使命陈述中,通常要描述组织所从事的业务,此时公司的使命应当明确以顾客为导向(而不是产品导向)的业务定义,以顾客为导向的定义可以在需求发生重大转变时保护公司。比如,尽管柯达宣传它的使命定义是"在所有的时间和所有的地点向顾客提供捕捉、保存、处理、输出和传播影像的解决方案",但在实际运营过程中,它更倾向于做一个化学胶片这一具体产品的传播影像解决方案的领导者,当数码技术到来的时候柯达从此一蹶不振,尽管它是世界上首台数码相机的制造者。

愿景是公司期望实现的状态是什么?好的愿景用大胆而又可实现的未来状态激励全体成员。如韦尔奇为通用制定的愿景是,"我们要能够洞察到那些真正有前途的行业并加入其中,要在自己进入的每一个行业里做到数一数二的位置——无论是在精干、高效,还是成本控制、全球化经营方面。我们必须做到数一数二,因为,如果我们对一项业务的长期竞争力没有有效的解决方案,那么终将有一天业务会陷入困境,这只不过是时间早晚的问题。"追求数一数二,这正是通用电器的新战略愿景。在此后的20年里,这一愿景就像一面旗帜,指引通用电器从当年的美国十强之一,变成世界第一;从当年的大而有些僵化的"超级油轮",变成最具活力的企业—"会跳舞的大象"。因此,可以说,战略愿景是组织的市场经营总目标,是统御各项具体经营目标和活动的总目标。

主要目标是对公司意图实现的一种未来状态的简要的和可衡量的描述,是为完成使命与愿景而必须确实做到的工作。好的公司目标应当包括四个特点:简明和定量、切中要害、既有挑战性又有现实性以及有时限的要求等。

7.2.2 外部环境分析,把握机会和威胁

外部环境分析是战略思考的一个关键开端,而要想制定一个有效的组织战略,管理者首先必须对组织现有的外部状况有一个深入的认识。外部分析的主要目的是在企业外部环境中找出可能影响其达成使命的战略机会和威胁。当一家公司能够利用环境条件制定和实施提高赢利的战略时,我们认为在市场上存在着机会;如果外部条件可能危害本公司业务的完整性和赢利能力,我们则认为市场上存在着威胁。

组织外部环境是存在于组织外部,并与组织活动密切相关的各种要素的组合。外部环境分析一定是针对某一行业来进行的,对于企业战略环境分析,外部环境分析的任务就是对现有主业或目前业务的价值进行分析。组织制定战略时需要分析的外部环境分为三个层次:宏观环境、行业环境和微观竞争环境。宏观环境包含的因素有:人口因素、经济因素、政治法律因素、社会文化因素、技术因素和全球化因素,常用的分析方法是PEST分析法。行业环境的分析常用五力模型法,包括新进入者的威胁,现有竞争者之间的竞争强度,供应商的讨价还价能力,购买方的讨价还价能力和替代品的威胁。微观竞争环境主要指同业竞争对手所构成的竞

争环境，分析的内容一般包括什么驱使着竞争对手，即其未来目标；竞争对手在做什么和能做什么，即其现行战略；竞争对手关于自身和行业的假设，即其设想；竞争对手的强项和弱项，即其潜力。

对于宏观环境因素，组织往往只能采取接受的态度，顺应宏观环境中大的变革趋势并积极做出呼应，利用机会，迎击威胁；对于行业环境，组织在一定程度上可以积极采取行动去影响它，管理者的任务是认清五种竞争力量的变化如何带来新的机会和威胁并做出适当的战略反应，使其朝着有利于组织的方向改变。如近年来战略联盟开始盛行，联盟的目的之一就是通过联盟扩大企业对外部环境影响的能力。

组织的外部环境是不断变化、难以预测的，具有鲜明的不确定性。外部环境的动态性决定了组织的外部环境分析工作并非一次性就能完成，而是需要长期地、持续地进行。组织的外部环境对不同产业和不同企业的作用和影响不同，这就要求组织不能套用既有的战略模式，而需要具体情况具体分析，突出特点，形成自己独特的战略。

7.2.3　内部环境分析，把握优势和劣势

组织内部状况是组织制定战略的立身之本，因此要想制定一个有效的组织战略，管理者还必须对组织现有的内部状况有一个深入的认识。内部分析的主要目的是在企业内部环境中找出可能影响其达成使命的优势和劣势。企业的优势是那些能够提高赢利能力的资产；企业的劣势则是那些导致赢利能力下降的负债。

企业内部环境包括企业内部的资源和能力，由内部的条件要素组成。有形资源是可见的，或者是具有实体形态的资源，比如：企业的固定资产、流动资金、人力资源、信息系统等。无形资源是没有具体形态的资源，很多甚至难以测量，如技术、品牌、声誉、文化等。虽然资源本身可能无法直接形成竞争优势，但竞争优势往往来源于若干资源的恰当组合。企业能力是指对企业资源的运用、转换与整合，是企业资产、人员和组织投入产出过程的复杂结合，表现在整合一组资源以完成任务或者从事经营活动的有效性和效率。有价值的、罕见的、不可完全模仿的、不能替代的能力是企业保持竞争优势的源泉，普拉哈拉德和哈默将其称为核心能力。

对企业内部各种资源和能力进行分析，需要解决两个基本问题：一是什么资源与能力是行业竞争中的关键因素？笼统地对一般性的因素进行优劣比较并无任何实际意义，需要首先确认那些会对企业在行业竞争中起到关键性作用的因素；二是需要明确企业的优势和劣势在哪里。判断优劣的对象选择集中在竞争对手身上，还可以选择行业内的标杆企业以及行业之外在某些具体资源与能力特别突出的企业。

7.2.4　战略匹配与选择

通过外部环境分析和内部环境分析，管理者就能够发现企业所面临的机会和威胁，同时也明确了企业的优势与劣势。

为了保证企业使命和目标的实现，就需要进行战略匹配和选择，这个阶段是战略制定的核心环节。常用的战略选择工具是 SWOT 分析，这是通过将企业的优势劣势和机会威胁组成一个矩阵，由此确定可以选择战略的集合。由于企业总是面临着多种备选的战略行动方案，每一种方案都各有其利弊，因此企业必须借助战略评价的方法，确定各个备选方案的优势、劣势、成本和收益等。各种备选战略都是建立在以往战略的基础之上，或者是与过去行之有效的战略

相一致。企业现行的战略、使命、目标以及企业内外部环境分析的结果等都为备选战略方案的评价提供了基础。管理者应根据企业的实际情况选择适合企业的最佳战略。理想的企业战略应当能够利用外部市场的机会并规避外部环境中不利于企业发展的威胁;同时也应当能够加强企业内部的优势及改进自身的劣势。

阅读材料:SWOT分析方法

哈佛大学教授安德鲁斯于1971年在《公司战略概念》中提出了SWOT分析的雏形,20世纪80年代初美国旧金山大学的管理学教授韦里克正式提出了该分析方法。SWOT分析法通过将企业的经营目标、政策方针以及所面临的内外环境进行综合考虑,建构一个企业所独特的企业战略模式,并通过这样的模式制定企业相匹配的战略。SWOT各个字母所代表的含义分别是企业的内部优势(Strengths),劣势(Weaknesses),外部的机会(Opportunities)以及威胁(Threats)。通过分析,企业可以制定四种类型的战略选择,即SWOT分析有四种不同类型的组合:优势机会(SO)战略、劣势机会(WO)战略、优势威胁(ST)战略和劣势威胁(WT)战略。

7.2.5 战略实施与评价

战略只有通过实施才能发挥影响,出色的战略是在一系列行之有效的企业经营活动中完成的。大部分失败企业不是由于没有制定有效的战略,而是由于不能有效地实施战略。战略实施是战略管理过程的行动阶段,表现为一个组织的日常运作流程和各部门之间的关系,这些都需要根据组织的既定战略进行有效的管理。在实际操作中,企业高层面临的困难在于无法准确地把战略决策转化为具体行动,即战略思维和行动之间形成断层。高层领导者认为已经制定了明确的目标,但是下属却感到茫然失措。这是由于企业战略的制定并没有让员工充分参与进来,导致员工并不真正清楚战略的意图和目标,也并不能够真正了解如何实施战略。由此可见,企业的战略制定并不是企业管理者的事情,而应该让尽可能多的员工参与进来,才能保证战略的有效实施。

战略在实施之后还需要对战略实施的效果进行评价。战略评价是指将预定的战略目标与实际效果进行比较,检测偏差程度,评价其是否符合预期目标的要求,发现问题并及时采取修正措施,实现企业战略目标的动态调节。战略评价是战略控制的前提,通过战略控制避免战略失效,保证企业战略的实施效果尽量符合战略的预期目标。

阅读材料:平衡记分卡

哈佛大学的卡普兰和戴维诺顿于1992年在《哈佛商业评论》合作发表《平衡计分卡——业绩衡量与驱动的新方法》一文,为有效地进行战略评价提供了一个工具。平衡计分卡从财务、客户、内部运营、学习与成长四个角度,将企业战略落实为可操作的衡量指标和目标值。设计平衡计分卡的目的就是建立"实现战略制导"的绩效管理系统,从而保证企业战略得到有效的执行。因此,人们通常称平衡计分卡是加强企业战略执行力的最有效的战略管理工具。

阅读材料:战略制定的逻辑

企业战略决策的分析框架包括环境分析阶段、匹配阶段、评价阶段和确定阶段。环境分析包括内部环境分析和外部环境分析,其分析结果将输入到分析框架中,作为后续分析的基础。在战略的匹配阶段,可供分析的工具包括SWOT分析、SPACE分析、BCG矩阵分析、I—E矩阵、大战略矩阵等,这些匹配工具之间的本质差异在于他们分析内外部关键因素时所选用的变量不同,管理者需要根据实际工作的需要,选择合适的匹配工具。

尽管各种匹配工具的实现手段有差异,但是各种匹配工具的思想始终是一致的——“扬长避(补)短、趋利避害”。“趋利避害”是对外部环境分析的要求,而“扬长避(补)短”则是内部环境分析的要求。

7.3　战略的层次与内容

比较主流的观点是,战略按照三个层次进行管理,即公司层战略、经营层战略和职能层战略。不同层次的战略方案解决不同层面的战略问题,其对应的战略类型也有着各自的立足点,它们共同构成了企业的战略制定金字塔,如图7.2所示。

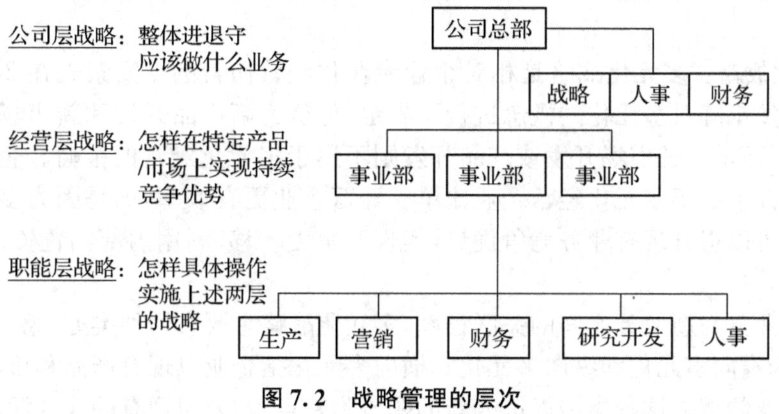

图7.2　战略管理的层次

7.3.1　公司层战略

公司层战略是企业整体战略的概括,是最高管理层指导和控制企业行为的最高纲领。清晰的公司层战略是其他战略决策的基础。公司战略关注公司的整体目标和活动范围及如何增加公司各个不同部门的价值,关注公司的覆盖地域、产品和服务多样化、业务单元及如何将资源配置给公司各个不同部门,关注所有者对公司的期望等一系列问题。

1. 公司层战略整体框架

公司层战略一般包括总战略框架和公司业务组合矩阵。

① 总战略框架。公司总战略框架具体而言需要回答以下问题:公司整体业务是增长、维持还是收缩,具体包括增长战略、稳定战略、收缩战略和混合战略四种类型。

增长战略(Growth Strategy)是指组织期望扩大其业务而制定的战略,意味着提高组织经营的层次,实现更高的销售额,更多的雇员和更大的市场份额。许多“成长”型组织通过内部扩大投资实现直接扩张，也可以通过合并其他公司或者购买其他相类似的企业来实现成长。

稳定战略(Stability Strategy)的特征是很少发生重大的变化，这种战略包括持续地向同类型的顾客提供同样的产品和服务，维持市场份额，并保持组织一贯的投资报酬率记录。

收缩战略(Retrenchment Strategy)意味着减小经营规模或者多元化经营的范围。

混合战略(Combination Strategy)是同时实行两种或多种前面提到的战略。例如，公司的某种业务可能实行增长战略而另一种业务可能实行转包战略。

② 公司业务组合矩阵。公司业务组合矩阵主要解决公司如何进行业务选择和搭配的问题。需要回答以下问题：公司专业化还是多元化经营？多元化经营有无战略协同业务？如何规划近、中、远期的核心业务？

制定公司层战略最流行的方法之一是BCG业务组合矩阵，它提供了一个如何决定最优的产品(或业务)组合的分析框架，进而对公司的战略方向做出正确的判断；它还给出了一系列的基本战略以引导这些产品(或业务)中的资源的合理配置；以及它还提供了一个分析竞争性的业务组合的框架。此外，GE矩阵也是一个评价性的、规范的战略描述工具，该矩阵将每个战略经营单位的经营优势情况和外部行业情况结合在一起进行分析，目的是描述不同的战略经营单位的竞争状况，并帮助指导在各战略经营单位之间合理的配置资源。

2. *典型的公司层战略*

公司层战略有多种类型，最为典型的就是多元化战略、国际化战略，近年来外包战略开始盛行。

① 多元化战略。多元化战略是相对企业专业化经营而言的。安索夫在20世纪50年代运用产品—市场矩阵对多元化的概念进行了界定，他认为新产品开发和新市场开放的结合即为多元化经营，而单一的市场开发或产品开发则不属于多元化经营的范畴。企业热衷于多元化战略的原因并不在于多元化经营企业比单一经营企业更有效率，而是因为多元化经营企业在一定程度上可以提升现有业务竞争优势，实现竞争力转移，利用内部闲置资源，并且分散企业经营风险。

依据现有业务与新业务之间的关联程度，多元化战略主要有两种类型：第一种是相关多元化，又可以分为横向多元化和纵向多元化。横向多元化指企业以现有产品和市场为基础，向水平方向扩展事业领域。这种类型以进入新的领域为特点，与公司现有的业务活动相关，两者在价值链构成的一个或更多活动上具有共同性。小米从最初的手机业务向手机周边数码产品扩张就是典型的横向多元化。纵向多元化指企业以现有产品和市场为中心，向垂直方向扩展企业生产经营活动领域，在价值链的上下游寻找新的商机。阿里创建菜鸟网络就是典型的纵向多元化战略。第二种是非相关多元化，又称为复合多元化。指企业以自身的资源状况和生产水平为基础，寻求各种机会，开发多种产品和市场，全方位扩展事业空间。这种类型兼有横向和纵向多元化的特点，但是涉及面更广，产品的联系度相对弱，内部往往形成众多相对独立的生产经营体系和结构。美国通用电器是非相关多元化的一个典型案例。非相关多元化较相关多元化而言其成功的难度较大。

企业实行多元化战略的途径一般有两种。第一种是内部扩展，企业以自身的条件为出发点和在企业内部原有基础上扩大投资，增加设备和技术力量，创新产品，逐步拓展事业领域。第二种是外部并购，企业通过产权交易取得其他企业的控制权，实现进入新领域的目标。

② 国际化战略。国际化战略是企业产品与服务在本土之外的发展战略。企业热衷于国

际化战略的原因在于国际市场提供了开拓市场的新机遇，对于受本国市场规模条件限制的公司以及产品投资额巨大的企业而言，进入国际市场有巨大的吸引力。此外获取重要资源也是企业国际化战略的重要推动力，企业可以在其他国家开展相关业务以提升产品质量或降低成本费用。

国际化战略可以分为三种类型，即多国战略、全球战略与跨国战略。多国战略是企业根据不同国家的不同市场，提供更能满足当地市场需要的产品和服务。肯德基实行的是典型的多国战略，经常根据所在国的文化习惯推出具有当地特色的产品。全球战略是向全世界的市场推广标准化的产品和服务，并在较有利的国家集中进行生产经营活动，由此形成经验曲线和规模经济效益，以获得高额利润。苹果公司在全球销售的产品是没有任何差别的，采取的就是全球战略。跨国战略是在全球激烈竞争的情况下，形成以经验为基础的成本效益和区位效益，转移企业的核心竞争力，同时注意当地市场的需要。跨国战略可以让企业实现全球化的效率和本土化的反应两者的统一。德国大众汽车就采取了跨国战略，统一的平台设计，根据不同国家的特点开发出适应当地市场的车型，既实现了成本的控制，又响应了当地的需求。

企业国际化战略的途径主要有三种。很多企业以出口产品或服务到其他国家作为国际扩张的起点，这是最简单的国际化战略途径。出口不需要在进口国建立业务部门，但需要某种市场营销体系来分销其产品，当市场营销体系尚未建立时，贴牌就成为更为容易实现的国际化战略，格兰仕就是从贴牌开始了国际化战略的征程。许可协议是比较高层次的国际化战略，其做法是外国企业购买在其国内或其他国家生产和销售公司产品的权利，特许经营是个典型。许可协议通常对每件生产和销售的产品收取一定的许可费用。中国市场上大量的欧美品牌服装鞋帽等都是国内企业通过这种方式获得了生产销售许可，也可以视为这些欧美企业在中国市场的国际化经营。跨国收购或建立子公司是最高层次的国际化战略，也是国际扩张最快、最方便的方式，通常以这种方式实施国际化战略很昂贵且常要借债融资。TCL 国际化战略在东南亚采取了异地设立子公司的做法，而在欧洲则收购了法国企业汤姆逊公司。

③ 外包战略。外包是指企业动态地配置自身和其他企业的功能和服务，并利用企业外部的资源为企业内部的生产和经营服务。大部分企业将外包作为削减成本、提升产品品质以及实现更强财务弹性的策略。

随着越来越多的企业开始将部分业务和职能外包出去，将外包视为一种战略的观点被越来越多的人接受。外包战略是一种管理策略，是指企业从战略的角度出发，将一些非核心的或者成本处于劣势的业务，转移到企业之外，使企业将有限的资源使用在那些期望取得长期成功，能够创造出独特价值，或者能使企业成为行业领先者的核心业务领域。

外包战略可以强化企业的核心竞争力，通过外包战略可以使企业集中资源与力量，选择能发挥自己专长的领域，形成自身的技术优势和规模优势。外包战略能增强企业的适应性与灵活性，企业能够打破一条龙流水线式单行作业的生产经营模式，并代之以具有迅速反应能力的并行作业模式。外包战略也能帮助企业业务转型，使企业对快速变化的市场环境、顾客需求和激烈的竞争做出快速反应，进而相对容易地改变商业模型。外包战略还可以保证企业实现资源的优化配置，加强对自己具有战略意义的业务的创新，调配集中资源于高价值项目，并通过利用其他企业的资源来弥补自身的不足。

7.3.2 经营层战略

经营层战略，又称竞争战略，是在公司总体战略的指导下，为在某个具体业务领域获得竞争优势所采取的谋划和方略。对竞争战略贡献最大的是哈佛大学教授迈克尔·波特。波特认为竞争战略“是要在竞争发生的产业宏观舞台上追求一种理想的竞争地位”，竞争战略是“旨在针对产业竞争的各作用力建立起有利的、持久的地位”。波特进一步说，“竞争战略的选择由两个中心问题构成，第一个问题是由产业长期盈利能力及其影响因素所决定的产业吸引力”，“第二个中心问题是决定产业内相对竞争地位的因素”。

波特提出的竞争战略有三种，即低成本战略、差异化战略和集中战略，如图 7.3 所示。

	只向一群顾客提供产品	向许多顾客提供产品
向顾客提供低价产品	集中成本领导战略	成本领导战略
向顾客提供独特的或独一无二的产品	集中差异化战略	差异化战略

图 7.3 波特的竞争战略模型

1. 低成本战略

低成本战略是指企业在提供相同的产品或服务时，使成本或费用明显低于行业平均水平或主要竞争对手，从而赢得更高的市场占有率或更高的利润，成为行业中的成本领先者的一种竞争战略。

低成本战略的优势是非常明显的。第一，通过成本优势在产业竞争中保护自己；第二，较少受强大供应商提价的影响；第三，较少受强大购买者压低投入品价格的影响；第四，有能力降低价格与替代产品竞争；第五，低成本和价格是阻止竞争者进入的壁垒。

低成本战略通常在以下情况下能奏效：① 卖方竞争厂商之间的价格竞争非常激烈。② 行业的产品基本上是标准化的产品或者是一种商品化的产品，购买者很容易从很多卖方厂商那里获得。③ 获得对购买者有价值的差别化的途径不多，从而使得购买者对价格的差异非常敏感。④ 绝大多数购买者使用产品的方式都是一样的——用户要求相同，在这种情况下，低销售价格而不是特色或质量，成了决定购买者选择的决定因素。⑤ 从一个卖方厂商转向另一个卖方厂商购买者所承担的转换成本很低，因此，购买者具有灵活性，他们很容易转向低价格同质量的卖方厂商。⑥ 购买者具有很大的降价谈判能力。一般来说，购买者对价格越敏感，购买者越倾向于将其决策置于哪一家卖方厂商提供的价格最优这一点之上，低成本战略就越有吸引力。

2. 差异化战略

差异化战略是指企业创造出一种顾客认为重要的有差别的或独特的产品来获取竞争优势。差异化主要体现在产品功能、特点、质量、式样、规格、包装、商标等方面。这种战略可以使产品具有自己的特色，增强在同类产品中的竞争能力，使同产业内的其他企业一时难以与之竞争，其替代品也很难在这个特定的领域与之抗衡。差异化战略是使企业获得高于同行业平均利润水平的一种有效战略。

实施差异化战略的优势在于可以培养顾客对品牌的忠诚度，降低对价格的敏感性。具体而言，首先可以容易形成产品特色，获得消费者的认可；第二，企业能够获得较高的溢价，增强企业对原材料或零部件供应商的讨价还价能力，从而产生较高的边际收益；第三，削弱顾客的讨价还价能力；第四，企业通过差异化来建立起顾客对本企业产品的信赖，使一般的替代品无法在差异化上与本企业开展竞争。

企业选择差异化战略，必须具备以下条件：首先，顾客需求的差异化，顾客对产品的需求和使用的要求多种多样；其次，企业具有较强的研究开发能力，研发人员有创造性的眼光，并且所创造的产品与竞争对手之间存在的差别被顾客所认同；第三，企业具有以产品质量和技术领先的声望，企业要具有很高的知名度和美誉度；第四，企业具有很强的市场营销能力；第五，企业研究开发、市场营销、产品生产等部门之间具有良好的协调机制；第六，企业具有吸引高级研究人员、创造性人才的物质条件。

一般来说，差别化战略正常在以下情况下最奏效：① 可以有很多的途径创造公司的产品和竞争对手的产品之间的差异，而且购买者认为这些差异有价值；② 对产品的需求和使用多种多样；③ 采用类似差别化途径的竞争对手很少；④ 技术变革很快，市场上的竞争主要集中在不断地推出新的产品特色。

3. 集中战略

集中战略是企业为了在市场竞争中处于有利地位，集中生产某一品种产品来满足某一有限的区域市场或某一类顾客群体的特殊需要。这种战略可以使企业具有一定的势力范围，使同行业不易与之竞争，从而使市场占有率比较稳定。集中化战略并不是一个独立的战略，它是低成本战略与差异化战略在某个边界条件下的一种折中战略。对一些企业而言，由于资源和能力的制约，它既无法成为成本领先者，也无法成为差异化者。波特指出，如果这种企业能够约束自己的经营范围，那么企业也可以在这样一个较小的目标市场上获得竞争优势。

企业实施集中战略可以具备以下优势：首先，相对于企业的能力与规模，目标小，而市场足够大，可以盈利；其次，企业有条件深入钻研以至于精通有关的专门技术，熟悉产品的市场、用户及同行业竞争方面的情况，因此有可能提高企业的实力，争得产品及市场优势；第三，目标小市场不被主要竞争厂商所擅长或重视；第四，企业拥有采取集中战略有效服务于目标小市场的资源和能力；第五，企业可凭借集中战略所建立的顾客商誉和服务能力来防御行业中的各种挑战者。

集中化战略的实施条件是：首先，购买者群体在需求上存在着差异，用户有独特的偏好或需求；其次，没有其他竞争对手在相同的目标细分市场上进行专业化经营，其他竞争对手尚未打算在企业的目标市场上采用集中化战略；第三，目标市场具有一定的吸引力；第四，企业资源有限，无法追求更大的目标市场；第五，行业中各细分市场在市场容量、成长速度、获利能力、竞争强度等方面存在很大差异，致使某些细分市场比其他部门更有吸引力。

阅读材料：蓝海战略

我们设想市场空间由两种海洋组成：红海和蓝海。红海代表当前业已存在的所有行业，这是一个已知的市场空间。蓝海代表当前尚不存在的所有行业，即未知的市场空间。

在红海中，产业边界是明晰和确定的，游戏的竞争规则是已知的。身处红海的企业试图表现得超过竞争对手，以攫取已知需求下的更大市场份额。当市场空间变得拥挤，利润增长的前景随之黯淡。产品只是常规性的商品，而割喉式的恶性竞争使红海变得更加血腥。与之相反，蓝海则意味着未开垦的市场空间、需求的创造以及利润高速增长的机会。尽管有些蓝海是在现有的红海领域之外创造出来的，但绝大多数蓝海是通过扩展已经存在的产业边界而形成的。在蓝海中，竞争是无关的，因为游戏规则还有待建立。

然而当前主导性的战略思考仍然是基于竞争的红海战略。部分是因为企业的战略仍然在很大程度上受其根源—军事化战略的影响。“战”略本身就是军事术语—“司令部（总部）”的首席执行“官”，以及“前线”的“战斗队伍”。照此表述，所谓战略是“面对对手，争夺有限而既定的阵地”。然而，与战争不同的是，产业发展史告诉我们，市场空间从来就不是既定的常数，蓝海是随时间推移而持续扩张的。一旦企业把目光集中于红海，就等于接受了战争中的限制因素—有限的阵地以及必须击败敌人才能获取胜利的概念，忽略了商业世界的独特力量—避开竞争，创造新的市场空间。

W·钱·金，莫博涅. 蓝海战略. 北京：商务印书馆. 2005.5

7.3.3 职能层战略

职能层战略是为贯彻和实施公司战略、经营战略而在企业特定的职能领域制定的战略。职能战略描述了在执行公司战略和经营战略的过程中，企业中的每一职能部门所采用的方法和手段。职能战略由某个业务内部主要职能活动的领导者制定，一般可分为营销战略、人力资源战略、生产战略、财务战略、研究与开发战略、顾客服务战略等。职能战略是为公司战略和经营战略服务的，因此必须与公司战略和经营战略相配合，并且各项职能战略之间应当保持一致，相互促进。

人力资源战略是比较重要的职能层战略。狭义的人力资源战略是根据企业战略的需要进行人才的吸引、维系、开发、激励等。而广义的人力资源战略还包括对企业文化的调整变革和对组织结构的再造，以更好地管理和使用人力资源支持企业战略的实施。广义的定义强调了人力资源的战略性，对于企业而言，企业所拥有的人力资源就是企业获得竞争优势的来源。

研究与开发战略是指企业在研究与开发上的远景规划及方向。面对需求多变的竞争环境，很多企业都期望通过有效的产品研究与开发（R&D）持续地向市场提供满足客户个性化需求的产品，以获得综合的竞争优势，赢得最大化的增值回报。为此，企业一直在寻求清晰的战略来指导这样的产品开发。事实上，研究与开发已成为国内外企业技术创新潜力的重要指标。在市场经济条件下，企业作为技术创新的主体，也是决策的主体，开发的主体，如果企业想要在市场中有所作为，就必须建立以技术研究为核心的技术研发体系以及有效的运行机制。

1. 战略就是组织发展的方向性、长远性、全局性的谋划。战略和战术是一组相对应的概念，是全局与局部的关系，战略是指为达到战略目标的总体谋划，而战术是指为达到战略目标所采取的具体行动。

2. 企业战略应包含的核心内容：企业如何成长和变革、企业如何开展竞争、企业如何拓展新的市场、企业如何充分利用自己的优势并且避免劣势。

3. 典型的战略管理过程包括以下 5 个步骤：确定公司使命、愿景与目标；组织外部环境分析；组织内部环境分析；战略匹配与选择；战略实施和评价。

4. 企业战略可以在企业内分为不同的层次，公司层战略，经营层战略、职能层战略构成了企业的战略制定金字塔。

5. 公司层战略是企业整体战略的概括，是最高管理层指导和控制企业行为的最高纲领。公司层战略一般包括总战略框架和公司业务组合矩阵。

6. 经营层战略，又称竞争战略，是在公司总体战略的指导下，为在某个具体业务领域获得竞争优势所采取的谋划和方略。波特提出的竞争战略有三种，即低成本战略、差异化战略和集中战略。

7. 职能层战略是为贯彻和实施公司战略、经营战略而在企业特定的职能领域制定的战略。职能战略描述了在执行公司战略和经营战略的过程中，企业中的每一职能部门所采用的方法和手段。

1. 三个层次的战略之间是一种什么样的关系？
2. SWOT 分析对于制定战略有什么样的作用？该分析工具有什么样的局限？
3. 低成本战略和差异化战略各自的陷阱在哪里？
4. 要实现低成本或差异化战略，各个职能部门需要如何呼应？
5. 中国企业国际化战略面临的突出问题有哪些？如何选择路径？
6. 中国企业热衷于价格战的原因是什么？实施差异化战略的难点在哪里？

华为的国际化战略

1987 年，作为生产用户交换机(PBX)的香港公司的销售代理，华为在深圳创立，经过近三十年的成长，华为已经是全球第一大通信设备制造企业。2014 年，华为年销售规模达到近 2 882 亿人民币，其电信网络设备、IT 设备和解决方案以及智能终端应用于全球 170 多个国家和地区。

判断一个公司是否国际化,有一个很简单的标准:其海外销售额能否占到全球销售额的1/3以上,从这个角度看华为已是个真正国际化的公司。华为已把国内销售总部降格为与海外其他八个地区总部平行的中国地区部。

1995年中国通信市场竞争格局发生巨变,由于通信设备的关税降低,令国内、国际市场的竞争态势空前激烈。华为总裁任正非看到将来不会有仅仅依靠区域市场生存的电信设备商,所有的电信设备商都必须是国际标准化的,因此总结到:"不趁着短暂的领先,尽快抢占一些市场,加大投入来巩固和延长我们的先进,否则一点点领先的优势都会稍纵即逝,不努力,就会徒伤悲。我们应在该出击时就出击……我们现在还不十分危险……若3至5年之内建立不起国际化的队伍,那么中国市场一旦饱和,我们将坐以待毙!"。基于这种危机意识,任正非判断国际化是华为度过"冬天"的唯一出路,并选择了"农村包围城市"渐进式的国际化战略。

华为国际化战略过程可分为四个步骤:

1. 进入香港

1996年,香港和记电信刚获得固定电话运营牌照,需要在短期内实现移机不改号的业务,限定的时间只有短短3个月。和记电信在欧洲所能找到的设备供应商,完成该项目最快的也需要6个月,且价格昂贵。此时有人推荐了华为,华为不到3个月的时间就顺利地完成了项目,与国际一流产品相比,除了价格上的优势,华为在提供新的电信业务生成环境的灵活性上更让和记电信满意。这次合作华为取得了国际市场运作的经验,和记电信在产品质量、服务等方面近乎苛刻的要求,也促使华为的产品和服务更加接近国际标准。

2. 开拓发展中国家市场

1996年下半年,当华为真正做好冲击国际市场的准备时,选择哪个市场打响"第一枪"成了华为决策层争论的焦点。他们最终决定复制国内的经验,采取集中优势兵力,制胜薄弱环节的策略。即首先从电信发展较薄弱的国家"下手",步步为营、层层包围,最后攻占发达国家。

俄罗斯和拉美市场是华为首先瞄准的"猎物"。早在1994年华为就有意进入俄罗斯市场,3年间华为组织了数十个代表团访俄,前后数百人次,并邀请俄代表团也数次访问华为。1997年俄罗斯陷入经济低谷,NEC、西门子、阿尔卡特等国际巨头纷纷从俄撤资,华为却在俄罗斯建立了合资公司,以本地化模式开拓市场。当普京全面整顿宏观经济,俄罗斯经济出现"回暖"之际,华为赶上了俄政府新一轮采购计划的头班车。2001年,华为与俄罗斯国家电信部门签署了上千万美元的GSM设备供应合同。2002年底,华为又取得了3 797公里的超长距离320G的从圣彼得堡到莫斯科国家光传输干线(DWDM系统)的订单。2003年华为在独联体国家的销售额一举超过3亿美元,位居独联体市场国际大型设备供应商的前列。

1997年华为也在巴西建立了合资企业,但由于南美地区经济环境持续恶化以及北美电信巨头占据稳定市场地位,直到2003年,华为在南美地区的销售额还不到1亿美元,并未取得预期的成绩。

3. 全面拓展其他地区

2000年起,华为开始在其他地区全面拓展,包括泰国、新加坡、马来西亚等东南亚市场以及中东、非洲等区域市场。

华为紧紧抓住了"亚洲金融风暴"之后东南亚客户普遍追求高投资回报率的心理需求,凭借比竞争对手低30%的价格优势,先后拿下了越南、老挝、柬埔寨和泰国的GSM市场。随后,华为又以同样的手段把优势逐渐扩大到中东地区和非洲市场。这些区域后来成为华为国际化战略最为成功的区域，华为在这些区域留下了良好的口碑，为未来的发展打下了坚实的基础。

2012 年，阿联酋宣布由华为独家承建 3G 网络，这是华为甚至是中国厂商全球的第一个 WCDMA 3G 项目。这一次他们不是以低价取胜，而是比最低的出价高出一倍，但是客户因为他们优秀的服务而毫不犹豫地选择了华为。

战争结束后的伊拉克满目疮痍，交通和通讯基本已经瘫痪。伊拉克人对通讯的渴望使得一个手机号码价格飙升到 500 美元。在炮火停歇的短短 28 天内，华为就神速地完成了移动网络的建设。

4. 开拓发达国家市场

(1)欧洲市场的成功

在经过长期发展中国家市场的磨砺和考验后，华为的产品、技术、团队、服务等已日趋成熟，完全具备了与世界上最发达国家竞争的强大实力。

在欧洲市场，从 2001 年开始，华为以 10G SDH 光网络产品进入德国为起点，通过与当地著名代理商合作，产品成功进入德国、法国、西班牙、英国等发达地区和国家。通过与沃达丰合作，华为逐渐进入欧洲客户的认知，在欧洲市场慢慢打开局面。

2004 年 3 月 25 日，华为在英国设立欧洲地区总部。这是华为当时在海外最大的机构之一，也是中国企业在英国的最大投资。英国泰晤士报的权威评论称，此举是中国企业走向国际化的一个重要标志。其实华为进入英国初期极为困难，接触英国电信(BT)时经常遭到冷遇，因为他们从来不相信中国人能制造出高质量的交换机。当时华为甚至连招标的机会都没有。经过几年的摸索，华为人终于知道了 BT 的规矩：要参加投标必须先经过他们的认证，他们的招标对象都是自己掌握的短名单里的成员。终于找到了通往成功的捷径，于是华为申请参加 BT 的认证。经过两年时间的认证，他们改变了以往对华为的看法。2007 年华为被 BT 最终确定为建设其 21 世纪通信网络——总投资高达 100 亿英镑的庞大的网络投资计划的最后 8 家供应商之一。

2012 年，华为市场份额飙升至 33%，高居欧洲第一，到 2014 年，华为在欧洲的合作伙伴超过了 700 家，并且参与了 25 个欧盟“Horizon2020”项目。欧洲市场成为华为重要的战略市场，并同中东、非洲一起成为华为在海外最大的利润源。在有关“未来”的技术市场竞争中，欧洲已被华为圈定为第二本土市场。

(2)美国市场面临的问题

北美市场既是全球最大的电信设备市场，也是华为最难攻克的堡垒，华为先依赖低端产品打入市场，然后再进行主流产品的销售。2003 年 3 月，经过 9 个月的艰苦谈判，华为和美国 3Com 公司达成协议成立合资公司。华为将网络部分资产放在与 3Com 的合资公司中，是为了通过与 3Com 这样的国际性公司合作，获得与国际电信巨头合资、合作的经验，以进入梦寐以求的欧美主流高端市场。

在欧美市场竞争，华为必须有自己的竞争优势，华为始终强调与全球同行在技术、制造和市场开发领域的合作，先后与德州仪器、IBM、摩托罗拉、朗讯、英特尔、SUN 等知名公司展开合作。此外，华为还将研究所搬到了国外，美国达拉斯、印度班加罗尔、瑞典斯德哥尔摩、俄罗斯莫斯科均设有华为的海外研究所，为引入国际先进的人才、技术，为总部的产品开发提供了支持与服务。

随着中国的逐步崛起，中国企业进入国际市场面临诸多政治方面的制约，华为也不例外。2008年3月，贝恩资本与华为试图联合收购美国3Com公司，因未通过美国外国投资委员会的审查而失败。2010年5月，华为意图收购美国3Leaf公司部分资产，美国外国投资委员会又建议其撤回收购，有五位美国众议员联名致信奥巴马政府，称华为收购3Leaf Systems将对美国的计算机网络构成威胁，华为最终从拒绝撤回收购转为宣布放弃。2013年10月美国众议院特别情报局发布了一项报告，报告呼吁美国政府禁止使用华为的设备，并称那些使用华为设备的企业也可能长期面临"安全威胁"。

任正非曾在内部会议上表示，对美国市场，华为更要进入，但华为的策略必须调整。近年来任正非改变原来低调、神秘的做法，开始接受媒体的采访，就是华为走向透明的第一步。

讨论题

1. 哪些因素导致华为国际化战略的出台？
2. 怎样评价华为国际化四步骤的次序？有相反次序成功的案例吗？
3. 与国际其他厂商的合作，在哪些方面帮助了华为的国际化？
4. 你认为中国企业在国际化进程中，需要关注哪些问题？

第4篇

组　织

第8章　组织结构与设计
第9章　组织变革与发展
第10章　人力资源管理

第 8 章　组织结构与设计

学习目标

8.1　掌握组织结构的基本概念。
8.2　了解传统的组织结构类型。
8.3　了解当代的组织结构类型。
8.4　掌握组织结构设计的关键要素与过程。
8.5　熟悉组织结构设计的权变因素。

情境案例

H 公司成立之初，组织结构以集权为主要特征，专业化、规范化程度高。而后，由于客户已经从产品价值链的终点变为起点，其组织结构以客户为中心重新进行设计。目前，H 公司已经形成了完善的矩阵式结构。横向是按照职能专业化原则设立的区域组织，纵向是按照业务专业化原则设立的四大业务群。H 公司的组织结构是静态与动态的结合。一旦出现具有战略意义的关键业务和新事业生长点，H 公司就会建立一个负责部门，以便迅速抓住机遇，而不用整个公司行动。在该部门的牵动下，公司的组织结构也将随之产生一定的变形。在变形过程中，组织结构内部相互关联的要素(流程)并没有发生变化，发生变化的是联系的数量和内容。但这种变形是暂时的，当阶段性的任务完成后，就会恢复到常态。从 H 公司的案例中，你对组织结构的理解有哪些?

组织是管理的重要职能之一。组织目标或计划制定出来后，接下来的问题是如何将它们变为现实，这就需要管理者合理安排和调配组织的各种资源，也就是做好组织工作。在组织工作中，居于核心地位的是设计出合理的组织结构，组织结构是一个组织内的正式工作安排，它可以直观地展示在一份组织结构图中。组织结构的创建或改变是组织设计活动的结果。管理者需要了解组织结构设计的基本过程，以及影响组织结构的权变性因素。

8.1　组织结构的含义

组织结构是组织的框架体系。就像人类由骨架结构确定体型一样，组织是由结构来决定其形状的。组织结构是指为了实现组织的目标，在组织理论指导下，经过组织设计形成的组织内部各个部门、各个层次之间固定的排列方式，即组织内部的构成方式，它是整个组织管理系统的框架。组织结构是组织内部对工作的正式安排，其本质是为实现组织目标而采取的一种分工协作体系。

组织结构的定义包含三方面关键要素：

(1) 组织结构决定了组织中的正式报告关系，包括职权层级的数目和管理者的管理跨度。

(2) 组织结构确定了将个体组合成部门、部门再组合成整个组织的方式。

(3) 组织结构包含了确保跨部门沟通、协作与力量整合的制度设计。

上述三要素涉及了组织的纵、横方向。具体地说，前两个要素规定了组织的结构框架，即纵向的层级，第三个要素则是关于组织成员之间的相互作用关系。一个理想的组织结构应该鼓励组织成员在必要的时间和地点通过横向联系提供共享的信息和协调。

组织结构通常以组织结构图呈现。组织结构图是对一个组织内部部门的设置情况及各部门之间关系的描述。它不仅说明了组织的各个构成部分和相互关联的方式，而且也展现了各职位、各部门是如何整合为一个整体的。以图 8.1 为例，组织结构图精简地反映出组织的职位、部门以及层级关系等。

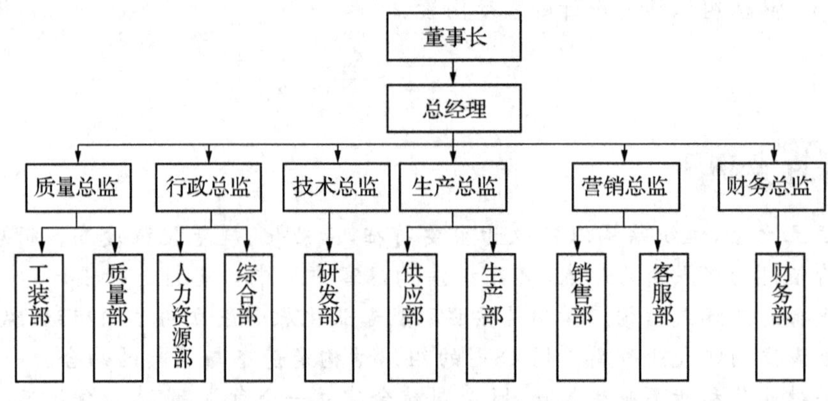

图 8.1　组织结构图示例

阅读材料：德鲁克谈建立组织结构

德鲁克认为："好的组织结构不会自动产生良好的绩效，但是在不健全的组织结构下，无论管理者是多么优秀，企业一定不可能展现出色的绩效。正确的组织结构是必要的基础。如果没有健全的组织结构，其他管理领域也无法有效达成良好的绩效。"

德鲁克认为："建立组织结构时，第一个要考虑的是这个结构必须满足哪些条件。"他认为，必须满足三个条件。

1. 管理结构在组织上必须以绩效为目标。企业的所有活动都是为了达到最佳的目标。……管理结构必须让企业有意愿也有能力为未来打拼，而不是安于过去的成就；必须努力追求成长，而不是贪图安逸。

2. 组织结构必须尽可能包含最少的管理层级，设计最便捷的指挥链。每增加一个管理层级，组织成员就更难建立共同的方向感和增进彼此的理解……

3. 组织结构必须能培育和检验未来的高层管理者。企业必须在员工还很年轻、还能学习新经验时，就赋予他们实际的管理责任，让他们在管理职位上当家做主。

资料来源：[美]彼得. 德鲁克齐若兰译. 管理的实践北京：机械工业出版社，2006。

8.2　传统的组织结构

传统的组织结构往往具有金字塔型的特点，即强调纵向的控制，坚持指挥链的原则，每个人都受其直接上司的控制和监督。组织结构严格而稳定，有标准化的工作和规则条例，权力集中在最高层领导的手中。典型的传统组织结构有：直线型组织结构、职能型组织结构和事业部型组织结构。

8.2.1　直线型结构

直线型组织结构(Line Organization Structure)是上级领导者直接而全面地管理下属组织的一种组织形式，是最早使用也是最为简单的一种组织结构。其特点是：组织各级行政单位从上至下按垂直系统直线排序，各级领导执行全部职能，不另设职能机构。直线型组织结构如图 8.2 所示。

图 8.2　直线型组织结构

直线型组织结构的优点：设置机构简单、权责分明、信息传递便捷、决策迅速、便于统一指挥和集中管理。

直线型组织结构的缺点：缺乏横向的协调关系；各层领导机构无专业分工，不利于提高专业管理水平；没有职能机构当领导的助手，当企业规模扩大后，领导者势必因经验、精力问题而难以进行有效管理。

直线型组织结构适合于企业规模较小，生产过程不复杂，生产技术比较简单的企业或用于现场作业管理。

8.2.2　职能型结构

职能型组织结构(Functional Organization Structure)又称为分职型或分部型，它的主要特点是在各级行政领导者之下，按专业分工设置管理职能部门，各职能部门在其业务范围内有权向下级发布命令和下达指示，下级要同时听从领导者和上级职能部门的指挥。职能型组织结构如图 8.3 所示。

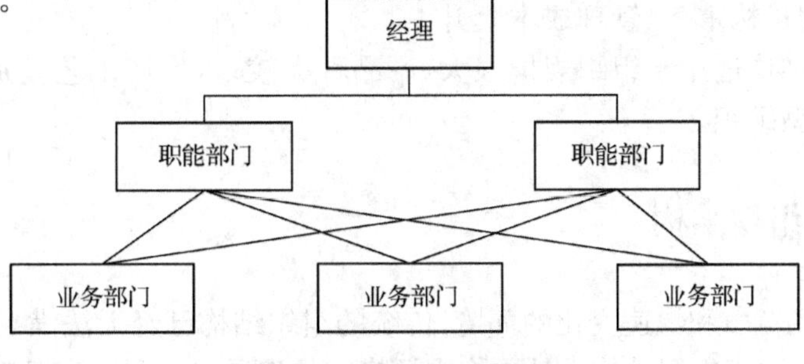

图 8.3　职能型组织结构

职能型组织结构的优点:充分发挥职能机构专业管理的作用和专业管理人员的专长,减轻了组织领导人的工作负担;由于各部门只负责一种类型的业务活动,有利于工作人员的培训和相互交流从而促进技术的进步。

职能型组织结构的缺点:妨碍了统一指挥的原则,在组织内部容易形成多头领导,不利于明确划分各行政直线部门和职能部门的权责,从而影响工作的正常运行,不便于行政组织间各部门的整体协作;组织常常因追求职能目标而忽视整体的最佳利益。

职能型组织结构适合于那些提供单一产品或少数几种产品的中小型企业组织,现代企业一般不采用职能型。

8.2.3 事业部型结构

事业部型组织结构(Divisional Organization Structure)强调对具有独立的产品和市场、独立的责任和利益的部门实行分权管理,其结构如图8.4所示。事业部一般按产品或地区划分,每一个事业部拥有足够的权力,能够自主经营,并实行独立核算、自负盈亏。最高管理机构保留投资决策、资金统一调度和监督检查等重要权力,并利用利润指标对事业部进行控制。事业部的领导则拥有本部门相对独立的生产经营管理权。

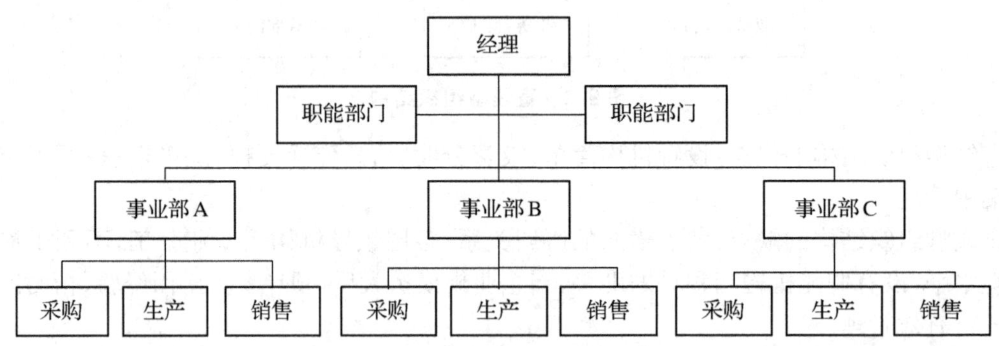

图8.4 事业部型组织结构

事业部型组织结构的优点:保持公司管理的灵活性和适应性,同时发挥了各事业部的主动性和积极性;总公司和最高管理层不束缚于日常琐事,将注意力转向重大问题的研究和决策;决策权不完全集中于公司最高层,而是分授给各个事业部,有利于增强事业部领导人的责任感和锻炼培养管理人员。

事业部型组织结构的缺点:由于允许事业部之间相互竞争,各事业部往往只重视本部门或单位利益,影响相互的交流与协助;各事业部均设置相应的职能部门,势必造成管理层次和管理人员的增多,管理机构重叠,管理成本上升。

事业部型组织结构适用于组织规模很大,产品种类较多,生产工艺差别较大,市场分布较广且变化较快的大型组织。

8.3 当代的组织结构

面对激烈的市场竞争和快速变化的环境,传统的组织结构已经无法满足当代组织的发展需要。动态复杂的环境要求组织结构设计更多强调横向的沟通与协调。管理者需要根据组织自身的情况，不断寻找纵向控制和横向合作、集权与分权的最佳组合，设计出最适合的组织结构。

8.3.1　团队结构

团队结构指的是整个组织由工作小组或工作团队构成并完成任务的一种组织结构。在这种结构中，对员工的授权非常关键，因为并不存在着从组织的最高层延伸至最底层的管理职权链。员工团队以他们认为最佳的方法来完成工作，同时对所负责领域的所有活动及结果负责任。

传统的垂直命令链固然是一种强有力的控制手法，但是决策都推给上面的做法费时太多而且上面责任太大。团队制使得上级有了一种授权给下面的途径，将责任适当地转移给下级，从而更加灵活和迅速地对外部竞争环境做出反应。

通常有两种方法来组织团队：

一是跨职能团队，它由来自不同职能部门的员工组成，负责解决共同的问题。通常团队成员仍然要向各自的职能部门报告，但是他们还必须向团队报告，而团队中的一个成员可以出任该团队的领导人。跨职能团队作为现有职能部门或事业部的一种补充组织结构，可以用来提高横向的协作机制。对于不断变化的项目，例如新产品或新服务的创新工作，就常常使用团队式组织结构。

二是永久性团队，它由一些员工组合在一起，形成类似于正式部门的团队。这些来自于所有职能部门的员工结合在一起，用来完成共同的任务或项目。这种团队的工作重点放在横向沟通和信息共享上，因此来自于所有职能部门的小组成员得以相互协作，为了完成单位交给的具体任务而贡献各自的技能。在这种团队里，权力被下放到较低的层次上，一线员工常常有自行决策和采取行动的自由。团队成员可以轮流担任，或者共同担任团队的领导工作。

在大型组织中，团队结构通常为职能型或部门型组织结构提供补充，从而使组织既有科层式行政机构的效率，又获得团队结构的灵活性。

8.3.2　矩阵型/项目型结构

如果一个组织中同时存在着几个常设的项目组，那么就变成了一种新的组织形式，即矩阵型（Matrix Organization Structure），如图 8.5 所示。矩阵型是为了适应在一个组织内同时有几个项目需要完成，每一个项目又需要具有不同专长的人在一起工作的情况。

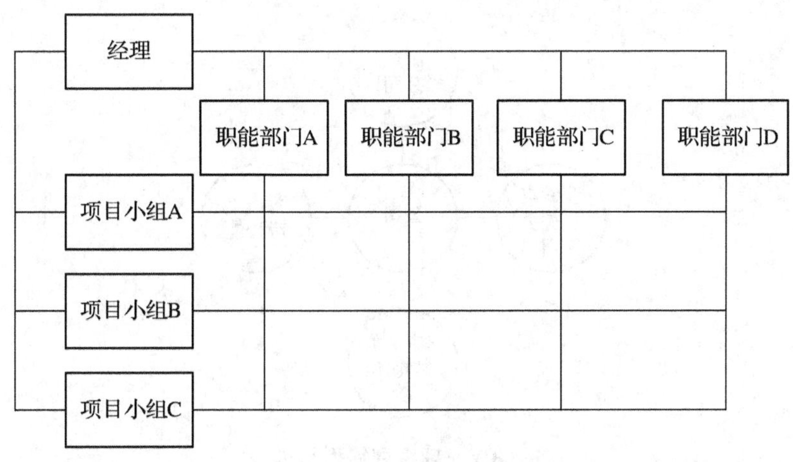

图 8.5　矩阵型组织结构

矩阵型组织结构的特点是：既有按管理职能设置的纵向组织系统，又有按产品、项目、任务等划分的横向组织系统。横向系统的项目组所需的人员从各职能部门抽调，他们既接受本职能部门的领导，又接受项目组的领导，一旦某一项目完成，该项目组即行撤销，人员回原部门工作。

矩阵型组织结构的优点：上下左右、集权分权实现了有效的结合，有利于加强各部门间的配合和信息交流；便于集中各种专门的知识和技能，加速完成某一特定项目；可避免各部门的重复劳动，加强组织的整体性；可随项目的开始和结束而组成和撤销项目组，增加了组织的机动性和灵活性。

矩阵型组织结构的缺点：由于各成员隶属于不同的部门，仅仅是临时参加某项目组，项目负责人对他们的工作好坏没有足够的奖励与惩罚手段，项目负责人的责任大于权力；由于项目负责人和原部门负责人对于参加项目的人员都有指挥权，因此这种结构只有当双方管理人员能密切配合时，才能顺利地开展工作。

矩阵型组织结构一般适用于创新性任务较多、生产经营复杂多变的组织。

与矩阵型组织结构相比，项目型组织结构更为先进。在这种结构下，员工持续地变换工作的项目小组，没有正式的职能部门，员工直接带着他们的技能、能力和经验到另一个项目中工作，所有工作活动都是由员工团队共同承担。此结构由于没有职能的划分和刻板的组织层级，因此避免了决策和采取行动迟缓的问题。并且管理者帮助取消或减弱组织壁垒，确保团队取得有效完成工作所需的各种资源。但是这种组织结构的缺点在于组织缺乏稳定性。项目型结构一般适用于需要各种不同专长的人在一起才能完成的工作，以及具有许多事先不确定的复杂因素的工作。

8.3.3 虚拟网络型结构

环境具有动态性和复杂性，适应性的网络组织能够对不断变化的外部环境做出灵活机动的反应。虚拟网络型结构(Virtual Network Structure)中，会计、生产、营销或分销等不再集中在一个组织进行，而是被外包给不同的公司，这些公司以电子化的手段与总公司相联结。虚拟网络型结构以自由市场模式代替传统的纵向层级制。处于网络中心的企业控制着那些自己在其中具有强实力或难以模仿的流程，而其他活动则移交给其他组织，如图 8.6 所示。

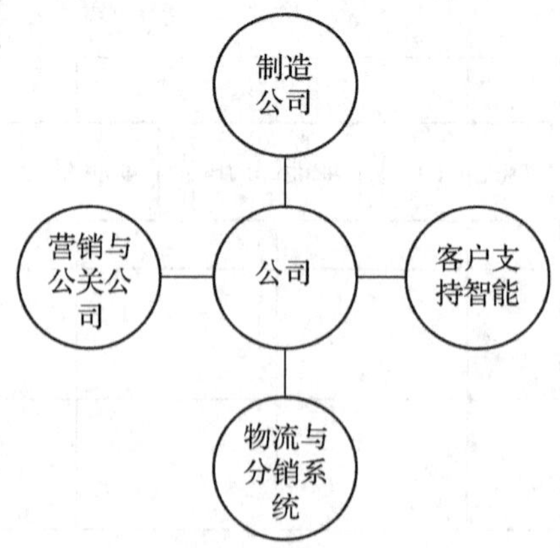

图 8.6 虚拟网络型结构

虚拟网络型组织结构的优点：无论多小的组织都能通过采用网络型结构实现真正的全球化，在全球范围内获取人才和资源；并且组织高度灵活，可以迅速应对需求的变化。虚拟网络型结构还能帮助新组建的公司或组织开发新产品和新服务，无须在工厂、设备和仓库等方面进行大量投资。此外，组织不再需要大量的专业人员和管理人员，大大减少了行政管理成本。

虚拟网络型组织结构的缺点：最主要的缺点就是缺少控制。此结构将分权用到极致，管理人员不能掌控所有企业运作活动，需要花费大量时间管理与签约伙伴的关系与冲突。此外，由于员工可能会感到自己随时会被外包签约服务所取代，员工忠诚度和公司文化可能会很弱。

全球化的时代，虚拟网络型组织结构逐渐流行，许多公司都采用这种外包方式的设计，网络型的结构常常对新的公司更为有利。

8.3.4　学习型组织

知识经济的到来使得企业意识到知识是企业持续发展的动力。企业学习能力与创新的结合将会提高企业的核心竞争力。因此，越来越多的企业开始尝试建造学习型组织。学习型组织(Learning Organization)是一个能够持续学习、适应和改变的组织。它本身并不涉及具体组织设计，而是对组织设计思想或理念的描述。在学习型组织中，员工可以通过持续获得和共享新的知识，身体力行地管理知识并将知识用于决策或工作。学习型组织重要的特征包括：组织设计、信息共享、领导和文化四个方面，如图 8.7 所示。在学习型组织中员工跨不同的职能领域分享信息并协同工作。在无边界的环境下，员工自由组合，以最佳的方法协同完成工作。团队是学习型组织结构的重要特征，由组织赋权给团队和员工，经理充当团队员工的促进者、支持者和倡导者，不需要上级指导和控制。

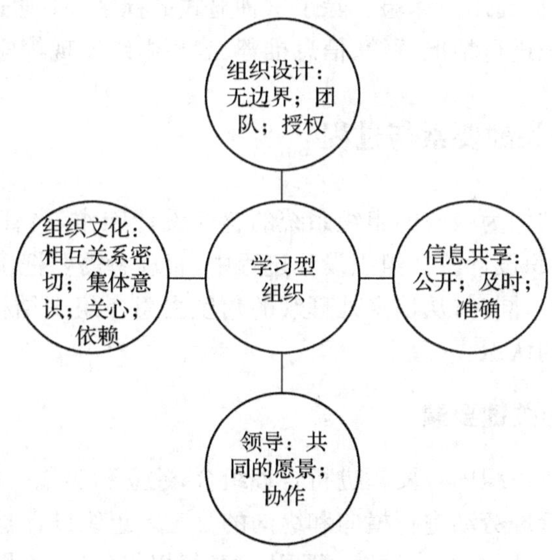

图 8.7　学习型组织

学习型组织的好处在于员工处于学习氛围中，认同企业共同的愿景，有强烈的集体意识，相互关心，彼此信赖。并且，员工可以自由公开交流，共享信息，进行试验和学习，不必担心批评或惩罚，这极大地激发了员工创新力，促进了组织发展。

学习型组织正是当前各企业所积极学习和推崇的，它的存在将有利于保持员工与组织的联系,提高组织竞争优势,为共享创新提供条件。

8.3.5 社区型结构

组织复杂的关系可以描绘成网络,这种复杂的网络结构可以自然地分成一些节点组,同一个节点组内的两个节点之间比不同节点组的两个节点之间更倾向于有边相连,组织网络的这种拓扑特性被称为社区结构(Community Structure),而每个节点组被称为一个社区,如图8.8所示。社区结构刻画了网络中连边关系的局部聚集特性,也体现了网络中连边的分布不均匀性。网络中的社区通常由功能相近或性质相似的网络节点组成,社区因此被认为有助于揭示网络结构和功能之间的关系。

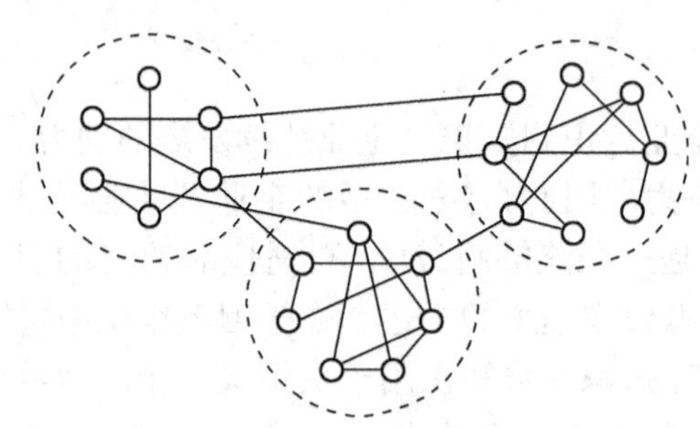

图8.8 社区型结构

随着互联网时代的到来,组织的管理不仅仅局限于线下,线上的管理沟通不仅便于部门间交流也有利于客户的联络与维护。作为社会计算平台普遍具有的核心组件,社区网络的存在可以增强用户的黏着度,提高用户体验。除了这种显式的社区外,通过分析网络化的UGC数据发现潜在的社区对组织进行精准营销、信息推荐、隐藏组织发现等应用显得越发重要。

8.4 组织设计的关键要素与过程

组织设计是以组织结构为核心的组织系统的整体设计工作,当管理者创建或改变组织结构时,他们就是在进行组织设计。在组织设计过程中,管理者需要把握组织结构设计的关键要素,遵循相应的设计过程。同时,从信息处理观的角度去思考组织结构设计工作,会加深对组织设计工作中相关问题的认识。

8.4.1 组织设计的关键要素

组织设计是管理者将组织内各要素进行合理组合,建立和实施一种特定组织结构的过程,其实质是对管理人员的管理劳动进行横向和纵向的分工。组织设计是一个涉及六项关键要素的决策过程:工作专门化、部门化、指挥链、管理跨度、集权与分权、正规化。它们之间的相互协调作用影响着组织的有效性以及组织结构的灵活性。

1. 工作专门化

工作专门化也称为劳动分工,是指将某项复杂的工作活动分解成许多简单的、重复性的工作任务。在大多数组织中,不同的工作任务对于技能的熟练程度要求有着一定的差异性。如果不采取劳动分工,意味着每个人都要从事制造过程的每一个步骤的活动,他们就必须同时具备从事最容易的工作和最困难的工作所必要的技能。其结果只会是，除了从事需要最高技能的、最复杂的任务之外，员工们大都在低于其技能水平的状态下工作，这也就意味着资源的浪费。

尽管工作专门化对于提升生产率非常重要，但是物极必反，超过某一个临界点后，工作专门化不会再带来生产率的继续提高，因为由工作专门化产生的非经济性——如疲劳、压力、枯燥等——会超过专门化带来的经济优势。

2. 部门化

劳动分工创造了专业化人员及其活动，也对协调提出了要求。将同类专业化人员及其活动归并到一个部门，在一个管理者指导下工作，就可以促进协调。所谓的部门化的原则就是将组织中的工作活动按一定的逻辑安排，归并为若干个管理单位或部门。划分部门有一定的原则，一般相似的职能应组合在一起，有联系的相关职能可归并一处，合并不同的职能以利协作，有利害冲突的职能应分开，尊重传统的习惯及工作守则等。

一般来说，部门化划分的依据可分为产出和内部操作两大类。普遍使用的以产出为中心的三种部门化是：产品部门化、顾客部门化、地区部门化；以内部操作为中心的两种部门化是：职能部门化和过程部门化。

3. 指挥链

指挥链是职权从组织的最高层延伸到组织最底层的路径，它表明了组织成员谁向谁汇报的问题。为了更好地理解指挥链，需要了解其他三个概念：职权、职责和统一指挥。职权是组织内部的正式权力来源，管理者被赋予职权来从事管理工作，这种权力仅仅与组织的某个职位相关。职权一般分为直线职权和参谋职权。直线职权向管理者授予直接指挥下属工作的权力，它从组织最高层延伸到最底层；参谋职权则为直线管理者提供参谋建议以解决直线管理者时间、精力和技能的不足。除了拥有职权外，管理者还需要承担相应的职责，职责是指承担履行指定工作任务的义务，管理工作强调职权和职责应该对等。统一指挥是指每一个下属应当而且只能向一个上司汇报工作，否则来自不同上司的相互冲突的命令会引发很大问题。

当前，职责、职权和统一指挥仍然具有很强的合理性，但是重要性已经有所降低。技术的进步已使员工可以同组织中的任何人进行交流，而不必通过组织中正规的沟通渠道。在某些情况下，严格遵守指挥链原则会造成组织僵化，妨碍组织取得良好的业绩。

4. 管理跨度

管理跨度是指一个管理者能有效地直接管理下属的人数。组织工作最直接的目的是为了让人类有效地进行合作，在合作的过程中必然产生管理跨度与组织层次之间的矛盾。组织层次是纵向的组织环节，即一个组织内所设的行政指挥机构分几个层面。也就是说，最高决策层下达一道命令传递到最基层，需要几级传送。因为一个管理人员有效管理下属的人数总是有限的，那就必然产生了组织层次。换句话说，组织层次的划分是因为受到管理跨度的限制，所以管理跨度是一个十分重要的概念。

许多组织正在扩大管理跨度以提高组织的效率。管理跨度受权变因素的影响很大，这些因素包括管理者和下属的能力情况，若下属训练程度高，经验丰富，管理者可以以较宽的管理跨度领导他们。其他决定合适跨度范围的权变因素有：下属工作任务的相似度、任务的复杂度、工作地点的相近性、组织文化的凝聚力和管理者领导风格等。

5. 集权与分权

管理工作中需要回答的问题之一是"决策是在哪个组织层级制定的?"。集权与分权决定了在多大程度上将决策权下放到组织的中低层。集权—分权不是一个非此即彼的概念,它只是关于程度的概念。这就是说没有绝对的集权也没有绝对的分权。影响集权与分权的主要因素有:组织的规模、职责或决策的重要性、组织文化、下级管理人员的素质、控制技术的发展程度、环境的影响等。

传统的组织结构呈金字塔型,职权和权力集中在组织的顶层。历史上这种结构的集权制度是最有效的,早期管理学者也认为这样可以使雇员的工作效率达到最高。但是今天的组织已经变得更加复杂,面临的外部环境变化也非常快,组织需要具备更高的灵活性以便对环境中的变化做出迅速的反应。因此,今天的管理学者认为决策应该由最接近问题现场的人做出,而不是视其在组织中所处的层次,分权化当前已经成为一个明显的趋势。组织最终采用何种程度的集权还是分权取决于如何能更好地进行决策和实现组织目标。

6. 正规化

正规化是指组织中各项工作的标准化以及员工行为受正式规则和程序约束的程度。不同组织的正规化程度有很大差别,即便在同一组织中,正规化程度也可能不同。高正规化的组织具有明确的职务说明和组织规则,员工自主权受到一定的限制;在正规化程度低的组织中,员工则有更大的自主权开展工作。尽管一定程度的正规化是协调和控制所必需的,但是当今许多组织较少依靠严格的规则和标准来指导和管理员工的行为,然而这并不意味着可以抛弃组织中的所有规则。

8.4.2 组织设计过程

组织设计是对组织的结构和活动进行创构、变革和再设计。尽管每一个组织的目标不同,组织结构形式不同,但每个组织的基本设计过程是相同的。组织结构的整体设计主要包括三个方面,即划分工作任务、实现部门组合以及确定报告关系。

1. 划分工作任务

根据目标一致和效率优先的原则,把达成组织目标的总任务划分为一系列各不相同又互相联系的具体工作任务,以形成相应的工作岗位。工作任务按照专门化的原则根据其工作性质的不同适当分类,如企业的市场研究,经营决策,产品研发,质量管理等,明确各类活动的范围和大概工作量。其次,根据工作要求,工作完成时间以及完成方式将相应任务分解,落实到个人,以此合理配置资源,提高效率。

2. 实现部门组合

一旦将组织的任务分解成具体可执行的工作,第二步就是按某种逻辑合并成一些组织单元,这就是部门化过程。部门组合关系到员工是否拥有共同的主管,使用共同的资源,一起对部门绩效负责并趋向于彼此认同和相互合作。部门组合主要是横向协调各成员,组合的方法主要有职能组合、产品组合、顾客组合、多元组合等。

3. 确定报告关系

工作活动和部门如何在组织中统一起来取决于报告关系。报告关系又称为指挥链或命令链,它是一条连续的权力线,连接组织的所有成员并表明谁应该向谁负责。报告关系明确管辖范围,使得各成员连接起来。在一个大型的公司中,员工之间的报告关系越复杂,界定报告关系的组织图数量也会越多。

根据以上三部分内容，即可将组织整体结构框架设计出来，形成相应的组织结构和明确组织内部的相互关系，提供组织结构图和部门职能说明书、岗位职责说明书。

8.4.3　组织设计的信息处理观点

结构的信息处理观认为，组织设计应该能够提供实现组织总目标所必需的所有纵向和横向信息流，有助于部门和雇员之间的沟通，这对实现组织的整体任务是必需的，否则就会影响到组织的效果。然而，在依靠纵向联系手段还是横向联系手段这个问题的处理上，组织存在着一个固有的矛盾。如果说纵向联系手段的设计主要是为了实施控制，那么横向联系手段的设计则是为了促进协调和合作，而后者常常意味着减弱控制。

组织可以在两类方案中做出选择：一是依照传统的以效率为中心的组织设计，强调纵向的沟通和控制；二是采用现代化的学习型组织设计，强调横向的沟通和协调。纵向联系（Vertical Linkages）用来协调公司上层和下层间的活动。下层雇员应该依据上层目标进行工作，上层的管理者应该了解下层的工作活动和完成情况。横向联系（Horizontal Linkage）指组织部门间横向沟通和协调的程度。横向沟通能够消除部门间的障碍，为员工合作提供机会，以便共同努力实现组织目标。当组织面临不确定性增大时，就要求进行更多的横向合作。横向联系机制经常不在组织图上表现出来，但确是组织结构的一部分。

图 8.9 比较了效率型和学习型组织的设计。对效率和控制的重视是与任务专业化、职权层级、规章条例、正式报告制度、很少的团队或任务小组、集权的决策等相关的，而对学习能力的重视则与任务共担、层级弱化、较少的规章条例、面对面的沟通、很多的团队或任务小组以及非正规的分权的决策等相关联。

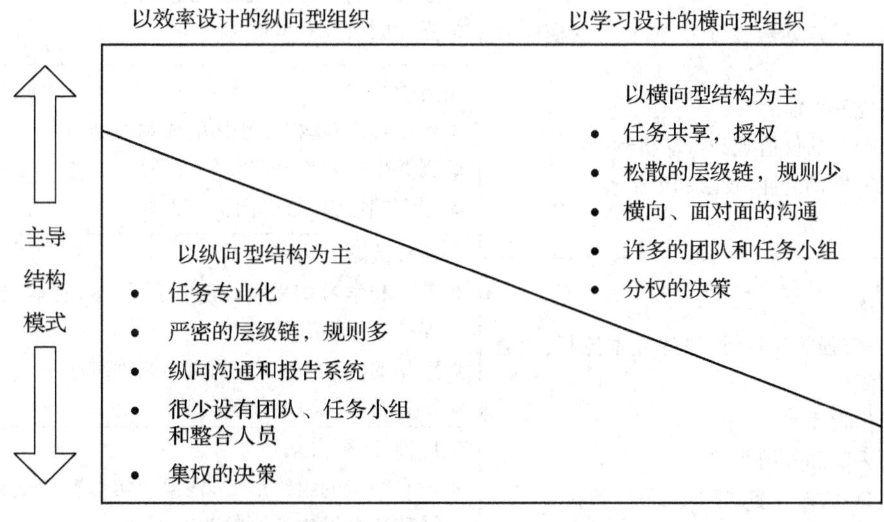

图 8.9　以效率为中心和以学习中心的组织设计对比

8.5 影响组织结构的权变因素

组织设计受到多个情境因素的影响,这些情境因素具体包括组织战略、环境、生命周期、技术、规模等多方面。组织结构应该随着这些权变因素的改变而改变,以更好地支持组织目标的实现。

8.5.1 组织战略

早期的战略—结构理论中,美国哈佛大学历史学家埃尔佛雷德·钱德勒(Alfred Chandler)于1962年出版了《战略与结构》,他的研究表明,企业组织结构是随着经营战略的变化而变化的。钱德勒发现,随着公司的发展、地理区域的扩大与多样化程度的增加,为了适应公司战略的改变,公司的组织结构也会发生相应的变化,依次从简单型结构向职能型结构和部门制结构转变。企业的经营战略决定着企业组织结构模式的设计与选择,反过来,企业经营战略的实施过程及效果又受到所采取的组织结构模式的制约。

后期的战略—结构理论中,迈克尔·波特根据企业的长期竞争行为将竞争战略划分为总成本领先战略、差别化战略和专一化战略;迈尔斯和斯诺以改变产品和市场的程度为基础,把组织划分为探索性战略、防御性战略、分析性战略和反应性战略。这些不同的战略都要求与之相适应的组织结构类型,如表8.1所示。

表8.1 与战略相应的组织设计

波特的竞争战略	迈尔斯和斯诺的战略分类
差异化战略 ● 学习导向;灵活、宽松的行为、强有力的横向协调 ● 强大的研究开发能力 ● 密切联系顾客的价值观和行动机制 ● 鼓励员工发挥创造性、冒险和创新	探索性战略 ● 学习导向;灵活、机动、分权的结构 ● 强大的研究开发能力
	防御性战略 ● 效率导向;集权和严格的成本控制 ● 强调生产效率和降低管理费用 ● 严密的监督;很少向员工授权
成本领先战略 ● 效率导向;较强的集权、严格的成本控制、频繁详细的控制报告 ● 标准化操作程序 ● 高效率的采购和分销系统 ● 严密的监督;常规任务、很少向员工授权	分析性战略 ● 效率和学习相平衡;在进行严格的成本控制的同时保持灵活性和适应性 ● 产品的高效率生产;同时强调创造性 ● 研究及冒风险的创新行为
	反应性战略 ● 没有明确的组织形式;根据现实情况的变化,组织设计特征会发生急剧的改变

8.5.2 环境

著名组织理论家汤姆森(J·D·Thompson)提出了用环境变化程度和环境复杂程度两个维度来衡量环境不确定性的定位方法。组织结构的调整就是减少环境不确定性的一种措施。

稳定性越强，机械式结构越有效；不确定性越大，越需要有机式结构。

对环境不确定性的一个反应是正式结构的数量和对雇员施加控制的程度。汤姆·伯恩斯(Tom Buns)和G·M·斯托克(G·M·Stalker)发现外部环境是与内部管理结构相联系的。当外部环境稳定时，内部组织具有规则、程序和明确的权力科层特点。组织是规范化的，也是集权的，大多数的决策由高层管理者做出。这种结构可以称之为机械式组织结构。而在迅速变化的环境中，内部组织是相当松散、自由流动和具有适应性的。规章和规则通常是非书面的，即使以书面的形式记录下来，也往往被忽略。人们不得不通过系统找出自己的方法确定如何去做。权力的科层是不明确的，决策权力分散化。这种结构可以称之为有机式组织结构。随着环境不确定性的增加，组织趋于更具有有机性。

表8.2　机械式和有机式组织结构

机械式	有机式
1. 任务被分解成专门化的、独立的部分 2. 任务被严格地界定 3. 存在严格的权力和控制层级，有许多的规章 4. 知识和任务的控制集中于组织的高层管理部门 5. 沟通是纵向的	1. 员工对部门的共同任务做出贡献 2. 任务通过员工团队重新调整和界定 3. 权力和控制的层级较少，规章较少 4. 知识和任务的控制分散在组织的各个地方 5. 沟通是横向的

8.5.3　生命周期

1972年，美国哈佛大学的葛瑞纳教授(Larry E. Greiner)在《组织成长的演变和变革》一文中，第一次提出了企业生命周期的概念，划分为5个阶段。1983年，美国的奎因(Robert E. Quinn)和卡梅隆(Kim Cameron)在《组织的生命周期和效益标准》一文中，把组织生命周期简化为四个阶段：创业阶段、集合阶段、规范化阶段、精细阶段。企业在生命周期的每一阶段上，都具有独特组织特征和不同的组织危机，如图8.10所示。

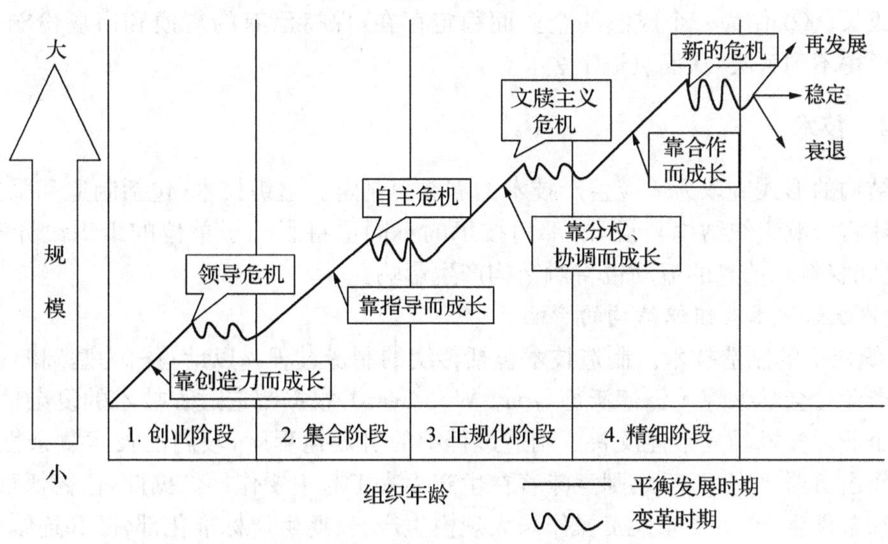

图8.10　企业生命周期与组织结构

(1) 创业阶段。创业阶段的主要特点是:公司创建者多是技术人员或企业主,他奉行技术导向和市场导向,把全部精力集中在制造和销售新产品上,并不重视管理方面的活动;企业往往还没有正式的、稳定的组织结构,分工粗,职工间的交流多采用非正式的方式;每日工作时间较长,依赖适当的报酬或分享股权;对企业内部活动的控制,主要依靠创业者亲自监督。创业阶段的主要危机是领导危机,解决方法是创业者学会当管理者或聘请一名新的优秀领导人。

(2) 集合阶段。集合阶段的主要特点是:建立按职能划分的组织结构,人员有较明确的职责和分工;主要的管理制度初步建立起来;初步建立职工的激励制度和工作标准;已部分代替领导人的亲自监督;职工之间的沟通开始采用正式的、书面的沟通方式;公司经理及其高级助手掌握各项指挥、决策权利,下层管理人员只能是职能专家,执行命令,没有自主权。集合阶段的主要危机是缺乏自主权危机,解决方法是实行分权,并在分权后强调管理的正规化,以寻求适当的控制和协调。

(3) 规范化阶段。规范化阶段的主要特点是:实行分权制的组织结构,日常的生产经营权下放到由较低的管理层次来行使;高层管理主要从事经营战略和重大的财务、人事决策,以及处理公司的例外性事物;组织结构强调专业化、制度化、规范化,规章制度得到进一步健全并得到严格的执行;对下级职工的考核和激励,不凭领导者个人的感情和印象,而依靠正规的、客观的奖惩制度;书面的、正式的信息沟通方式大大增加。规范化阶段的主要危机是:文牍主义(官僚)危机,解决方法是实行协作、团队的新观念,实行更具柔性和灵活性的管理

(4) 精细阶段。精细阶段的主要特点是:注意通过小组的群体活动来迅速解决各种问题,该小组由各职能部门人集合;常常采用矩阵的组织结构;削减公司总部职员,分派到各个小组中去,起咨询作用而不是现场指挥;物质奖励是依据小组的工作成绩,而不是个人成绩;在整个组织中鼓励创新精神,反对僵化、守旧。企业发展到这一阶段,达到了成熟阶段,但它仍需要更新,以适应变化了的内外部环境。面对更新,企业可能由三种发展前途:① 企业又进行了进一步改革和创新,如高层管理人员的经常培训和更替、机构和规章的精简,使得企业得到进一步的发展和成长。② 作为一个成熟的企业而稳定存在,保持已有的规模和市场份额。③ 遇到新的危机而得不到解决,从而衰退下去。

8.5.4 技术

组织结构的形式应该为适应生产技术的需要而制定。组织技术(包括制造和服务两种)作为一个整体将影响组织结构与设计;部门技术的不同也将影响子单位的组织设计和管理;此外,部门之间材料和信息的流动也将对结构产生影响。

1. 整体组织技术对组织结构的影响

① 组织层次的制造技术。制造技术包括传统的制造过程和以计算机为基础的制造系统。

英国产业社会学家琼·伍德沃德(Joan Woodward)根据制造过程技术的复杂性来扩展规模和组织企业。技术的复杂性反映了制造过程中的机器化程度,较高的技术复杂性意味着绝大多数工作由机器来完成,反之则意味着在生产中人工起主要作用。据此,伍德沃德将技术划分为小批和单件生产(主要靠人工操作)、大规模生产(长期生产标准化部件)和连续生产(整个过程机械化,无间隙)三种类型。伍德沃德发现,单件生产和连续加工技术方面的管理系统都

具有有机的特点，它们具有较高的自由流动性和适应性，相对较少的程序和非标准化。大规模生产则是机械的，具有标准化的职位和正式化的程序。

传统制造技术之后，以计算机为基础的制造系统最终发展为计算机一体化制造(CIM)。这种技术给工厂带来了彻底性的变革，使大型工厂能够以较低的成本大规模生产各种定制的产品。总体而言，与传统的大规模生产技术相比，CIM 的控制跨度较窄、科层少、任务具有适应性、专业化程度低，以有机和自我规制为特点。

② 组织层次的服务技术。服务技术与制造技术两者之间最大的区别是服务技术制造无形产出，而不是有形产品；其次，在服务过程中，顾客与雇员经常直接打交道，制造业中则很少见；最后，服务技术对地点的选择比制造业重要得多。

服务技术的特点对组织结构和控制系统的显著影响在于要求技术核心雇员与顾客保持密切的关系。顾客联系对组织结构的影响反映了边界作用的运用和结构的分散性。其次，服务性企业并不需要太大的规模，其最主要的经济功能是通过分解成为贴近顾客的较小单位来实现的。最后，服务技术对组织内部控制也会产生影响，一些组织给予雇员以知识和决策自由，并尽可能地使顾客满意。

2. 部门技术对子单位组织结构的影响

查尔斯·佩罗(Charles Perrow)具体研究了与组织结构和过程相关的部门技术活动的两个维度。一个是工作中的例外情况数量，即多样性；二是活动的可分析性，当转换过程具有可分析性时，工作可以转化为机械性步骤和标准程序来解决。依据这两个维度，可以将技术分为四种类型：例行性技术(低多样性，高可分析性)、技艺性技术(低多样性，低可分析性)、工程性技术(高多样性，高可分析性)和非例行性技术(高多样性，低可分析性)。

部门技术的性质决定适当的结构。例行性技术是机械性结构，高规范化、高集权化、少培训和经验、宽跨度以及纵向和书面沟通；技艺性技术是偏有机性结构，中等规范化、中等集权化、工作经验、中到广的跨度、横向口头沟通；工程性技术是偏机械式结构，中等规范化、中等集权化、正式培训、中等跨度、书面核口头沟通；非例行性技术是有机性机构，低规范化、低集权化、培训加经验、中到窄的跨度、横向沟通和会议。

3. 部门间工作流程的依存性

技术影响结构的最后一个特点称为依存性。依存性是部门之间为获得完成任务所必需的资源和材料而彼此相互依赖的程度。詹姆斯·汤普森(James Thompson)定义了影响组织结构依存性的 3 种类型。集合性，是部门间依存性最低形式，这种形式下，工作不在单位间流动；序列性，即一个部门的产出成为另一个部门的投入；相互性，是最高水平的依存性，两个部门的产出都是对方的投入。由于在相互依存中，决策、沟通和合作问题是突出的，所以相互依存性在组织结构中应该获得第一优先权，其次是序列依存性，最后才是集合依存性。大部分组织都具有各种层次的依存性，并且能够按照这些要求来设计结构。如在制造业中，新产品开发中各个部门之间承担着相互依存性，需要跨职能团队来处理相关活动；一旦设计出来，实际制造过程就具有序列依存性；而产品订货和传送具有集合依存性，仓库部门独立工作。顾客就近订货，除了缺货，不需要仓库间进行协调。

8.5.5 规模

美国组织学家彼得·布劳(Peter Blau)在分析总结组织规模对组织结构的影响时，明确指出:“规模是影响组织结构最重要的因素,但是,在组织初期组织规模对组织结构的影响要大于当组织规模达到一定程度后再扩大时对组织结构的影响程度。”例如,当一个组织的总人数从原来的600人增加到700人时,其对组织结构的影响程度就大于从原来2 600人增加到2 700人的影响。

不同规模企业在组织结构方面存在着以下差别。结构的正规化程度方面,大型企业的正规化程度通常要高于小型企业;决策分权化程度方面,当企业规模扩大时,分权将增加;人员结构方面,大型企业专业人员的比例上升,中高层行政人员的比例下降;结构的复杂性方面,随着组织规模的扩大,企业的组织结构越来越复杂,纵向复杂性和横向复杂性增加。

本章小结

1. 组织结构是指为了实现组织的目标,在组织理论指导下,经过组织设计形成的组织内部各个部门、各个层次之间固定的排列方式,即组织内部的构成方式,它是整个组织管理系统的框架。组织结构是组织内部对工作的正式安排,其本质是为实现组织目标而采取的一种分工协作体系。

2. 传统的组织结构往往具有金字塔型的特点,即强调纵向的控制。典型的传统组织结构有:直线型组织结构、职能型组织结构和事业部型组织结构。当代的组织结构则更多强调横向的沟通与协调。典型的当代组织结构有:团队结构、矩阵型/项目型结构、虚拟网络型结构、学习型组织和社区型结构。

3. 组织结构设计是管理者将组织内各要素进行合理组合、建立和实施一种特定组织结构的过程,其实质是对管理人员的管理劳动进行横向和纵向的分工。组织设计是一个涉及六项关键要素的决策过程:工作专门化、部门化、指挥链、管理跨度、集权与分权、正规化。

4. 结构的信息处理观认为,组织设计应该能够提供实现组织总目标所必需的所有纵向和横向信息流,但在依靠纵向联系手段还是横向联系手段这个问题的处理上,组织存在着一个固有的矛盾。纵向联系手段的设计主要是为了实施控制,而横向联系手段的设计则是为了促进协调和合作,后者则常常意味着减弱控制。

5. 组织结构受到多个情境因素的影响,这些情境因素具体包括组织战略、环境、生命周期、技术、规模等多方面。组织应该随着这些权变因素的改变而改变,以更好地支持组织目标的实现。

思考题

1. 组织设计的理论依据有哪些?

2. 组织设计包含哪些关键要素?其基本过程是什么?

3. 组织设计过程中，管理者如何寻找纵向控制和横向合作的最佳组合？
4. 如何理解组织设计的权变性？
5. 现代通信技术和控制技术的发展会对组织结构产生怎样的影响？

联想的组织结构变迁

联想是一家营业额近 500 亿美元的跨国企业，全球员工约 60 000 名，产品包括各种类型的计算机、存储、智能电视以及智能手机和应用软件等一系列移动互联产品。联想的研发团队分布在中国、日本和美国多个国家，并且在巴西、日本、美国和中国多地设立自主生产基地。

联想的前身是 1984 年中科院计算所投资 20 万元成立的计算所新技术发展公司。1987 年新技术公司和北京海淀区供销社共同组建中科院计算所计算机技术公司。1989 年改名为北京联想计算机集团公司。

短短 30 多年时间，联想成长成为 6 万员工，业务遍及全球的大型跨国企业，其组织结构始终随着企业发展而变化。

1. 创立阶段的组织结构形式

从 1984 年创立到 1987 年，联想作为一家初创立的小企业，企业员工比较少，1985 年仅 51 人，到了 1987 年也还不到 200 人。业务也比较简单，以贸易、技术服务为主，除联想汉卡有一定规模，多数项目业务量不大。人数较少并且业务不多，彼此之间的沟通较少。企业的资金比较紧张，需要集中使用；由于制度不太健全以及市场迅速发展，领导人有必要对为数不多的下级实行直接而迅速的监督和控制。

基于这一时期的特点，联想采取了简单的直线职能制组织结构形式。在总经理领导下设置了技术开发部、工程部、办公室、财务室、业务部等职能部门。其中比较重要的业务部主要负责宣传培训、维修、门市和技术实体。同时根据业务需要还设立了 IBM 代理北京中心和集体所有制的商店。这是一种没有明显的权力等级的简单结构，联想称其为“平底快船”。总经理实行直接指挥，权力集中，没有层次，保证了企业快速成长所必需的灵活性和快速决策。

这种组织结构由于比较合理高效、统一，为联想早期的资本积累和产品开发提供了组织保证，并且为联想的持续成长培养了一批管理和业务骨干。仅仅三四年时间，联想就初步形成了面向市场、同时内部相对集中的组织思路。

2. 成长阶段的组织结构形式

从 1988 年到 1993 年，联想开始由创业阶段转为成长阶段，组织结构开始逐步转为直线职能制体制。1987 年，联想制定了新的战略目标，主要包括：继续抢占市场，营业额实现 1.3 亿元；向海外进军，实现国际化经营；在计算机领域内形成技工贸的产业结构；筹建生产基地，在全国范围内展开经营；尝试多元化经营，布局非计算机领域。原有组织结构已经难以支撑这些战略目标的实现，因此联想开始调整组织结构，保证高层领导工作集中于基本决策上，有效地利用企业资源实现战略目标。

新的组织结构总体上仍然属于直线职能制组织结构，但是具有了一些事业部制的特征，联想称这为“大船结构”模式。这种组织结构强调明确岗位责任、权力等级和职能分工，强调交流和沟通正式化，强调“统一指挥，专业化分工”。虽然也是按照职能划分部门，但是相对前阶段的组织结构，具有新的特点：进一步完善了治理结构，实行集团领导，董事会下设总裁(经理)室。重新设置业务部门，并实行经济承包合同制，为向事业部制转型打下基础。通过制度化管理，实现统一协调性，通过设置一个决策系统，一套服务系统，一个供货渠道，一个财务部门，实现人员统一调动，资金统一管理。在部门内部实行目标管理和指令性工作方式。

联想的这一次组织结构调整，对联想集中资金、人力和进口渠道，确保企业形成核心竞争力、实进快速成长起了重要作用。同时为联想构建共同发展的信念和价值观创造了条件，为联想的高速持续发展奠定了基础，对联想影响深远的企业文化就是在这一阶段形成的。

3. 事业部制的组织结构形式

从 1994 年到 1999 年，联想开始了事业部制组织结构的转型。

随着联想业务日益多元化，企业规模和范围的日益扩大，决策速度慢、市场应变能力差的弊端日益显露；由于权力高度集中，组织层级日趋增加，包括研发营销在内的决策层难以了解市场的变化；企业最高层因精力和能力所限，妨碍企业制定合适的战略。不利于调动下属的积极性，不利于培养干部，特别是培养领军人物等弊端也逐步显露，构建事业部制的组织结构成为必然。

1992 年联想根据业务发展的需要，首先设立了汉字系统事业部和小型机事业部，要求事业部必须完成利润上缴数。在 1993 年市场形势萎缩的情况下，新成立的小型机事业部打破了多年来小型机营业额在几百万美元徘徊的局面，跃过千万美元，形成了北京、上海、深圳三足鼎立的系统集成开发基地和销售服务体系，事业部制的优势初步展现。

1993 年，联想历史上首次没有完成计划指标，这促使其决定全面向以事业部为基本形式的组织结构转型，联想称其为“舰队结构”。公司原有经营部门按产品划分为 14 个事业部。在公司总体战略部署和统一经营计划指导下，事业部对产供销各环节实行统一管理，享有经营决策权、财务支配权和人事管理权。公司设立销售总监、财务总监，成立审计部，同时健全人事、财务和审计等方面的制度，对事业部进行“目标管理”及过程监控。1994 年，联想微机事业部正式成立。事业部总经理被赋予经营决策、财务、人事三项权力，微机的供应生产、销售、质控、技术服务、软件支持等全部放在事业部，形成了研发、生产、销售、服务一体化的新的微机产业体系。

其后，联想继续调整组织结构，逐步形成了 6 大事业部，其中以电脑、代理分销、系统集成、板卡制造销售作为基本的战略经营单位(SBU)。事业部内部的组织结构也逐步完善，以直线职能体制为核心。事业部内部的职能分为两类，一类是管理部门，主要职能是企划部下的有关部门如规划、调查等部；另一类是职能服务或运作部门，主要对基本业务提供职能服务或支持，如研发、采购、制造、物控、质控等部门。1994 年刚成立电脑事业部时，总经理下的主要部门有销售部、市场部、技术部，供应部、综合部、软件中心。1995 年随着业务扩大，增设质控部和物控部，并且从销售部门中分离出负责购销结算的商务部。1996 年将销售部和市场部合并，成立研发部(研发中心)和技术服务中心，供应部更名为制造部，成立专管采购的部门、产品部和信息管理部。1998 年，根据业务部增加、产品线拉宽细化等情况，联想以产品和市场事业部为中心再次整合管理体制。

联想全面实行事业部是联想走向成熟的重要标志，在此过程中，联想“建班子、定战略、带队伍”的管理三要素思想逐步形成。在联想微机事业部成立后，事业部以微机销售为龙头，统一指挥，消除“内耗”，全方位降低成本，当年就完成了 4.5 万台的销量，并开始建立全国性的分销体系；1996 年微机事业部率先在中国市场上展开降价经营，使得销量跃居中国第一，确立了联想电脑在中国市场的优势地位。

4. 集团公司体制下的组织结构调整

2000 年前后，网络经济蓬勃发展，联想电脑销量虽然成为亚太第一，但难以维持长远发展，更难以进入国际市场竞争。人们普遍预测网络领域在此后十年内将会是一个稳定高速增长的市场。联想又面临新的战略选择，将事业部体制变成集团公司体制成为必然。2000 年 4 月，联想的业务被分成了两大公司，一个以“联想电脑公司”为主体，主要负责网络接入端产品和信息产品，以及 ISP 和 ICP 的服务为主；另一个以“联想神州数码有限公司”为主，组建“联想神州数码有限公司”，主要负责以电子商务为中心的网络产品，以及为客户提供全面的系统集成方案。联想集团公司的组织结构模式正式形成，联想电脑公司为其核心。

这次调整主要是考虑市场变化和业务发展的需要，同时也为联想新的领导人培养与选拔提供了契机。柳传志作为集团的首席执行官，主要负责集团的长远规划、文化整合、人才培养等更高层面的决策。企业具体的业务运作，包括业务调配、人事权则由两家子公司的负责人全面负责，这是一种极为有效的领导人培养模式。

2004 年联想电脑公司进行重组，联想的核心业务被确认为 PC 及相关产品（笔记本、服务器、外部设备等），此外重点发展的业务包括移动通信设备业务、IT 服务、网络产品、软件外包等。2005 年联想完成对于 IBM 全球个人电脑业务的收购。新联想成为全球个人电脑行业的第三大供应商，也真正成为一家大型跨国公司。海外市场成为联想发展的重点。

此后基于企业快速发展的需要以及外部环境的迅猛变革，联想在事业部制的基础上频繁地调整组织结构。2009 年 3 月，成立成熟市场与新兴市场两大业务集团，并按照产品结构成立新的 Think 产品集团及 Idea 产品集团。2012 年，对全球架构进行调整，新集团架构不再按成熟市场和新兴市场分类，而是将全球业务划分为四个大区，分别是中国市场、北美区、EMEA 市场（欧洲—中东—非洲）和亚太—拉美市场。2013 年 1 月，联想架构重组，划分为两大业务集团：Lenovo 业务集团和 Think 业务集团。2014 年，联想借着收购摩托罗拉移动业务，架构再次重组，将 Lenovo 及 Think 两大品牌改为以产品划分，分别为计算机、移动、企业及云服务四大相对独立的业务。2015 年 8 月，联想宣布重组移动部门，将联想与摩托罗拉的两个销售团队以及销售体系合并，将手机的设计、研发和制造都交给摩托罗拉，同时在全球范围内裁员 3 200 名。

实际上，自从 2000 年以后，联想在事业部制的基础上，频繁地对组织结构进行重组。这是因为一劳永逸的企业组织结构模式并不存在，企业应根据实际发展的需要不断跟进调整，而联想所在的 IT 行业在最近的十多年时间里变化巨大。但是重组并不是解决企业问题的根本方法，频繁地重组很可能会造成公司巨大的人事动荡，从而影响到企业未来的发展前景。联想如何取舍，值得深入考虑。

讨论题

1. 联想组织结构不断调整的原因是什么？
2. 根据联想的案例，谈谈组织结构受到哪些因素的影响？
3. 结合 IT 行业发展变化，你认为联想的组织结构未来还可能会在哪些方面进行调整？

第 9 章　组织变革与发展

学习目标

9.1　理解组织变革的含义与维度。
9.2　掌握组织变革的理论。
9.3　了解组织变革的态度与反应。
9.4　了解组织发展的含义和技术。

情境案例

当 W 上任时,G 公司正日益走向衰落。W 认为公司染上了大公司都有的“恐龙症”,即机构臃肿、部门林立、等级森严、层次繁多、程序复杂、官僚主义严重等。为了改变这种状况,W 提出要以经营小企业的方式来经营 G 公司。W 开始大刀阔斧地削减重叠机构。当时,全公司共有 40 多万职工,管理层次共有 12 层,工资级别竟多达 29 级。W 先后砍掉了 350 多个部门,将职工裁减为 27 万人。W 同时大力压缩管理层次,强制性要求在全公司任何地方从一线职工到他本人之间不得超过 5 个层次。这样,原来的宝塔型组织结构就变成如今的扁平型组织结构。现在,G 公司每个事业部都有特定的生产经营领域,具有充分的经营自主权,但 G 公司在某些方面又高度集权化,大部分事业部都同属一个法人企业,这与其他大公司不同。理论上组织结构相对而言应比较稳定,你如何看待 G 公司的组织变革?

组织变革与发展是当前社会经济活动中普遍存在并具有挑战性的管理活动,组织在其发展过程中可能要经历多次的变革与转型。相比二十年前,当今组织环境发生了巨大的变化,不确定性、模糊性和动态性成为显著特征。以阿里巴巴为代表的电子商务的异军突起,更是改变了绝大多数企业的经营模式和理念,也对组织变革提出了更高的要求。组织时刻处于变革与发展中,只有变化才是组织发展永远不变的特征。组织变革是不可逃避的现实,也是组织摆脱生存危机,转向发展的必要策略。作为管理者,需要加强对组织变革和发展过程的管控,以确保变革预期目标的顺利实现。

9.1　组织变革的含义与维度

当我们提及组织变革的时候,既会想到一些辐度较大的变革,诸如兼并、收购、重组以及外包等活动,也会想到一些幅度较小的变革,比如部门增减、人员调整、制度修订等。这些变革的初衷都是为了提升组织运营的效率和成效。那么,究竟什么是组织变革,它又具有哪些属性与层次呢?

9.1.1　组织变革的含义

所有组织都会面临或大或小的变革,需要从一种发展阶段转型到更高的发展阶段以更好地实现组织战略目标。组织变革是组织为了生存和发展从现有状态向未来目标状态进行转变的过程,它是组织做出的意图性和计划性的行动。组织变革对于各类组织要素做出计划性调整的目的是为了提升组织效能。这些组织要素包括组织使命与愿景、战略、目标、结构、过程或系统、技术和组织中的人。当组织能够通过变革来提升组织效能的时候,也意味着为其服务对象创造了价值。

组织变革的驱动力包括内部驱动力与外部驱动力两个方面。内部驱动力来源于组织文化系统、制度结构、人力资源系统、管理行动、技术服务、人际互动等内部要素,当这些要素在实现组织发展目标的过程中存在问题时,就迫使企业实施基于内部的组织变革策略。外部驱动力来源于市场、产业、劳动力、社会以及技术创新环境的变化所带来的压力和挑战,外部环境的变化也会迫使组织采取行动调整内部结构和系统,去适应新环境。

基于系统论的观点,组织被认为是一个开放的社会—技术系统,它要与各个层面的要素发生交互作用。一方面,组织需要与外部环境产生交互,如组织要对市场行情、产业政策、技术发展等做出适应性的反应。另一方面,组织也要与内部的子系统产生交互,比如组织要对部门结构、激励系统、文化价值、人员关系等做出相应调整。组织变革需要在外部环境的影响下对内部子系统展开变革,包括目标——价值系统、技术系统、组织结构系统、社会心理系统和管理系统五个方面的变革。

1. 目标——价值系统的变革

组织目标的设定与价值观的塑造对于组织发展至关重要。外部环境的压力和挑战(诸如经济低迷、市场萎缩、互联网兴起等)会迫使组织改变以往的战略目标与组织价值观以适应新的环境需求。目标——价值系统的变革对于组织来说是一种方向指引式的转型策略,为其他系统的变革奠定基础。

2. 技术系统的变革

新技术是促进组织发展和提高组织竞争力的有效策略。特别是随着互联网、云计算、新能源、新材料、现实虚拟等新技术的发展,企业原有的组织结构不得不注入或嵌入新技术模块,通过结合新技术因素产生新的发展点和竞争优势。比如互联网+的发展,一些传统制造业企业可以通过结合互联网技术或人工智能技术实现制造型技术的创新。

3. 组织结构系统的变革

组织结构系统的变革是组织内部形式中最为突出的变革。对于企业来说,结构层级的设计影响到整体层面的布局和决策特征。目前,扁平化、虚拟化、团队化的组织结构设计彰显出更加明显的结构优势。这种结构设计的调整是对环境变化做出的反应,使得组织内部流程变得更加灵活和适应,同时也伴随着管理授权与决策自主化的产生。组织内部也自下而上的沟通,基层人员的工作参与度越来越高。

4. 社会心理系统的变革

组织变革在执行阶段面临的重要问题就是人的因素。这体现了如何在组织内部优化人员关系,提高人员主动性,提升员工参与度和积极态度。社会心理系统的变革可以通过人力资源系统的再设计来进行体现,维持良好的组织——员工关系,塑造优秀的组织文化氛围,调动员工积极性和组织承诺是变革需要达到的主要目标。

5. 管理系统的变革

管理系统在推动组织变革的过程中担当主要角色，是组织发展的决策层。一家企业如何定位战略方向，制定何种变革策略很大程度上取决于管理者的决策。管理系统本身需要不断地适应外部环境的变化，因此需要及时地转换管理决策模式、管理沟通方式、管理行动风格以及管理知识结构，通过管理系统的变革来进一步促进和启动其他系统的变革。

阅读材料：组织无效的特征

Child 在《Organization》一书中指出，作为一般原则，当组织结构不适合组织要求时，就会出现一个或多个下述的结构无效的特征：

1. 决策迟缓或质量不高。由于科层制汇聚太多的问题和决策给决策者，因而他们可能负担过重；向低层的委托授权可能不足；另一种导致低质量决策的原因是信息可能没有传达给合适的人。无论纵向还是横向，信息沟通不充分，就不能保证决策质量。

2. 组织不能创造性地对正在变化的环境做出反应。缺乏创新的一个原因在于部门之间不能很好地进行横向协调，市场部门对顾客需求的识别和研究部门对技术开发的界定必须相互协调一致；组织结构中也应该有专门的部门性职责，包括环境监测和创新。

3. 明显过多的冲突。组织结构应该将冲突的部门性目标汇总成一系列整体组织目标。当各组织部门目标冲突、各行其是，或者在压力之下，为完成部门目标而不惜损害整体目标时，这种结构便是失败的。

9.1.2 组织变革的维度

组织变革的本质就是组织行动的变化。在组织行动不断变化的过程中，组织变革呈现出不同的特征或属性，而且会对员工的态度和行为产生重要影响。Rafferty 和 Griffin(2006)研究发现组织变革的频率、影响力与计划性特征会导致员工产生对于组织变革的不确定性，并间接影响员工工作满意度和离职意向。组织变革在执行过程中会呈现出相互对立的属性或特征。Guido 和 Geert Van (2011)结合以往研究归纳了八种变革特征维度，每种维度下包含两种对立的变革属性。每种变革属性会影响组织采用相应的变革行动来实施和实现目标。这八种组织变革的维度分别是：控制、范围、频率、幅度、时间、速度、目标和风格，如表 9.1 所示。

表 9.1 组织变革的维度与属性(来源 Guido 和 Geert Van，2011)

维度	属性	
控制/control	涌现性/emergent	计划性/planned
范围/scope	适应性/adaptation	转型式/transformation
频率/frequency	持续性/continuous	间断性/discontinuous
幅度/stride	渐进式/incremental	革命式/revolutionary
时间/time	长期/long	短期/short
速度/tempo	慢速/slow	快速/quick
目标/goal	开放式/open	限制式/strict
风格/style	参与式/participative	强制性/coercive

1. 控制维度

控制维度指的是组织变革能够被控制的程度，变革主体是否可以自由地选择变革策略与结果，或者他们的选择是否受到环境和系统特征的影响。组织变革的控制性体现在从涌现性到计划性的变化中。涌现性变革的控制性比较低，认为组织就是一种持续的流动，而管理者的唯一任务就是确认并强制这种流动的持续。变革是在这种流动过程中偶发产生的行动，缺乏变革意图或目标。计划性变革的控制性比较高，认为组织变革是意图导向的，遵循一定的阶段和步骤，需要变革主体审慎地做出规划。Mintzberg 和 Waters(1985)提出具有计划性的战略变革满足三个条件：变革意图要明确无误；整个组织要能够意识到变革意图，并能够给予支持；变革意图要按照计划来完成。

2. 范围维度

范围维度体现了组织变革实施的强度，它在适应性与转型式变革间进行波动。适应性变革与转型式变革最大的区别在于变革对于组织的影响程度。处于适应性变革中的组织成员只需要对现有的组织要素进行调整，并能够对环境产生适应。转型式变革是一种激进的或彻底的组织变革形式，组织会放弃最初的目标和现有的状态，追求一种全新的组织发展阶段和状态。这两种变革具有完全不同的特征，适应性变革表现出再调整、改进、持续提升、改良和收敛的变革特征，而转型式变革表现出范式改变、原型改变、革命、突进式改变以及整体性改变的特征。

3. 频率维度

频率维度指的是组织变革在一定周期内发生的次数。变革发生的频率可以从零到间断性变革，再到持续性变革。从来没有发生过变革是组织的一种惰性行为，从间断性变革开始，组织变革进入了一个相对稳定的变革状态，是一种不定期的变革形式。它是对组织—环境处于失衡状态的一种应对方式，用于将组织再次拉回到与环境的平衡状态。持续性变革是组织对于外部环境的逐步性适应过程，它嵌入在组织事件的恒常性、平滑性和不间断的流动过程中。持续性变革的基本假设是组织运行的环境变化是迅速的和不可预测的，组织只有不断地进行变革才能够与外部环境平保持平衡。

4. 幅度维度

幅度维度指的是组织变革是渐进式还是革命式的程度。渐进式变革以连贯性的小幅度调整在组织中进行呈现，变革速度比较缓慢。组织从以往的行动中获得反馈来调整战略、结构、文化和人员之间的不一致。但是长时间的渐进式变革导致组织系统和结构由于互相连接的太过紧密导致惰性，在执行后续的变革时会存在难度，这也是渐进式变革的不足。革命式变革会单次承担巨大的变革，组织的正式结构、决策惯例和信息加工渠道等要素同时发生剧烈的转变。革命式变革速度比较急速，希望能够一次性解决所有问题。

5. 时间维度

时间维度指的是变革执行阶段持续的时间，变革可以在一个比较短的时间内完成，也可以经历较长的周期来实施。因此，可以划分为短期组织变革与长期组织变革。管理者对于变革实施的时间周期会比较敏感，因为较长周期的组织变革经常会遇到更多的阻抗，甚至导致失败。但是研究表明，如果能够经常对变革项目做出检查和评估，周期较长的变革反而会比短期变革更加容易成功。不同的变革类型会花费不同的时间周期，比如渐进式变革要比革命式变革经历更长的周期；社会系统的变革要比技术系统的变革花费更长的时间；有外部咨询参与式的变革要比仅有管理层参与的变革经历更长时间。

6. 速度维度

速度维度指的是变革行动完成的节奏和速度。前后变革行动的承接会表现出不同的速度,有快速变革,也有慢速变革。不同的变革速度具有不同的特征。快速变革促使企业面对外部环境的压力和冲击能够迅速做出反应和调整,能够创造一种冲力去打破组织惰性和惯例,产生一种连接组织各要素的协同效应,并且还能降低和限制变革中潜在的阻抗和风险。但是,快速变革有时候不能够达到预期效果,因为面对应急的变革项目,快速变革反应很难有深入的思考和计划,并限制其他人员参与的程度。慢速变革的优势在于变革过程中可以较好地建立组织与员工间的信任与工作关系。

7. 目标维度

目标维度指的是当变革完成时,未来目标是一种开发式还是限制式的状态。目标设定是计划性组织变革过程中的关键要素,需要组织在变革之初来设定具体的目标,然后与变革完成结果进行比较。限制性的变革需要初始目标与变革结果的一致,这也是计划性变革的初衷。但是在变革执行过程中会产生一些意料之外的结果,它们不在变革初始目标的设定中。如果基于限制性变革的思路,当变革结果与目标不一致时,变革就是失败的,因为没有达到预期效果。但是以一种开发的视角来审视变革结果,当其与目标不一致时,所产生的意料之外的结果可能同样对于组织绩效是有积极作用的。

8. 风格维度

风格维度指的是变革过程的参与水平,在自我管理与命令驱动之间体现。参与式变革是一种自我管理式的变革,不需要使用行政命令,而是由相关人员主动参与实施。强制式变革则是一种命令驱动的变革方式,它需要高层管理者释放命令,强迫下属员工来接受变革。参与式变革与强制式变革各有利弊,需要根据组织领导方式、组织文化、外部环境和具体变革任务来确定具体的变革方式。

除了关注上述组织变革属性之外,我们还需要同时考虑变革的分析层次。组织变革过程可以在不同的层次上展开分析,具体包括个体、团队和组织三种层次。个体层次的变革主要聚焦在员工招募、工作配置、培训和开发、咨询、工作激励等活动,通过变革来调整和转变与个体员工相关的工作内容。团队层次的变革主要关注团队建设、自我团队管理、部门结构和交互方式等内容,改善团队内部结构和效能,提高组织运行过程中的团队动力。组织层次的变革则重点探讨组织整体系统的改进,诸如组织使命、战略、愿景、文化、服务产品和制度等内容。除了上述三种层次之外,对于一些大型企业还可以扩展到业务水平。因为这类企业会包含许多子系统,诸如地区分公司和多重团队系统等,业务水平的变革主要关注不同地区的子公司在商务、产品和服务等方面的转变,体现总公司对于各个地区和子公司的业务调整。

9.2 组织变革理论

组织变革作为一个复杂的动态过程,需要关注其变革机制问题。变革理论为描述和解释组织变革过程提供了一个良好的知识框架。一个好的变革理论不仅要回答组织变革是什么,更重要的是要回答变革如何产生,以及如何实施和开展变革。从勒温提出的三阶段组织变革理论起,产生了一系列理论来尝试回答这些问题。

9.2.1　勒温的三阶段变革理论

勒温提出的三阶段理论模型是最具影响力的变革理论，该理论认为一个组织变革过程包括从解冻、变革到再冻结三个有计划的阶段，如图 9.1 所示。

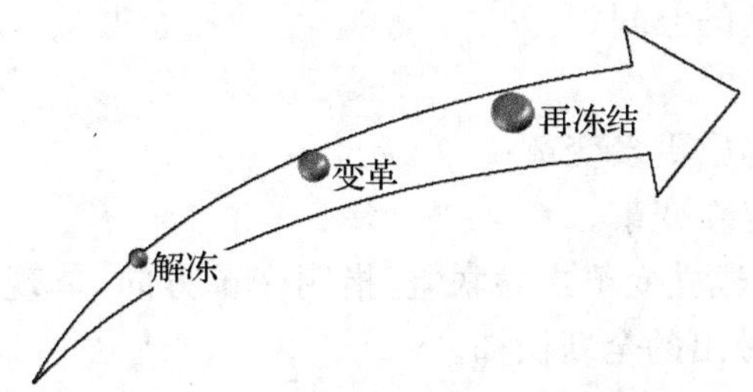

图 9.1　勒温的三阶段组织变革理论

1. 解冻

解冻指的是创设组织变革的动机和出发点。要求组织改变固有的行为模式和惯例做法，积极采用新的行动去适应组织战略目标和环境需求，这是一种打破组织稳定性的阶段。具体来说，可以通过两个方面来实现，一方面改变和放弃旧的行为模式和工作态度；另一方面加强变革前的动员工作，要让员工认识到组织变革的迫切性和重要性。需要采取积极措施降低员工对于变革产生的抵抗情绪，降低变革过程中可能产生的风险。变革前要将现有的工作表现、业绩水平和经营指标与竞争对手或优秀目标进行比较，找出差距，分析原因，帮助员工认识到组织变革对于降低这种差距可能产生的积极作用。鼓励员工采取积极的行为和态度来支持变革，同时摒弃旧的行为习惯和认识。

2. 变革

变革阶段是一个组织学习的过程，需要为管理者和员工提供新知识、新认识、新行为模式和新信息，尽可能减少不确定性和模糊性；需要明确变革目标，指明变革方向，在实施变革的过程中塑造新的行为模式和态度。如果说解冻是一个变革准备的阶段，那么变革阶段就是组织变革实际落地和执行的阶段。在这个过程中会引发新旧行为模式的冲突，需要管理者通过相关培训方法和技术，比如专家演讲、导师指导和集体培训等来强化员工的认识，降低可能产生的变革阻抗，逐步提炼和创造出变革所要达到的目标行为和策略。

3. 再冻结

再冻结是一个强化过程，即采用相关的强化手段将新的态度和行为模式固定下来，再让组织回归到相对稳定的状态。为了能够让变革的预期目标保留下来，组织可以采用积极强化的策略，对于管理者和员工的新行为模式给予正面的肯定。如果缺乏该阶段，组织变革的结果就很难保持持续性，更加难以实现预期的变革效果，可能会让组织回流到原有的行为模式中，甚至会导致组织变革的失败。

9.2.2　Kotter 的组织变革理论

Kotter 认为组织变革失败的原因是多方面的，其中最为重要的因素包括：缺乏对变革紧迫性的认知，缺乏有针对性的变革管理领导小组，没有有效的变革沟通机制，更缺乏系统性的规划与价值体系。为此，他认为有效的组织变革过程应该是一个包括八个阶段的过程。

（1）建立一种紧迫感；

（2）建设变革指导联盟；

（3）设置变革愿景和战略；

（4）交流和沟通变革愿景；

（5）给予员工自由行动的空间；

（6）制造短期成功；

（7）巩固变革成功并提出更多变革；

（8）基于组织文化锚定新变革。

在这八个变革阶段中，建立变革指导联盟，指明变革方向，体现了变革领导力的效能。锚定新的变革则是对新环境做出的全新认知。

Kotter 的理论与勒温的三阶段理论一样，都属于一种线性的变革思路。认为变革过程按照直线方式要经历一些必要的阶段。接下来介绍的系统变革理论认为变革过程不是线性的，而是非线性的。

9.2.3 系统变革理论

系统变革理论强调组织变革过程中各个要素之间的交互效应和联系，如图 9.2 所示。与线性思路相比，系统变革理论认为需要将整个系统作为变革的基本分析单元。该理论包括输入、变革要素和输出等三项内容。

1. 输入

输入部分包括内部和外部两个方面的内容。内部内容指的是分析组织内在的优势和劣势，而外部内容指的是组织面临的机会和威胁。通过这两个方面的分析，可以明确组织使命、愿景目标和战略规划。为组织变革过程确立战略制高点，明确变革目标和需求。

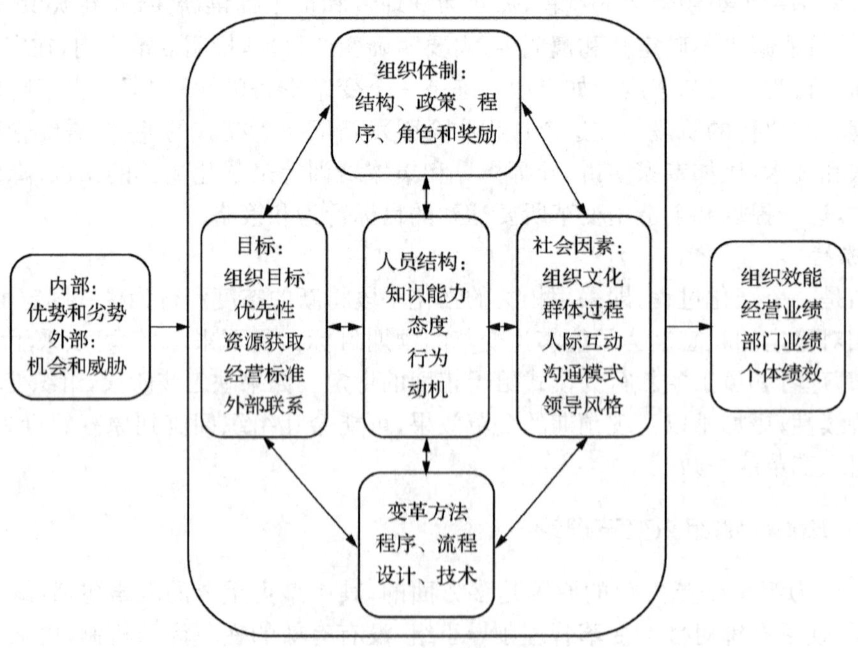

图 9.2 系统变革理论

2. 变革要素

变革要素由目标、人员结构、社会因素、变革方法和组织体制等因素组成。这些要素体现在组织变革的整体过程中，是变革必不可少的组成要素。作为系统和整体的一部分，这些要素之间是相互联系，相互制约的。组织变革过程需要对这些要素进行整体性考虑，根据它们之间的权衡关系来制定和执行变革。

3. 输出

输出指的是组织变革所要达到的预期结果，是对组织变革水平的考量指标。可以在多水平上进行分析，包括个体绩效指标、团队业绩和组织业绩指标等方面。多个层面的考量指标有助于评价组织系统的整体效能。

9.2.4 Schein 的适应循环理论

组织变革包含对于环境的适应性特征，它发起于外部环境的压力，伴随着组织与环境的失衡，需要组织采取变革行动做出对环境适应性的反应。Schein 的适应循环理论认为组织变革就是一种对环境进行适应循环的过程。具体来说，包含六个步骤。

(1) 洞察内部环境与外部环境中可能产生的变化，随时察觉可能的威胁和机会；

(2) 向组织变革管理部门提供有关变革的信息和信号，说明组织变革的必要性；

(3) 根据变革信息改变组织内部的组织过程，改变原有组织结构和行动模式；

(4) 尽量避免和降低变革执行过程中可能产生的消极作用和阻抗；

(5) 输出变革形成的新产品和新成果；

(6) 通过信息反馈和评价，分析外部环境和内部环境的一致性程度，评价变革结果，明确变革效能。

组织在经过一轮的变革之后，再次从对内外部环境的察觉中，寻找下一轮变革的机会和迹象。

9.2.5 涌现性组织变革理论

组织变革过程是复杂的，因为外部环境、组织任务和目标常常是不明确的。严格地按照某种既定的方式在复杂环境下来进行变革往往难以成功，多数组织可能同时要承担多种不同的变革项目，每种变革需要的支撑和资源也不尽相同。所以，组织很多时候是基于外部环境的变化而涌现出具体的变革措施。与线性的计划性变革不同，涌现性变革理论强调对于不断变化的环境做出持续和开发性的适应和调整。涌现性变革的基本假设是内外部环境的复杂性和不确定性，来源于变革主体对于问题和机会的反应。

Collins 提出了基于涌现性变革理论的模型，他把公司分为卓越公司(great)和良好公司(good)。所谓的卓越公司是在金融指标方面超出同行和竞争者 4 到 20 个数量级。他认为从良好到卓越的发展中包括建立和突破两个阶段。该理论不关注特定的变革计划，而是关注为保持竞争优势而实施的突破性变革的特征和过程，该理论克服了一个基本问题，即把任何特定的变革与同时开展的其他变革看成是孤立事件。

1. 建立阶段

该阶段的任务是任命、培养和激励卓越型领导。通过卓越领导力的发挥，调动和联系员工，既要塑造领导魅力，提升领导素质，也要正视管理现实，认识管理局限性，形成组织变革的理念和价值观。

2. 突破阶段

突破阶段需要为组织的业务、产品、服务、部门和员工等建立一种激情。组织既要赋予员工工作自主性权利,也要学习组织纪律的重要性。

9.3 组织变革的态度与反应

组织变革尽管很普遍,但是却很艰难,很多时候伴随着失败。一方面是因为组织变革策略难以制定。面对未来的不确定性,组织难以衡量一种变革策略是否有效和全面,是否权衡了各个层面的变革需求。另一方面是因为组织变革策略难以实施。变革需要处理组织内部的利益关系调整,来自于多方面的阻抗经常会导致变革中途夭折。组织变革如此艰难,那么该如何有效地推动变革?探讨变革背后的过程和行为,降低变革的阻抗,就成为一项非常值得关注的事情。

9.3.1 变革承诺

当组织变革会给员工工作环境和内容带来相应变化时,员工会对组织变革产生自己的看法和态度,而这种态度会直接影响员工在变革执行过程中的行为倾向。麦肯锡的调查结果表明仅有30%的企业在变革中基本达到预期目标,大多数企业的变革是失败的。而造成这种失败的重要原因是由于变革管理者忽略了员工对于变革的感受和态度,难以获得他们的支持。

组织变革承诺是体现员工对于变革持有积极态度的重要指标。变革承诺属于变革执行中的关键个体要素,当变革缺乏员工的承诺时会造成变革难以执行,甚至失败。从概念上讲,变革承诺指的是将个体与促进变革成功实施的一系列必要的行动结合起来的一种心理状态和思维定式,是一种表现员工支持和促进组织变革的态度和意向,它决定了员工在变革过程中的行为表现。与组织承诺不同,变革承诺的目标对象是组织变革过程,并在此过程中表现出积极执行变革的行为。

变革承诺具有三种类型的承诺:变革情感承诺、变革规范承诺和变革持续承诺(Herscovitch & Meyer, 2002)。变革情感承诺指的是基于员工对于变革持有的内在情感信念而对组织变革提供支持的意向。员工在这种情况下自发表现出愿意留下来帮助组织完成变革。变革规范承诺指的是基于责任感和义务做出支持组织变革的意向。当员工能够从变革中感知到自己的工作责任,认为变革是其工作的一部分时,他们就会持有一种规范性的变革承诺。变革持续承诺指的是基于离职成本考量而做出支持组织变革的意向。离职对于员工来说意味着要放弃一些积累已久的资本比如经验、奖励和机会等,由于担心离开组织会带来这些损失,不得不继续留在组织中,并选择支持组织变革。以往研究表明变革承诺要比组织承诺能够更好地预测员工对于变革的行为支持,而变革情感承诺和规范承诺要比变革持续承诺产生更高水平的变革行为支持(Herscovitch & Meyer, 2002)。

9.3.2 变革准备

变革准备(Change Readiness)指的是个体员工对于组织的变革需求程度以及是否有能力成功地承担变革所持有的信念、态度和行为意向。变革准备体现变革接受者(一般指员工)对于实施变革的态度和反应，它包含认知和情感成分。在组织变革的学术研究中，变革准备是非常普遍的一个反映变革积极态度的概念。在变革实施前，应该主动关注和提高变革准备，而不是在实施变革过程中将精力放在如何降低变革阻抗上。Armenakis 和 Harris(2009)提出了制定变革准备的六个侧面。

1. 识别出变革接受者的五大变革信念

变革接受者背后的动机和信念对于变革前的准备工作至关重要。其中包括五个基本信念：① 差异性，通过分析组织现状与目标状态的差异来确定组织变革是否必要的信念；② 适宜性，制定某种具体变革策略可以解决上述差异的信念，即某种变革是否适合解决差异；③ 效能，变革接受者与组织是否能够成功执行变革的信念；④ 主要支持，相信组织领导者对于能够成功实施变革的承诺，即关于领导者提供支持的信念；⑤ 效价，关于变革接受者可以从组织变革中获益的信念。变革信念的识别是变革准备的第一步，为后续的变革诊断、创造变革准备和变革制度化等方面奠定基础。

2. 鼓励变革接受者的主动参与

基于变革接受者的信念，在变革诊断、环境分析和调整方面积极鼓励员工参与其中。可以采用行动研究的视角，让员工主动提供诊断需求所需的信息，鼓励他们投入更多的变革努力，提升他们对于变革效能和效价的认识。

3. 有效地诊断出变革需求

组织诊断包括识别出问题症状(低利润、高员工流失率和缺勤率等)与症状产生的原因。诊断分析的结果可以驱动做出变革的决策，因为现状与目标存在分歧和差异。这是触动变革需求的最为直接的原因。变革接受者由于担心差异的存在而会采取积极主动的措施来接受和支持变革，反映了他们对于变革的准备状态。

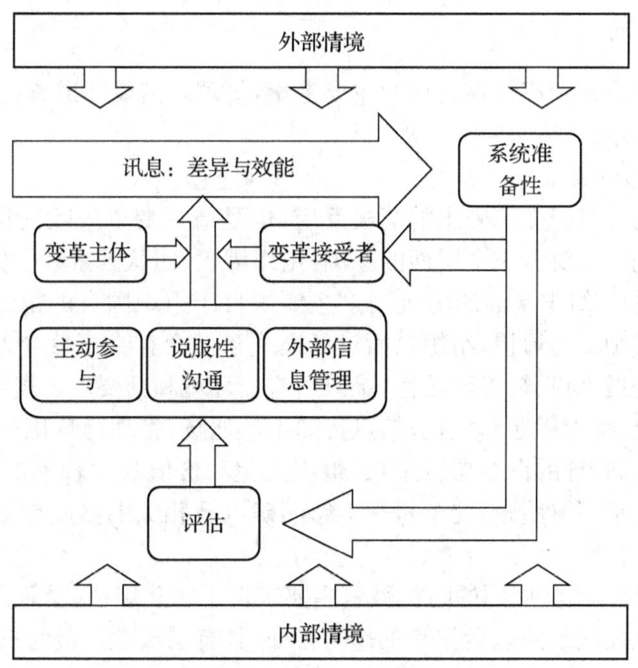

图9.3　变革准备模型

4. 创造变革准备

Armenakis 和 Harris(2009)提出了一个变革准备模型来解释如何创造变革准备(图 9.3)。该模型融合了多种要素，认为外部情境和内部情境为变革诊断提供相关的讯息，来分析组织现状与目标间的差异。然后通过变革主体特征(各层面领导者)，变革接受者特征以及变革评估的相互作用来描述变革准备的塑造过程。

5. 制定影响五大变革信念的关键领导策略

领导策略的重要作用是帮助变革接受者形成五大变革信念，提高他们对于变革的积极态度和意向。其中最具代表性的领导策略包括主动参与、说服性沟通和外部信息管理。主动参与策略指的是管理者鼓励员工积极主动地参与组织变革，包含对于下属员工的授权，为员工创造积极参与变革决策的机会。说服性沟通指的是管理者采用有效的沟通渠道将变革讯息及时传递给下属员工，设法鼓励员工主动接受变革，相信变革的必要性。外部信息管理指的是管理者借用外部信息来提高变革讯息的可靠性。随着新媒体技术的发展，管理者可以及时从组织外部获得相关信息，也可以通过外部专业咨询公司为员工提供必要信息，增强员工对于变革的认知水平。

6. 变革准备的持续评估

为了更好地提高变革准备水平，需要及时地对变革的准备状态提供评估和反馈。评估的具体方法可以是定量方法，也可以是定性方法，亦可以是两种方法的混合。结合评估的具体技术，需要给出评估变革准备性的信度和效度系数。

变革准备还是一种多层次概念，个体、团队和组织层次上均可以体现变革准备。多层次的变革准备性对于提高整体变革能力、集体绩效、变革支持行为、群体态度，以及个体工作绩效和态度具有积极的影响。

9.3.3 变革阻抗

消除变革阻抗是保证变革能够成功的主要考量，管理者需要知道哪些因素影响变革阻抗，并采取相应的克服策略。

1. 变革阻抗的影响因素

变革阻抗是人们对组织变革做出的消极反应，也是造成变革失败的重要原因。组织变革为什么会遭遇阻抗呢？主要有三个层面的原因：组织因素、团队因素和个体因素。

① 组织层面因素。组织层面的阻抗因素主要来自于组织固有的惰性。变革意味着需要放弃原有的行为模式和工作习惯，组织在面对新模式自然会存在抵触和冲突。组织惰性表现为面对变革时反应缓慢刻板、缺乏灵活性，难以适应新环境和新要求。组织之所以有惰性是因为组织内部体制固化，决策程序单极化，信息传递不够通畅，管理行政化和官僚化比较严重，组织层级结构比较明显，管理的命令层级过长，组织文化和价值观比较陈旧等。另外，组织变革实施的配套环境和政策不够明晰，变革目标不够明确以及相关的激励政策不够到位也是造成变革阻抗的组织因素。

② 团队层面因素。团队层面的阻抗因素主要来自于团队规范、团队内聚力和团队领导风格等因素。团队规范反映了团队运作和工作的特征，具有层次性。最为核心的规范难以改变，而边缘的规范则相对容易改变。组织变革带给团队的冲击就是要适当地改变核心规范，保持与组织变革目标的一致性。当变革与团队规范产生冲突时容易遭受阻抗。内聚力较高的团队

对于变革的阻抗往往也比较高，它反映了团队成员对于团队的认同。勒温指出组织变革需要打破团队抵触变革与推动变革之间的平衡力，解冻原有的团队规范和模式，塑造新的团队规范和模式，然后在获得新旧模式平衡的同时重新冻结。团队领导对于团队是否接纳和支持变革具有重要的作用，一方面需要团队领导宣传组织变革，指明变革目标和方向，鼓励成员支持和参与组织变革，并且能够解答成员在变革中遇到的难题；另一方面团队领导要具有变革领导力，及时转变变革认知模式，发挥自身在变革中的领导角色。

③ 个体层面因素。个体层面的阻抗因素来自于员工对于变革后果的担心，认为变革会触动和损害自身的工作利益。基于职业认同和安全感的认知，员工在组织变革的影响下，会由熟悉、明确的工作任务和安全、稳定的环境，转变为陌生、模糊的工作任务和风险、动荡的环境。因此，员工自然会对组织变革产生抵触，认为变革会给他们的工作任务带来威胁。另外，基于经济因素和工作地位的考量，员工会认为变革会降低自己的收入和福利，改变原来的岗位和职责关系，甚至会带来失业。这种潜在的利害关系会促使员工抵触，甚至破坏变革。最后，员工自身的性格特质、工作关系、知识结构和教育水平等原因也可能是产生变革阻抗的个体因素。

2. 克服变革阻抗的策略

组织要想变革成功就需要最大可能地降低和消除变革阻抗。可以从以下几种策略入手来克服阻抗。

① 鼓励参与变革。鼓励员工参与变革决策制定和执行是消除变革阻抗的重要策略。研究表明，员工对于组织决策的参与程度越高，就越能够承担起相应的工作责任，支持组织变革进程。为了消除员工对于变革的阻抗，可以吸纳和鼓励员工为变革决策提供信息和建议，让他们深刻感受到自己是变革过程的一分子。这样员工就会逐渐消除对于变革的抵触，甚至更加愿意花费精力去执行变革，并希望变革能够实现预期目标。

② 做好变革中的沟通和宣传。做好变革中的沟通和宣传工作也是克服变革阻抗的有效策略。员工对于变革的抵触很多时候是由于不了解变革的具体内容和信息，变革存在信息不对称，他们感知到的是不确定性。组织可以通过沟通和宣传，与员工分享变革讯息，促使他们形成积极的变革信念，消除他们对于变革的模糊性。具体来说，通过教育培训、网络媒体、内部会议和沟通媒介（电子邮件、通告板、年报、内部刊物等）及时向员工传达变革信息，解决认知困惑。反过来，通过沟通媒介，组织也可以从员工那里得到工作反馈，及时改进变革进程。

③ 发挥变革领导力的作用。能否消除员工变革阻抗的重要因素还来自于变革领导者的角色。领导代表了组织变革主体，其特征属性、行为模式和情绪反应会对下属产生潜在的影响。面对组织正在发生的变革，领导者的角色也需要改善，从固有的领导模式向变革导向的模式转变，能够为员工及时指明变革方向，树立变革目标，帮助解释和认知变革进程，维持和改善良好的组织—员工关系。变革领导（Change Leadership）是管理组织变革的高效领导模式，它是基于战略的视角来处理手头的变革，聚焦于此时此地的具体变革事件。它在变革管理过程中不断地向员工传递变革使命价值，创造变革愿景，授权员工，提升工作动机。变革领导的构建有助于提高员工的变革承诺，降低变革阻抗。

④ 变革的时间和进程。变革实施需要一定的时间才能够完成，不可能一蹴而就，因此管理者需要更有耐心地推动变革，设置合理的变革时间点。很多时候，决策者忽略了变革执行的难度，一味地往下施加压力，逼迫员工快速执行变革，在很大程度上会加剧员工对于变革的抵触，忽略了人们对于变革内容的适应周期。因此，变革决策者需要根据变革实施的难度和可

行性制定合理的变革时间点，提高组织对于变革的适应水平。

阅读材料：组织变革的十大挑战

著名管理大师彼得·圣吉在《变革之舞》一书中总结了组织变革遇到的十大挑战。

1. 无暇顾及：变革者没有充裕时间对变革产生的重大问题进行思考并进行反复实践。

2. 缺乏帮助：变革没有得到上级与有关方面必要的支持与帮助，也缺乏必要的培训、辅导与协助。

3. 毫不相干：组织成员看不到变革计划能对企业、部门及个人带来好处。

4. 言行不一：变革者所倡导的新价值观、新工作行为、新领导风格与他们的行动格格不入。

5. 焦虑恐惧：变革者担心提出的变革措施由于可能会触及方方面面的利益，从而最终会影响自己的地位、前途及与他人的关系。

6. 此路不通：由于企业没能采取恰当的方法与程序测量变革所取得的进步，甚至对变革的结果做出负面评价，导致组织成员得出“变革之路不通”的结论。

7. 傲慢孤立：组织的其他成员对变革者心存抵触情绪，甚至拒绝配合，使变革者陷入孤立无援的境地。

8. 无人负责：变革者要求更多的自主权，但是上级担心权力失控而不愿分权，结果造成变革者不愿承担责任。

9. 原地踏步：组织没能及时沟通变革的信息，导致变革的经验无法推广，组织还是依然故我。

10. 走向何方：组织向何处发展、有哪些新目标不明确？由于企业的未来有许多不确定性，组织成员充满焦虑与不安。

9.4 组织发展

组织发展（Organization Development，简称 OD）是一个多学科交叉的研究领域，这些领域包括商业、工业/组织心理学、人力资源管理、沟通、社会学以及其他学科。它们为组织发展提供了不同的知识结构和技术视角。组织变革与组织发展有十分密切的关系，组织发展可以看成实现有效组织变革的手段。

9.4.1 组织发展的含义

组织发展在学术研究和管理实践中均得到大量的关注，人们对其概念的认知和界定是不同的。Richard Beckhard 将组织发展界定为：运用行为科学知识，通过组织过程中的计划性干预手段，在整个组织系统中从高层管理出发做出有规划地提高组织效能和健康的一种方法和技术。该定义强调组织发展要采用行为科学的知识和计划性干预的手段，目标是为了提高组织效能，重视高层管理者驱动的组织变革方式。

Burke 和 Bradford 认为组织发展要具有人文主义价值观、行为科学的知识结构和开发系统理论基础，要促使组织关键维度诸如外部环境、使命、战略、领导力、文化、结构、信息和奖励体系，以及工作政治和程序等因素保持一致性，其目的要在计划性变革的全系统过程中提升组织整体效能。

Michael Beer 认为组织发展旨在：(1) 提升组织结构、过程、战略、人员和文化之间的一致性；(2) 开发新的并具创造性的组织解决方案；(3) 发展组织自我更新能力的一种包含数据收集、诊断、行动计划、干预和评估的全系统性过程。

本书将组织发展界定为一种基于社会和行为科学知识结构，采用相应的组织干预技术来增强组织效能和促进组织变革的过程。组织发展的目标是为了提高组织效能，具体来说是为了提升和促进组织变革。组织发展对于变革的意义在于如何管理好变革，如何促使人们更好地执行变革，以及如何让人们从中受益。

9.4.2　组织发展技术

组织发展运用行为科学的知识、理论和技术开发出一套用于改善员工心理素质，提高工作生活质量，改善组织效能的干预技术。组织发展技术被广泛地应用于组织变革过程活动中，其中最具代表性的包括敏感性训练、调查反馈技术、管理方格图训练和过程咨询等。

1. 敏感性训练

敏感性训练(Sensitivity Training)是一种以经验作为基础的方法，旨在通过团队间的相互帮助和交互，增强管理者的自我认知和分析他人行为的能力，又称为 T 小组训练。敏感性训练重视团队间的开放和分享，促进团队内部的交流和沟通，注重个人价值观。它的主要训练对象包括管理者和一般员工。在训练期间，鼓励人们自由地讨论相关专题，主动表达想法和意见，分析自我感受和行为，积极接受别人的反馈。

参加训练时，每次不超过 15 人左右，允许有一名训练主持人。时间周期一般为 3 天到两周。敏感性训练的主要步骤如下：

① 首先不规定正式的讨论程序和召集人，鼓励参训人员自由讨论和发挥，相互启迪，加强交流和了解；

② 鼓励学员开放地表达自己的想法和观点，并对他人的意见做出反馈；

③ 重视团队关系建设，保持良好的人际交往，鼓励相互分享和团队合作，能够对他人行为和想法感同身受；

④ 在实际的问题解决过程中巩固学习效果，强化团队关系。

主持人仅作为协助者，并不需要过多干预，而是要鼓励其他成员去表达和交流。敏感性训练可以有效地应用于管理培训和团队建设活动。

2. 调查反馈技术

调查反馈(Survey Feedback)运用问卷技术调查和分析员工态度和组织氛围，从中察觉和发现组织可能存在的问题，制定问题解决方案和建议，并将调查结果反馈给组织。调查对象可以分布在组织各个层面，个体、团队和整个组织。调查反馈采用标准的问卷，这个可以借鉴美国密执安大学社会研究所开发和设计的标准问卷，它包括三个方面内容：领导行为的评价，组织沟通、决策、协调和激励状况，以及员工针对组织活动的态度。通过该问卷的实施，可以较好地发现组织存在的问题，设计问题解决方案，改善组织成员的态度和心理感受，提升组织文化和明确组织目标。反馈问卷的反映形式主要借鉴李克特量表尺度，可以是 3 点，5 点或者 7 点尺度，方便数据统计分析的标准化。

3. 管理方格图训练

管理方格图(Management Grid Theory)是由美国行为科学家 Blake 和 Mouton(1964)提出来的,是一种运用方格图研究组织领导行为及其效能的理论。他们把领导行为分为关心生产和关心人两个维度,每个维度划分为 9 等级,形成 81 方格,方格 9.9 的领导行为成为管理训练的目标。后来将其运用到组织变革理论中,用来探讨组织发展方式。与敏感性训练不同,管理方格图训练不只是工具和手段,更是适于组织发展的一项全面计划。管理方格图训练包括六个步骤。

① 开始预备阶段。在实验室进行讨论训练,介绍训练内容和领导风格概念;

② 小组发展阶段。小组成员共同讨论如何才能达到方格 9.9 中的领导行为,制定相关的学习方案;

③ 群体间发展阶段。从该阶段开始着眼于整个组织的发展,确定组织内部群体间可能产生的联系、问题和冲突;

④ 制定组织目标阶段。小组成员集体讨论组织发展的重要目标,商讨解决方案,增强群组参与的责任感;

⑤ 完成目标阶段。群体成员根据事先制定的方案和步骤来完成发展目标,并对发展过程中可能出现的问题进行协商解决;

⑥ 巩固效果阶段。对学习过程中出现的积极行为进行强化,稳定训练学习的结果。

4. 过程咨询

过程咨询(process consultation)也是重要的组织发展技术,主要通过团队内部交互或团队与咨询顾问之间发生沟通交流等方式,用于诊断和发现组织发展过程中面临的突出问题。过程咨询需要管理人员与内部或者外部的咨询顾问共同参与,这是过程咨询技术最为显著的特征。与敏感性训练和调查反馈不同,过程咨询的主要目的不是解决组织现存的问题,而是要帮助组织成员改变理念,做到问题导向。组织发展过程中的许多领域,比如组织沟通、群体角色、团队决策、团队规范和发展、团队领导以及内部成员人际关系等方面存在的问题,都可以通过过程咨询来进行诊断和分析。

过程咨询的优点有两个方面,一方面可以解决组织现存的人际协调工作和群体间关系的突出问题,提高人际关系的质量。另一方面可以帮助组织诊断和解决自身存在的问题,比如组织结构和战略等问题。过程咨询的局限性在于组织成员不能像其他技术那样广泛参与整个发展过程,而且过程咨询的时间周期一般都比较长,成本比较高。

本章小结

1. 组织变革是组织为了生存和发展从现有状态向未来目标状态进行转变的过程,它是组织做出的意图性和计划性的行动。组织变革包括两个方面的驱动力:内部驱动力和外部驱动力。

2. 组织变革包括以下五个子系统的变革:目标——价值系统、技术系统、组织结构系统、社会心理系统和管理系统。

3. 组织变革的八种维度:控制、范围、频率、幅度、时间、速度、目标和风格,每种维度包括两种对立的属性。组织变革的分析包括个体、团队和组织三个层次。

4. 勒温的三阶段变革理论:解冻、变革,到再冻结。

5. Kotter 的变革理论包括八个阶段:建立紧迫感、建立指导联盟、设置愿景和战略、交流和沟通愿景、给予员工自由空间、制造短期成功、巩固成功、锚定新变革。

6. 系统变革理论包括输入、变革要素和输出等三项内容。

7. Schein 的适应循环理论认为组织变革是一种对环境进行适应循环的过程。

8. 变革承诺是将个体与促进变革成功实施的一系列必要的行动结合起来的一种心理状态和思维定式,包括变革情感承诺、变革规范承诺和变革持续承诺。

9. 变革准备指的是个体员工对于组织的变革需求程度以及是否有能力成功地承担变革所持有的信念、态度和行为意向。

10. 影响变革阻抗的因素包括组织因素、团队因素和个体因素。克服阻抗的策略包括鼓励参与变革、变革沟通和宣传、变革领导力、变革时间和进程。

11. 组织发展界定为一种基于社会和行为科学知识结构,采用相应的组织干预技术来增强组织效能和促进组织变革的过程。组织发展目标是为了提高组织效能,具体来说是为了提升和促进组织变革。

12. 组织发展技术包括敏感性训练、调查反馈、管理方格和过程咨询等。

思考题

1. 举例说明组织变革中的五种内部子系统变革。
2. 联系组织变革实际,论述组织变革的重要问题和属性。
3. 论述组织变革的主要理论模型的基本思路和观点以及对于组织变革实践的指导意义。
4. 员工对于组织变革的态度和反应都有哪些方面?如何消除组织变革中的阻抗?
5. 什么是组织发展以及提高组织变革的发展技术有哪些?

案例

海尔的人事剧变

2005年9月20日,作为中国民族工业的代表,海尔创立了"人单合一"的商业模式。可如今,海尔这个全球最大的家电帝国传统企业遵循的"正三角"形科层制架构被打破,西方盛行的线性固定管理流程被废除,最为常见的员工雇佣制也被舍弃……

倒逼着张瑞敏推动这场变革的是家电业薄如刀片的利润。很长一段时间内,中国家电行业的平均利润率仅为2%—3%,跟许多制造行业一样,家电业也正面临规模制造的产品越多、销售的难度越大、积压的库存越多等难题,最后家电商只得降价促销,对品牌和利润带来巨大的伤害。

传统企业的组织是串联的,从企划研发、制造、营销、服务一直到最后的用户,企划与用户之间有很多传动轮,但这些传动轮并不知道用户在哪里,这是企业里的中间层。还有一些社会上的中间层,比如供应商、销售商。这些中间层拉远了企业和用户之间的距离。十年前,张瑞敏就看到了传统家电业的弊端所在,希望通过"人单合一"的商业模式,实现员工与用户的交互、企业与市场的对接,从而摆脱行业困局。可多年后,他却猛然发现,企业的规模越大、渠道越长,与用户的距离越远,"企业与市场始终是分离的"。

互联网时代,用户与企业的关系正在发生着改变:第一,企业和用户之间实现了信息零距离,原来企业的大规模制造注定要被大规模定制所代替;第二,去中心化,每个人都是中心,金字塔式的组织架构变得扁平化;第三,分布式管理,全球的资源都可以为我所用,全球就是企业的研发部和人力资源部。为了达到真正的"人单合一",在互联网风暴的冲击下,在企业不断自我颠覆和探索试错中,每个海尔员工经历了一次痛苦的转型。

海尔"外去中间商,内去隔热墙",把架设在企业和用户之间的引发效率迟延和信息失真的传动轮彻底去除,让企业和用户直接连在一块,从传统串联流程转型为可实现各方利益最大化的利益共同体。在这个利益共同体里面,各种资源可以无障碍进入,同时能够实现各方的利益最大化。

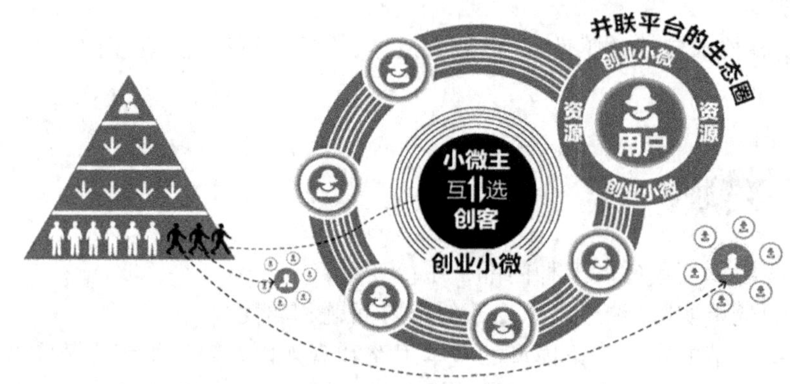

图1　互联网冲击下的海尔组织结构

要建成并联的生态圈,组织结构一定要变。现在的海尔,没有层级,只有三种人——平台主、小微主、创客,都围着用户转。平台主从管控者变为服务者,员工从听从上级指挥到为用户创造价值,必须要变成创业者、创客,这些创客组成小微创企业,创客和小微主共同创造用户、市场。小微主不是由企业任命的,而是创客共同选举的。创客和小微主可以互选,如果小微主做了一段时间被小微成员认为不称职,可以选掉。如果企业内部的人都不行,还可以引进外部的资源。这些小微加上社会资源,就变成了一个生态圈,共同去创造不同的市场。这就会形成有很多并联的生态圈,对着不同的市场,对着不同的用户。

32岁的孙传滨原是青岛海尔洗衣机厂的一名员工,在这次变革中,他通过竞标抢单成为海尔免清洗洗衣机"小微主"(即创业团队负责人)。传统企业先生产产品,再寻找顾客推销,孙传滨操盘的"小微"恰恰相反——先有用户再有产品。北京的一位海尔用户把满是残垢的洗衣机内桶照片贴到用户群里,提出有没有给孩子专门使用的免清洗洗衣机时,竟得到了五六万用户的响应。这一建议被采纳后,通过546万人次网络交互和网络设计大赛,海尔从800多个解决方案中遴选出10个解决方案。在海尔洗衣机平台公开竞争中,孙传滨成功竞标,成为免清洗洗衣机“小微主”，全权负责这款新产品的研发、生产和销售。

此前，作为传统企业的员工，孙传滨被海尔雇佣，由企业付薪，日常的主要工作是执行领导的决策与命令。可当他成为“小微主”后，如今孙传滨与海尔的关系是动态合伙人，海尔将经营权、用人权和分配权交由小微。作为回报，小微企业开发出新产品，海尔占有一定股份。同时，企业变革后开始对平台主、小微主、创客们“断奶”，实行“用户付薪”政策。即，一切人员的收入来自市场，如果没有销售收入，海尔只给每人发放月均 2 000 元的基本酬，保证基本生活，如果连续挣不到钱就地解散。

海尔“免清洗用户小微”共有四个创客，在网上广泛收集用户信息、形成产品方案后，一人与“设计小微”联系研发，一人与“线体小微”联系生产，一人与“营销小微”联系网上销售和地面销售。他们是原来洗衣机厂的不同部门，现在组成了一个独立核算的实体，进行自组织、自管理、自创业。

员工转变为创业者，身份变了，不得不面临着转型的痛苦。张瑞敏原本希望，“员工不再作生产线的附庸，成为自己的 CEO”，帮助每一个员工都迅速孵化出来，从内部破壳而出。可事实上，多数人从执行者转向创业者却并非朝夕之功。数十年来，员工被雇佣，由企业付薪，被培训为强有力的执行者。可如今员工们猛然发现，企业最需要他们具备的能力不是执行而是创业。过去两年间，海尔累计裁掉了高达 2.6 万名员工，占总人数的近一半。其中包括大量中高层管理人员。因为在扁平化组织架构中，中高层往往没有用武之地。一位海尔老员工回忆道，过去两年中，留下的海尔员工人心惶惶，要么担心被裁掉，要么担心业绩完不成。由于取消了雇佣制，海尔不与员工签订任何劳动合同。小微团队创业后，员工还与原来在海尔上班基本一样，但却成了海尔的业务关联方，有些只能与第三方劳务公司签约，让人找不到过去的归属感与安全感。

截至 2015 年底，海尔集团已支持内部创业人员成立 200 余家小微公司，涉及家电、智能可穿戴设备等产品类别，以及物流、商务、文化等服务领域。另外，在海尔创业平台，已经诞生 470 个项目，汇聚 1 328 家风险投资机构，吸引 4 000 多家生态资源，孵化和孕育着 2 000 多家创客小微公司，越来越多的社会人员选择海尔平台进行创业，海尔创建的创业生态系统已为全社会提供超过 100 万个就业机会。

（本案例选自，“海尔的人事剧变”，经济观察报 2015 年 10 月 10 日，作者 种昂；海尔集团官方网站）

讨论题

1. 哪些因素导致了海尔集团的此次组织变革？
2. 海尔的组织变革主要包括哪些方面的内容？
3. 哪些因素会影响这种剧烈变革的成功实施，如何有效实施变革？

第 10 章　人力资源管理

学习目标

10.1　理解人力资源和人力资源管理的含义。
10.2　掌握工作分析的内容和流程。
10.3　掌握人力资源规划与配置的内容。
10.4　掌握人员招聘与再配置的内容。
10.5　掌握培训开发管理的内容。
10.6　掌握薪酬管理的内容。
10.7　掌握绩效管理的内容。

情境案例

小王最近应聘到一家公司做人力资源总监。进入公司之后,小王发现公司的人力资源管理工作仍然停留在过去的人事管理事务性操作阶段,工作简单且枯燥。小王想努力扮演好人力资源管理者应该承担的角色,开始向业务部门提供人力资源管理方面的专业知识和建议,但是依然感觉自己的部门在单位里处于一种可有可无的尴尬境地。尽管公司制订了雄心勃勃的战略计划,但这似乎和人力资源部门没啥关系,领导也不是特别关注这个部门,其他部门的负责人也认为人力资源就是一个辅助性的部门。这样的环境让小王感觉工作十分没有成就感,他开始思考人力资源管理在公司发展中究竟应该扮演什么样的角色,以及公司的人力资源管理难道仅仅是人力资源管理者的事情吗?

人力资源管理在实现组织可持续竞争优势中起到无法替代的作用。一个组织的绩效水平很大程度上取决于其聘用员工的素质高低。几乎每个组织的核心和灵魂都是它的员工,组织竞争优势的形成有赖于能够发现并使用这些具有高水平技能的员工,而这些员工往往能够成功地执行各项任务,并最终促进组织战略目标的实现。人力资源管理是指在组织内部设计并运用正式的体系以确保有效益和有效率地使用人力资源去实现组织的目标,这包括为了吸引、激励和开发优秀的员工而采取的一切行动。

10.1　人力资源和人力资源管理的含义

彼得·德鲁克(Peter Drucker)1954 年在《管理实践》一书中引入了“人力资源”这一概念。

他指出，和其他所有资源相比较而言，人力资源唯一的区别就是它是人，并且是经理们必须考虑的具有“特殊资产”的资源。作为一项特殊资源，人力资源有着自身独特性，在对其进行管理时，也有着独特的管理内容、技术和方法。

10.1.1　人力资源的含义及特点

资源在《辞海》中被解释为“资财的来源”。在经济学中，资源是能够创造物质财富而投入生产活动中的全部要素。一般而言，资源能分为以下几类：(1) 自然资源，用于生产活动的一切未经加工的自然物质。(2) 资本资源，一般指用于生产活动的一切经过加工的自然物。(3) 信息资源，指对生产活动及其有关的一切活动的事、物描述的符号集合。(4) 人力资源，是生产活动中最活跃的因素，也是一切资源中最重要的资源，因为其特殊的重要性而被经济学家称为“第一资源”。

众多学者从不同的角度给出了人力资源的定义。如伊万伯格(Lvan berg)认为，人力资源是人类可用于生产产品或提供各种服务的活力、技能和知识。内贝尔·埃利斯认为，人力资源是企业内部成员及外部与企业相关的人的总和。郑绍廉认为，人力资源是指能够推动整个经济和社会发展的具有智力劳动和体力劳动能力的人们的综合，它包括数量和质量两方面。从组织管理的角度考虑，本书中人力资源的概念是指：组织内部参与产品和服务生产活动的、具有智力劳动和体力劳动的人员的总和，它包括数量和质量两个方面。

人力资源作为进行社会生产最重要的资源，其主要特征可以概括为五个方面，即能动性、社会性、两重性、时效性和再生性。

1. 能动性

能动性是指人力资源具有思想、情感和思维，人在价值创造过程中具有主观能动性，对自己的价值创造过程具有可控性。能动性是人力资源区别于其他资源的最根本特征。在工作中，人的工作动机将直接影响工作的结果及工作价值的实现，就算同样人力资本存量的人力资源，在同样的时间里，其所能够创造的价值都可以有很大的差距。所以，在人力资源管理中，激励问题就显得尤其重要。

2. 社会性

社会性是指人力资源具有人性和社会道德的一面。不能将人力资源简单地作为物力资源来看，必须要从人性的角度来加深对人的理解。正因如此，在人力资源管理过程中，不仅要满足人的经济需求，更要注重人的各种社会需求。同时，因为不同民族文化和社会环境的影响，个体的行为可能会与团队倡导的文化、行为准则发生冲突，这就要求在人力资源管理中，要注重建设人与人、人与群体、人与社会的关系及利益的协调，注重团队文化的建设。

3. 两重性

两重性是指人力资源既具有生产性又具有消费性。也可以理解为人力资源既是投资的结果，又能创造财富。人力资源具有生产性，能够创造物质财富从而为人类或组织的生存和发展提供条件；人力资源同时又具有消费性，能够保障人力资源的维持和发展，是自身生产和再生产的条件。同其他资源一样，人力资源同样具有投入产出的规律，并且具有高增值性。研究证明，对人力资源进行投资所带来的收益远远大于对其他投资所带来的收益。

4. 时效性

时效性是指人力资源涉及时间的概念，即人力资源必须加以使用才能创造价值，同时人力资源存在于人的生命之中，它的形成、开发和利用也都受到时间的限制。人力资源在工作中没有投入到生产和价值创造过程中的时间是无法保存的，同样也不创造价值。另一方面，从个人成长的角度来看，人的培养要经过幼稚期、成长期、成熟期和退化期的过程，同样对人的使用也要经历培训期、适用期、最佳使用期和淘汰期几个阶段。这是因为随着时间的推移，社会在不断进步，科学技术也在不断发展，人的知识技能就相对老化，需要持续不断地更新。

5. 再生性

再生性是指人力资源不是既有的存量，在使用过程中可开发、可再生。物质资源在使用过程中会出现有形磨损和无形磨损。同样，人力资源在使用过程中，也同样会出现人自身疲劳和衰老的有形磨损和人知识技能相对老化的无形磨损。但是不同于物质资源磨损后的折旧，人力资源的这两种磨损是可以减少和持续开发的。因为在使用过程中，人力资源的核心要素即知识、技能、能力和经验等是可以积累和持续更新的。在工作中，人可以通过不断学习、提高技能、积累经验从而实现人力资源的自我更新、自我丰富和持续开发。

10.1.2 人力资源管理的含义

人力资源管理作为一种职能性管理活动的提出，最早源于工业关系和社会学家怀特·巴克(E. Wight Bakke)于1958年发表的《人力资源功能》。该书首次将人力资源作为管理的普通职能来加以讨论，并从七个方面说明为什么人力资源管理职能超出了人事或工业关系经理的工作范围。

关于人力资源管理概念的界定，强调的侧重点不同，概念也有所不同。雷蒙德·A·诺伊认为，人力资源管理是指影响雇员的行为、态度以及绩效的各种政策、管理实践以及制度。舒勒认为，人力资源管理是采用一系列管理活动来保证对人力资源进行有效的管理，其目的是为了实现个人、社会和企业的利益。加里·德斯勒认为，人力资源管理是为了完成管理工作中涉及人或人事方面的任务所需要掌握的各种概念和技术。迈克·比尔认为，人力资源管理包括影响到公司和雇员之间关系的所有管理决策和行为。黄英忠认为，人力资源管理是将组织所有人力资源作最适当之确保、开发、维持和使用，为此所规划、执行和统制之过程。赵曙明认为，人力资源管理是对人力这一特殊的资源进行有效开发、合理利用与科学管理。

事实上，组织的人力资源管理工作是希望通过各种政策、制度以及管理实践的作用，能够对员工的行为、态度以及绩效产生影响。因此，人力资源管理可以理解为，组织为了实现组织战略及经营目标，围绕着一定员工管理目标而开展的各项政策、制度以及管理实践，包括吸引、保留、激励以及开发员工等过程。人力资源管理既包括组织中人力资源管理部门所从事的各项专业性人力资源管理活动，也包括直线部门管理人员在日常工作中对员工所提供的各项指导、监督、激励以及开发活动。

战略性人力资源管理(Strategic Human Resources Management，SHRM)产生于20世纪80年代中后期，近一二十年来这个领域的发展令人瞩目，并被欧、美、日企业的管理实践证明为是获得长期可持续竞争优势的战略途径。相对于传统人力资源管理，战略性人力资源管理定位于在支持企业战略过程中人力资源管理的作用和职能，即为企业能够实现战略目标所进行和所采取的一系列有计划、具有战略性意义的人力资源部署和管理行为，是组织战略不可或缺的有机组成部分。本书主要介绍此部分的内容，战略性人力资源管理系统的组成如图10.1所示。

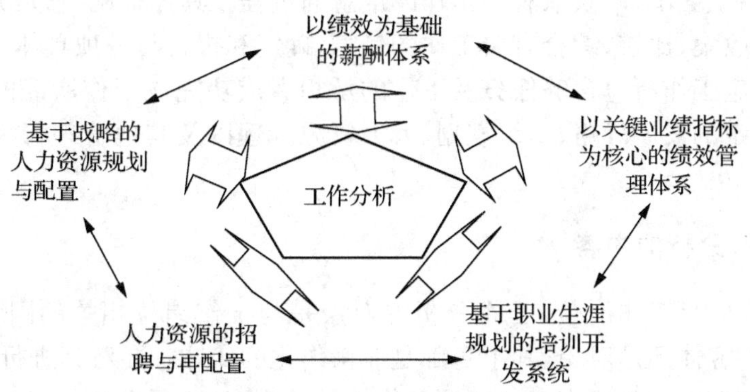

图 10.1　战略性人力资源管理系统

阅读材料:人力资源管理职能的30个字

人力资源管理主要围绕着30个字"规划人、寻找人、选对人、培训人、用好人、激励人、评价人、调整人、留住人、解雇人"。

1. 规划人:根据企业的战略规划,制订人力资源规划。
2. 寻找人:针对性的人才招募,包括渠道的选择。
3. 选对人:通过确定科学的全方位选人模式进行人才选拔。
4. 培训人:针对性的提升培养人,提升团队工作效率的技能和能力。
5. 用好人:把合适人的放在合适的岗位,人岗匹配。
6. 激励人:制定好的激励政策,调动员工积极性。
7. 评价人:开展绩效考评,对员工绩效进行科学评价。
8. 调整人:优胜劣汰、优进后退。
9. 留住人:制定科学的留人政策,留住核心员工。
10. 解雇人:制定退出机制,剔除不能为组织提供贡献的人。

10.2　工作分析

对于一个组织来说,每个岗位的工作相当于建筑大厦中的砖块,是组织结构中最为基本的组成部分。管理者需要考虑每个岗位的工作内容与条件以发挥员工的潜能与积极性,同时也需要考虑每个岗位的工作标准与要求以使员工提供的产品或服务更好地满足社会需求。工作分析正是这一管理思想的操作化过程。

10.2.1　工作分析的含义

"工作分析"一词最早见于20世纪初,以泰罗的"时间动作研究"为起源,工作分析的方法逐渐被引入对工作任务的分析中,用于提高生产效率和招聘质量等。之后,工作分析的进展主要是对工作分析理论的完善以及工作评价、工作分析问卷、职能工作分析、工作要素程序、关键事件分析等技术的开发。目前,工作分析已经成为人力资源管理的一项重要职能,并得到了广泛应用。

工作分析是指全面了解、获取有关工作的信息的过程。具体来说，它是分析者采用科学的技术与手段，直接收集、比较、综合有关工作的信息，确定和报告与一项具体工作的本质相关联的有关信息，以确定工作所包含的任务及工作的承担者成功完成工作所需的技能、知识、能力和责任，为组织特定的发展战略、组织规划、人力资源管理以及其他管理行为提供基本依据的系统过程。

10.2.2 工作分析的内容

工作分析的客体是工作岗位，工作分析的对象是与工作岗位相关的因素及其相互关系。无论是工作分析的客体还是对象，其本身都是非操作化的实体。要对其进行操作化的分析，必须将其转化为具体的工作分析内容。所谓工作分析的内容，就是分析对象内涵与外延的具体形式与范围的总和，即分析对象的载体形式或表现形式。比如，把办公室主任的工作职责作为工作分析的对象，针对这一工作责任，必须分析办公室主任每天、每月、每年所做的具体工作是什么，他为什么做这些工作，他怎样完成这些工作，这些内容即成为工作分析的内容。工作分析活动中，需要对工作系统从产出、投入、过程及其关联因素四个层面进行分解、比较与综合。

(1) 产出。对于一项工作而言，什么是其规范化、标准化的物化产品与服务产品？它们在哪些方面不同于组织内其他工作的产品或服务？

(2) 投入。完成这项工作需要具备哪些知识、品性、技能和能力？这项工作的运作中需要哪些材料、资本和其他非人工成本的参与？

(3) 过程。资源是怎样变成令人满意的产品或服务的？在这种转变过程中，需要使用哪些生产程序、技术和工艺方法？哪些靠机器，哪些单纯靠人来完成？这项工作中包括员工的哪些行为和联系？

(4) 关联因素。这项工作能在组织结构图中的哪一部分找到？它的责任与权力是什么？对这项工作的工作环境与心理承受力有何要求？员工是在什么样的时限与环境下操作的？这项工作在工作环境方面有哪些法律规定或其他法定要求？

因此，工作分析作为一项系统活动，其主体是工作分析者，客体是整个组织体系，对象是工作，包括战略目标、组织结构、部门职能、岗(职)位的工作内容、工作责任、工作技能、工作强度、工作环境、工作心理以及工作方法、工作标准、工作时间及其在组织中的运作关系。

10.2.3 工作分析的流程

组织进行工作分析首先要选择恰当时机。一般而言，工作分析主要是在以下情况下发生：新组织建立，新工作出现，新技术、新方法、新工艺或新系统出现而使工作发生变化，组织变革或转型期等。除此，工作分析过程中要做到循规蹈矩，按流程办事。

整个工作分析过程一般包括计划、设计、信息分析、结果表述与运用指导五个环节。其中，计划与设计是基础，信息分析与结果表述是关键，运用指导是目的。

1. 计划

工作分析中的计划主要包括：① 确定工作的目的与结果使用的范围，明确所分析的资料要用来干什么，解决什么管理问题，即要确定工作分析信息的用途。也就是说，工作分析是服务于人员选拔，还是服务于薪酬设计；是服务于人员培训，还是据此进行内部职位的调整。工作分析所获得信息的用途直接决定了需要收集何种类型的信息，以及使用何种技术来收集这些信息。② 界定所要分析的信息的内容与方式，预算分析的时间、费用与人力。③ 组建工作分析小组，分配任务与确定权限。④ 明确分析客体，选择分析样本，以保证分析样本的代表性与典型性。

2. 设计

工作分析中的设计主要包括：① 选择分析方法与人员。人员的选择主要由经验、专业知识与个性品质等决定。② 做好时间安排与制定分析标准。③ 选择信息来源。工作信息的来源一般有：工作者、主管、顾客、分析专家、词典、文献汇编。④ 选择相关背景信息。背景信息包括组织结构图、工作流程图、现有的工作说明书、规章制度等相关信息。同时，要全面了解组织的情况，如人员、部门、结构设置、业务范围等信息。对这些信息的了解和调整，将大大有助于提高工作分析的使用性和准确性。⑤ 选择代表性工作进行分析。以典型的、有较好代表性的业务作为工作样本，先对样本进行全面的分析，再扩大到组织全部的业务，目的是提高工作分析的效率。

3. 信息分析

分析信息之前必须进行工作信息审查。工作信息审查者为组织人力资源经理、专员、工作承担者及工作承担者的直接主管。审查重点为工作的性质、工作的功能。这一审查步骤实际上为这些工作的承担者提供了一个审查和修改工作描述的机会，而这无疑会有助于赢得大家对所收集到的工作分析资料的认可。

信息分析包括对工作信息的调查收集、记录描述、分解、比较、衡量、综合归纳与分类。信息分析的内容一般包括七个问题的调查和五个方面的信息分析。七个问题的调查包括：① 由谁来做(who)；② 做什么(what)；③ 何时做(when)；④ 在哪里做(where)；⑤ 如何做(how)；⑥ 为什么做(why)；⑦ 为谁做(for whom)。

五个方面的信息分析包括：① 工作名称分析，包括对工作特征的揭示与概况、名称的选择与表达的分析；② 工作内容分析，包括工作任务、工作责任、工作关系与工作强度分析；③ 工作环境分析，包括物流环境、安全环境与社会环境的分析；④ 工作条件分析，包括必备的知识、必备的经验、必备的操作技能和必备的心理素质的分析；⑤ 工作过程分析，包括对工作环节、人员关系与所受影响的分析。

4. 结果表述

结果表述实际就是选择合适的方式编写职务说明书。大多数情况下，在完成工作分析之后，都要编写职务说明书。职务说明书的内容就是对有关工作职责、任职条件、工作流程、工作环境以及工作对人身安全危害程度等工作特性方面的信息所进行的书面描述。在任职条件中，全面反映了工作对从业人员的品质、特点、技能以及工作背景或经历等方面的要求。

一份标准的职务说明书应涵盖以下元素：工作标识(也称工作名称)、工作概述、工作关系、工作职责、工作权限、绩效标准、工作条件、任职条件。

工作分析结果的表述主要有四种形式：① 工作描述，主要是对工作环境、工作要素及其结构关系等相关资料的全面记录与说明。② 工作说明书，主要是对岗位或职位工作职责任务的说明。③ 资格说明书，又叫工作规范，主要是对任职资格与相关素质要求的说明。④ 职务说明书，主要是对相关岗位概况、工作职责及其任职资格的完整说明。

5. 运用指导

工作分析结果的运用指导主要包括运用范围、原则与方法的规定。

工作分析自100多年前的科学管理发端，至今仍在企业人力资源管理活动中占据重要的一席。但工作分析也的确发生了明显的变化，由于工作组织方式的变化，企业对工作活动的关注在下降，而对员工能力和素质的关注在提升，这些变化也体现在工作分析过程中对于胜任力分析的日益强调。随着信息时代的到来，组织框架和流程不断变化，工作的稳定性、工作方式以及工作对任职者的要求不断变化，工作分析的思想、方法与技术也在不断变化。正是由于工作分析与时俱进的改变，组织在强调自我管理、赋权、自我管理团队等组织变革的同时，仍需要依赖工作分析(及素质模型)的工具来更有效地发现、使用和开发人才。

10.3 人力资源规划与配置

良好的人力资源规划统领整个人力资源管理系统，是组织发展战略的重要组成部分，也是组织内各项人力资源管理工作的依据。人力资源战略规划以组织战略目标为基础，是依据人力资源战略对组织所需人力资源进行调整、配置、补充的过程，而不单单是预测人力资源供给与需求的变化。在此过程中，必须有人力资源管理其他系统的支持和配合，才能保证适时、适人、适岗。

10.3.1 人力资源规划

1. 人力资源规划的含义

人力资源规划是组织为实现组织战略目标而进行的有关未来一段时间内人力资源的供求预测以及综合平衡的种种活动，并为满足这些需要而预先进行系统安排的过程。人力资源规划就是要确保组织在需要的时间和需要的岗位上获得各种所需的人才，它以追求人力资源的供求平衡为根本目的，主要关注人力资源供求之间的数量、质量与结构的匹配。

2. 人力资源规划的内容

人力资源规划的内容大体包括人力资源需求预测、人力资源供给预测和综合平衡三部分，是人力资源规划的业务计划表述。人力资源计划包括以下主要内容：

总计划：人力资源总计划陈述人力资源计划的总原则、总方针、总目标。

职务编制计划：陈述企业的组织结构、职务设置、职务描述和职务资格要求等内容。

人员配置计划：人员配置计划陈述企业每个职务的人员数量，人员的职务变动，职务人员空缺数量等。

人员需求计划：通过总计划、职务编制计划、人员配置计划可以得出人员需求计划。需求计划中应陈述需要的职务名称、人员数量、希望到岗时间等。

人员供给计划：人员供给计划是人员需求计划的对策性计划。主要陈述人员供给的方式、人员内部流动政策、人员外部流动政策、人员获取途径和获取实施计划等。

教育培训计划：包括教育培训需求、培训内容、培训形式、培训考核等内容。

政策调整计划：计划中明确计划期内的人力资源政策的调整原因、调整步骤和调整范围等。

投资预算：上述各项计划的费用预算。

3. 人力资源规划的过程

人力资源规划的主要过程包括人力资源需求预测、人力资源供给预测、人力资源计划、人力资源规划效果的评估。

① 人力资源需求预测。人力资源需求预测首先应收集组织内部人力资源现状的信息，包括现有人力资源的数量、质量、年龄结构、流动比率等。再结合下列因素进行人力资源需求预测：组织的业务量或产量、提高产品或劳务的质量、进入新行业的决策、生产技术水平或管理方式的变化；组织财力的制约。

② 人力资源供给预测。首先是内部人力资源供给预测。当组织某一个职位出现空缺时，从内部挑选合适的人来担任是一种十分常用的方法。进行内部人力资源供给的预测时，首先应确定各个工作岗位上现有员工的数量，然后估计下一个时期在每个工作岗位上留存的员工的数量，这就需要考虑有多少员工会因为晋升、降职、调职、辞职、辞退、退休等原因离开原来的工作岗位。

其次是外部人力资源供给预测。当组织内部的人力供给无法满足需要时，组织就需要了解组织外部的人力供给情况。这包括三个主要方面：一是宏观经济形势。主要了解劳动力市场的供求情况，判断预期失业率。一般来说，失业率越低，劳动力供给越紧张，招聘员工就会越难。二是当地劳动力市场的供求状况。三是行业劳动力市场的供求状况，据此可以了解招聘某种专业人员的潜在可能。

③ 人力资源计划。根据人力资源预测的结果制定人力资源计划，目的是避免可能出现的劳动力过剩或不足的情况。具体包括招聘计划、晋升计划、人员裁减计划、员工培训计划、人力资源保留计划等。避免劳动力过剩的方法有：裁员、减薪、降级、工作轮换、工作分享、退休和再培训等。避免劳动力短缺的方法有：加班、雇用临时工、外包、减少流动以及换岗等。

④ 人力资源规划效果的评估。在人力资源计划实施过程中和结束时都应该对人力资源的各项指标进行评估，以检验人力资源规划的效果。下面是两类评价人力资源规划的指标：一是人力损耗指标。组织留住一个旧员工的意义比吸收一名新员工的意义要大得多，不但可以节省招募成本，又能有效提升员工士气。人力损耗是指从组织总体上考虑的人员外流，不考虑内部人员的流动。如人力损耗指标(某年内离职人数与某年内平均员工数的比值)，该指标较大时，表明员工离职率大，组织保留人力的能力较低。二是人力资源合理利用的指标。这些指标一般用以反映组织内部人力资源供求结构是否合理，主要就年龄结构、缺勤、事业发展和裁员四项指标来考察。

10.3.2 人力资源配置

人力资源配置就是将人力资源投入各个局部的工作岗位，使之与物质资源结合，形成现实的经济运动。人力资源的科学配置，是人力资源管理的关键环节。合理的人力资源配置，可以帮助组织将劳动潜力充分挖掘出来，节约劳动力的使用，降低人力成本，也是改善组织结构从而提高劳动生产率的有利条件。人力资源配置的实施可以保证组织结构顺利地实施和运行。同时，组织结构设计的方案也是人力资源配置的依据之一。

做好人力资源配置工作，组织管理者应该遵循以下几个原则：(1) 目标明确。管理者在进行人员配置的时候要以组织经营目标为中心，以提高组织效益为原则。(2) 合理运用。人员配置需要同劳动分工协作关系相适应，相应地进行合理的安置。(3) 良性结构。人员配置需要合理地安排好各种性质的工作人数，一般都存在一个最佳比例关系，可以平衡各个工种之间的劳动能力，减少和消除怠工现象。(4) 精简高效。管理者应该科学地预测产品方案；以先进合理的定员标准为依据,在组织中提倡兼职,鼓励员工一专多能;在一定范围内简化业务手续,精简机构。

人力资源配置的定员方法一般有设备定员法、岗位定员法、比例定员法、效率定员法等。

10.4 人员招聘与再配置

为了满足组织战略和人力资源规划对人力资源的需求,组织需要开展招聘和再配置活动。人员招聘的最直接问题在于如何高效地从众多候选人中去筛选出有效人选,同时,组织还需要对员工进行再配置以提高适岗率,增加人力资源的有效供给。

10.4.1 人员招聘

1. 人员招聘的程序

人员招聘主要由招募、选拔、录用、评估等一系列活动构成。招募是指组织为了吸引更多更好的候选人来应聘而进行的若干活动,它主要包括:招聘计划的制订与审批、招聘信息的发布和应聘者申请等;选拔是指组织从"人——事"两个方面出发,挑选出最合适的人来担当某一职位,它包括:资格审查、初选、面试、测评、体检和背景调查、人员甄选等环节;录用是指员工的初始安置、员工的试用及正式录用;评估是指对整个招聘活动效益与录用人员质量的评估。在制定招聘计划时,人力资源部门必须牢记的是:第一,招聘的目标是什么;第二,什么样的人是组织需要的;第三,应该让工作申请者获得哪些有关组织的信息;第四,这些信息如何充分地传达给工作申请者。

2. 招聘来源

人力资源的供给可分为内部供给和外部供给,因此,招聘的来源也同样分为内部和外部。

(1) 内部。组织中有相当一部分数量的工作岗位发生空缺时都通过内部员工来补充,尤其是在发展已经较为成熟的企业。内部补充机制有很多优点:首先,能够对组织员工产生较强的激励作用。第二,与外部招聘相比,内部招聘的有效性更强,可信度更高。第三,与外部招聘相比,内部员工适应性更强。内部招聘的缺点:第一,可能造成内部矛盾,竞争失败会造成部分员工士气低下,不利于组织的内部团结。第二,容易造成"近亲繁殖",可能产生"团队思维"现象,抑制了个体创新。第三,失去选取外部优秀人才的机会。

(2) 外部。内部招聘有时不能满足组织发展的需求,外部招聘就成为必然。外部招聘的优点:第一,更广的选择余地,有利于招到优秀人才。第二,外部招聘能够带来新理念、新技术。第三,可以缓解内部竞争者间的紧张关系。外部招聘的缺点:第一,选拔时间长,难度大。第二,外来人员需要较长时间适应组织,面临一定的考验和风险。第三,引进成本高。

3. 选拔方法

在人员招聘中采用的选拔方法很多,大体上讲有心理测试、笔试、面试、评价中心技术等。

(1) 心理测试。心理测试是一种科学的测试方法,它是指通过一系列的工具或手段将人的某些心理特征加以量化,从而衡量个体心理因素水平和个体心理差异的一种科学测量方法。从测试内容来看,心理测试一般可划分为人格测试、兴趣测试及能力测试三大类。

(2) 笔试。笔试是指在控制的条件下,应聘者按照试卷要求,用记录的方法回答的一种考试形式。笔试主要有以下几种方法:第一,客观式笔试方法,即以客观型试题为主要试题形式和标准化方法控制考试过程的考试方法;第二,论述式笔试方法,是以论述型试题为主要试题形式的一种方法；第三，论文式试题笔试方法，即以论文型试题为主要试题形式的考试方法。

（3）面试。面试是为了更深入了解应聘者的情况、判断应聘者是否符合工作要求而进行的招聘方与应聘者之间面对面的接触和交流，以了解应聘者实际能力和潜在能力的方法。面试从不同角度可划分为不同类型。根据面试所达效果，可分为初步面试和诊断面试。从参与面试过程的人员划分，可分为个别面试、小组面试、集体面试、自流水式面试。按面试组织形式是否标准化、程序化，可分为结构化面试与非结构化面试。按测评目的划分，可分为压力面试和评估面试。按面试内容的侧重点划分，可分为行为描述面试和能力面试。

（4）评价中心技术。评价中心技术是近来新兴的一种选拔高级管理人员和专业人才的人员甄选方法，它采用情境性的测评方法对被试者的特定行为进行观察和评价。评价中心技术采用模拟的情景测试包括：无领导小组讨论、公文处理、演讲、角色扮演。

10.4.2　人员再配置

除了初始配置外，组织的人力资源获取工作还会经历再配置的过程，以便识别、选取和发掘有价值的员工。人力资源再配置是组织根据在实际工作中，员工与职位匹配程度或是员工个人因素，对员工的重新评价、重新配置。如根据绩效考核或任职资格考核，发现人事不匹配（高于或低于职位要求）而采取的晋升、降职、辞退；根据员工职业生涯发展需要而采取的工作轮换；由于职位空缺而从组织内部招募竞聘上岗等。通过重新培育或认识员工的新价值，解决组织内部“适岗率”低的核心矛盾，是组织人力资源获取的重要途径。

1. 工作轮换

工作轮换是指在组织的几种不同职能领域中为员工做出一系列的工作任务安排，或者在某个单一的职能领域或部门中为员工提供在各种不同工作岗位之间流动的机会。

工作轮换除了丰富员工的工作活动内容，提高员工的积极性，扩大员工所掌握的技能范围，减少员工的离职率等优点外，还可以提高适岗率，清晰地发现员工和组织的“结合点”，防止腐败、山头主义。组织应该从基于个人职业生涯发展规划的个人层面和基于短期人力资源需求规划的组织层面进行工作轮换的规划。

2. 晋升、降职与辞退

在组织内部公开、公平、公正的考核评价体系的支撑下，对组织成员进行职位（包括组织内部各种类型的职位价值序列或技能等级序列）的升降是组织内部优化人力资源配置的一条重要途径。通过组织内部的晋升、降职和辞退机制，能够提升组织人力资源供给的结构性优化配置；引入竞争淘汰机制，激发员工潜能，进一步提高适岗率；为员工职业生涯建立发展通道，增加组织内部人员的流动性。

10.5　培训开发管理

有的学者将培训和开发作为两个不同的概念来理解，他们认为培训更多的是一种具有短期目标的行为，目的是使员工掌握当前所需的知识和技能；而开发则更多的是一种具有长期目标的行为，目的是使员工掌握将来工作所需的知识和技能。这里，我们将培训和开发作为一个概念来理解，因为这两者的实质是一样的，都是通过改善员工的工作业绩来提高企业整体绩效，只是关注点有所不同，一个更关注现在，而另一个更关注将来。培训开发管理既要考虑组织战略与经营目标对人力资源的要求，又要切实考虑员工的职业生涯发展需求。有效的培训开发管理活动不仅能够满足组织的人力资源需求，而且能够充分调动员工的工作积极性，实现组织与员工之间的双赢。

10.5.1 培训开发管理的四阶段

培训开发管理涉及培训开发开展之前、实施之中以及培训开发之后所实施的各项管理活动，包括需求分析、设计实施、成果转化、效果评估等各项工作。

(1) 培训开发需求分析。培训开发需求分析是由组织有关人员收集组织和个人的各种信息，找出实际工作绩效与绩效标准之间的差距，分析产生差距的原因，以确定是否需要培训开发等。管理者必须确定清晰的可衡量的培训开发目标，组织才能不断提高培训开发的有效性。在界定培训开发需求时，组织往往需要同时考虑组织的需要、员工个人的需要以及完成具体任务的需要。培训开发需求分析的结果是确定是否需要培训开发、在哪些方面需要培训开发、谁接受培训开发、受训者要学什么以及培训开发类型和次数等。

(2) 培训开发设计实施。培训开发设计主要完成两方面的任务：培训开发内容设计和培训开发方法设计，这两方面是相辅相成的。在确定培训开发内容的同时，就要选择适当的培训开发方法，如授课、学徒制、讨论会、工作轮换、录像、模拟、案例等。在实施阶段，培训开发工作要按照事先拟订好的培训开发计划，采用适当的步骤和方法，为受训者营造一个良好的学习环境，帮助他们尽快掌握相关的知识、技能以及工作方法等。

(3) 培训开发成果转化。培训开发的最终目的显然还是促使受训者将在培训开发过程中学到的知识、技能、方法等运用于日常工作之中，真正产生改善员工个人以及组织绩效的效果。然而，由于受训环境和实际工作环境之间存在着一定的差别。仅仅按照要求实施了培训开发计划，往往并不能自动保证受训者所获得的知识、技能以及工作方法按照组织的要求转化到工作实践中。为了实现培训开发内容的顺利转化，组织还需要采取一些相应的手段和措施，受训者的上级也需要给予足够的重视。

(4) 培训开发效果评估。通过培训开发效果评估，组织就可以考察自己在培训开发管理过程中前三个阶段所存在的问题，从而为组织培训开发效果的不断改善提供积极的反馈。组织需要对培训开发的经济绩效进行正式的评估，因为尽管培训开发可能给组织带来各种收益，但培训开发本身是有成本支出的。就培训开发本身的目的而言，效果评估一般包括以下四个方面指标：① 反应，学员对课程等是否喜欢；② 学识，学员学到哪些原理、事实和技能技巧；③ 行为，通过培训开发，学员的职业行为有哪些变化；④ 结果，通过培训开发，学员在降低成本、改善质量和提高利润方面取得哪些成效。

10.5.2 培训开发的分类

(1) 岗前培训开发。岗前培训开发是为了使新进员工快速适应工作环境，达到工作要求而实施的培训开发。岗前培训开发的内容可分为一般内容和专业内容两种。一般内容包括组织概况、规章制度、产品知识、行为规范、共同价值观等，目的是将新员工的思想、行为方式纳入到组织的经营理念和行为规范中来。专业内容包括业务知识、技能、管理实务等。

(2) 在岗培训开发。在岗培训开发是对在岗员工实施的培训开发，根据培训开发目的不同可分为：转岗培训开发，是对已被批准转换岗位的员工进行的，旨在使其达到新岗位要求的培训开发。晋升培训开发,是对拟晋升人员或后备人才进行的,旨在使其达到更高一级岗位要求的培训开发。岗位资格培训开发,许多岗位需要通过考试取得相应资格证才能上岗。新知识技能的培训开发,由于组织外部环境和内部环境的变化,对员工需要掌握的新知识和技能的培训开发。绩效改善培训开发,在以下三种情况下需要进行培训开发:一是绩效未达到要求;二是绩效下降;三是绩效虽达到要求,但员工希望改进其绩效。

10.5.3　培训开发的基本方法

(1) 讲授。即由教师将需要掌握的内容讲解给受训者听,是十分常用的一种培训开发方法。讲授虽然操作起来较为容易,但老师和学员之间缺乏交流,讲授的内容又多以理论为主,针对性不强。运用讲授法,最关键的一步是教师的选择。

(2) 研讨。即就某一主题提出各自的看法,并互相交流的方法,如案例分析。研讨法与讲授法相比,形式灵活,信息交流更通畅更便捷,且由于强调学员独立思考,对知识的理解深度也得到了加强。举行研讨需要特别关注的是主题的选择应该具有代表性,能启发人思考,且难度适中。

(3) 实践。即通过让学员在实际工作岗位或真实的工作环境中,亲身操作、体验、掌握工作所需的知识、技能的培训开发方法,该方法应用最为普遍。实践法又可以分为实习、工作轮换和特别任务法几类。

(4) 自学。即自我指导学习,是指由员工自己全权负责的学习,受训者不需要任何指导者,只需按自己的进度学习预定的培训开发内容。培训开发者只是作为一名辅助者而已,培训开发者不控制或指导学习过程,而完全由受训者自己掌握。

(5) 能力开发。前面谈到的几种方法都侧重于技能的培训开发,随着工作多样化、工作丰富化的发展,企业越来越注重对员工能力的培养,如协调能力、沟通能力、心理调节能力、时间管理能力、创造能力等。

10.6　绩效管理

绩效管理是人力资源管理的重要内容。绩效管理的目的是通过激励和约束来激发员工积极性从而提升个人绩效,并在此基础上提升组织绩效。实施绩效管理,从某种意义上说,是组织对自己目前现状做出的反思与展望。通过实施绩效管理,组织应该认真总结管理中存在的问题,找出问题的症结所在,并作为绩效管理的努力方向加以解决。

10.6.1　绩效及绩效管理

绩效(Performance)在英文中的本意是"履行、执行或表演",它主要强调的是行为而不是结果。然而,在谈到组织绩效,特别是员工绩效时,却常常是指行为和结果两个方面。原因在于:一是对员工的很多行为无法进行监督,或者是监督的成本过高。而一些结果往往是某些特定的行为直接导致的,因此,对结果的衡量在某种意义上也是对行为的监督。二是由于经营环境日益复杂化,组织变得越来越以结果为导向,尽管他们重视目标达成的过程或行为,但是他们更为关注是否能够产生良好的结果。因为这些结果决定了组织的未来发展,甚至决定了组织在当前能否生存。

绩效管理是指管理者与员工之间就目标与如何实现目标达成共识的基础上,通过激励和帮助员工取得优异绩效从而实现组织目标的持续管理过程。绩效管理这一概念包括了两方面重要内容:第一,绩效管理的目的是确保组织目标得以实现,它的出发点就是努力确保员工个人绩效与组织目标保持一致。第二,绩效管理不是短时期内一次性完成的活动,它是一个持续的过程。

10.6.2 关键绩效指标体系

建立明确的切实可行的关键绩效指标体系,是做好绩效管理的关键。关键绩效指标(KPI:Key Performance Indicator)是通过对组织内部流程的输入端、输出端的关键参数进行设置、取样、计算、分析,衡量流程绩效的一种目标式量化管理指标,是把组织的战略目标分解为可操作的工作目标的工具。KPI 可以使部门主管明确部门的主要责任,并以此为基础,明确部门人员的业绩衡量指标。KPI 的理论基础是由意大利经济学家帕累托提出的二八原理,即一个企业在价值创造过程中,每个部门和每一位员工的 80%的工作任务是由 20%的关键行为完成的,抓住 20%的关键,就抓住了主体。

常用的 KPl 主要有数量、质量、成本和时限四种类型,确定 KPl 时应遵循第六章目标管理中的 SMART 原则。具体而言,确定 KPl 时一般应遵循以下过程:(1) 建立评价指标体系。首先明确组织的战略目标,找出业务重点,确定这些关键业务领域的关键业绩指标(KPI),从而建立组织层次的 KPI,并按照从宏观到微观的顺序依次建立部门层次及以下的指标体系。这些业绩衡量指标就是员工考核的要素和依据。(2) 设定评价标准。一般来说,指标指的是从哪些方面来对工作进行衡量或评价,解决的是需要评价"什么"的问题;而标准指的是在各个指标上分别应该达到什么样的水平,解决的是要求被评价对象做得"如何"的问题。(3) 审核关键绩效指标。对关键绩效指标进行审核的目的主要是为了确认这些关键绩效指标是否能够全面、客观地反映被评价对象的工作绩效,以及是否适合于评价操作。

首先,KPI 作为衡量各职位工作绩效的指标,其所体现的衡量内容最终取决于组织的战略目标;其次,KPI 是对组织战略目标的进一步细化和发展;最后,KPI 随组织战略目标的发展演变而调整。

KPI 的目的是建立一种机制,将组织战略转化为内部过程和活动,以不断增强组织的核心竞争力,使得绩效管理体系不仅成为激励约束手段,更成为战略实施工具。KPI 不但是对组织和个人进行绩效目标设计的工具、绩效监控的对象、绩效评价的依据,更重要的是 KPI 的设置代表了组织运行管理的价值导向和战略方向。

10.6.3 绩效管理的过程

一个完整的绩效管理过程是从制定绩效计划开始的,然后是对绩效计划实施过程中的指导,接着需要到对实际绩效达成情况进行衡量,最后还要对反映出来的不良绩效问题进行讨论和反馈,并制订下一步的绩效改善计划。这四个步骤首尾相连并形成一个绩效管理循环。绩效管理的过程需要解决几个问题:就目标及如何达到目标需要达成共识;绩效管理不是简单的任务管理,它特别强调沟通、辅导和员工能力的提高;绩效管理不仅强调结果导向,而且重视达成目标的过程。

1. 绩效计划

绩效计划就是主管人员和员工共同沟通,对员工的工作目标和标准达成一致意见,形成契约的过程。在绩效计划阶段，管理者和员工需要充分沟通并通过共同讨论确定，在未来的绩效周期中，员工应当做什么，如何做，以及应该取得的效果。在进行绩效计划时，有两个最为重要的前提条件，一是要清楚了解组织的使命和战略目标，二是要清楚了解员工所承担的职位本身。绩效计划中一个重要内容就是关键绩效指标(KPI)的设定。

2. 绩效辅导

绩效辅导实际上就是绩效计划的整个实施阶段，它是整个绩效管理循环中持续时间最长的一个阶段，因为它涵盖了员工在绩效计划指导下，为努力达成预定的绩效目标而开展的所有工作活动和工作过程。在绩效辅导过程中，主要责任承担者显然应当是员工，但是员工的直接上级也承担着重要的管理责任。他们是否有能力通过监控、协调、指导等活动来推动或激励所属员工实现预定的绩效目标，对于员工的实际绩效达成来说具有非常重要的影响，事实上，这种能力已经被认为是一种极为关键的管理胜任素质。

3. 绩效评价

绩效评价又称为绩效审查、绩效考核、绩效考评、绩效评估等，它往往发生在一个绩效周期结束的时候。其主要目的在于考察和衡量员工在多大程度上表现出了组织期望的行为，同时在多大程度上达成了组织期待他们实现的结果。绩效评价由组织中的正式绩效评价制度来施行，这是为了对员工的绩效进行评价而建立的一整套规范性和系统性的制度。此外，组织还存在着一些非正式评价制度，如管理人员经常考察自己的员工工作做得如何等。在绩效评价方面，组织需要回答 5 个关键问题，即评价什么、怎样评价、谁来评价、何时评价以及为何评价。

绩效评价方法包括行为导向和结果导向两种评价方法。行为导向评价方法主要根据工作完成方式来考察员工并做出评价。其缺点是当两种方式获得同一种结果时，就很难判断哪种方式更符合组织的要求，带有一定的主观性。行为导向评价方法有排序法、关键事件法、等级评定法等。结果导向评价方法是将员工的工作结果与事先设定的标准相比较并得出评价结果。当一项工作的完成方式可以有多种时，这种评价方法就比较适用。但是，结果导向评价方法由于不考虑员工完成任务的方式，当标准定得太高或出现不可控因素导致绩效目标无法完成时，得出的评价结果对员工而言是不公平的。另外，只关心结果可能会导致员工为完成任务而不择手段，造成一些损害组织长期利益的短期行为。就绩效管理的目的而言，结果导向评价方法并不能提供产生某种绩效结果的原因的信息，对帮助员工改进绩效并无多大作用。结果导向评价方法中目标管理方法十分著名。

选择评价者时应考虑以下几个方面：是否有足够长的时间和机会观察被考察的员工，即与该员工接触的密切程度；是否具有绩效考核的有关知识，能够将观察结果与考评指标联系起来；是否能够客观地做出评价，与被考核者关系过密或过疏的人都应该被排除。另外，根据全方位考核的原则，可以作为评价者的有以下几种：员工的直接上司、员工的同事、员工的下级职员、员工的自我评价、客户的评价。

4. 绩效反馈

绩效反馈是指将绩效衡量和评价的结果告知员工，从而使员工能够根据组织的目标不断改进自己的绩效。在这个阶段，员工及其直接上级需要面对面地坐下来，共同对员工的绩效进行审议，并开展绩效评价面谈。在绩效评价面谈中需要讨论的内容之一就是回顾员工在过去所达成的绩效状况，这主要涉及他们过去做了什么，结果怎样以及是如何做的，即行为怎样。

在讨论过去绩效的时候，直接上级和员工可能会就每一个绩效维度和绩效指标展开讨论。此外在绩效评价面谈中，还应该讨论员工在个人发展方面取得了哪些进步，以及未来应当进行怎样的规划，即在下一次绩效评价面谈之前这段时间里，员工应当达成的目标以及个人发展计划是什么。最后，一次良好的绩效评价面谈还应当向员工提供这样一类信息，即由于员工取得了优良的绩效，他们在报酬、工作内容、晋升等方面可能会得到哪些奖励。

10.7 薪酬管理

薪酬管理是人力资源管理活动的重要组成部分，其作用不仅体现在人力资源管理内部，对于整体组织管理也具有重要意义。薪酬战略是组织的基本战略之一，通过有效地实施薪酬管理，可以将组织与员工的利益有机地结合在一起，吸引和留住组织需要的优秀员工，鼓励员工高效率地工作，并最终保证组织总体战略的实现。

10.7.1 薪酬及薪酬管理

美国薪酬管理专家约瑟夫・J・马尔托奇奥在其所著的《战略薪酬》一书中，将薪酬界定为：雇员因完成工作而得到的内在和外在的奖励，并将薪酬划分为外在薪酬和内在薪酬。内在薪酬是雇员由于完成工作而形成的心理形式，外在薪酬则包括货币奖励和非货币奖励。通常认为，薪酬是指员工获得的一切形式的报酬，包括薪资、福利和保险等各种直接或间接的报酬。薪酬有不同的表现形式：精神的与物质的，有形的与无形的，货币的与非货币的，内在的与外在的等。

薪酬管理是指根据企业总体发展战略的要求，通过薪酬管理制度的设计与完善，薪酬激励计划的编制与实施，最大限度地发挥各种薪酬形式（如工资、奖金和福利等）的激励作用，为企业创造更大的价值。

10.7.2 薪酬管理的原则

薪酬管理的原则是一个企业给员工传递信息的渠道，也是企业价值观的体现。它告诉员工，企业为什么提供薪酬，员工的什么行为或结果是企业非常关注的，员工的薪酬构成是为了对员工的什么行为或结果产生影响，员工在什么方面有提高时才能获得更高的薪酬等。目前企业普遍认为进行有效的薪酬管理应遵循的原则有：

（1）对外具有竞争性。支付符合劳动力市场水平的薪酬，确保企业的薪酬水平与类似企业的薪酬水平相当，或者尽管有差别，但是在一定限度之内，薪酬太低则使企业对人才失去吸引力。

（2）对内具有公平性。支付相当于员工岗位价值的薪酬。薪酬的设定应该对岗不对人，它的前提是每个员工都是按照岗位说明书经过严格的筛选被分配到该岗位的，岗位与员工相匹配。

（3）对员工具有激励性。根据员工的实际贡献付薪，并且适当拉开薪酬差距，使不同业绩的员工能在心理上察觉到这个差距，并产生激励作用，使业绩好的员工认为得到了鼓励，业绩差的员工认为值得去改进绩效。

（4）对成本具有控制性。在前三个原则基础上，企业应当充分考虑自己的财务实力和支付能力，对人工成本进行必要控制。一般来说，在全员劳动生产率及经济效益没有显著提高的情况下，企业应当始终坚持“效率优先，兼顾公平，按劳付酬”的行为准则，不能盲目地提高员工的薪酬水平。

10.7.3　薪酬设计的依据

薪酬设计的依据主要包括三个方面：基于岗位评价的岗位薪酬设计、基于能力评价的技能薪酬设计和基于绩效评价的绩效薪酬设计。其中，前两者是基础工资体系设计的重要依据。

岗位薪酬设计的核心原则是“只对岗位(工作)不对人”。以岗位为基础的工资体系的假设前提主要体现在以下方面：员工对组织的价值和贡献，主要体现为其岗位价值；每个员工的工作范围和工作内容非常固定，从而能够明确界定其岗位内涵，并能够对其岗位价值进行较为准确的评价；组织采用一种严格的金字塔型的模式。

技能薪酬设计是组织根据员工所掌握的相关技术、能力以及知识的深度和广度支付的薪酬制度。技能薪酬实施的背景在于：组织扁平化，适时(just in time)生产系统、任务和项目团队、弹性工作管理等，使得岗位和工作之间的界限模糊，更多组织由层级控制转为柔性管理；传统岗位薪酬以职位描述为标准，以服从和恪守职责为己任的职位与薪酬管理，不适应变革需要；报酬与晋升激励矛盾，员工的职业发展更多地依赖于个人职业胜任力的增强，而不是组织内的职务升迁途径；技术变革对复合型人才的需要等。

绩效薪酬设计主要根据员工的绩效考核结果来做出，其建立的前提是企业必须建立起分层分类的、基于战略的关键业绩指标体系和绩效管理系统。企业如果不能建立科学的绩效考核体系，那么绩效工资要么有名无实，要么反而会对整个企业的薪酬体系产生负面影响。

10.8　其他人力资源管理活动

除了上述活动之外，人力资源管理的内容还包括员工关系管理以及员工安全与健康保障等一些活动。

1. 员工关系管理

员工关系包括员工与企业的关系，即劳资关系，以及员工与员工之间的关系。员工关系管理是人力资源管理部门的一项重要工作，做好员工关系管理，可以使员工在心理上获得一种满足感，对公司产生强烈的依赖性，有利于提高其工作的积极性和职业的忠诚度，产生长久服务公司的意愿，所以员工关系管理在公司的日常管理工作中比较重要。

员工关系管理主要有九个方面：一是劳动关系管理。劳动争议处理，员工上岗、离岗面谈及手续办理，处理员工申诉、人事纠纷和以外事件。二是员工纪律管理。引导员工遵守公司的各项规章制度、劳动纪律，提高员工的组织纪律性，在某种程度上对员工行为规范起到约束作用。三是员工人际关系管理。引导员工建立良好的工作关系，创建利于员工建立正式人际关系的环境。四是沟通管理。保证沟通渠道的畅通，引导公司上下及时地双向沟通，完善员工建议制度。五是员工绩效管理。制定科学的考评标准和体系，执行合理的考评程序，考评工作既能真实反映员工的工作成绩，又能促进员工工作积极性的发挥。六是员工情况管理。组织员工心态、满意度调查，谣言、怠工的预防、检测及处理，解决员工关心的问题。七是企业文化建设。建设积极有效、健康向上的企业文化，引导员工价值观，维护公司的良好形象。八是服务与支持。为员工提供有关国家法律、法规、公司政策、个人身心等方面的咨询服务，协助员工平衡工作与生活。九是员工关系管理培训。组织员工进行人际交往、沟通技巧等方面的培训。

2. 员工安全与健康保障

安全和健康问题严重影响着企业生产效率和员工工作生活的质量，员工发生事故或患病会显著降低企业的效率和员工士气。安全指保护员工不受与工作相关事故的损害，健康是指员工不患身体和精神疾病。人力资源管理者通过建立各种安全和健康保障方案来保证员工工作安全与身心健康。在安全事故的预防方面，主要取决于设计、教育和执行，即工作应当安全设计、员工应当接受安全程序教育，任何安全规章都应当被执行。因此，事故预防可总结为两类基本的活动：减少不安全环境因素和减少不安全行为因素。而造成员工健康问题的原因则有职业病、工作压力、不良生活习惯等，人力资源管理工作者应当采取适当的措施来加以防范。此外，为员工购买有利的保险也是人力资源管理工作者在此方面做出的努力之一。

阅读材料：人力资源管理的四大机制

人力资源管理依赖于以下四大机制：以控制力为主的约束机制，以推动力为主的激励机制，以拉力为主的牵引机制，以压力为主的竞争淘汰机制，这四大机制相互协同，从不同的角度来整合和激活组织的人力资源，提升人力资源管理的有效性。

牵引机制通过明确组织对员工的期望和要求，使员工能够正确地选择自身的行为，最终组织能够将员工的努力和贡献纳入到帮助企业完成其目标，提升其核心能力的轨道中来。牵引机制的关键在于向员工清晰地表达组织对员工的行为期望和绩效期望。牵引机制主要依靠以下人力资源管理模块来实现：企业的文化与价值观体系、职位说明书与任职资格标准、KPI 指标体系、培训开发体系。

激励机制的本质是指员工去做某件事的意愿，这种意愿以满足员工的个人需要为条件。激励的核心在于对员工的内在需求的把握与满足。而需求意味着使特定的结构具有吸引力的一种生理或者心理上的缺乏。激励机制主要依靠以下人力资源管理模块来实现：薪酬激励体系、职业生涯管理与升迁异动制度、分权与授权系统。

约束机制是对员工的行为进行限定，使其符合企业的发展要求。它使得员工的行为始终在预定的轨道上运行。约束机制主要依靠以下人力资源管理模块来实现：以 KPI 指标为核心的绩效考核体系、以任职资格体系为核心的职业化行为评价体系、员工基本行为规范。

竞争淘汰机制是将不适合组织成长和发展需要的员工释放于组织之外，同时将外部市场的压力传递到组织之中，从而实现对企业人力资源的激活，防止人力资本的沉淀或者缩水。企业的竞争与淘汰机制主要依靠以下人力资源管理模块来实现：竞聘上岗制度、末位淘汰制度。（彭剑锋）

1. 人力资源是组织内部参与产品和服务生产活动的、具有智力劳动和体力劳动的人员的总和，它包括数量和质量的两个方面，具有能动性、社会性、两重性、时效性和再生性五个方面特征。

2. 人力资源管理是指组织为了实现组织战略及经营目标，围绕着一定员工管理目标而开展的各项政策、制度以及管理实践，包括吸引、保留、激励以及开发员工等过程。

3. 工作分析是指全面了解、获取有关工作的信息的过程。具体来说，它是分析者采用科学的技术与手段，直接收集、比较、综合有关工作的信息，确定和报告与一项具体工作的本质相关联的有关信息，以确定工作所包含的任务及工作的承担者成功完成工作所需的技能、知识、能力和责任，为组织特定的发展战略、组织规划、人力资源管理以及其他管理行为提供基本依据的系统过程。

4. 人力资源规划是组织为实现组织战略目标而进行的有关未来一段时间内人力资源的供求预测以及综合平衡的种种活动，并为满足这些需要而预先进行系统安排的过程。人力资源配置就是将人力资源投入各个局部的工作岗位，使之与物质资源结合，形成现实的经济运动。

5. 招募是指组织为了吸引更多更好的候送人来应聘而进行的若干活动，主要由招募、选拔、录用、评估等一系列活动构成。除了初始配置外，组织的人力资源获取工作还会经历再配置的过程，以便识别、选取和发掘有价值的员工。

6. 培训是组织向员工提供工作所必需的知识与技能的过程；而开发则是依据员工需求与组织发展要求，对员工的潜能进行开发以及对员工未来发展进行系统设计与规划的过程。培训开发管理需要综合考虑组织战略与经营目标以及员工职业生涯发展的需求。

7. 绩效管理是指管理者与员工之间就目标与如何实现目标达成共识的基础上，通过激励和帮助员工取得优异绩效从而实现组织目标的持续管理过程。它包括绩效计划、绩效辅导、绩效评价和绩效反馈四个环节。

8. 薪酬管理是指根据企业总体发展战略的要求，通过薪酬管理制度的设计与完善，薪酬激励计划的编制与实施，最大限度地发挥各种薪酬形式的激励作用，为企业创造更大的价值。

1. 人力资源管理工作包括哪些模块？各模块之间存在着怎样的逻辑联系？
2. 讨论那些对人力资源管理过程产生最直接影响的外部和内部因素。
3. 人力资源管理者在组织管理中应该扮演何种角色？
4. 人力资源管理工作如今面临着哪些新情况、新问题，试作具体分析。

雨润集团人才选拔机制——七个优选法

雨润集团创立于1993年,是一家集食品、物流、商业、旅游、房地产、金融和建筑等七大产业于一体的中国500强企业,年销售额超过千亿元,员工总数超过12万人,总部位于江苏南京,下属子(分)公司300多家,遍布全国30个省、直辖市和自治区,旗下拥有雨润食品(1068.HK)、南京中商(600280.SH)两家上市公司。

从创立之初员工不足60人、资产不足300万元的小作坊,到今天横跨七大产业、年销售额过千亿元的民营企业集团,雨润集团的快速发展壮大归功于一支朝气蓬勃、热情向上、富于创造力和奉献精神的干部队伍,而这些更要得益于雨润集团多年来不断探索建立的科学有效的人才选拔机制——七个优选法。

七个优选法是雨润集团人才选拔机制的核心,是雨润集团多年来在人才选拔使用方面工作经验的总结和提炼。七即"5+2","5"为人才考察的五个方面,即"业绩为主,品德一票否决制,记录、经历、教育并重";"2"为人才选拔的两项程序——民意推荐和公开竞聘。

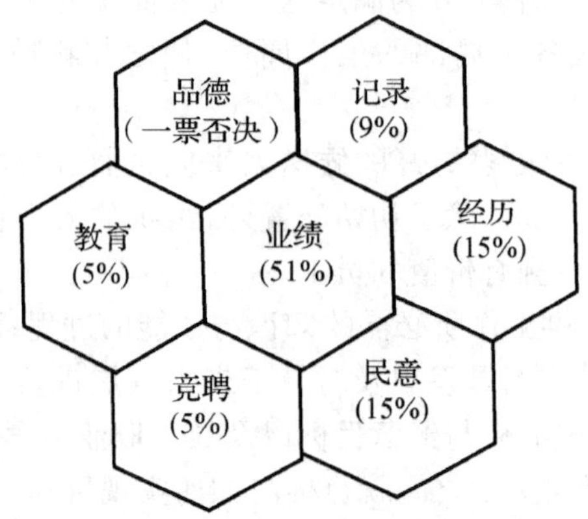

图1 雨润人才选拔机制——七个优选法

多年来雨润集团不断地对七个优选法进行改进和完善。目前,七个优选法选拔评价标准已从最初的定性评价为主发展为目前的定量评分为主,通过量化的评价,保证了人才选拔的公平、客观、公正。七个优选法的评价维度及评价标准如下:

1. 业绩(51%)。业绩是雨润集团评价干部的最主要衡量指标。对于经营单位候选人,雨润集团以税后净利润等关键业绩数据进行考量;对于职能部门候选人,雨润集团以半年度或年度业绩考评结果作为主要评分依据,同时参考定性的关键业绩描述。雨润集团对于业绩考评实行强制分布,分为A(20%)、B(30%)、C(40%)、D(10%)四个等级,并按照事先确定的计算公式计算业绩的具体得分。

2. 经历(15%)。经历是指候选人的工作经历,雨润集团要求干部晋升应有下一级别相关岗位的任职经历,一般应有下一级别两个(含)以上岗位的任职经历。经历得分按照候选人同行业同规模同岗位工作年限或同行业较小规模同岗位工作年限核定。

3. 记录(9%)。包括财务记录、违规违纪记录、考勤记录、荣誉记录,出现相关记录的,按照规定予以扣分或加分。对于因违反公司制度被处以记过(含)及以上处分的,一年内不予提拔。

4. 品德(一票否决制)。雨润集团将品德作为干部任用的红线和底线,实行一票否决制。员工有以下行为之一的,不予提拔:涉及违法、腐败、以权谋私等行为的;不孝顺父母,不忠诚婚姻的;出现较为严重违反公司规章制度行为或被给予记过及以上行政处分的;学历、简历、发票或相关材料等造假行为的。

5. 教育(5%)。雨润集团对于受过良好教育的候选人优先提拔,对于特别优秀的硕士、博士研究生或具有高级证书的人员,越级提拔。教育分为学历教育(3%)、资格证书(2%),学历教育按照博士研究生、硕士研究生、本科生、大专生四个层级分别折算相应的得分(全日制学历得分高于非全日制学历得分),资格证书按照初级、中级、高级分别核算得分。

6. 民意(15%)。分为领导推荐(10%)、群众推荐(5%),按照候选人推荐得票数和参加推荐人数核算得分。采用定向民意测评的,候选人推荐率须大于50%,采用非定向民意测评的,候选人推荐率须大于30%,否则不予晋升,此外,领导推荐具有一票否决权。

7. 竞聘(5%)。所有候选干部必须经过公开、公平的竞聘程序,竞聘排名靠前的候选人同等条件下优先提拔。竞聘得分按照竞聘成绩排名核定。

七个优选法是雨润集团干部选拔的关键环节,但七个优选法主要是对干部任职资格和能力的考察,科学有效的干部选拔机制还必须有一套科学、规范的工作流程作为保障,雨润集团在这方面也有一些值得学习借鉴的经验,雨润集团的干部选拔遵循如下流程:

1. 发布岗位空缺信息。人事部门梳理拟选拔单位空缺岗位,并拟定干部选拔方案,向干部选拔审批机构汇报,审批通过后拟定选拔通知,并在一定范围内发布。

2. 员工报名。拟选拔单位根据人事部门发布的选拔通知,组织符合条件的员工报名,可自荐,也可单位推荐。

3. 审核。人事部门依据选拔条件,对人员的业绩、经历、学历等基本信息的真实性进行初步审核。

4. 候选人公示。对初步审核合格的候选人,人事部门在一定范围内发文公示,公示期一般为三个工作日,公示无异议后,进入组织考察环节,对有异议的候选人,进行调查核实。

5. 考察。依据“七个优选法”,对候选人从品德、业绩、民意、经历、记录、教育、竞聘七个维度进行全面考察。

6. 签订推荐承诺书。考察结束后,人事部门拟订初步任用建议,并与相关单位负责人交换意见,达成一致意见后,要求相关负责人签订推荐承诺书,各级干部候选人均须所在部门/子(分)公司第一负责人签字认可,并报分管领导审核。

7. 审批。人事部门根据考察推荐情况,撰写考察汇报材料,提出干部任命建议,并向干部管理审批机构汇报、审批。

8. 任前谈话。干部任命建议获得审批通过后,人事部门牵头组织任前谈话,任前谈话一般应在干部选拔审批后的一周内完成。

9. 发文任命。人事部门在任前谈话结束后三天内发布任命文件,并在次月调整新任命干部的薪酬、福利待遇。

为了保证干部选拔的科学、公开、公平和公正,雨润集团在干部选拔任用工作中坚持以下几项基本原则:

1. 动态调整原则。雨润集团坚持"能力与岗位匹配、薪酬与贡献匹配，干部能上能下、薪酬能高能低、人员能进能出"的人才使用原则，将"优进后退"作为一项常态化工作，对所有管理干部实行半年度、年度工作业绩评价，对于考核排名后20%的干部，视情况给予降职(降薪)、撤职或劝退处理。

2. 干部推荐责任制原则。推荐人违反干部选拔管理规定推荐干部，情节较轻的，给予一定的经济处罚；情节严重的，给予降职(降薪)、撤职或劝退处分。

3. 逐级晋升原则。干部晋升一般应逐级晋升，原则上不得跨级；但对于业绩特别突出、创造出显著贡献的人员，也可以破格越级晋升。

4. 干部见习原则。新任命的干部一般设置6—12个月的见习期，见习期满70%可以转正，20%延期转正，10%不予转正。

七个优选法为雨润集团的快速发展选拔培养了大量的人才，每年的3月份、9月份，雨润集团都会集中组织人才选拔工作，此外，根据经营和业务发展的需要，还会不定期组织人才考察、选拔，每年选拔各层级管理干部数百名。七个优选法让一大批优秀的高素质干部脱颖而出，成为雨润集团跨越式发展的中坚力量和动力源泉。

(作者，卫爱君，雨润集团原人力资源副总裁)

讨论题

1. 你认为雨润集团的干部选拔机制有哪些优点，存在哪些不足？

2. 仔细研究一下雨润集团"七个优选法评分"七个维度的权重和评分标准，你觉得有哪些地方需要进一步商榷或优化？

3. 业绩是雨润集团"七个优选法"最主要的一个考察维度，业绩本身的科学性、真实性、准确性是决定"七个优选法"成败的关键，你认为对于雨润集团这样的多元化民营企业，如何做好业绩考评工作？

第5篇 领　导

第 11 章　个体与群体行为
第 12 章　沟通与冲突管理
第 13 章　激励理论
第 14 章　领导理论

第11章 个体与群体行为

学习目标

11.1 理解个体行为。
11.2 理解群体行为。

情境案例

作为管理者,你必须选择一名优秀员工予以提升,最后有两个候选人:小明和小晖。小明是一个明星员工,虽然很年轻入职也不久,但是他为组织赢得了许多成绩,并使得全组获得年度金奖。如果出于公平起见,必须根据工作表现来做出选择,相信所有的人都会毫无异议地同意小明获得这个荣誉。小晖虽然不是最佳员工,但他付出了超出常人的努力去工作,他总是拿出150%的努力做好手头每一项工作。在工作中,他热情高涨,并且能够很好地带动其他员工共同努力,发挥出最佳的战绩。小晖是一个老员工,因为家境问题,他很需要一份更高薪水的工作。同时,因为年龄偏大,这次可能是他获得提升的最后一次机会。试问你会如何做出选择,与你的性格有关吗?

管理是指管理者经由他人的努力来达成目标的过程,归根结底,管理的本质就是管人。然而,在一个组织中,尽管管理者拥有指挥下属的权力,但下属并不会自动地服从命令,甚至有些下属还会公然反抗他们的管理者。因此,要想胜任管理工作的挑战,达成管理的目标从而使组织正常运转,管理者必须能够解释、预测甚至改造组织成员的行为。管理者需要把握组织成员的两种行为,一是组织成员作为个体时的工作行为,二是作为群体或组织一员时的群体行为,并剖析个体行为与群体行为背后的一系列影响因素。

11.1 理解个体行为

管理者的成功取决于下属的行为,因此他必须能够解释员工为什么表现出这样而不是那样的行为,必须能够预测员工会对管理者的管理举措做出何种反应,并且能够进一步影响员工的未来行为表现。那么,管理者对员工的哪些行为尤为关心呢?

已有研究表明,管理者主要关心那些直接或间接影响组织绩效的工作行为,包括绩效行为、退缩行为、组织公民行为以及机能障碍行为。

(1) 绩效行为(Performance Behavior)是指个体在组织中表现出来的组织所期望的工作行为总和,例如高员工生产率、高工作满意度等。通常组织成员可凭借其绩效行为在组织中获得个人目标的实现。

(2) 退缩行为(Withdrawal Behavior)是指个体不愿意从事组织所期望的工作的行为,主要表现为缺勤和离职。较高的员工缺勤率会导致某些工作无法正常完成,较高的员工离职率不仅会影响组织工作的正常开展,还会造成人力资源招聘、甄选以及培训成本的增加。管理者不能完全消除缺勤率与离职率,但可以使其降低到最低水平,特别是对于那些高绩效、难以替代的员工而言。

(3) 组织公民行为(Organizational Citizenship Behavior)是指员工在履行好自己工作职责的同时,主动、自发、自愿的为组织的成功而付出额外努力的行为,这些行为在组织正式的薪酬体系中并未得到明确或直接的确认。组织公民行为是一种员工自由决定的行为,不包括在员工的正式工作要求当中,但它无疑是有益于组织目标实现的。

(4) 机能障碍行为(Dysfunctional Behavior)是指个体对组织造成减损而不是贡献的行为,例如偷窃、暴力、反社会行为等,这些都会或多或少的造成组织混乱。

根据心理学家的研究,一个人是做出绩效行为、退缩行为、组织公民行为还是机能障碍行为主要受态度、性格、知觉、能力、学习等个体心理因素的综合影响。

11.1.1 态度

态度(Attitudes)是指个体对于人、物、事件的评价性陈述,这种评价可以是赞同的,也可以是反对的,它们反映了个体对某一对象的内心感受。当一个人说"我喜欢我的工作"时,他就是在表达自己对工作的态度。

1. 态度的三种成分

态度由三种成分构成:认知成分、情感成分和行为成分。其中,认知成分(Cognitive Component)由一个人所持有的信念、观点、知识或信息构成,如"目标管理可以调动人的积极性"这种信念就是态度的认知成分;情感成分(Affective Component)是态度中的情绪或感受部分,如"跟小李合作,我感到不愉快",这种情感成分可能会导致行为结果;行为成分(Behavioral Component)是指个人以某种方式对某人或某事做出行动的倾向,如"和张经理相处我感到很舒服,我希望未来继续与他共事"。

管理者并不对员工的所有态度都感兴趣,他们只关注与工作有关的态度,其中三种最重要的与工作有关的态度是工作满意度(Job Satisfaction)、工作投入(Job Involvement)与组织承诺(Organizational Commitment)。

阅读材料:与工作有关的三种态度

1. 工作满意度。工作满意度是员工对自己工作的总体态度。一个拥有较高水平工作满意度的人对工作持积极态度,而对工作不满意的人则对工作持消极态度。通常我们谈到员工的态度时指的就是工作满意度,它受到薪资待遇、晋升机会、工作本身、工作同伴及上级等诸多因素的影响。工作满意度和生产率之间有很强的关系,在组织整体水平上收集满意度与生产率的数据时,会发现员工满意度较高的组织比员工满意度较低的组织更有效。虽然研究表明,满意的员工比不满意的员工的缺勤率更低,但是两者之间的相关性不是很明显。此外,满意度与离职率之间的相关性更高,满意的员工离职率较低,而不满意的员工离职率较高。

2. 工作投入。工作投入是指员工心理上对工作的认同，并将工作绩效视为一个人价值观的反映。工作投入程度高的员工对他们所做的工作有强烈的认同感，真的很在意自己的工作；这种积极的态度促使他们努力工作。研究发现，高的工作投入与低缺勤率和低离职率密切相关。

3. 组织承诺。组织承诺是员工对于特定组织及其目标的认同并且希望保持组织成员身份的程度。高水平的工作投入意味着一个人对具体工作的认同，而高水平的组织承诺则意味着个体对于所在组织的认同。研究表明，组织承诺也会导致低水平的缺勤率和离职率。事实上，与工作满意度相比，组织承诺是预测离职率的更好的指标。

2. 态度与一致性

研究表明，人们倾向于寻求态度之间以及态度与行为之间的一致性。例如，大学课程中，有的课程你比较感兴趣，有的课程你根本不喜欢；对于感兴趣的课程，你可能会认真听讲，而对于不喜欢的课程你可能心不在焉。个体会努力调和不同的态度并使态度和行为之间保持一致，以使自己表现得富有理性和言行一致。

当出现态度与态度以及态度与行为之间的不一致时，个体就会采取措施促使它们保持一致，常用的方法有：改变态度，或者改变行为，再或者为这种不一致找到合理化的理由。例如，一名公司招聘人员毕业季到各个大学开宣讲会，介绍公司的各种优势以吸引优秀毕业生。但是，他自己认为该公司的工作条件并不优越而且没有晋升机会，这时他可能会体验到态度与行为之间的不一致。经过一段时间的宣讲，这位招聘人员可能会出现一些变化。一种可能是，在不断介绍公司优势的过程中，自己在不自觉中被说服了，对公司的态度变得更加积极；另一种可能是，对于公司发展机会的消极态度越来越公开化，甚至变成对公司的公开嘲讽；最后一种可能是，在内心里承认并接受公司的不足，但是认识到自己的职责是展示公司积极的方面，并为不合理之处寻找合理化辩解。

3. 认知失调理论

态度之间以及态度与行为之间的一致性原理并不意味着我们能够据此准确预测人的行为，因为现实中确实存在态度之间以及态度与行为之间的不一致，这就是费斯廷格(Festinger)提出的认知失调(Cognitive Dissonance)理论。

该理论认为，任何形式的不一致都会令人感到不舒服，因此个体会努力减少这种不一致或不舒服，换句话说，个体寻求的是一种能把失调降到最低程度的稳定状态。当然，没有人能够完全避免失调。费斯廷格认为，减少失调的愿望取决于以下三个因素：造成失调的因素的重要程度、个体相信自己对这种因素影响的程度、失调涉及的奖赏。

如果造成失调的因素相对来说不太重要，调整这种不平衡的压力就比较小，反之亦然；当一个人感到失调是一种不可控的结果——即他们别无选择的结果时，则不太容易改变自己的态度，甚至会觉得没有改变的必要；此外，奖赏也会影响人们减少失调的动机强度，如果与高度失调相伴随的是极高的奖赏，则失调产生的不舒适感就会降低，因为奖赏会促使个体努力相信认知是协调的。

阅读材料：关于“认知失调”的经典实验

费斯廷格和他的学生梅里尔·卡尔史密斯曾经设计过一个有关认知失调的经典实验。他们让60名被试(本科生)完成一个非常无聊的任务：用一只手重复把12个线轴放入、拿出托盘，把钉在木板上的48个小方钉顺时针转90°，各持续半小时；而且，实验者还要求完成任务的被试对正在等待的被试说“这个实验非常有趣”；完成实验后被试可以得到一笔酬金，一部分被试获得1美元，另一部分被试获得20美元，还有一部分被试作为对照组没有任何报酬；最后，实验者请被试评价自己有多喜欢这个实验。

结果令人惊讶：20美元组和对照组都给出了轻微的负面评价，认为实验比较无聊；1美元组反而给出了相当正面的评价，认为实验是有趣的。

费斯廷格的解释是：当被试对别人说实验很有趣时，心口不一，态度与行为之间存在不一致。为了消除心理上的失调感，他要把自己的行为合理化。拿20美元报酬的被试者会用这笔不小的酬金(明显的外部好处)为自己的行为辩解，失调感就削弱了，他们更倾向于实话实说；然而，这对于只拿1美元的被试者来说就比较困难。由于失调感带来的心理压力，他会重新审视两个相互矛盾的认知因素，最后只能说服自己改变对实验的态度——有趣而非无聊。

认知失调理论被认为是20世纪最有影响力的社会心理学理论之一，目前已有2 000多项研究建立在此理论观点基础上。这一理论显示了我们如何以及为何对自己“撒谎”：人们并不仅仅是按照自己的态度做出行为；相反，许多时候会根据行为改变态度，或者为自己的行为辩解。

管理者应该懂得一个人的态度会在很大程度上影响他的行为。通过定期调查的方式了解员工对工作的态度，通过宣传、沟通等方式影响员工对工作和公司的态度，对于提高员工的工作效率、工作满意度与忠诚度都是十分有益的。管理者可以通过改变员工态度的任一组成部分来改变员工的态度；当管理者要求员工从事与他们的态度不一致的活动或工作时，根据认知失调理论，管理者应该让员工感受到这一活动或工作不可推卸或者结果奖励十分丰厚。

11.1.2 性格

有的人工作认真、不畏困难、待人热情真诚，而有的人工作敷衍、害怕困难、待人无情冷漠，事实上，我们正是在描述人的“性格”。心理学上的性格(Personality)，又称人格，是指影响一个人对他人的反应方式和交往方式的独特的情感、思维和行为模式的总和。性格有助于管理者预见员工在某个特定环境中可能采取的行为，从而更有效地管理员工的行为。性格可以通过个体表现出来的、可以测量的人格特质进行描述，其中最常用的两种理论是“大五”人格模型与迈尔斯—布瑞格斯类型指标。

(1)“大五”人格模型(Five Factor Model，FFM，简称BIG5)。“大五”人格模型通过外向性、亲和性、自觉性、稳定性和开放性这5个方面来描述一个人的性格特征，这5个因素是从20世纪60年代所进行的人格特质项目类群的统计分析中得出的，其中：

① 外向性(Extraversion)：是指在处理人际关系时表现出社会化、健谈、自信和自如的程度。外向性程度高的人往往具有热情开朗、好交际、感情丰富等特征。

② 亲和性(Agreeableness):是指脾气好、愿意合作,能谅解、理解和信任别人,能够与他人融洽相处的程度。亲和性高的人一般比较受人欢迎,亲和性弱的人则不太相信他人,缺乏同情心和合作精神。

③ 自觉性(Conscientiousness):是指以一种负责、严谨、持之以恒的方式专注于有限几个目标的程度。自觉性高的人一般比较自律,做事富有条理。

④ 情绪稳定性(Emotion Stability):是指冷静、坚韧、安全,而不易紧张、不安、喜怒无常的程度。情绪稳定性是衡量情绪化程度的指标。

⑤ 开放性(Openness to Experience):是指有广泛兴趣,好奇、富有幻想和创造力,愿意接受新观念和新事物的程度。开放性程度高的人往往具有冒险倾向和创新精神。

每个人在上述五个维度上的表现各不相同,可以通过其在五个维度上的倾向性来描述其性格特征。

(2) 迈尔斯—布瑞格斯类型指标(Myers-Briggs Type Indicator)。被称为 MBTI 的迈尔斯—布瑞格斯类型指标是众多人格测验方法中应用最为广泛的理论之一,它按照一个人的能量倾向、接受信息、处理信息以及采取行动的方式四个维度来评估性格。

① 外向型(Extraversion,简称 E)和内向型(Introversion,简称 I)。外向型(E)性格的人注意力和能量主要指向外部世界,从与人交往和行动中得到活力,朋友圈大,喜欢用交谈的方式交流,能够自由的表达情绪与想法,听、说、想同时进行,对外界环境敏感,往往是很多活动的主要参与者或发起者,不喜欢复杂的程序,对从事长期性的工作没耐心。内向型(I)性格的人注意力和能量集中于自己的内心世界,从对思想、回忆和情感的反思中得到活力,朋友圈固定,喜欢用写作的方式交流,情绪与想法不轻易流露,先听、后想、再说,对细节很认真,在行动之前喜欢多思考,喜欢自己解决问题。

② 感觉型(Sensing,简称 S)和直觉型(iNtuition,简称 N)。感觉型(S)性格的人善于用自己的五官来获得信息,喜欢收集实实在在的、确实已经出现的信息,对周围所发生的事观察入微,特别关注现实。这种类型的特点是工作踏实,喜欢循规蹈矩,很少相信自己的灵感。直觉型(N)性格的人通过想象、无意识等超越感觉的方式获取信息,喜欢看整个事件的全貌,关注事实之间的联系,特别善于看到新的可能性。这种类型的特点是喜欢解决新问题,经常很快下结论,对复杂情况不耐烦,不喜欢精确的使用时间。

③ 思考型(Thinking,简称 T)和情感型(Feeling,简称 F)。思考型(T)性格的人通过分析某一行动或选择的逻辑后果做出决定,会将自己从情景中分离出来,对事件的正反面客观分析,目标是找到能应用于所有相似情景的标准或原则。情感型(F)性格的人善解人意,试图理解别人的感受,根据自己的价值判断做出决定,目标是创造和谐氛围。

④ 判断型(Judging,简称 J)和知觉型(Perceiving,简称 P)。判断型(J)性格的人喜欢将事情管理得井井有条,注重迅速做出决策并解决问题,从完成任务中获得能量。知觉型(P)性格的人更愿意去体验和理解生活,善于调节自己适应当前场合的需要,并从中获得能量。

每个人的性格都不同,它的形成有其生理基础,但社会、文化、家庭等各方面因素的影响更大。性格无所谓好坏,关键是寻求性格与工作之间的匹配,当工作环境与性格类型协调一致时,会有更高的工作满意度以及更低的离职率。

11.1.3 知觉

知觉(Perception)是个体为了对自己所在的环境赋予意义而组织和解释自己的感觉印象的过程。有关知觉的研究一致表明,即使人们看到同样的客体,也会产生不同的认知。如图11.1所示,有的人第一眼从图中看到的是美丽少妇的脸庞,而有的人第一眼看到的却是丑陋的巫婆,之所以如此,原因就在于我们对自己所看到的东西做出主观解释,而这个主观解释的过程受到一系列因素的影响,包括知觉者、被知觉对象以及知觉发生的情境背景等。

图11.1 丑陋的巫婆还是美丽的少妇?

1. 知觉者

当人们看到一个对象,并试图对自己所看到的东西进行解释时,个体的个人特点会在很大程度上影响到这种解释。这些个人特点包括态度、性格、动机、兴趣、过去的经验和预期等。

2. 被知觉对象

被知觉观察对象本身的特点也影响人的知觉选择。例如,知觉对象的尺寸越大越容易被感知,与背景反差越鲜明越容易被感知,活动的比静止的更容易被感知,经常重复出现的更容易被感知。此外,我们还倾向于把空间或时间上比较接近的物体以及相互之间比较类似的物体组合在一起进行知觉。

3. 知觉情境

物体或事件被看到的时间会影响人的注意力,地点、光线、热度以及其他各种环境因素也会产生类似影响。

有关知觉的心理学研究多以无生命的物体作为研究对象,管理者则更关注人。人的知觉不同于无生命物体的知觉,当我们观察人的行为时,总是试图对其为什么以某种方式行动做出分析,归因理论(Attribution Theory)对此进行了解释。

归因理论认为,当我们观察某一个体的行为时,总试图判断它是由内因造成的还是由外因造成的。其中,内因行为是指在个体控制范围之内的行为,外因行为是个体迫于情境压力而做出的行为。内因或者外因的判断取决于以下三个因素:区别性、一致性、一贯性。

(1) 区别性:是指个体是在众多场合下都表现出这种行为还是仅在某种特定情境下才表现出这一行为。如果某种行为具有独特性,则可解释为外因行为;如果具有普遍性,则可解释为内因行为。

(2) 一致性:是指每个人面对相似情境是否都有相同的反应。如果是的,则可解释为外因行为;如果不是,则是内因行为。

(3) 一贯性:是指某个人的行为是否稳定而持久,无论何时都有同样的行为,行为的一贯性越高,观察者越倾向对其做内部归因。

然而,在归因理论的研究中,研究者发现归因偏差的现象非常普遍。在判断他人的行为时,尽管有充分的事实依据,但是我们总是带有一定的倾向性,即低估外部因素的影响并高估内部因素的影响,也就是所谓的基本归因错误(Functional Attribution Error)。例如,当销售代表的业绩不佳时，销售经理将其归因为下属懒惰而不是竞争者拥有革新产品。归因的另一种倾向性称作自我服务偏见(self-serving bias)，是把自己的成功归因于内部因素，如能力或努力等；而把自己的失败归结为外部因素，如运气等。

管理者应该认识到，员工根据知觉而不是客观事实做出反应，即使管理者对员工的评价是客观公正的、组织给员工提供的报酬是合理的，如果员工的知觉是“管理者评价存在偏见”或“薪酬体系不合理”，那么他们仍然会按他们的知觉而不是客观事实采取行动。因此，管理者一方面要对员工行为形成客观、正确的认知；另一方面，管理者还应该密切注意员工对他们管理工作的知觉，并通过各种手段影响员工的知觉，使员工形成对工作和组织的正确或良好的知觉。

阅读材料：常见的知觉偏差

1. 刻板印象

刻板印象，又称定型偏见，是指人们对某一类事物产生的比较固定的、概括而笼统的看法。在进行社会认知时，人们往往将聚集在一起的人赋予相同的一些特征，对不同职业、地区、性别、年龄、民族等群体的人们形成比较固定的看法。当人们采用这些较为固定的看法去识别某个个体时，将适用于群体的特征照搬到个体身上，就可能出现偏差，也就是刻板印象。

2. 晕轮效应

晕轮效应，又称光环效应，是指根据个体的某种特征，如智力、社会活动力、外貌等，形成对他的总体印象，认知者对客观对象的某种品质特征进行夸大泛华，甚至掩盖其他特征。

3. 以己度人

以己度人，又称为投射，是指将自己的感觉、倾向或动机投射(或归因)到对他人的判断中，观察者对他们的认知更多受到观察者自身特点而不是被观察者特点的影响。

4. 首因效应与近因效应

信息呈现的顺序会对社会认知产生影响。人们对他们总体印象的形成过程中，存在最初获得的信息比后来获得的信息有更大影响作用的现象，也就是所谓的“首因效应”，又称“第一印象”；在总体印象的形成过程中，新近获得的信息比原来获得的信息影响更大的现象被称为“近因效应”。近因效应一般不如首因效应明显和普遍。

5. 证实偏差

证实偏差，又称心理定式，是指人们有选择地解释并记忆某些能够证实自己既有信息的心理和行为倾向。人们在做一件事之前，如果有关于这件事的信息储备，那么接下来这个人的行为会不自觉地受到上述信息储备的影响，这也是为什么企业要在员工中进行企业文化宣传的原因所在。

11.1.4　能力

能力(Ability)反映了个体在某一工作中完成各种任务的可能性，它是对个体能够做什么的一种现实的评估。心理学范畴的“能力”可以分为两大类：心理能力与躯体能力。

心理能力(Intellectual Ability)是指个体从事心理活动所需要的能力，智商测验就是用于确定一个人的总体心理能力的。一般而言，心理能力包括 7 个维度，即算术、言语理解、知觉速度、归纳推理、演绎推理、空间视觉知觉以及记忆力等。

在要求信息加工的复杂工作中，心理能力起着重要作用。对于那些技能要求较少而规范性程度高的工作而言，躯体能力(Physical Ability)对于工作的完成则更重要。躯体能力通常包括动态力量、躯干力量、静态力量、爆发力、广度灵活性、动态灵活性、躯体协调性、平衡性、耐力等。

此外，一个人的能力结构中还包含另外一个维度——情绪智力(Emotion Intelligence)，它是指理解并控制自己以及他人的心境和情绪的能力，一般包含五个维度：自我意识，体会自我感情的能力；自我管理，管理自己情绪和冲动的能力；自我激励，面对挫折和失败依然坚持不懈的能力；感同身受，体会他人情感的能力；社会技能，处理他人情绪的能力。研究表明，情绪智力与工作绩效之间存在着正相关。情绪智力高的人通常能够更好地理解自己是如何感觉的以及为什么会有这种感觉，从而能够更有效地控制自己的情感和理解他人的感受。对于一个成功的管理者而言，情绪智力比一般的心理能力更重要。

每个人在能力方面都有自己的强项和弱项，这使得一个人在从事某一工作时，相比于其他人来说，既有有利的一面又有不利的一面。从管理的角度来看，问题的关键在于如何准确了解人们的能力有哪些不同，更为重要的是利用这一知识尽可能地使员工从事与他们的能力水平相匹配的工作。

11.1.5 学习

日常生活中，我们通常将学习定义为“在学校里所从事的活动”，但心理学家对“学习”的定义显然宽泛得多。心理学范畴的“学习(Learning)”是指个体基于经验而导致行为或行为潜能发生相对一致的变化的过程。学习本身无法直接观察，但是可以通过后续的有意识的行为改变予以判断。研究学习之所以重要，是因为一个人的所有复杂行为几乎都是通过学习得来的。如果我们想解释和预测行为，就需要了解人们是如何学习的。

大卫·库伯(David A. Kolb)将学习描绘成一个由4个阶段组成的循环：个体遭遇具体的经历；个体根据这种经历进行思考和深入观察；抽象出某个概念，进而推动积极的实践；最后利用这个概念来指导新的实践。由于学习过程受个人需求和目标的引导，不同的人在学习中会注重学习过程的不同阶段，从而形成了每个人不同的学习风格。

为了理解学习是怎么发生的，为什么会发生，我们可以参考两个重要的学习理论：操作性条件反射和社会学习理论。

1. 操作性条件反射

哈佛大学心理学家斯金纳(B. F. Skinner)通过操作性条件反射(Operant Conditioning)的研究提出，行为是结果的函数，人们通过学习行为获得他们想要的东西并且逃避他们不想要的东西。操作性行为指的是那些主动的或习得的行为，这些行为结果是否被强化，影响到这一行为的重复倾向。

斯金纳认为，行为并不发端于人的内部(即由反射或天生决定的)，而是后天习得的。若具体的行为能带来令人满意的结果，人们就会增加这种行为的频率；如果行为不被奖励或受到惩罚，人们就不太可能重复该行为。

管理者要善于利用正确的强化措施来引导员工行为。例如，为了鼓励员工在项目攻关期加班，可以通过绩效奖金或绩效评估予以补偿。但是需要注意的是：强化措施一定要确保公平,并及时兑现。试想,如果管理者允诺的加班绩效奖励不能兑现,接下来管理者再要求下属加班,下属还会照做吗? 用操作性条件反射来解释:如果对一种行为不进行积极强化,则该行为重复的可能性就会下降。

2. 社会学习

个体不仅通过直接经验进行学习,还通过观察或听取发生在他人身上的事情进行学习。我们通过观察他人(如父母、老师、同伴、上司等)学会了很多东西。这种认为可以通过观察和直接经验两种途径进行学习的观点称为社会学习理论(Social Learning Theory)。社会学习理论也认为行为是结果的函数,但它同时还承认观察学习的存在以及学习在知觉中的重要性。所谓观察学习(Observational Learning)是指一个人(学习者)通过观察另一个人(学习榜样)的行为而受到刺激,也积极实施并强化这种行为。

他人的影响是社会学习理论的核心观点,对个体的影响程度取决于以下四个过程:① 注意过程。只有当人们认识并注意到榜样的重要特点时,才会向榜样学习。人们倾向于向那些重要的、重复出现的、与自己相似的榜样学习。② 保持过程。榜样的影响取决于个体对榜样活动的记忆程度,尤其是当榜样没有出现在面前时。③ 动力复制过程。个体通过观察榜样而看到一种新行为之后,必须把“看的过程”转化为“做的过程”。这一转化表明个体能够切实的实施榜样活动。④ 强化过程。如果提供积极的诱因或奖励,就会激发个体从事榜样行为。人们对受到强化的行为给予更多关注,学习效果更好、行为频率更高。

学习不但发生于工作之前,还发生于工作过程当中,作为管理者应该通过循序渐进的方式指导个体的学习,塑造个体的行为,这一过程称为行为塑造(Shaping Behavior)。现实中,员工的实际行为与管理者期望的行为可能相差极大,如果管理者仅仅等待个体表现出理想的行为时才进行强化,可能几乎找不到可以强化的机会;相反,通过循序渐进地对每一步进行强化,可以使个体越来越趋近于理想的行为,从而达到行为塑造的目的。例如,对于一名经常迟到半小时的员工,这次只迟到 20 分钟,管理者就强化他这种进步。当然,个体的反应越接近理想行为,则得到的强化应该越高。

行为塑造有四种方法:积极强化、消极强化、惩罚和消退。当一种行为伴随着愉快事件(称赞、奖励等)时就是积极强化,积极强化会增加理想行为重复出现的可能性。当一种行为可以终止或逃避不愉快事件时就是消极强化,例如,“准点上班就不会扣工资”,由于要回避不愉快事件(如扣工资),因而理想行为(准点上班)受到鼓励。惩罚是指对令人不满的行为进行处罚以使其消失,例如,员工频繁迟到而被罚停薪两天就是惩罚的例子。消退是指取消维持某种行为的所有强化物,当行为不被强化时,它就会慢慢消失。

积极强化和消极强化都导致了学习行为的发生,它们强化了理想行为,增加了其重复出现的可能性;惩罚和消退也导致了学习,但它们旨在削弱不良行为,并减少其发生的频率。

基于学习理论,管理者不应该仅仅让员工的学习行为随机发生,而是应该通过分配奖励或设置榜样等措施管理员工的学习,并且率先垂范,给员工发挥榜样的示范作用。

11.2　理解群体行为

组织成员不是作为独立的个体在发挥作用,而是以群体中一员的身份在组织中开展工作。由于个体在群体中的行为不同于其作为单独个体的行为,因此管理者要想胜任管理工作的挑战，更好地解释、预测以及引导员工的行为，就必须进一步了解群体及群体行为的影响因素。

11.2.1 群体的概念

群体（Group）是指两个或两个以上相互作用以实现特定目标或满足特定需要的个体组成的集合体。根据形成的原则和方式的不同，群体一般可以分为正式群体和非正式群体。

正式群体是组织建立的工作群体，它有着具体的工作任务、明确的工作分工以及明文规定的规章制度。在正式群体中，什么是恰当的行为取决于组织的目标，这些行为直接指向组织目标。

与正式群体相对应，非正式群体则是社会性的，自然而然出现的群体。例如，来自不同寝室的几个同学经常一起吃饭或者一起打羽毛球，这几个同学就组成了一个非正式群体。非正式群体没有明确的规章制度，成员的组合大多带有感情色彩。根据成员加入群体的目的可以分为感情型群体、兴趣型群体以及利益型群体等。

任何正式群体中都有非正式群体的存在，二者往往是相伴而生的，管理者一定不能忽视非正式群体的作用。

11.2.2 群体的发展阶段

群体的发展是一个动态的过程，尽管每个群体的发展过程不尽相同，但是研究表明，多数群体的发展大致可分为五个阶段。

1. 形成阶段（Forming）

这个阶段分为两个部分：第一部分发生在人们加入群体的时候，或者由于组织的工作分配，或者由于共同的兴趣、爱好或利益，人们加入到一个群体之中；第二部分是界定群体的目标、结构、领导层等内容的阶段，这一阶段以极大的不确定性为特点，成员们常常是“摸着石头过河”，以了解哪种行为方式能够被群体接受，当群体成员把自己视为群体的一员思考问题时，这一阶段结束。

2. 震荡阶段（Storming）

这是一个群体内部矛盾凸显的阶段，此时群体成员虽然接受了群体的存在，但却抵制着群体对个体所施加的控制。在由谁控制群体的问题上分歧众多，当群体内部出现了比较明朗的领导层级，群体成员在发展方向上也达成共识之后，该阶段结束。

3. 规范阶段（Norming）

在这一阶段，群体成员的关系更加密切、更加融洽，群体表现出了一定的内聚力，群体成员对群体产生了一种强烈的群体认同感和志同道合感。当群体成员结构比较稳固，群体成员对什么是正确的成员行为达成共识时，规范阶段就结束了。

4. 执行阶段（Performing）

此时，群体的主要精力从成员之间相互认识和了解进入完成当前的工作任务上。对于长期工作群体而言，执行阶段是其发展历程的最后一个阶段。

5. 解体阶段（Adjourning）

对于临时组建的群体，如项目团队、特别行动小组等，它们是为了完成某种具体任务而建立的，因此还存在解体阶段。在这一阶段，群体为解散做好准备，高工作业绩不再是群体关注的头等大事，人们更关注解散之后的善后工作。

11.2.3　群体结构

工作群体并非一群乌合之众聚集在一起，而是拥有一定的内部结构来规范成员行为的群体。群体结构可以帮助我们更好地解释、预测并影响群体的绩效以及群体成员的个体行为，它包含群体角色、规范、地位、规模、内聚力等多个要素。

1. 群体角色

角色(Role)指的是在一个社会单元中，人们对于占据特定位置的个体所期望的一套行为模式。在群体中，个体由于自身所处的位置而被期望承担某种角色，我们称之为角色期望，它往往以外显的方式(如在教室里明确设立禁止吸烟的标志等)或内隐的方式(如在寝室里看碟片时声音设置得多响等)存在。

对于角色行为理解的困难在于个体通常要扮演多种角色，并且需要适时调整他们的角色以适应不同群体的要求。当个体面临不同的角色期望时，或者当个体的实际角色和群体对他们的期望角色不一致时，个体就会感受到角色冲突。角色冲突会导致员工紧张、绩效下降和离职率提高。

2. 群体规范

群体规范(Norms)是指群体成员都要共同遵守的行为依据和准则。群体规范通常会涉及很多行为，如工作的产出水平、工作节奏的快慢、遵守工作时间、群体成员间信息共享、群体成员如何着装等。群体规范决定了群体成员的什么行为是可接受的、什么行为是不可接受的。

群体规范调节着群体情景下人们所期望的行为，群体成员之所以遵从规范主要有以下三方面原因：希望得到奖励并避免受到惩罚，意欲效仿所敬佩或爱戴的群体成员，相信这一规范是正确而恰当的。

当群体成员违背群体规范时，就产生了背离。在这种情况下，群体可能会采取以下措施：首先，群体可能增加与违背规范的群体成员的沟通，试图纠正其背离行为；如果行不通，群体开始将其排除在群体活动之外，事实上是对该群体成员实行排斥，或者是群体改变规范以适应该员工的行为。

通常情况下，群体成员不会去想为什么要遵守某一规范，背离行为可在适当的时候引发群体成员的反思，并改变已经不合理的规范。正因为如此，群体应该保持遵从与背离的适度平衡。群体要有一定程度的遵从才能确保其对群体成员行为的控制，从而引导群体成员朝着高绩效和实现群体目标的方向努力；与此同时，群体也需要一定程度的背离，这样才能确保废弃有问题的旧规范，代之能够起作用的新规范。

3. 群体地位

群体地位(Status)是指群体内部的威望等级、位置或头衔，是别人对群体成员的位置或层次的一种社会性界定。群体地位可以是群体正式给予的，也就是说，组织通过给予个体某种职位或头衔，而使个体获得某种正式地位。在非正式群体中，地位也可以通过教育、年龄、性别、技能、经验等特征而非正式获得。任何东西只要被其他群体成员看作是与地位相关的，它就具有地位价值。

与群体其他成员相比，一个地位比较高的群体成员具有较大的偏离群体规范的自由。在理解个体行为时，地位是一个重要因素，如果个体认识到自己的地位认知与别人对他地位的认知不一致，地位这一因素就会成为显著的激励因素，就会对个体的行为反应产生巨大影响。

4. 群体规模

群体规模对群体行为也有一定的影响。就完成任务而言,小群体比大群体的速度更快。但是,就解决复杂和困难的任务而言,大群体比小群体做得更好。一方面,大群体有利于获得多种信息,如果群体的目标是搜索和发现事实,则规模大的群体应该更有效率;另一方面,较小的群体在利用信息方面可能做得更好。一般来说,7人左右的群体在采取行动上效率最高。

5. 群体内聚力

群体内聚力(Group Cohesiveness),也称群体凝聚力,是指群体成员相互吸引和共同参与群体目标的程度。群体内聚力主要表现在以下三个方面:群体成员对群体活动的参与程度、群体成员对群体规范的遵从程度和对实现群体目标的强调。

内聚力对于群体而言很重要,因为它与群体的生产率密切相关。研究表明,一般情况下高内聚力群体的工作效率优于低内聚力群体。这是因为,在内聚力高的群体中,群体成员共同工作、相互支持和信任,通常能够有效实现群体目标;相反,内聚力低的群体通常协调不好,成员间互不支持,很难实现目标。

但是,群体内聚力与群体效率之间的关系相当复杂,它受到诸多中介变量的影响,其中关键的一个中介变量就是群体规范的好坏。群体的内聚力越高,意味着群体成员越会遵从群体规范。如果群体规范良好(比如群体成员团结协作、相互鼓励、有序竞争),那么高内聚力群体的生产率就会高于低内聚力群体;相反,如果群体规范不好(比如群体成员缺乏协作、相互打压、恶性竞争),那么高内聚力群体的生产率反而不如低内聚力群体。

11.2.4 群体行为

社会心理学家研究发现,个体一旦加入群体,其行为就会很大程度上受到群体结构的影响。其中,比较典型的群体行为包括:从众行为、社会促进与社会致弱、社会惰化以及去个性化。

1. 从众行为

当个体接受一个社会角色或屈从于一种社会规范时,个体在某种程度上就是在从众于社会期望。从众(Conformity)是指人们采纳其他群体成员的意见和行为,从而保持与群体中绝大多数成员的意见与行为相一致的倾向。当个体从属于一个群体时,个体很容易表现出从众行为。

阅读材料:阿希(Asch)的从众实验

阿希(Solomon Asch)在1951年设计了著名的从众实验,他在校园中招聘志愿者,号称这是一个关于视觉感知的心理实验。实验在一间房间内举行,形式非常简单,就是给被试呈现两张纸,一张纸上印着一条线段,被试需要在另一张印有几条线段的纸上找出与刚才那条长度相同的选项。实验需要测试多组不同的被试,7—9人一组,每组人要做18个测试。

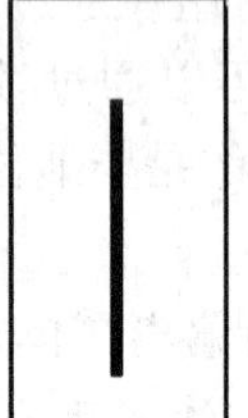

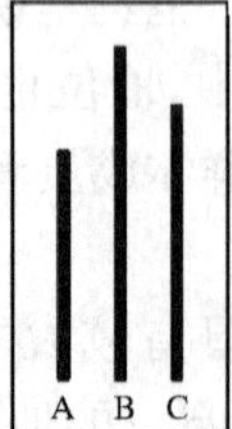

当志愿者来到实验房间时会发现，屋子里的 7 个座位已经坐了 6 个人，只有最后一把椅子空着。志愿者可能会以为别人都来得比他早，但是他肯定没想到那 6 个人其实都是阿希的助手。接着好戏就上演了，如同图片显示的那样，测试的答案都是极其简单的，只要是智商正常的人都不太可能答错。

在回答问题的过程中，实验参与者们是按座位顺序一个接一个回答问题的，这样每次志愿者总是最后一个回答。在 18 次测试中，实验助手有 12 次故意出错，当然他们是一起给出相同的错误答案。结果，这项测试志愿者们的最终正确率为 63.2%，而没有干扰单独测试的对照组正确率是 99%。而且，75%的人至少有一次从众行为，也就是选择了跟助手们相同的错误答案；有 5%的人甚至从头到尾跟随着大部队一错到底；只有 25%的人可以一直坚持自己的观点，同时也是正确的观点。

阿希认为，人们的从众行为应该还和人群数量有关，所以他又进一步改进了实验，分别将志愿者同一名到多名实验助手组成小组。只有志愿者和实验助手组成的两人小组进行测试时，当助手故意回答错误时，志愿者的最终成绩几乎和单独回答时一样好。但是当助手增加到两人时，志愿者的错误率上升到 13.6%。当助手增加到 3 个人时，志愿者的错误率就到了 31.8%。再继续增加助手数量时对志愿者的错误率已经没有显著改变。

阿希的实验证明个人会屈从于群体的压力，即便他明白群体的行为是错误的。人的从众行为对于文化的形成和文化认同感的建立是有益处的，但是在进行决策时，从众行为很可能会导致集体决议成为个人意见的结果，而正确的意见却在盲从中被掩盖。

2. 社会促进与社会致弱

社会促进(Social Facilitation)，也称社会助长，是指个体完成某种活动时，由于他人在场或与他人一起活动而造成行为效率提高的现象；而社会致弱(Social Inhibition)，也称社会干扰，是指个体在群体中所取得的工作成就比其单独进行时要差得多的情况，是与社会促进恰好相反的一种现象。根据心理学家的研究，社会促进源于两种效应：一是结伴效应，即在结伴活动中，个体会感到某种社会比较的压力，从而提高工作或活动效率；二是观众效应，即个体从事活动时，是否有观众在场、观众多少及观众的表现对其活动效率有明显的影响。就观众效应而言，一方面当个人活动不熟练或自我要求过高时，观众会产生社会抑制，降低活动效率；另一方面当个体所从事的活动本来就是自己的强项时或自我要求正常发挥时，则会强化其活动效率。

3. 社会惰化

在一个规模较大的组织中，我们会看到某些组织成员经常偷懒，“出工不出力”，这就是所谓的社会惰化现象。社会惰化(Social Loafing)是指许多人在一起工作时会降低个人活动积极性的现象，即个体在群体内工作比自己单独工作付出更少努力的倾向。之所以出现社会惰化，是因为某些个体认为自己的工作绩效无法明确量化，自己少出点力没有人会察觉，自己多出力也不会有人注意，因此没必要那么卖力，或者认为自己的工作对群体绩效没有多大影响，他们的努力不重要或不必要。此外，随着群体规模的增大，社会惰化效应递增，我们所熟知的“一个和尚挑水喝，两个和尚抬水喝，三个和尚没水喝”就是典型的社会惰化的例子。社会惰化会降低群体绩效，甚至可能阻止群体目标的实现。管理者应该采取如下措施加以克服：在分派任务时，根据每个群体成员的实际情况分派具体任务，并要求每个成员为自己的工作负责;与群体成员沟通,让他们知道每个人对群体的贡献都是有价值的;通过量化个体对群体的贡献,使群体成员意识到自己的努力程度会受到注意,个人的贡献会得到评价;根据完成群体目标和高绩效运行所需的成员数量来保持适度的群体规模,便于确认个人对群体的贡献。

4. 去个性化

去个性化(Deindividualization),又称匿名效应,是指群体中个体丧失其身份意识和责任感的一种现象,导致个体做出在正常单独条件下不会做的事情。在群体情境中人们更可能抛开规范限制,失去个人责任感,出现去个性化现象。比如,球迷们闹事,每个个体都很少考虑自己行为的适当性,很少考虑自己应承担的责任。再比如,一个老人躺在马路边,如果你一个人单独从他身边路过,你可能会过去看看他是生病了还是摔倒了;但是,如果你置身于上下班熙熙攘攘的人流之中,你看到老人躺在路边,可能根本不会停下来看看是怎么回事。

阅读材料:"去个性化"经典试验

社会心理学家津巴多在1969年做了一个经典的去个性化试验。津巴多选择纽约大学的女大学生作为被试,每四人分为一组。实验条件有两种:一种是让被试用大围巾将自己从头到腿围住,小组成员互相之间不知道姓名,在黑暗中进行试验;另一种是小组成员被介绍相互认识,并且每个人胸前都有一个大的姓名卡片。

前者为去个性化组,后者为对照组。被试的任务是对一个试验对象进行电击,试验对象有两种情况:一种是令人喜欢的试验对象;另一种是令人讨厌的试验对象。电击共20次,分两个阶段进行。当电击进行到第10次时,实验对象异常痛苦,以致挣脱了电极带;然后,继续进行后10次电击。被试可以自己控制按键决定给予电击时间的长短。试验的结果显示:无论是前10次电击还是后10次电击,无论是对令人讨厌的试验对象还是对令人喜欢的试验对象,去个性化组的电击次数都是对照组次数的近两倍。

津巴多认为,去个性化状态使人降低了自我观察和评价意识,也降低了对社会评价的关注,对通常的内疚、羞愧、恐惧、承诺等行为的控制程度都降低了,压抑的负面行为容易表露出来,像攻击、侵犯等行为出现的频率和强度就增强了。

11.2.5 把群体转化为高绩效的团队

1. 团队的含义

在动态的环境中,团队比传统的部门或其他稳定的工作群体更为灵活,反应也更为迅速,团队因此已经成为组织的一种基本的工作单元。那么,到底什么是团队?

团队不同于群体,如图11.2所示。群体的职责是共享信息以制定决策,帮助每个成员更有效率和更有效果地完成工作;团队则是通过成员正面的协同效应、相互的责任以及互补的技能为实现一个具体的、共同的目标而分工协作。

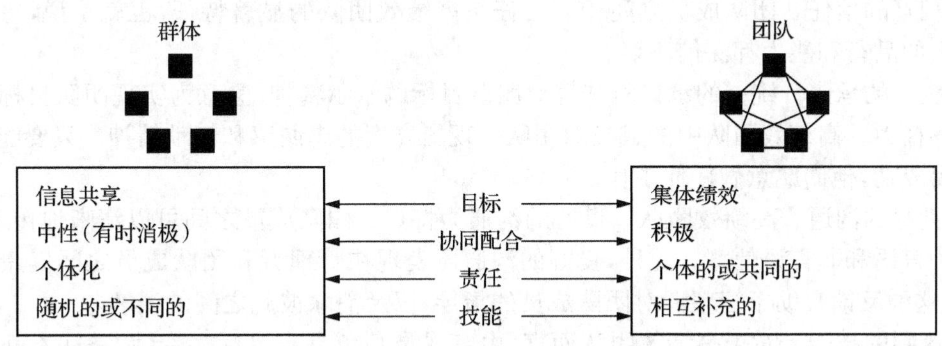

图 11.2　群体与团队对比图

2. 团队的类型

根据团队存在的目的和自主权的大小,可以分为问题解决型团队、自我管理型团队、跨职能型团队以及虚拟团队。

问题解决型团队由来自同一部门或职能领域的员工组成,其目的是努力改进工作活动或解决具体的问题。在问题解决型团队中,成员针对如何改进工作程序和工作方法相互交流看法或提出建议,但是这类团队几乎无权根据这些建议单方面采取行动。

问题解决型团队的做法行之有效,但是在调动员工参与和工作有关的决策方面尚显不足。这为另一类团队的发展提供了契机,它们不仅要解决问题,还要实施解决问题的方案,并对工作结果承担全部责任,这就是自我管理型团队。团队成员负责完成工作,并进行自我管理,具体内容包括:进行工作计划与日程安排,给各成员分派任务,共同监控工作进度,做出操作性决策,针对问题采取行动。

跨职能型团队,也叫作多功能团队,是由来自同一等级、不同工作领域的员工组成,他们走到一起的目的就是完成某项任务。多功能型团队是一种有效的团队管理方式,它能使组织内(甚至组织之间)不同领域员工之间交换信息,激发产生新的观点,解决面临的问题,协调复杂的项目。但是多功能型团队在形成的早期阶段需要耗费大量的时间,因为团队成员需要学会处理复杂多样的工作任务。在成员之间,尤其是那些背景、经历和观点不同的成员之间,建立起信任并能真正的合作也需要一定的时间。

虚拟团队,是指那些利用计算机技术把实际上分散的成员联系起来以实现共同目标的工作团队。这种团队可以完成其他团队能够完成的所有工作——分享信息、做出决策、完成任务,但是,由于他们缺少了面对面进行的"说与听的互换式"讨论,这种团队更倾向于任务取向。

3. 如何打造高绩效的团队

是不是把几个聪明的员工放在一起工作就能组建高绩效的团队呢?实际上,与单个团队成员的能力相比,团队更需要的是团队成员技能的互补、相互信任、良好的沟通、恰当的领导。要打造高绩效的团队,需要从以下几个方面着手:

① 清晰的目标。高绩效团队要非常明确他们要达到什么样的目标,团队成员也要清楚地知道团队希望他们干什么,以及成员之间如何分工协作以最终实现目标。

② 互补的技能。高绩效团队的成员具备实现团队目标所必需的技术能力,同时具有相互之间进行良好合作的个性品质。其中后者尤其重要,但却常常被人忽视。不是所有技术精湛的个体都能成为优秀的团队成员。

③ 相互的信任。团队成员之间相互信任是高绩效团队的显著特征，也就是说，每个成员对其他人的品行和能力都深信不疑。

④ 统一的承诺。统一的承诺意味着对团队目标的奉献精神，愿意为实现团队目标付出自己更多的精力。高绩效团队中的成员对团队表现出高度的忠诚感和奉献精神。只要能够帮助团队获得成功，他们愿意做任何工作。

⑤ 良好的沟通。高绩效团队以良好的沟通为特点。团队成员之间可以清晰地传递信息，包括各种言语和非言语信息。此外，良好的沟通还表现在管理者和团队成员之间健康的信息反馈上，这种反馈有助于管理者对团队成员的指导，以及消除彼此之间的误解。

⑥ 谈判的技能。对于高绩效团队而言，由其成员角色具有灵活多变性，总在不断地进行调整，这种灵活性就需要团队成员具备谈判技能。由于工作团队中的问题和关系随时发生变化，成员必须能够应对和处理这种情况。

⑦ 恰当的领导。有效的领导能够激励团队跟随自己共渡难关。他们帮助团队指明前进的目标，向成员解释通过克服惰性可以实施变革，鼓舞每个团队成员建立自信，帮助团队成员了解自己的潜力所在。越来越多的高效团队的领导者扮演教练和后盾的角色，为团队成员提供指导和支持，但并不控制团队。

⑧ 内部和外部的支持。高绩效团队的最后一个必要条件是它的支持环境。从内部条件来看，团队应拥有一个合理的基础结构，包括适当的培训、一套清晰而合理的测量系统以评估总体绩效水平、一个报酬分配方案以认可和奖励团队的活动、一个具有支持作用的人力资源系统。恰当的基础结构应能支持团队成员，并强化那些取得高绩效水平的行为。从外部条件来看，管理者应该给团队提供完成工作所必需的各种资源。

本章小结

1. 管理的本质就是管人，因此，管理者要想胜任管理工作的挑战、达成管理的目标必须能够解释、预测甚至改造组织成员的行为。

2. 管理者主要关心那些直接或间接影响组织绩效的工作行为，包括绩效行为、退缩行为、组织公民行为以及机能障碍行为。一个人做出何种行为，主要受态度、性格、知觉、能力、学习等个体心理因素的综合影响。

3. 人们倾向于寻求态度之间以及态度与行为之间的一致性。当出现态度与态度以及态度与行为之间的不一致时，个体就会采取措施促使它们保持一致，常用的方法有：改变态度，或者改变行为，再或者为这种不一致找到合理化的理由。

4. 认知失调理论认为，现实中确实存在态度之间以及态度与行为之间的不一致，任何形式的不一致都会令人感到不舒服，因此个体会努力减少这种不一致或不舒服；减少失调的愿望取决于以下三个因素：造成失调的因素的重要程度、个体相信自己对这种因素影响的程度、失调涉及的奖赏。

5. 管理者应该认识到，员工根据知觉而不是客观事实做出反应，即使管理者对员工的评价是客观公正的、组织给员工提供的报酬是合理的，如果员工的知觉是“管理者评价存在偏见”或“薪酬体系不合理”，那么他们仍然会按他们的知觉而不是客观事实采取行动。

6. 行为塑造有四种方法：积极强化、消极强化、惩罚和消退。积极强化和消极强化都导致了学习行为的发生，它们强化了理想行为，增加了其重复出现的可能性；惩罚和消退也导致了学习，但它们旨在削弱不良行为，并减少其发生的频率。

7. 群体的发展是一个动态的过程，尽管每个群体的发展过程不尽相同，但多数群体的发展大致可分为五个阶段：形成阶段、震荡阶段、规范阶段、执行阶段和解体阶段。

8. 工作群体并非一群乌合之众聚集在一起，群体拥有一定的内部结构来规范成员的行为。群体结构包含群体角色、规范、地位、规模、内聚力等多个要素，它们可以帮助我们更好地解释、预测并影响群体的绩效以及群体成员的行为。

9. 个体一旦加入群体，其行为就在很大程度上受到群体结构的影响，当个体置身于群体情境时表现出的比较典型的群体行为包括：从众行为、社会促进与社会致弱、社会惰化以及去个性化。

10. 团队不同于群体：群体的职责是共享信息以制定决策，帮助每个成员更有效率和更有效果地完成工作；团队则是通过成员正面的协同效应、相互的责任以及互补的技能为实现一个具体的、共同的目标而分工协作。

11. 要打造高绩效的团队，需要从以下几个方面着手：清晰的目标、互补的技能、相互的信任、统一的承诺、良好的沟通、谈判的技能、恰当的领导、内部和外部的支持。

1. 影响个体行为的因素有哪些？它们是如何影响个体行为的？

2. 有种观点认为，"管理者永远不要惩罚问题员工"，你同意这种观点吗？为什么？

3. 群体行为有何特征？群体内的个体行为与单纯的个体行为有何不同？

4. "将一群最优秀的人放在一起就能组建高绩效的团队"，你认为这种观点对吗？为什么？

李部长的烦恼

A 公司作为一家大型国有企业，主要生产冰箱、空调等大型家电设备，生产管理部则是其重要的职能部门之一，下设有品管科、生产科和供应科三个科室。生产管理部原先的老部长是公司创始时期的元老之一，喜欢在员工会议时穿插一些当年公司成立时的点滴片段，和员工讲一下以往的生产经历和体会，并试图通过"忆苦思甜"来渲染气氛，在公司内营造起大家庭式的艰苦奋斗、团结共进的文化氛围，在办公区过道两边墙上挂满了自己的语录，包括他在员工训话常用的经典句子，例如"如果你学会了学习，你就学会了生存；如果你学会了合作，你就学会了一切"。尽管也有人对悬挂语录颇有微词，但老部长坚持认为这是自己经历商海搏击之后的感悟，是企业文化的一部分，很值得在公司内宣传。老部长退休后，公司上层领导决定更换新的年轻血液，选择年纪较轻的老李作为生产管理部的新任部长。

老李在生产管理部勤恳工作了十几年，在同事们的眼里他性格内向、沉稳，随和，虽然不善于言谈，但是在工作和生活中，是一个心中非常有主见和思想的人。他被提拔为生产管理部的部长，也是众望所归，领导和同事们都寄希望于他能带领大家一起把生产管理部的工作做得有声有色。老李上任后，因为想要全面更改老部长的作风，让员工用集体协商和自我管理的方式来取代领导在管理中的权威，所以在上任的第一次例会中，就宣布以后生产管理部内三个科室的事宜都采用“集体决定”的方法。大家听得一头雾水，听上去李部长好像还挺民主，不那么独断专行，但到底是什么样的集体决定，大家都各自按照自己的理解在心中暗自揣度，心想等碰到具体的事情再说吧。

问题很快就出现了，生产科的王科长发现供应科没有按照原先定点的厂家进货，这明显违反了生产管理部的工作制度，于是抱着善意提醒的态度先去找了供应科赵科长看是不是哪里出错了。结果赵科长听了之后大大咧咧地说原先供货的厂子欠款有点多，不好再去赊了，换的厂家虽然质量没有原来那个好，但也是在合格供应商名单里的，接着就转身又忙去了。王科长无奈下只得向李部长反映这个情况，结果李部长把头面向窗外沉思了片刻说：“老赵他有难处，这事儿他跟我说过了，不过你说的也有道理。这样吧，我不是讲过吗？有事大家要集体决定，你把大家召集起来开个会，让大家一起商量吧，按大家的意思办！”。无奈之下，王科长心怀疑虑地召集了集体会议。会议的一开始，赵科长就一脸的不高兴，好像埋怨王科长向部长告状，而王科长坚持进货厂家不能随意更换，否则会影响到产品质量，公司之前就在这方面吃了不少亏，现在必须要吸取经验教训。赵科长却不以为然，认为事情没那么严重，况且，实际情况是目前公司资金吃紧，原先进货的厂家欠款太多，人家已经不再给赊欠了。换一个进货厂家也是属于合格供应商名单的，没有什么不妥的。往日积攒在心中的怨气也一股脑地抛出来，你们生产科“站着说话不腰痛”，只会下指令，从不考虑到别人的难处。大家你一言我一句地吵个没完，不知该听谁的。品管科的钱科长也左顾右盼的，觉得大家说的都有点道理，不知道该倾向哪一边。会议就在这吵吵嚷嚷中开了一个多小时，会上，谁也说服不了谁，最终大家不欢而散。

过了不久，类似的事情又发生了几起，大家感觉到实在是没办法工作了，好像整天都在扯皮，而且不明白这样的会议为什么李部长不亲自参加，有他在也好让人感觉到有个主心骨。又过一段时间，当会议开不下去的时候，时不时就有人跑到李部长那儿去告状。此时，李部长也认识到了问题的严重性，认真考虑该如何解决问题。过了几天，李部长以自己工作繁忙，经常要出差办公，于是让品管科的钱科长代理裁决。这条指令一出，公司一下就炸开了锅，因为钱科长虽然办事能力不错，但一向没什么主见，遇事唯唯诺诺，而品管科日常就较清闲，属于后勤管理科室。每次会议钱科长都举棋不定犹豫不决，无法做出选择，拖到实在无法再拖时再听信他人意见来做出决策，因而拖拉了整个生产管理部门的办事进度。久而久之，员工们做事态度全变了，生产科的生产计划编制工作变得马马虎虎，敷衍了事；供应科的工作也变得懒散了，公司里生产用的原、辅材料早一天晚一天进来、质量好坏对他们来说都无所谓，心想“天塌下来有大个子顶着，我何必那么认真”。

没过多久，在公司例行的一次生产调度会上，生产副总狠狠地批评了生产管理部的工作，说：“不知咋搞的，你们生产管理部的工作最近怎么成这样了，原材料进货总是赶不上生产进度，不是数量不够就是质量有问题，要么就是时间赶不上趟，你们要回去好好反思，立即整改”。参加会议的李部长灰溜溜地一声不吭。会后一回到办公室，他就怒气冲冲地把王科长和赵科长叫来，严厉质问是怎么回事，他俩异口同声地说这都是钱科长主持的部内会议上集体决定的啊……李部长又将钱科长叫来问情况，钱科长说这是大家讨论后集体决定的，没什么错，要怪就怪生产科、供应科工作不认真，弄得李部长哑口无言，茫然不知所措。

自从李部长上任后，整个生产管理部逐渐地被一种莫名其妙的氛围笼罩着：科室之间，人与人之间关系变得紧张、矛盾尖锐，员工偷懒，做事推诿扯皮，经常出错，工作纪律涣散，埋怨多了，疑心重了，时常为一点小事红脸。生产科和供应科两个科长感到工作越来越难以开展。由于李部长经常在外出差，部内的日常事务基本就交给钱科长来协调、处理。但是，钱科长毕竟只是个科长，除了工作业务上的事他来拍板、敲定，可生产科和供应科里其他日常工作的事情包括工作纪律，他可就管不了那么多了，那都是各科自己的事。面对着这种状况，各科科长也不太愿意多管事，心想多一事不如少一事，我何必去那样"卖命"，出力不讨好。这样一来，员工们彻底松懈了，没人管了。而且，渐渐地大家掌握了一条规律，只要李部长前脚出差，员工们就开始开小差，有出去逛街的，有出去买菜的，有偷着溜回家干私事的……整个生产管理部里显得空空荡荡，只稀稀拉拉剩下几个老实人，也都心不在焉，应付差事。

不久，部里这些事陆陆续续地传到了李部长耳朵里，他非常焦急，从外地出差回来后，就接二连三地开大会小会，反复强调员工要遵守规章制度、工作纪律。说他在外多辛苦，公司里的好多大宗原材料都需要他亲自去找货源，不可能老待在家里，大家表现应是领导在和不在一个样。听完他的训斥，员工们也都默不作声，想看看他接下来怎么做。没过几天，他依旧又出差了。可是，只要他前脚一走，员工们后脚就开始溜，单位就像要放假关门的样子。在这样松散的环境里，久而久之，生产管理部在其他部门眼里就是一个"烂摊子"，成为事事都干不到前面，一提起来就让人头痛的一个部门。在生产管理部内部，员工们也想不通，员工们原以为，李部长业务娴熟、工作踏实、人又谦和，在他的带领下一定能够干出一番成绩，可是，万万没有想到，在他主政以后，工作不但没有新的起色，反倒不如从前了……

李部长一个人静静坐在办公室里，桌上的烟灰缸里堆满了烟头。昨天出差刚回来，今天一大早就被公司领导叫去狠狠地训了一顿，下午一进办公室又遇到这么多烦心事，他思来想去，不得要领。为什么员工们一个个都变了样，不听指挥了？没有强制的个人领导而是集体管理对生产管理部来说究竟是对是错？他深爱着他打拼了十多年的生产管理部，他鼓励自己一定要坚强、一定要彻底改变生产管理部在公司中的形象，但是令他倍感迷茫的是眼前的混乱局面，他到底应该怎么办呢？

讨论题

1. 请对李部长的态度、能力、性格等个性特点进行分析，并着重说明这些个性特点与其工作绩效和目前的困境有何关联。

2. 从群体层面着手分析，老部长和李部长管理工作采取的方式的优缺点分别是什么？

3. 请运用管理学的基本原理，分析李部长摆脱目前困境的出路。

第 12 章　沟通与冲突管理

学习目标

12.1　了解沟通的内涵及过程。
12.2　掌握如何进行有效的人际沟通。
12.3　掌握如何进行有效的组织沟通。
12.4　了解信息技术与沟通的关系。
12.5　掌握如何进行冲突管理。

情境案例

LC 公司是一家大型集团公司，公司每年对关键岗位人员进行 360 度考核，李先生进公司 6 个月，管理旗下一家最大工厂的销售部门。公司总经理与其沟通考核结果，以下是沟通过程。总经理："总的来说员工很喜欢你，也相信你"。李先生："哦，太好了，谢谢反馈"，以为交流结束准备离开。总经理："还有一点，你下属员工也说他们经常不明确你需要他们做什么。"李先生听了有点不太高兴，他认为最重要的是做出业绩，这并不是太重要。尽管他在工作中也发现，与以前工作过的公司相比，现在这个公司在运行理念或企业文化方面更强调员工执行上级指示，现有员工在自主性方面也不如他以前所在公司的员工，但他并不认为这是他在工作中需要解决的重要问题。如何评价李先生作为一名销售部门经理在管理方面存在着哪方面的不足？

沟通无处不在，有效的沟通对管理者的重要性不言而喻，管理者做的所有事情都离不开沟通。哈佛商学院教授约翰·科特发现，许多成功的总经理只有 25%的时间用于单独工作，几乎所有的管理者超出 70%的工作时间是与他人在一起，其中一些甚至达到 90%。管理者需要根据信息做出决策，然而信息的获取需要经过沟通，决策的执行也需要经过沟通，好的创意、想法和计划都需要经过沟通才能形成。管理者所做的每件事中都包含着沟通，管理者需要掌握有效的沟通技巧。

12.1　沟通的含义与过程

良好的沟通对组织至关重要，为了更好地在组织管理中运用好这一职能，首先还是要对沟通有个具体的了解，包括其具体的内涵、作用以及沟通的组成要素及过程。本章所提及的沟通包括人际沟通——两个或者更多人之间的沟通，以及组织沟通——一个组织内部的沟通方式、网络和系统。

12.1.1　沟通的内涵

沟通(Communication)是指对意思的传递和理解。成功的沟通中，意思必须被告知并且得到理解。而在谈到有效沟通时，通常还意味着要得到人们的认同，对方愿意按照沟通者的意图采取相应的行动。

管理沟通(Managerial Communication)则指的是社会组织及其管理者为了实现组织目标，运用一定的策略和手段，将信息(或意思)传递给信息接收方，以期取得对方相应的反应和反馈的整个过程。管理沟通具有以下特征：第一，管理沟通的目的是实现组织目标；第二，管理沟通是沟通双方的相互行为；第三，管理沟通需要有效的中介渠道；最后，管理沟通还需要设计有效的策略。

沟通的作用主要体现在以下几个方面：沟通是正确决策的前提和基础；沟通是统一思想行动一致的工具；沟通是在组织成员之间、特别是领导者和被领导者之间建立良好人际关系的关键。

12.1.2　沟通的过程

任何沟通都会存在一个预定的管理目标，成功的管理沟通首先要界定沟通的目标。为达到这样的目标，就需要根据不同的对象提供不同的信息，采取相应的沟通渠道策略和途径方法传递信息。当把信息传递给对象时，要及时识别对象的反应，修正与完善沟通的方式和路径。管理沟通的过程即发送者(沟通主体)向接收者(受众)传递信息并获得对方反馈的过程，如图 12.1 所示。

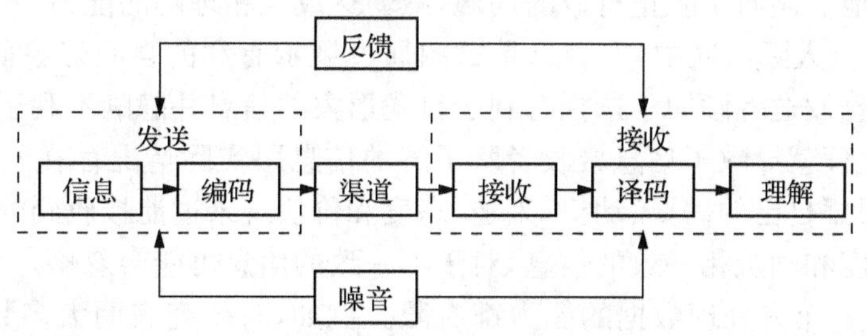

图 12.1　沟通过程模型

在沟通过程中，为了达到沟通的目的，从信息源开始，先对信息进行编码(对所传递信息进行组织，使信息具有形态)，形成可被传递的信息，然后通过所选择的媒介传递信息，信息到达接收者后，接收者会对信息进行解码(信息接收者对信息的理解和解释)，形成沟通后获得的信息，接收者对信息做出反应后，会有反馈(正向积极的反馈或者负向消极的反馈)传递给信息发送者，并达到沟通目的，在整个沟通过程中还会有噪音(任何对信息发送、接收或者反馈的干扰)，这就形成了一个完整的沟通过程。

成功的沟通需要对沟通过程中的七个基本要素进行分析和考虑：(1) 目标：整个沟通过程中要解决的最终问题是什么；(2) 发送者：是谁发起的这个沟通行为；(3) 接收者：信息的接收者是谁，他们的态度如何；(4) 环境：沟通内部环境如何，外部环境如何；(5) 信息：信息有多少需要沟通，如何得到受众的理解和接受；(6) 媒介：选择何种传递信息的方法和载体；(7) 反馈：如何考虑各种不同受众的反应，并给予反馈。

12.2 人际沟通

人际沟通一般指人与人之间的信息交流过程，就是人们采用言语、书信、表情、通讯等方式彼此进行的事实、思想、意见、情感等方面的交流，以达到人与人之间对信息的共同理解和认识。有效的人际沟通能够取得相互之间的了解、信任，形成良好的人际关系，从而实现对行为的调节。

12.2.1 人际沟通的障碍

人际沟通的障碍会扭曲人与人之间的沟通过程，需要予以克服。造成人际沟通障碍的因素有很多，管理者需要明白这些障碍性因素包括哪些并如何对人际沟通产生负面影响。具体而言，人际沟通的障碍因素主要包括以下几个方面：

(1) 情绪因素。信息接受者接收信息时的感觉如何会影响到他如何去解读这条信息。情绪是个体对事物态度的体验，是人的需要得到满足与否的反映，具有特殊的主观体验、显著的身体生理变化和外部表情行为。情绪很容易阻碍有效的沟通，如愤怒、恐惧、嫉妒、自卑、自负和孤僻等消极的情绪都会导致人们无视理性和客观的思考过程而任性地做出判断。

(2) 心理防御。在对一件事的焦虑感达到一定等级时，为了自我保护，人们会使用各种各样的心理策略来保护自己(多是处于无意识状态下)，这些心理策略被叫作心理防御。我们日常讨论的人们的心理防御很强，可以理解为，一个人很容易将自己关闭起来，或者说，一个人非常敏感，很容易对于其他人的言行产生意见，然后看起来不易接近。当人们感觉受到威胁产生心理防御的时候，他们倾向于阻止有效的沟通，减弱达成互相理解的能力。

(3) 信息过滤。人际沟通中，人们总是试图通过展示有利的自我形象而控制别人对自己的行为。因此，信息发送者倾向于选择有利于自我形象的信息并隐瞒不利于自己的信息，这种信息选择和过滤过程就导致了信息接收者所了解的信息跟实际情况存在差异。另一方面，信息接收者也常常根据自己的需要、动机、兴趣、态度和价值观来过滤接收到的信息，倾向于接受与自己的需要、态度和动机相一致的信息，对于不一致的信息可能会忽略。

(4) 信息过载。个人处理数据的能力都有限。例如，有研究表明大多数人在同一时间处理七条信息都会觉得困难。当信息超出我们的处理能力，结果就是信息过载。现在有很多的管理者都在抱怨信息超载。处理电话、电子邮件、传真、会议和阅读专业文献的需要形成了数据的高峰，消化和处理简直不大可能。如果信息超出了个人分类和使用的能力，他们经常会挑选、忽略、视而不见、遗忘或者是将信息的处理过程推迟至信息超载不再发生。上述任何一种情况其结果都是信息遗失和造成沟通障碍。

(5) 文化因素。文化因素包括：① 语义差异：沟通双方语言文字不统一，或者对同一词汇理解不同，沟通信息的意义就可能被歪曲或者误解；② 文化程度差异：沟通双方的受教育程度、经验水平、文化素质和文明程度差距过大导致信息接受者对信息内涵不理解或者不接受也会造成沟通障碍；③ 文化传统差异：沟通双方的文化传统、风俗习惯及行为方式的差异过大也会造成沟通障碍。

(6) 社会因素。社会因素包括：① 社会地位差异：人一般是向下沟通易，向上沟通难，管理者身居高位，如果不能和下属建立起平等对话关系，就可能与下属成员之间难以沟通；② 社会角色差异:工作中每个人职位不同,决定了角色差异,如果不进行换位思考,可能造成沟通困难;③ 年龄差异:不同年龄段人群在思想观念中存在的差异产生了所谓的“代际”沟通问题;④ 性别差异:男性和女性存在认知差异,双方在思维模式、做事方法、交流形式上的截然不同也容易产生沟通障碍。

12.2.2　克服沟通障碍

消除上述沟通障碍有助于加强人际沟通的效果,具体在实施过程中,管理者需要做到以下几点以克服沟通障碍。

(1) 换位思考。无论何时何地、与谁沟通,也无论采用何种方式沟通,要进行有效沟通,就要站在对方的立场去思考问题,也就是要进行换位思考。运用换位思考不但可以使沟通具有说服力,而且可以获得信誉。基蒂·洛克认为,换位思考、突出正面效应和使用非歧视语言是获得信誉的三种方法,而换位思考是根本性的方法。要做到换位思考,就必须要问自己三个问题:① 受众需要什么? ② 我能给受众什么? ③ 如何把“他所需”和“我能给”结合起来达到“人所欲,施于人”,最终达到自己的沟通目标。

(2) 建立信任。沟通应该从彼此信任的气氛中开始。这种气氛应该由发送者(沟通者)创造,这反映了他们是否具有真诚地满足接收者(被沟通者)愿望的要求。被沟通者应该相信沟通者传递的信息并相信沟通者在解决他们关心的问题上有足够的能力。建立信任是心灵沟通的前提和基础,树立起真诚平等的沟通态度,使双方建立信任,才能让双方开诚布公,并能够更有效地进行沟通。

(3) 使用反馈。在人际沟通和管理工作中,人们如果能够更加积极地去使用反馈,可以减少很多误会和错误。一个管理者可以询问下属是否收到并理解布置的任务,或者管理者可以让下属复述布置给他的任务,看看下属是否真正理解了自己的意图和要求。反馈可以是语言的,也可以是非语言的。

(4) 调整情绪。接收信息时接收者的感受会影响他对信息的理解。你经常会对同一信息做出不同的理解,这取决于你高兴还是不高兴。极端情绪很可能会阻碍有效沟通。在此类情况下,我们经常忽略理性和客观的思考过程而以情绪判断来代替它们,当你情绪低落时,最好不要对一条信息做出反应,因为你有可能不能理性地思考。

(5) 简化语言。因为语言可以成为沟通障碍,所以管理者应该要考虑接收者的情况,并用接收者可以理解和接受的语言来进行沟通。有效的沟通必须是信息不但被收到,而且被接收者所理解。一个优秀的管理者应该尽量使用清楚明白、容易理解、准确、简练、生动的用语,并且因人而异,对不同的员工群体使用适当的语言来进行沟通。

(6) 注意非语言沟通。非语言沟通是不包括口头语言的个体之间的交流。这种交流依赖于面部表情、视觉接触和身体语言而不是语言。非语言沟通使我们可以通过一种不那么直接的方式获取他人的反应信息:我们仔细关注他们的面部表情、目光接触、身体动作以及其他的表达性行为的变化所提供的非语言线索;甚至在他人试图对我们隐藏他们的内在感受时,这些信息仍会通过非语言线索以多种方式泄密。同样,高效的沟通者往往很注重自身的非语言行为,并通过非语言行为确保他们将想要传递的信息传递给了受众。

(7) 积极倾听。当他人讲话时,我们虽然耳朵在“听”,但大多数时候并没有在“倾听”。倾听和听不同,听只是被动地接受,而倾听则是主动去寻找所听内容的意思。在倾听过程中,受众会努力投入到沟通中。而我们中的大多数都是不善倾听的人。为什么呢？因为倾听并不容易，大多数人宁愿去谈话也不愿倾听。积极倾听(Active Listening)，即倾听到所有的意思，并且不进行不成熟的判断和解释，这是需要全身心集中的。

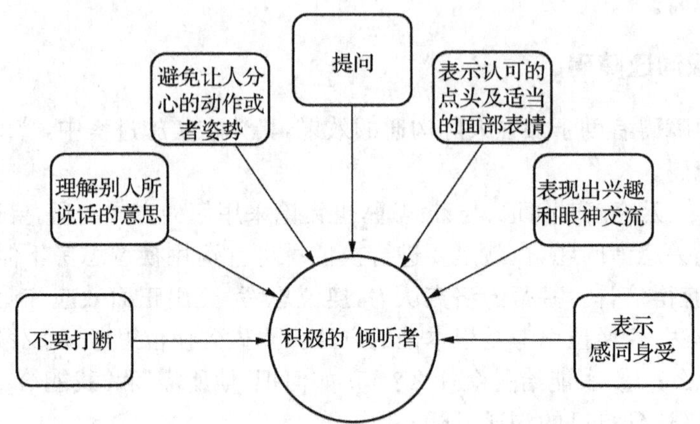

图 12.2　如何成为积极的倾听者

阅读材料：有效沟通的 7C 原则

美国著名的公共关系专家特立普、森特在他们合著的被誉为“公关圣经”的著作《有效的公共关系》中提出了有效沟通的“7C 原则”：

1. Credibility：可信赖性，即建立对传播者的信赖。

2. Context：一致性(又译为情境架构)，指传播须与环境(物质的、社会的、心理的、时间的环境等等)相协调。

3. Content：内容的可接受性，指传播内容须与受众有关，必须能引起他们的兴趣，满足他们的需要。

4. Clarity：表达的明确性，指信息的组织形式应该简洁明了，易于公众接受。

5. Channels：渠道的多样性，指应该有针对性地运用传播媒介以达到向目标公众传播信息的作用。

6. Continuity and consistency：持续性与连贯性，这就说，沟通是一个没有终点的过程，要达到渗透的目的，必须对信息进行重复，但又须在重复中不断补充新的内容，这一过程应该持续地坚持下去。

7. Capability of audience：受众能力的差异性，这是说沟通必须考虑沟通对象能力的差异(包括注意能力、理解能力、接受能力和行为能力)，采取不同方法实施传播才能使传播易为受众理解和接受。

上述“7C 原则”基本涵盖了沟通的主要环节，涉及传播学中控制分析、内容分析、媒介分析、受众分析、效果分析、反馈分析等主要内容，极具价值。这些有效沟通的基本原则，对人际沟通来说同样具有不可忽视的指导意义。

12.3　组织沟通

组织沟通不同于人际沟通。人际沟通属个体性质单对单，多为随意性，以维护关系为导向。组织沟通属组织性质单对单或单对多，有明确的沟通目的，以达成组织目标为导向。

12.3.1　正式沟通和非正式沟通

组织沟通包括正式沟通和非正式沟通。正式沟通(Formal Communication)通常是垂直的信息流动的通道。它遵循组织内部权力系统，并只进行与工作相关的信息沟通。比如，当管理者要求员工完成一项任务，这就是正式沟通。员工向其管理者就某一问题进行汇报也属于正式沟通。

非正式沟通(Informal Communication)是未在组织结构层级中定义的组织沟通。它可以自由地向任何方向运动，并跳过权力等级，在促进任务完成的同时，满足群体成员的社会需要。员工们在餐厅内、半路上或者在公司健身房锻炼时进行的交谈，都是非正式沟通。非正式沟通系统在组织中可以实现两个目标：(1) 让员工满足其社交需要；(2) 通过这些更快捷、更有效的沟通渠道可以促进组织绩效。

在怎样评价非正式沟通的问题上，不同的人有着不同的见解。一些人认为通过非正式沟通传播小道消息是散布流言蜚语，应该加以禁止。另一些人则认为小道消息的传播可以满足组织内成员的需要，而且有助于弥补正式沟通不灵活的缺陷。事实上，小道消息或者办公室传闻是非正式沟通网络的重要组成部分，这是因为小道消息的传播有助于缓解员工的焦虑情绪，传达员工潜在的愿望和期待。当组织成员无法从正式渠道获得自己渴望的信息，或者由于对与自己切身利益有关的组织重大事件(比如结构重组，高层人事变动，人员工资福利调整等)不知情而感到茫然时，就会求助于非正式渠道，小道消息可以暂时缓解组织成员的焦虑和期望。当然，从管理者的角度出发，非正式沟通的价值还在于通过故意释放出某些小道消息以试探组织成员对某些问题的态度，以便更好地进行决策。

但是，非正式沟通也具有很大的弊处。一般来说，在一个组织中小道消息盛行是不正常的，会破坏组织的凝聚力，不利于组织的管理。小道消息如果失控并且蔓延，就会引发组织中人心涣散，缺乏凝聚力，使人们士气低落。研究表明，小道消息盛行常常是正式消息不畅的结果。因此，完善和疏通正式沟通渠道是防止小道消息传播的有效措施。另外，由于小道消息常常是组织成员忧虑心理和抵触情绪的反映。所以管理者应该通过谣传间接地了解员工的心理状态，研究造成这种状态的原因并采取措施予以解决。要降低小道消息的消极影响，可以采取以下几项措施：(1) 公布进行重大决策的时间安排；(2) 公开解释那些看起来不一致或隐秘的决策行为；(3) 对目前的决策和未来的计划，在强调其积极方面的同时，也指出其消极方面；(4) 公开讨论事情可能的最差结果，减少由猜测引起的焦虑。

12.3.2　组织沟通的方向

组织沟通的方向包括下行沟通，上行沟通，横向沟通三种方式。

1. 下行沟通

下行沟通(Downward Communication)是指资讯的流动是由组织层次的较高处流向较低处,通常下行沟通的目的是为了控制、指示、激励及评估。其形式包括管理政策宣示、备忘录、任务指派、下达指示等。有效的下行沟通并不只是传送命令而已,应能让员工了解公司的政策,计划的内容,并获得员工的信赖和支持,同时有助于组织决策和实施控制,并达成组织的目标。

下行沟通是组织沟通的主体,但下行沟通效果往往并不如人意。下行沟通涉及若干管理层次时,会引起信息的丢失和扭曲。而且下行沟通中存在着几种障碍:① 管理者的沟通风格和情境不一致;② 接收者沟通技能方面的差异;③ 沟通各方心理活动的制约;④ 不善于倾听;⑤ 草率的评判;⑥ 编码环节语义上的歧义。

要克服下行沟通的障碍,可以采取以下策略:① 制定沟通计划;② 简化沟通环节;③ 有效控制信息流,减轻沟通任务;④ 提倡言简意赅,简约沟通;⑤ 启用反馈,鼓励接收者对信息进行评价。

2. 上行沟通

上行沟通(Upward Communication)是指下级的意见向上级反映,即自下而上的沟通。目的就是要有一条让管理者听取员工意见、想法和建议的通路。同时,上行沟通又可以达到管理控制的目的。上行沟通的途径包括意见反馈系统(如意见箱),员工座谈会(如员工态度调查),巡视员制度(如管理者和员工之间的非正式讨论等),这都是上行沟通的表现。

上行沟通往往和组织文化有关。如果管理者营造了信任、尊重、鼓励员工参与决策的气氛,向上沟通就会更加容易发生。相对而言,一个高度结构化和权威的环境中,上行沟通虽然也存在,但是会受到很大限制。封闭式企业文化、内部沟通机制不健全和信息失真等障碍都会导致上行沟通中的信息无法被顺畅和准确地传递。克服这种障碍,需要管理者和员工之间建立起平等互信的关系。管理者也可以采取一些开放政策,如鼓励员工向上反映问题、走动式管理与员工打成一片,以及与员工会谈、积极倾听、组织各种非正式的活动等多种形式提升上行沟通的效果。

3. 横向沟通

横向沟通(Lateral Communication)是指发生在组织内部同一层次的部门或者员工之间进行的跨部门、跨职能沟通。横向沟通中不存在上下级关系,沟通事项大多发生在工作的交流上,交流的效率更高,对于加强公司凝聚力也有很大的帮助。现代组织面临的外部环境变化越来越带有不确定性特征,更加需要组织内部加强协作以增加组织的灵活性,比如组成跨职能团队等。横向沟通可以弥补组织内部横向联系的不足,并有助于组织总体目标的达成。横向沟通是组织实现团队精神的必要环境和保证,它的一些具体形式包括部门会议、协调会议、员工面谈、备忘录、主题报告、例行培训等。横向沟通可以采取正式沟通的形式,也可以采取非正式沟通的形式。通常是以后一种方式居多,尤其是在正式的或事先拟定的信息沟通计划难以实现时,非正式沟通往往是一种极为有效的补救方式。

横向沟通的主要障碍包括:部门的本位主义和员工的短视倾向;不同部门之间可能会有偏见;不同部门经理或者成员之间的性格冲突;双方缺乏信任,可能容易猜疑、威胁和恐惧。克服这些障碍的策略包括:不同部门人员之间的换位思考;选择正确的沟通方式,比如部门管理者之间通常是决策性会议、咨询性会议和信息传递性会议,同一部门内部采用面谈和备忘录,不同部门之间的员工采用面谈、信函和备忘录等;也可以设立沟通协调的官员,负责召集和协调不同部门或者员工之间的沟通。

12.3.3 组织沟通网络

沟通网络是各种沟通流组成的结构形式,直接影响信息沟通的有效性。沟通网络划分为正式沟通网络和非正式沟通网络。正式沟通网络通过组织正式结构或层次系统运行,包含于纵向和横向沟通之中,非正式沟通网络则通过正式系统之外的途径进行。

1. 正式沟通网络

在正式群体中,人与人之间的信息交流通过正式沟通网络进行。美国心理学家莱维特把组织中常见的沟通网络归纳为以下 5 种,如图 12.3 所示。

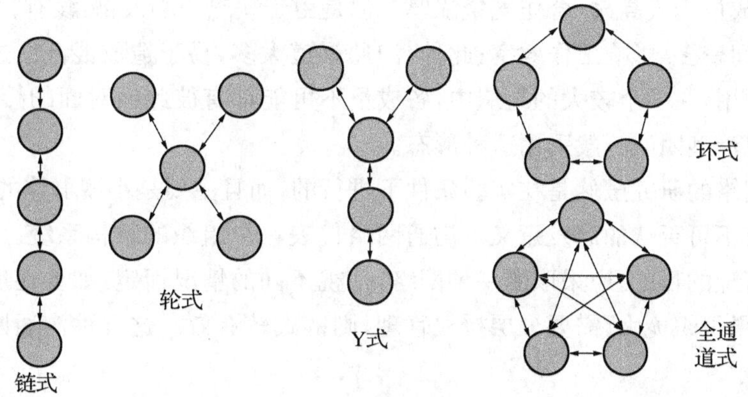

图 12.3　五种沟通网络形态

① 链式沟通网络。链式沟通网络中,居于两端的人只能通过内侧的一个成员联系,网络中的其他人可以分别与其他两个人传递信息。在组织系统中,它相当于一个纵向的沟通网络,逐级传递,信息可以自上而下或者自下而上进行传递。这种信息沟通具有传递速度快的特点。但是在该网络中,信息经过层层传递、筛选后,容易失真,各个信息传递者所接收的信息差异很大,成员的满意程度低。此外,它没有横向联系,只适合组织庞大、需分层授权管理的企业。

② 环式沟通网络。环式沟通网络可以看成是链式形态的封闭式控制结构,表示各成员相互之间依次联络和沟通。其中,每个人都可以同时与两侧的人沟通信息。该网络中,组织的集中化程度和领导人的预测程度都较低,畅通渠道不多,组织中的成员具有比较一致的满意度,组织士气高昂。如果在组织中需要创造出一种高昂的士气来实现组织目标,环式沟通是一种行之有效的方式。但在该网络中,信息传递速度慢,效率不高。在委员会之类的群体中可以采用此沟通形式。

③ Y 式沟通网络。Y 式沟通网络是一种纵向沟通网络,只有一个成员位于沟通的中心,成为沟通的媒介。在组织中,它类似于从参谋机构到组织领导再到下级主管人员或者一般成

员之间的纵向关系。这种网络形态集中化程度高，解决问题速度快，组织中领导人的预测程度高。主管人员的工作任务十分繁重，需要有人协助筛选信息，提供决策依据，以节省时间。需要对组织进行有效控制时可以采用此网络，但这种网络容易导致信息曲解或失真，影响组织成员的士气，阻碍组织提高工作效率。

④ 轮式沟通网络。轮式沟通网络是一种控制型网络，其中只有一个成员是各种信息的汇集点与传递中心。此网络的集中化程度很高，解决问题的速度快，主管人员的预测程度很高。在这种组织中，速度与控制往往比士气、创造性更被重视，居中心地位的主管因情报多，有较大的权力，因而比较自信和有自主性，心理上也比较满足。但是，由于缺乏联系，各下级成员之间互不了解，信息闭塞，成员满意程度低，有利于保密，不利于协作。如果组织接受攻关任务，要求进行严密控制，可以采取这种网络。

⑤ 全通道式沟通网络。全通道式沟通网络是一种开放性网络，组织内每个人都可以与其他成员直接地、自由地沟通，并无中心人物。这种沟通网络中沟通渠道多，所有的成员都处于平等地位，组织成员士气高昂，合作气氛浓厚。但是由于缺乏中心人物，没有权威；信息传递速度也慢，消耗时间较多，影响工作效率；此外，沟通渠道太多，易于造成混乱。这种沟通网络对较大的组织不适用，在一个较大的组织中，各成员不可能都有彼此面对面的接触机会，学习型组织及高效的自治型团队一般采用这种形态。

上述沟通网络的研究虽然是在实验条件下进行的，而且主要是小型群体的沟通类型，但在管理实践中具有不可否认的启发意义。沟通网络代表一个组织的结构系统。事实上，一个组织要达到有效管理的目的，应采取哪一种网络，须视不同的情况而定：如要速度快、易于控制，则轮式较好；如果组织庞大，需要分层授权管理，则链式较有效。这五种沟通网络形态的优缺点如表 12.1 所示。

表 12.1 五种沟通网络形态比较

沟通网络形态 / 评价标准	链式	轮式	Y 式	环式	全通道式
特点	纵向沟通网络	控制型	纵向	链式的封闭式结构	开放式
信息传递速度	适中，取决于组织层次	快	适中，取决于组织层次	慢	慢
信息准确度	层次多，容易失真	高	易曲解或者失真	高	低
集中化程度	高	高	高	低	低
控制力	较高	高	较高	低	低
员工满意度	平均满意度较低	低	低	高	高
组织士气	低	低	低	高	高

2. 非正式沟通网络

非正式沟通网络是指不依赖于组织的权力等级系统进行沟通的渠道。在组织中,很多信息是通过非正式渠道获得的。非正式渠道的形成涉及各种因素,但组织的工作性质是其中的主要因素,即从事相同工作或者工作上有关联的人们倾向于组成同一群体。一般非正式沟通网络具有下列共同特点:① 不受管理层控制;② 被大多数员工重视并视为可信的;③ 信息传播迅速;④ 关系到人们切身利益。由于这些特点,非正式沟通能够及时、快捷地获得一般正式渠道难以提供的“小道消息”,因此非正式沟通网络往往比正式沟通网络更加重要。

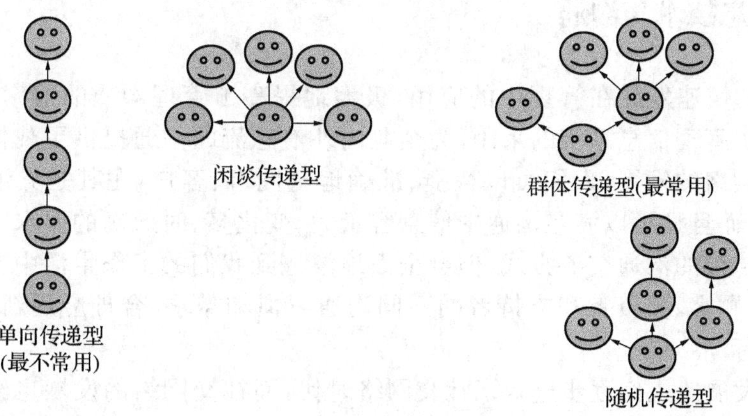

图 12.4 非正式网络图

在组织中,有些消息往往是通过非正式渠道传播的,即组织中存在着小道消息流通网。管理者应该了解本组织内部的各种非正式沟通网络,在必要的时候可以利用传播中的特殊人物(如小道消息的发布者),借用或抑制各种非正式网络。

美国心理学家戴维斯曾在一家皮革制品公司专门对 67 名管理人员进行调查研究,发现非正式沟通途径有四种传播方式(如图 12.4 所示):① 单线式,单向传递型,通过一连串的人,把信息传递到最终接收者;② 流言式,闲谈传递型,一个人主动地把信息传递给其他许多人;③ 偶然式,随机传递型,按偶然的机会传播小道消息;④ 集束式,群体传递型,把小道消息有选择地告诉自己的朋友或有关人,集束式又称葡萄藤式。

戴维斯还发现,小道消息传播的最普遍的形式是集束式。在一个单位里,大约只有 10% 的人是小道消息的传播者,而且多是固定的一群,其余的人往往姑且听之,听而不传。总之,一个群体里,有的人是小道消息的“制造者”,有的人是小道消息的“传播者”,有的人是“夸大散播者”,而大多数人是只听不传或不听不传者。

12.3.4 组织外部沟通

组织外部沟通是指组织为了更好地生存与发展,必须与周围的其他组织或成员发生业务往来和合作所进行的有效沟通。就企业而言,外部沟通的对象主要包括顾客、供应商、竞争厂商、社区、新闻媒体、金融机构和相关政府部门等。

组织外部沟通可以为组织实现组织目标创造良好的外部环境,为组织传递内外有效信息,帮助组织进一步发展,塑造并传递自身组织形象,并为顾客提供更好的服务。组织的外部沟通还具有以下几方面的特点：首先，互惠互利。组织外部沟通的对象一般是与该组织发生各种关系的成员或组织，这些成员或组织在与组织发生关系时，其目的也是有利于自身发展的需要。也就是说，当组织与其他组织或成员进行业务往来时，双方是互惠互利的，否则不可能进行多次合作。其次，组织外部沟通的双方(或多方)关系是平等的，沟通中不能出现一方强迫另一方现象。此外，外部沟通的结果一般以书面的形式留存。因为外部沟通的双方或多方关系是平等关系，彼此间并没有行政命令或直接干预的权利，所以沟通的双方或多方均有权利对沟通的结果进行备案留存，以备万一出现沟通结果执行差错时，确定双方的责任。

12.4 信息技术与沟通

信息技术的快速发展在管理中的应用，极大地提高了管理沟通的效率，改变了人们传统的沟通方式。管理信息系统的采用，为企业内外信息流的沟通提供了载体。随着电子邮件和企业内联网络的发展，人们可以快捷、准确地与同事、客户，尤其是异地沟通对象进行远距离的沟通，而且还可以满足沟通中信息容量大、变化多、时效高的要求。虽然新技术尚未能全面取代传统的沟通交流方式，但会全面地渗透到我们的工作生活中。我们必须适应全球合作伙伴、顾客、投资者和支持者的不同沟通习惯和需求，合理应用新技术，有效达到管理沟通的目标。

互联网的发展使人们逐步进入了社交网络时代，而社交网络的发展也给管理沟通带来了巨大的变革。社交网络应用在20世纪90年代开始形成，从2004年开始快速流行，目前正在迅速普及，比如国外的Facebook、Twitter及国内的微博和微信，这不仅改变着信息在全世界的传播方式，也使得传统意义上的管理沟通方式在这种环境下面临着巨大的挑战。为了寻求更加适合互联网时代的管理方式，人们设想在企业内部用社交网络连接员工，企业社交网络，也被称为企业2.0(Enterprise 2.0)由此应运而生。企业社交网络就是基于网络的平台，让工作者和特定的同事交流信息或者把信息传播给组织中的每一个人；明确指示或者暗示特定的同事作为交流合作伙伴；发布、编辑或者分类与他们自己或者其他人相关的文本和文件；并且查看组织中任何其他人在任何时间内沟通交流的、发布的、编辑的并且分类的信息、联系、文本和文件。目前，很多国内外企业都采用了Yammer、Jive、Socialcast of Chatter这样的社交网络平台在组织内外进行协作，国内也产生了Mingdao.com等基于云技术的企业协作平台。《哈佛商业评论》的研究指出，早在2010年，它们调查的2 100个公司中有79%的公司已经在使用并且计划使用社交媒体，在这些企业中，69%的雇员预测它们对社交媒体的使用将会不断增多。企业社交网络平台的设计和应用具有平等性、公开性、包容性、监督性、互动性、主动性和快速反馈性的互联网思维特征，因而可以协助企业在动态的变化环境下对组织进行更加有效的管理。企业社交网络平台的核心功能包括促进沟通、社交关系、知识共享和创新等，如图12.5所示，它对于企业的应用价值大小可能取决于多种因素，比如组织特征、文化、领导者、员工特征和IT因素等。同时，企业社交平台在具有多种功能的同时，也具有一定的风险和不利方面，比如对于员工注意力的分散，平台的安全和隐私问题等，这些风险和不利方面需要得到有效的控制。

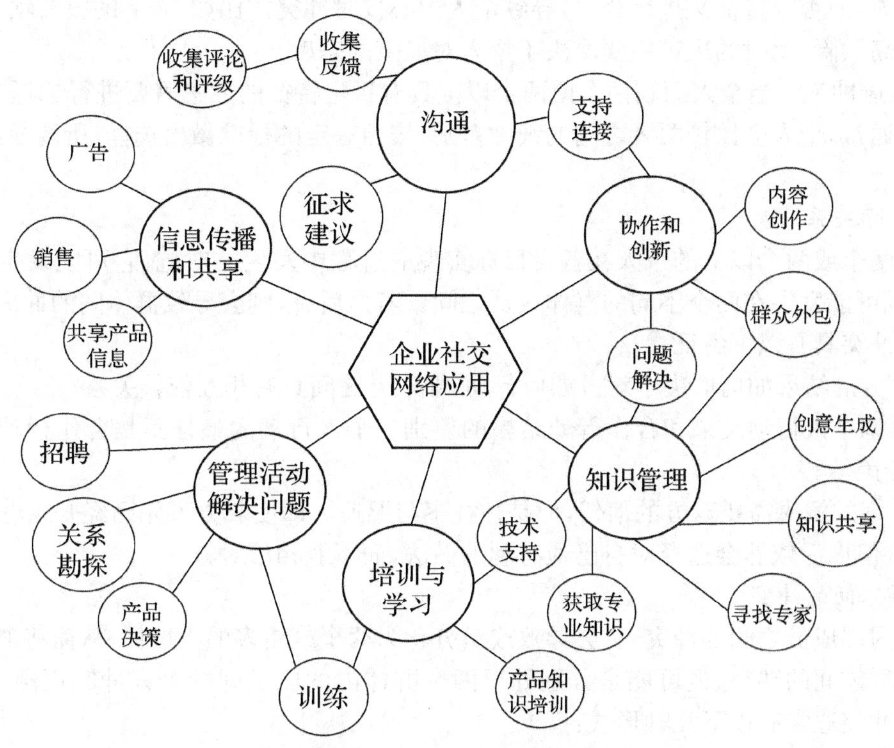

图 12.5 企业社交网络的作用

12.5 冲突管理

处理冲突的能力是管理者需要掌握的最重要的技能之一。组织中存在着各种各样的冲突,个人之间、部门之间、层级之间,要化解这些冲突就要了解管理中各种冲突产生的原因,并了解化解冲突的策略和技巧。

12.5.1 冲突的定义和类型

当使用冲突一词时,我们指的是由于某种抵触或对立状况而感知的不一致的差异。差异是否真实存在并没有关系,只要人们感觉到差异的存在,则冲突的状态也就存在了。组织或者个体的想法和立场不同,都可能导致各种各样的冲突。这种冲突可能是由冲突双方在价值观或利益分配上的分歧所导致,也可能是冲突各方的地位和权利之争。按照冲突发生的水平,冲突可以分为个人内心的冲突、人际关系冲突、群体间的冲突和组织层次间的冲突。

1. 个人内心的冲突

是指当一个人面临多种选择难以决策时, 个人会表现得犹豫不决,茫然不知所措。Lewin根据冲突对个人的影响把个人内心冲突分为三种类型:

① 双趋冲突。它要求个人在两个或两个以上的方案中做出选择,每个方案的结果都是肯定的。

② 趋避冲突。在选择方案既具有肯定特征又具有否定特征时就会发生矛盾,其肯定特征

能吸引个人,而否定特征又排斥个人,导致个人内心按时冲突。比如,企业的投资项目,高收益必然伴随高风险,此时的决策主要取决于个人对风险的态度。

③ 双避冲突。当个人面临两个或两个以上具有否定特征的方案需要进行选择时,冲突就出现了。通常,个人会比较两者之间的细微差别,按照一定的标准做出选择,所谓"两害相权取其轻"。

2. 人际关系冲突

是指两个或两个以上的个人在各自目标实现的过程中发生的对抗,它可能发生在群体成员内部,也可能发生在两个不同的群体成员之间。若是后者,则会导致群体间的冲突。此时的人际关系冲突具有以下特征:

① 一方的结果如何取决于对方如何行动,即双方之间具有相互依赖关系;

② 强调个人行动结果和合作行动结果的差别。个人行动的最佳不是合作行动的最优结果,如囚徒困境;

③ 冲突的解决需要双方的信任,但是往往事与愿违。即使双方事先已经知道各种不同情况的结果,但以后依然会选择对自己最有利的做法,而不敢相信对方。

3. 群体间的冲突

群体内部成员之间的冲突,它会导致成员分化为两个或更多的小群体,从而将群体内的冲突转化为群体间的冲突;也可能是分别处于两个群体内的成员间的个人冲突逐渐升级而成。群体间的冲突通常有以下几种形式:

① 垂直冲突。它是指组织中通过纵向分工形成的不同层次间的冲突,即上级部门和下级部门之间的冲突。冲突的产生有可能是由于上级部门对下级部门监督过于严格,或下级部门的"次级目标内化"造成的;也可能是由于双方缺乏交流,或掌握的信息不同导致认识上的差异造成的。

② 水平冲突。它是指组织中通过横向分工形成的不同部门间的冲突,也称功能冲突。组织中的工作人员往往因为各自所执行的职能不同,看问题的角度会有差异,很容易发生冲突。比如,企业中生产部门和销售部门在强调各部门目标实现对企业的作用时,往往会抱怨对方。

③ 指挥系统和参谋系统的冲突。在直线—职能制的组织结构中,参谋人员经常抱怨,自己被要求理解直线人员的需要,给他们建议,但他们却忽略了自己的存在。因为参谋人员的成功必须依赖直线人员接受自己的建议,但直线人员却并不一定需要参谋人员的建议,这种不对称的关系是形成二者冲突的主要原因。

④ 正式系统与非正式系统间的冲突。在组织存续的过程中,人们之间会自发形成一些非正式的联合体——非正式组织(系统)。这些非正式组织的成员可能会跨越不同的部门,也可能来自组织中不同的层次,他们形成的基础也不尽相同,有的是一种地域关系,有的是有着共同的兴趣爱好等。这些非正式组织对正式组织中的各种活动起着潜移默化的作用,有时甚至还妨碍正式组织目标的实现。但是,过去的很多管理者忽略了非正式组织(系统)的存在,或者对非正式组织采取压制的态度,这样极容易导致非正式组织与正式组织之间的冲突。

4. 组织间的冲突

从系统的观点出发,任何组织都属于一个更广泛的环境系统的子系统,为了生存和发展,组织必须与外界环境之间进行各种要素的交换,并在交换过程中求得一种动态平衡。于是,组织在与其生存环境中的其他一些组织发生关系时,经常会由于目标、利益的不一致而发生各种各样的冲突。如企业与他的竞争对手之间会发生冲突，各个政党与其对手之间的竞争也是不可避免的。甚至可以说，组织内部的冲突是在其外部冲突的影响下造成的。

12.5.2　良性冲突和恶性冲突

对组织中的冲突有三种不同的观点：第一种为传统的冲突观点，认为冲突是有害的，会给组织造成不利的影响。冲突成为组织机能失调、非理性、暴力和破坏的同义词。因此，传统观点强调管理者应该尽可能地避免和清除冲突。第二种为冲突的人际关系观点，认为冲突是任何组织无法避免的自然现象，不一定给组织带来不利的影响，而且有可能成为有利于组织工作的积极动力。既然冲突是不可避免的，管理者就应该接纳冲突，承认冲突在组织中存在的必然性和合理性。第三种是冲突的互动作用观点。与人际关系观点只是被动地接纳冲突不同，互动作用观点强调管理者要鼓励有益的冲突，认为融洽、和平、安宁、合作的组织容易对变革和革新的需要表现为静止、冷漠和迟钝，一定水平的有益的冲突会使组织保持旺盛的生命力，善于自我批评和不断革新。

事实上，冲突具有两面性，既有积极意义也有消极意义。组织中冲突可以成为一种积极的因素，沟通学家布伦特·鲁宾(Bront Ruben)指出，冲突不仅有助于现存系统的发展，而且能防止系统的停滞及消亡。同时，也必须认识到，冲突有着很大的消极作用，致使组织无法达到既定目标；冲突会消耗组织资源、影响员工心理健康、损害相互信任关系。

因此，应该辩证地看待冲突在组织管理中的作用。冲突相互作用的观点不是说所有的冲突都是有利的，而是说一些冲突支持组织目标的实现，这些可以称为有建设性的良性冲突，另外一些冲突阻碍了组织目标的实现，这些冲突可以称之为有破坏性的恶性冲突。良性冲突与恶性冲突的区分重在判断这项冲突是否促进了组织目标的实现。

表 12.2　积极冲突和消极冲突

建设性冲突	破坏性冲突
1. 双方对实现共同目标关心	1. 不愿意听取对方的观点和意见
2. 乐于了解对方的观点，意见	2. 双方由意见争论为中心转变为人身攻击为中心
3. 大家以争论问题为中心	3. 双方对赢得自己观点的胜利最为关心
4. 相互交换的情况日益增加	4. 相互交换的情况少，以至完全停止

管理者希望在组织中创造一种环境，其中的冲突是健康的，但不会走到病态的极端，冲突太多或太少都是组织不需要的。管理者应该激发良性冲突以获得充分的收益，但当其成为破坏力量时又要降低冲突水平。由于还无法以科学的方法测算出来，因此如何评估某种冲突水平是良性的还是恶性的，还需要管理者进行理智的判断，以了解冲突的水平是太高、太低、抑或最优。

阅读材料：是否需要激发冲突

罗宾斯认为，没有一个明确的方法来评估是否需要增加冲突，如果你对下面某个或大多数问题都做出肯定回答，这便表明需要激发冲突。

1. 你是否被“点头称是的人们”所包围？

2. 你的下属害怕向你承认自己的无知与疑问吗？

3. 决策者是否过于偏重折中方案以至于忽略了价值观、长远目标或组织福利？

4. 管理者是否认为，他们的最大兴趣是不惜代价维持组织单位中的和平与合作效果？

5. 决策者过于注重不伤害他人的感受吗？

6. 管理者是否认为在奖励方面，得众望比有能力和高绩效更重要？

7. 管理者过分注重获得决策意见的一致？

8. 员工是否对变革表现出强烈地抵制？

9. 是否缺乏新思想？

10. 员工的离职率是否异常低？

12.5.3 冲突处理

在任何组织中，冲突都是不可避免的。那么应该如何处理冲突呢？肯尼思 W·托马斯的研究给了我们一些建议。托马斯认为，在充满冲突的环境中，冲突的处理者首先要明白对方的意图。也就是说，为了对冲突行为做出反应，管理者要推测他人引发冲突的目的。托马斯做出了这样的描述，个人的反应依赖于他的合作精神与肯定性。合作精神指个人为了适应他人的目标而调整自身所关注目标的程度，而肯定性则指的是为了满足他自身的要求而试图调整冲突的程度。运用这两个维度，托马斯区分了四种不同的冲突处理技巧和一种折中的组合。这四种不同的冲突处理技巧分别是(肯定而不合作)、协作(肯定而且合作)、回避(不肯定也不合作)、迁就(不肯定但是合作)竞争以及强制折中(基本肯定与合作)，如图 12.6 所示。

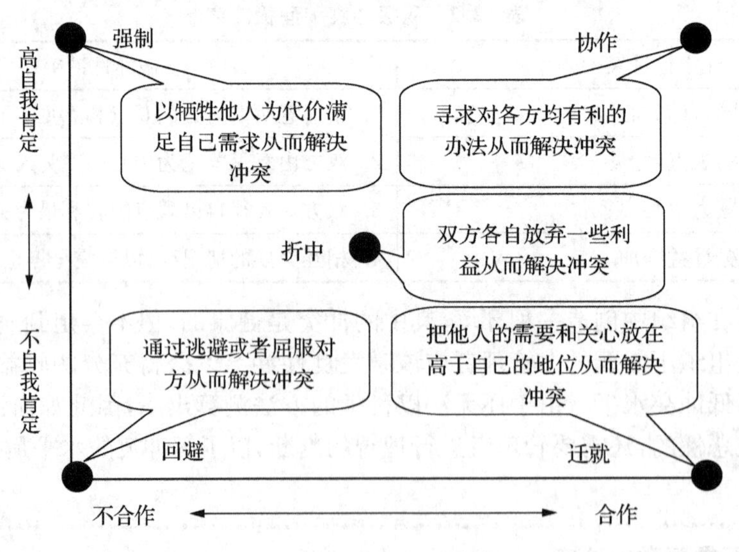

图 12.6 冲突处理技术

1. 回避

有些人在实现既定目标的过程中，遇到即将出现的冲突时，往往采取回避的方式，冲突使他们感到不舒服或非常害怕。尽管回避者确实想实现自己的目标，然而他们并不能以一种积极的方式来对待冲突。这一冲突处理态度属于不自我肯定且缺乏合作精神的行为。人们运用这一方式来远离冲突，不理不同意见者或持中立态度。这种做法也许是为了让冲突自行发展，或者是为了避免紧张或挫败。有时候采取回避态度有利于避免冲突的升级。然而，对于重要问题采取置之不理的态度都是不明智的。太多地运用这种方式，会导致别人对你不太好的评价。

2. 强制

有些人在面对冲突时采用针锋相对的态度。他们往往看重自己的目标或需求，并不考虑冲突中其他人的目标或需求。竞争者通常将冲突看作是一场胜负较量，并且总认为自己是赢家。这种想法可能不利于较好地解决问题。但也有相反的情况，当竞争一方陷入绝境时，另一方经常会认为他们应当做出决策，并要为这个决策负责。如果他们有能力解决这个问题，这种方法可能非常有效。

这一冲突处理态度属于高自我肯定但缺乏合作精神的行为。它是人际冲突中的“赢—输”处理模式。采用这一策略的人往往只为实现自己的目标而不顾别人的利益。对抗策略常涉及强权和支配因素。采取这一策略的人认为一方必须赢，而根据需要，另一方必须输。这种策略有时能帮助获得个人目标。如同回避，这一风格也会导致别人对你不太好的评价。这种方式有可能被误用也有可能正是组织需要的，所以对这种竞争方式的结果应有明确的预见性。当竞争双方意见不一致时，如果其中一方是对抗型的而另一方是回避型的，则采取竞争态度的人很容易获胜。但只有获胜的一方是正确的，这种胜利才对组织有利。

3. 折中

折中者倾向于将人们对任务的不同观点加以平衡，同时采用对谈判有利的“给予—获取”的方法来解决冲突。在折中过程中，由于各方可以将他们的损失减少到最小程度，同时又能够有所收获，因而折中方法能奏效。通常，许多组织鼓励采取折中的办法，而且在许多决策群体中这已经成为一种倾向。这一冲突处理策略属于基本合作和自我肯定行为，它涉及谈判和让步。

折中在解决冲突中被广泛运用。与别人做出折中妥协的人往往得到好评，理由在于：它可以被视作基本上是一种合作的举动；它可能是解决冲突比较实际的准则；它可以帮助维持相互间良好的关系。较之合作态度，折中态度不追求双方的最佳满意程度，而是取得各方适中的、部分的满足。但是遇事折中要谨慎。在竞争时，对折中的偏好应该与具体情况相适应。倾向于折中的人能够帮助组织在不同的冲突中做出决策，但是如果这种决策不能真正解决问题而导致问题再次出现，那么这种折中导向就应当避免。

4. 迁就

许多希望被他人喜欢并有较高合群需要的人以及那些真正关心他人需要的人宁愿采取迁就的方式来解决冲突。这种策略的特点是把对方的需求或者考虑放在高于自己的位置，以求维持和谐的人际关系。换句话说迁就是牺牲个人目标以保持友谊，迁就类型的人在其他人表示不赞同时容易放弃自己的观点，这一冲突处理态度属于合作的但不自我肯定的行为。迁就表明一种无私的行为，它是对别人愿望的一种服从，是一种与别人长期合作的策略。迁就态度往往会赢得别人的好评，当冲突问题不十分重要或非原则问题时，以暂时的退让获取长久的信誉，可以考虑采用此策。不过，如果一遇事就退让，可能会被视作软弱和顺从。

5. 合作

以合作的姿态来处理冲突是一种十分理想的冲突处理方式。但是相对于其他冲突处理模式,合作在应用中却是最为困难的。对于倾向于合作的人,只有在其他人也采取合作态度并且拥有足够的为完成任务所必需的信息时才能采用合作态度。

这一冲突处理态度属于很具有合作精神和高自我肯定的行为。它是人际冲突中一种"双赢"的冲突处理模式。因此合作态度表现出将冲突带来的积极作用增加到最大限度的愿望。采用合作态度的人往往具有以下的特点:他们将冲突视作自然现象,具有积极作用,假如处理恰当,甚至可以带来开创性的结果;他们表现出相互间的信任和坦诚;他们期望每个人在解决冲突过程中扮演同样的角色,同时每个人的观点都同样的合理;人们不会仅仅为了局部利益而牺牲整体的利益。采用这种方式的人往往被认为是精悍的,而且受到的评价也比较高。人际冲突调查结果表明,采用合作态度的人或团体往往属于:较成功的管理者;绩效很好的企业;能充分利用冲突带来的积极影响;充分看到对方的长处,对自己的绩效及能力进行良好的评价。

表 12.3 冲突的处理策略

策略	最佳时机和最佳方式
回避	当冲突细小、双方情绪高涨需要时间恢复平静时,当武断的行动所带来的潜在破坏会超过冲突解决后获得的利益时。
强制	当需要对重大问题进行迅速处理时,当你需要进行一项不受欢迎的工作时,当其他人的同意对于你的处理方式无足轻重时。
折中	当冲突双方势均力敌时,当希望一项复杂问题取得暂时的解决办法时,当时间压力比较大而需要一个权宜之计时。
迁就	当争论的问题不是很重要或者是你希望为以后的工作建立信任时。
合作	当时间压力最小,各方均希望双赢的局面出现,当问题特别重要不可能通过妥协折中来解决时。

本章小结

1. 沟通是指对意思的传递和理解。成功的沟通中,意思必须被告知并且得到理解。而在谈到有效沟通时,通常还意味着要得到人们的认同,对方愿意按照沟通者的意图采取相应的行动。

2. 管理沟通是指社会组织及其管理者为了实现组织目标,运用一定的策略和手段,将信息(或意思)传递给信息接收方,以期取得对方相应的反应和反馈的整个过程。

3. 有效的管理沟通包括七个方面的基本要素:目标、信息源、受众、环境、信息、媒介和反馈。

4. 人际沟通的障碍包括:情绪因素、心理防御、信息过滤、信息过载、文化因素、社会因素。

克服沟通障碍需要：换位思考、建立信任、使用反馈、调整情绪、简化语言、注意非语言沟通、积极倾听。

5. 组织沟通存在正式沟通和非正式沟通。正式沟通通常是垂直的信息流动的通道，它遵循组织内部权力系统，并只进行与工作相关的信息沟通。非正式沟通是未在组织结构层级中定义的组织沟通，它可以自由地向任何方向运动，并跳过权力等级，在促进任务完成的同时，满足群体成员的社会需要。

6. 组织沟通的流动方向包括下行沟通，上行沟通，横向沟通。下行沟通是指资讯的流动是由组织层次的较高处流向较低处。上行沟通是指下级的意见向上级反映，即自下而上的沟通。横向沟通是指发生在组织内部同一层次的部门或者员工之间进行的跨部门、跨职能沟通。

7. 沟通网络划分为正式沟通网络和非正式沟通网络。正式沟通网络是通过组织正式结构或层次系统运行，包含于纵向和横向沟通中的，主要有链式、环式、Y 式、轮式和全通道式 5 种。非正式沟通网络则是通过正式系统之外的途径进行。

8. 冲突指的是由于某种抵触或对立状况而感知的不一致的差异。按照冲突发生的水平，冲突可以分为个人内心的冲突、人际关系冲突、群体间的冲突和组织层次间的冲突。

9. 对待冲突大致有五种不同的态度，回避、强制、折中、迁就以及合作。管理者需要根据具体情况寻求解决冲突的最佳时机和最佳方式。

1. 管理者需要掌握哪些沟通技能？
2. 评价沟通方式有效性的标准是什么？
3. 技术如何影响组织的管理沟通？
4. 管理沟通的未来发展趋势有哪些？
5. 组织如何看待和处理多元化带来的冲突？
6. 管理者如何开发自己解决冲突的技能？

明道公司与企业内沟通系统

云计算技术正带来新一轮的信息革命技术浪潮，而且随着移动互联和社交网络对传统商业和社会的加速渗透，人们之间的沟通方式迅速改变，智能手机可以办公，随时随地在微博上发布新鲜事儿，用微信在朋友圈里分享生活——越来越多的社交平台及相应的社交产品将人们紧紧吸引在互联网上并形成了巨大的聚合效应。企业从工业时代以商品为中心转变为互联网时代以用户为中心；产品生命周期加快，从工业时代承载的具体功能变成了承载更多的趣味和情感；尤其是，组织也逐渐从工业时代的层次化和效率优先及规模优先趋于扁平化和社群化，组织的边界被打破，层级变少，团队变灵活，传统意义上的管理方式在这种动态变化的环境下正面临着巨大的挑战。互联网思维影响下的组织应该如何进行高效的管理？

明道软件公司总裁向晖发现近年云计算发展迅速，云计算服务的基础设施构建已经变得容易，类似于腾讯、百度一样的开放平台都已经被接受。因此决定要设计一个企业社交协作平台，在这个平台上，惬意所有的员工可以参与进来，但不是点评共享外部的商业信息，而是要实现内部的管理沟通、项目管理、团队协作和知识管理等事务，有些类似于企业内部的Facebook。他发现，传统的OA(办公室自动化)软件、CRM(客户关系管理)软件在企业购买后的实施成功率很低。倒是一些通用性软件，从QQ、Skype到现在的微信，使用率很高。所以，传统企业OA系统不但没让企业提高效率，可能还压抑了创新。

技术上来讲，这套被命名为明道的平台通过云计算服务来实现，云计算是一个新兴的IT部署和交付模式，用来通过网络实时提供产品、服务和解决方案。人们日常所说的云计算，实际上是指这种部署和交付模式的基础架构平台；而云服务则更延伸一步，是指通过云计算平台提供应用和解决方案的服务过程。云计算的服务模式可以分为SaaS(软件即服务)、PaaS(平台即服务)和IaaS(基础设施即服务)三种。通俗地讲，QQ、微信、Gmail、Skype和各类企业邮箱服务都是标准的SaaS服务，明道平台是一种标准的SaaS服务。

经过紧张的研发，2012年1月，明道企业社会化协作平台(mingdao. com)正式发布，这个平台不仅仅用作于知识情报的分享，还包括了基本的协作和知识管理应用。

“明道，将改变你的工作方式”，明道的登录界面非常友好而简洁。通过邮箱即可注册新账号，或者使用老账号登录即可，邮箱或者企业QQ也可以作为登录账号。

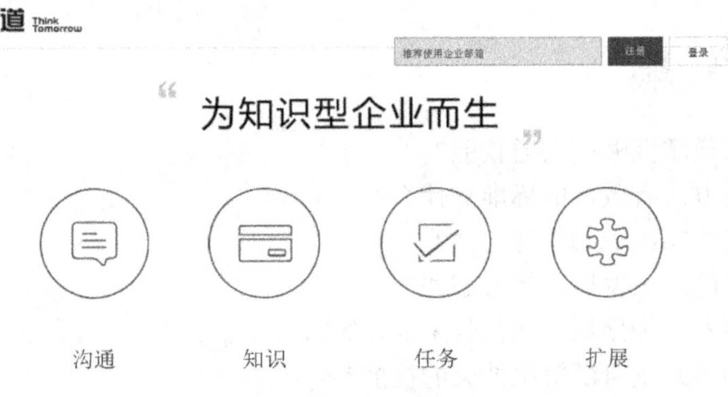

图1 明道平台登录界面

这个平台操作起来的步骤很简单，只要联网，点击 http://www. mingdao. com 进入明道平台，就可以与团队体验协作和效率。明道集成了微博和任务中心两种模式，增加了团队的凝聚力和黏性。在此基础上，明道架构了一系列的基础工具来提供企业通用的知识管理和任务协作需求，参看图2的主界面，主要在左边的菜单栏包括：开放沟通、任务协作、知识管理和我的应用几个版块。

开放沟通包括：动态更新，我关注的，我收藏的，我的群组四个内容；

任务协作包括：任务中心和日程中心；

知识管理包括：文档中心、图片中心、问答中心和投票中心。

我的应用包括一些可以下载安装的第三方应用比如会议室预览，笔记连接器，新浪微博等等，大多数的信息工具在被应用时都能够选择使用动态更新进行内部分享，从而实现内部的社会化协作，使用率越高，从“社会化”系统中获得的潜在获益越多。

点击版块题目，就可以在页面中间展示出内容，比如点击“我收藏的”，页面中下部就可以展示出之前收藏的上级管理者发布给部分成员的信息。而动态更新是置顶在页面上方的，采用一个类微博的通用信息格式，员工可以通过相互的关注关系（小企业可以使用缺省全部关注策略）和群组关系来实现有目的的信息分享和沟通。还可以设置置顶的动态。比如上级管理者有任何发布的相关动态，都可以第一时间看到。

右面的菜单栏主要是个人信息：自己的头像和积分，我的日程，我参与的任务列表，我的通讯录，等等，这让使用者很清楚地看到自己当天要做的事情，包括各种事项的优先程度。而且使用者参与的任务一目了然，而且在“我的群组”里，团队成员可以就组内相关话题进行讨论和合作，提升合作效率。

在智能手机上，下载明道的 APP 应用也可以直接登录，进行办公。对外明道也有微博的接口，可以和微博互发消息。

图 2　明道平台主界面

企业中如图 3 所示的这些问题都是可以通过明道平台解决的。

1. 准实时协作模式，打破跨地域公司的地理边界
2. 倡导扁平沟通，减少企业信息孤岛
3. 减轻矩阵管理企业的跨边界沟通痛点
4. 分享过程就是知识库渐进建设过程
5. 再也不用Excel管理员工通讯录
6. 离任员工知识不带走
7. 新员工通过明道历史记录熟悉业务，快速上手
8. 在大企业中快速熟悉同事关系和组织结构
9. 个人和团队任务管理、讨论和跟踪为一体的任务中心
10. 有助于建立透明、分享和相互协作的企业文化
11. 可以扩展更多企业应用，避免重复IT投资
12. 有问题不知道问谁？
13. 能够帮助任何员工进行合理和适度的信息广播
14. 用最小的精力了解左右同事的工作进展
15. 减少大量往复的内部邮件沟通
16. 可以通过智能手机和平板电脑随时使用
17. 一次搜索动态更新，消息，用户，群组和文档
18. 让大企业变小，让好点子随时发生和流动
19. 让小企业变大，活用每位员工的社会资产
20. 使用明道，大幅提升讨论参与度，远超论坛模式
21. 有好的想法，随时记下，并加入讨论
22. 因为对话透明，减少沟通误解
23. 组织内对话集中存储，减少知识屏障
24. 通过群组减少沟通泛滥
25. 越多人加入，越深度使用，明道越有用
26. 减少创建内部邮件列表的麻烦
27. 快速部署，完全无需其他IT投入
28. 高等级的SaaS服务安全措施，比企业的自有方案更强壮
29. 用户数据永远归属用户
30. 完全无需培训使用的IT工具

图3　企业需要用明道来解决的问题

由于当前企业的新员工大多是80后甚至90后，这套平台更符合他们的节奏和口味，更易于被他们所接受。

讨论题

1. 当前企业内部沟通呈现什么样的新特点？
2. 信息技术对于企业沟通的影响体现在哪些方面？
3. 新员工对于企业沟通有什么样新的要求？

第 13 章　激励理论

学习目标

13.1　了解激励的基本原理。
13.2　掌握各种激励理论。
13.3　了解相关激励方法。

情境案例

KS 公司初创于 2002 年，组建形式为某集团公司出资 51%控股，创业骨干以技术入股方式获得 49%股份，此模式在创业前期起到了至关重要的激励作用，带来了公司的高速发展。但是现在，该模式带来的负面效应开始逐渐显现，创业骨干们的年龄从组建初期的中青年进入中老年阶段，随着财富的积累和精力的下降，创业激情逐渐消退。而随着公司规模扩大，陆续进入了大量年轻员工，并逐渐进入新老更替期。之前的激励模式现阶段反而产生了负面效应，老员工已经居功至伟，开始进入小资生活，不求有功、但求无过，小资横行，狼性缺失，部分年轻员工也深受老员工的这种负面影响，同时他们因为没有股权激励使得积极性受到了一定的损伤。公司高管试图通过稀释创业骨干股份给新进优秀年轻员工的方式解决以上问题，但是遭到了创业骨干们的集体反对。这就给管理工作提出了新的课题，站在公司“二次创业”的关口，管理者该如何解决面前这一难题。

管理者的个体力量是有限的，他必须通过有效领导组织成员的方式去更好地实现组织目标。组织成员的工作潜力是否得到充分发挥不但决定了其个体绩效水平，在很大程度上也决定了组织绩效的高低。激励和约束是管理者发挥下属潜能的两种重要手段，相较约束作为一种自外而内的压力施加方式而言，激励作为自内而外的一种动力机制，其在发挥下属潜能方面效果更佳。激励的目的就在于使人的潜力得到最大限度的发挥，管理者需要掌握科学的激励理论，从而能够更有效地去领导组织成员实现组织目标。

13.1　激励的基本原理

激励是一个作用过程，对于这个过程的准确把握有助于我们正确地理解激励的概念并采取正确的激励举措。同时，激励过程的起点是人的需要，对人性假定的认识是准确把握人们一般性需要的重要前提。

13.1.1 激励的概念及过程

激励，具有激发和鼓励的意思。在管理工作中可以将其定义为激发人的内在动机，鼓励人朝着所期望的目标采取行动的过程。管理者需要通过激励手段调动人的积极性，使人产生一种兴奋的状态且保持下去，并呈现出有利于组织目标实现的行为，最终高效地达成组织的目标。组织的生命力来自于组织中每一个成员的热忱，如何尽可能地激发员工的积极性，释放他们的工作潜能，是管理者必须解决的问题。激励的一般模式如图 13.1 所示。

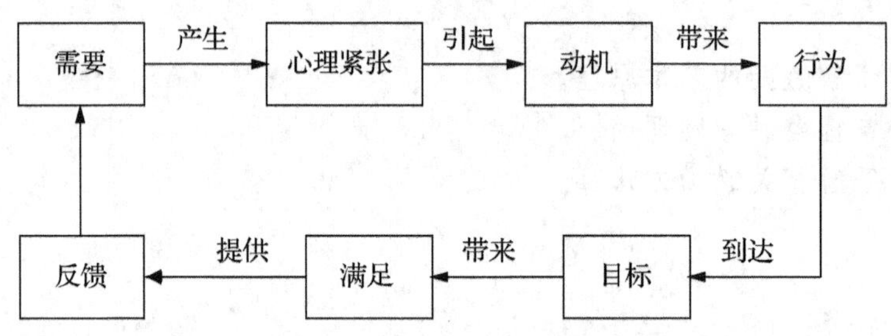

图 13.1 激励的一般模式

人的行为的始点是需要。所谓需要就是人们对某种事物或目标的渴求和欲望，包括基本需要（如衣、食、住、空气等），到各种高层次的需要（如社交、自尊、地位、成就、自我实现等）。除最基本的生活需要外，人的其他需要往往不是独立的、内生的，而是受环境影响的。需要是内、外部的客观刺激作用于人的大脑引起的个体缺乏某种东西的状态。这里的刺激既包括个体本身的、内部的，也包括个体外部的。人类的各种行为都是出于对某种需要的满足。未满足的需要是激励的起点，从而导致某种行为。

但需要并不是行为的直接决定因素，需要只有转化为动机才能决定人的行为。当人的需要未得到满足时，心理上会产生一种不安和紧张状态，这种状态会促成一种导向某种行为的内在驱动力，这就是动机。所谓人的动机，就是诱发、活跃、推动并指导和引导行为指向目标的一种内在状态。人的行为都是由人的动机支配的，动机是人的行为的直接动力，行为是动机的外在表现。可以说，动机直接决定着人的行为方向，是人的行为发生的直接原因，对人的行为起激发、推动、加强的作用。动机是个人与环境相互作用的结果，虽然不同的人在动机驱力上差异很大，但总体来说，动机是随环境条件的变化而变化的。因此，动机水平不仅因人而异，对于同一个人来说还因时而异。

当人有了动机之后就会导致一系列寻找、选择、接近和达到目标的行为。如果人的行为达到了目标，就会产生心理和生理上的满足。原有的需要满足了，新的需要又会产生，从而又引发人的新的行为，如此周而复始。

需要指出的是，尽管动机的起源是需要，但某种需要并不一定会产生一定的动机。人的内心的需要是行为的内在驱动力，一般来说，只有强烈的动机才可以引发行为。一个人愿不愿意从事某项工作，干劲是大还是小，全取决于他是否具有进行这项工作的动机及动机的强弱。

激励问题的实质主要强调以下几个方面：(1) 激励是一个满足员工需要的过程；(2) 激励是激发员工动机，调动员工积极性的过程；(3) 激励是引导员工的行为指向组织目标，并且和组织目标保持一致的过程；(4) 激励是减少员工挫折行为，增加建设行为的过程。

13.1.2　关于人性的假定

对于人的需要的准确认识是建立在关于人性假说的基础之上的。中国古代的管理思想中，有性善说和性恶说以及性可塑说和性不可塑说之分，这种对于人性假定的不同也造成了中国传统管理思想中不同学派在国家管理方略或模式方面的差异。在西方，对于人性的假定也经历了一个漫长的过程，实现了从自然人到经济人、再到社会人以及复杂人的转变，如图 13.2 所示。

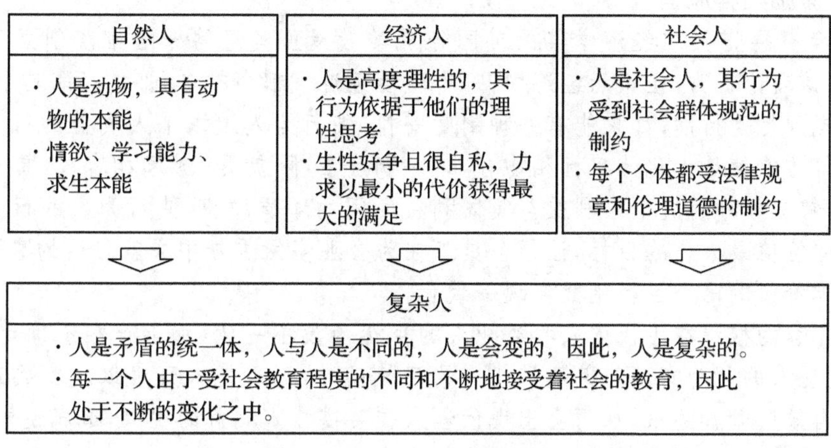

图 13.2　关于人性的假定

1. “自然人”假定

人是自然界进化的产物。作为自然界动物的人具有与其他动物一样的属性，这就是人的自然属性，就是与生俱来的维持生命和延续生命的自然属性，也是人的基本属性。马斯洛的需要层次理论中，生理需要和安全需要可以作为对自然人假定的最好解读。

2. “经济人”假定

“经济人”又称“理性经济人”。“经济人”假定最初由英国经济学家亚当·斯密提出。该假定认为，人是经济的产物，人的一切活动都是为了获得经济报酬和物质生活的满足。所以组织就以权力与控制体系来保护组织本身及引导员工，以经济报酬来使人们服从和做出绩效。基于“经济人”认识的最为传统的激励手段和管理工具就是“胡萝卜加大棒激励法”。

3. “社会人”假定

“社会人”假定的理论基础是人际关系学说。“社会人”假定最早来自于梅奥主持的霍桑实验。这种假定认为社会性需求的满足往往比经济上的报酬更能激励人们，所以组织应更加注意员工的社会需求，重视员工之间的关系，培养和形成员工的归属感，提倡集体奖励制度。

4. “复杂人”假定

“复杂人”假定是 20 世纪 60 年代末 70 年代初由沙因提出的。这种理论认为：其一，就个体的人而言，其需要和潜力会随着年龄的增长，知识的增加，地位的改变，环境的改变以及人与人之间关系的改变而各不相同。其二，就群体的人而言，人与人是有差异的。因此，无论是“经济人”、“社会人”，虽然各有其合理性的一面，但并不适用于一切人。这种假定认为任何假定都不能适用于一切人。由于人是复杂的，人的需求随着各种变化而变化，因此要求管理者根据不同的人,因人因事因时而异,灵活采取不同的管理措施,即用“权变理论”做指导,来达到激励人的目的。

事实上,实际生活中的人是千差万别、千变万化的,绝不是用几种类型就能简单归纳的。实践证明偏信某种“人性”假定都可能会陷入误区。然而也应该看到,这些“人性”假定对管理工作还是具有很大的启示和帮助作用的,至少每种假定都给管理者提供了一种识别人们需求的重要标准。

阅读材料:激励相容原理

2007年获得诺贝尔经济学奖的美国经济学教授里奥尼德·哈维茨创立了“激励相容”理论。该理论认为,在市场经济中,每个理性经济人都会有自利的一面,其个人行为会按自利的规则行为行动;如果能有一种制度安排,使行为人追求个人利益的行为,正好与企业实现集体价值最大化的目标相吻合,这一制度安排,就是“激励相容”。贯彻“激励相容”原则能够有效地解决个人利益与集体利益之间的矛盾冲突,使行为人的行为方式、结果符合集体价值最大化的目标,让每个员工在为企业多做贡献中成就自己的事业,即个人价值与集体价值的两个目标函数实现一致化。

激励相容的根源在于代理人和委托人的目标函数不一致,加上存在不确定性和信息不对称,代理人的行为有可能偏离委托人的目标函数,而委托人又难以观察到这种偏离,无法进行有效监管和约束,从而会出现代理人损害委托人利益的现象,造成逆向选择和道德风险,这就是著名的“代理人问题”。为解决此问题,委托人需要做的是如何设计一种体制,使委托人与代理人的利益进行有效“捆绑”,以激励代理人采取最有利于委托人的行为,从而委托人利益最大化的实现能够通过代理人的效用最大化行为来实现,即实现激励相容。

13.2 激励理论

随着对人们行为认识的不断加深,产生了各种类型的激励理论。但整体上而言,根据激励理论强调的着重点方面的不同,可以将激励理论划归为以下三种类型:内容型激励理论、行为改造型激励理论和过程型激励理论,如表13.1所示。

表13.1 激励理论的划分

激励理论	着重点	代表理论
内容型	从研究需求入手,着重探讨什么东西能使一个人采取某种行为	需要层次理论 双因素理论 ERG理论 成就需要理论
行为改造型	从行为控制着手,着重探讨如何引导和控制人的行为	目标设置理论 强化理论
过程型	研究一个人被打动的过程,着重研究行为产生、发展、改变和结束的过程	公平理论 期望理论

13.2.1　内容型激励理论

内容型激励理论主旨是探讨需要，确定有哪些因素能够促使员工努力工作，并根据这些因素，设计并实施相应的措施和手段，从而达到激励的目的。

1. *需要层次理论*

美国著名心理学家亚伯拉罕·马斯洛在 1943 年出版的《人类的动机理论》一书中提出了需要层次理论(Hierarchy of Needs Theory)。马斯洛的理论简单明了、易于理解，得到了人们，尤其是实践中的管理者的普遍认可。

这一理论的基本内容是，人有多种需要，共分为五个层次：生理、安全、社交、尊重、自我实现的需要，如图 13.3 所示。其中：

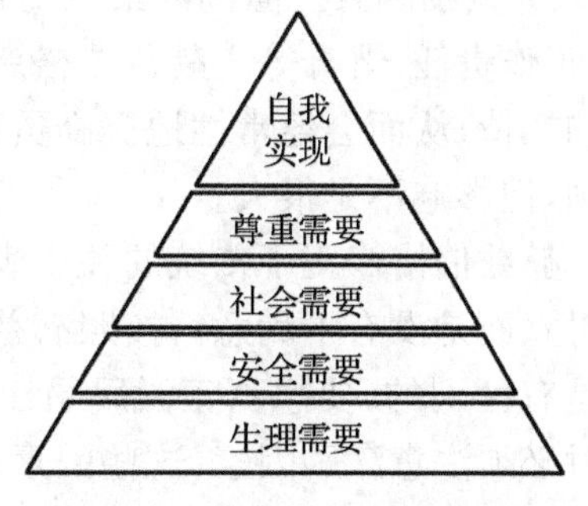

图 13.3　马斯洛需要层次理论

① 生理的需要。如果这些需要(除性以外)任何一项得不到满足，人类个人的生理机能就无法正常运转。换而言之，人类的生命就会因此受到威胁。在这个意义上说，生理需要是推动人们行动最首要的动力。

② 安全的需要。马斯洛认为，整个有机体是一个追求安全的机制，人的感受器官、效应器官、智能和其他能量主要是寻求安全的工具，甚至可以把科学和人生观都看成是满足安全需要的一部分。

③ 社交的需要。人人都希望得到相互的关心和照顾。感情上的需要比生理上的需要来得细致，它和一个人的生理特性、经历、教育、宗教信仰都有关系。

④ 尊重的需要。人人都希望自己有稳定的社会地位，要求个人的能力和成就得到社会的承认。尊重的需要又可分为内部尊重和外部尊重。内部尊重是指一个人希望在各种不同情境中有实力、能胜任、充满信心、能独立自主。内部尊重其实就是人的自尊。外部尊重是指一个人希望有地位、有威信，受到别人的尊重、信赖和高度评价。马斯洛认为，尊重需要得到满足，能使人对自己充满信心，对社会满腔热情，体验到自己活着的用处价值。

⑤ 自我实现的需要。自我实现的需要是最高层次的需要，是指实现个人理想、抱负，发挥个人的能力到最大程度。达到自我实现境界的人，接受自己也接受他人，解决问题能力增强，自觉性提高，善于独立处事，要求不受打扰地独处，完成与自己的能力相称的一切事情。也就是说，人必须干称职的工作，这样才会使他们感到最大的快乐。马斯洛提出，为满足自我实现需要所采取的途径是因人而异的。自我实现的需要是在努力实现自己的潜力，使自己越来越成为自己所期望的人物。

马斯洛认为人在不同的时期其需要是不同的，在同一时期也有不同的需要。在各种需要中，只有占主导地位的需要才能支配人的行为；每个层次需要得到实质性满足后，才能激活下一个目标；某个层次需要得到实质性满足后，并非完全彻底满足，只要大体满足，就不再具有激励作用；生理、安全和社交需求属于低级需求，尊重和自我实现需要属于高级需求。

2. *双因素理论*

双因素理论是由美国心理学家弗雷德克斯·赫兹伯格提出的，该理论也称为激励—保健理论(Motivation-hygiene Theory)，如表 13.2 所示。

① 保健因素。保健因素也称为环境因素，主要包括除工作本身之外的外界环境因素，如公司政策、人际关系、监督、工作环境、薪金、地位等；赫兹伯格认为这些工作环境和工作条件不具备时，会使员工感到不满意，从而降低员工的工作积极性和热情。如果具备这些条件，就不会降低其工作热情，就能够维持员工已有的现状，但不会因此提高其积极性。

② 激励因素。激励因素主要是工作本身的因素，包括工作本身的挑战性、工作成就的认可、工作责任、晋升等。赫兹伯格认为这些工作本身因素的改善，能够激发和调动员工的积极性和热情，从而会经常性地提高员工的工作效率。如果这些因素没有处理好，也能引起员工的不满，但影响不是很大。

赫兹伯格修正了传统的关于满意与不满意的观点，认为满意的对立面是没有满意，不满意的对立面是没有不满意。按照赫兹伯格的观点，导致工作满意的因素与导致工作不满意的因素是有区别的，要想真正激励员工努力工作，首先要注意保健因素，以防止不满情绪的产生。同时必须注意激励因素，这些因素才会增加员工的工作满意感。

赫兹伯格的理论广为流传，大部分管理者都了解他的观点。如现在的职务丰富化的努力就是在赫兹伯格的激励—保健理论基础上产生的。

表 13.2 双因素理论

	激励因素	保健因素
特征	1. 心理上的长期满足 2. 满意/不满意 3. 重视目标	1. 生理上的短暂满足 2. 不满意/没有不满意 3. 重视任务
满意或不满意的来源	1. 工作性质：内部的 2. 工作本身 3. 个人标准	1. 工作性质：外部的 2. 工作环境 3. 非个人标准
表现出来的需要	1. 成就 2. 成长 3. 责任 4. 赏识	1. 物质的 2. 社交的 3. 身份的 4. 安全的 5. 经济的

3. ERG 理论

ERG 理论由耶鲁大学的阿尔德弗提出，该理论某种程度上是对马斯洛的需要层次理论和赫兹伯格的双因素理论的一种延伸和扩展，但是阿尔德弗对于人类需要的研究成果与实际情况更为接近。阿尔德弗把人的需要归结三种：生存（Existence）的需要、相互关系（Relatedness）的需要和成长（Growth）的需要，所以该理论被称为 ERG 理论。

（1）生存的需要即人们的物质生存需要，相当于马斯洛的生理需要和安全需要，属于低层次需要；

（2）相互关系的需要相当于马斯洛的社会交往的需要和尊重需要的外在部分；

（3）发展的需要相当于马斯洛尊重需要的内在部分和自我实现需要。

ERG 理论和马洛斯需要层次理论之间既有联系又有区别。ERG 理论也认为人的需要具有层次性和发展性，生存、发展、成长需要是逐层发展的，低层次的需要得到较好的满足，个体便会增强对较高层的需要。与马斯洛需要层次理论不同的是，ERG 理论还倡导一种"受挫—

回归”的维度。马斯洛认为，如果一个人在某层次的需要未得到满足，那么他的需要就会待在这个层次上，直到满足为止。ERG 理论则认为，一个人的高层次需要得不到满足时，其低层次需要的强度就会增加。

4. 成就需要理论

成就需要理论(Acquired Needs Theory)是美国哈佛大学的教授麦克利兰于 20 世纪 50 年代提出的。他认为，人有三种基本的需要：归属需要、权力需要和成就需要。这些需要并不是先天的本能需求，而是通过后天的学习获得的。

(1) 归属需要：即建立友好和亲密的人际关系的愿望。具有高度归属需要的人，比较注重与他人保持一种融洽的社会关系，渴望他人的喜爱和接纳，喜欢与他人密切友好相处，达到相互理解与沟通，并且更喜欢合作而非竞争的环境。

(2) 权力需要：即控制他人的愿望和驱动力。具有较高权力需要的人喜欢承担责任，并努力影响他人，喜欢置身于具有竞争性的工作环境中和工作岗位上。与有效的绩效相比，他们更关心自己的威望和影响力。

(3) 成就需要：即把事情做得更好，追求成功的愿望。具有成就需要的人，他们有强烈的求得成功的愿望，也有同样强烈的对失败的恐惧，他们渴望挑战，爱为自己设置一些有一定的难度但经过努力能够实现的目标。他们渴望把事情做得更完美，寻求那种能发挥其独立处理问题能力的工作环境。他们追求的往往是成功本身，而不是成功后的奖赏与报酬。高成就需要者不是赌徒，他们愿意接受困难的挑战，并能承担成功与失败的责任，但他们不愿使结果受运气或他人的左右。也就是说，他们不喜欢接受那些在他们看来特别容易或者特别困难的工作任务。

麦克利兰认为，不同的人对成就、权力和归属的需要程度不同，层次排列也不同。个体行为主要取决于那些被环境激活起来的需要。经过大量广泛的研究，他得出下面结论：第一，他认为具有强烈成就需要的人，是那些倾向于成为企业家的人，他们往往力求把事情做得更好，他们喜欢设立具有适度挑战性的目标。第二，高成就需要的人并不一定是一个优秀的管理者，尤其是对规模较大的组织而言。第三，归属需要和权力需要与管理者的成功密切相关，有着强烈权力需要的人，经常有较多的机会晋升到组织的高级管理层。第四，可以通过培训激发员工的成就需要。

13.2.2　行为改造型激励理论

行为改造型激励理论从行为控制着手，探讨如何引导和控制人的行为，并采取相关举措予以激励。

1. 目标设置理论

美国管理学兼心理学教授洛克于 20 世纪 60 年代提出该理论。该理论认为目标本身就具有激励作用，目标能把人的需要转变为动机，使人们的行为朝着一定的方向努力，并将自己的行为结果与既定的目标相对照，及时进行调整和修正，从而能实现目标。这种使需要转化为动机，再由动机支配行动以达成目标的过程就是目标激励。目标激励的效果受目标本身的性质和周围变量的影响。

目标设置理论认为，个人参与设置目标要比别人为他设置目标更能提高绩效；明确的目标比抽象的目标更能提高绩效；困难的目标比容易的目标更能提高绩效；工作过程中有反馈比无反馈更能提高绩效。同时,目标与绩效之间关系的强度受以下一些调节变量的影响,这些因素包括对目标的承诺、反馈、自我效能感、任务策略、满意感等方面。

2. 斯金纳的强化理论

强化理论是美国心理学家斯金纳(B. F. Skinner)于20世纪70年代提出的,主要研究人的行为与外部因素之间的关系,是以学习的强化原则为基础的关于理解和修正人的行为的一种学说。该理论认为人的行为是结果的函数:人的行为产生结果,结果作用于环境,环境对结果做出评价,该评价对人的以后行为产生影响,好的评价会加强该行为,使其重复出现;不好的评价或者不进行评价,则该行为将会减弱甚至消失,环境所起的就是强化的作用。

根据强化的性质和目的,强化可以分为正强化、负强化两大类型。正强化是指对于积极的、符合组织目标的行为进行奖赏,如奖金、表扬、提升、改善工作关系等。受到正强化的行为得到加强,就会重复出现,从而有利于组织目标的实现。正强化是影响行为的最有力手段,它能够增强或增加有效的工作行为。负强化是指对于那些消极的、与组织目标偏离或者背道而驰的行为进行惩罚,如克扣奖金、批评、降级等。消极的行为得到负强化,就会减弱或消失,从而保证组织目标的实现不受干扰。

按照斯金纳的观点,当人们因采取某种理想行为而受到奖励时,他们最有可能重复这种行为。当这种奖励紧跟在理想行为之后,则奖励最为有效;当某种行为没有受到奖励或者是受到惩罚时,其重复的可能性则非常小。

强化理论对于管理实践的指导作用在于:① 奖励与惩罚相结合。大量实践证明,奖惩结合的方法优于只奖不罚或只罚不奖的方法。② 以奖为主,以罚为辅。强化应以奖为主,以罚为辅,因为过多运用惩罚的方法,会带来许多消极的作用,在运用时必须慎重。③ 及时而正确强化。所谓及时强化是指要根据人们行为结果的好坏或进展情况及时予以相应的奖励或惩罚,以防减弱强化的效应;而正确强化就是要"赏罚分明",对良好行为给予适当的奖励,对不良行为给予适当的惩罚。④ 按需强化。每个人都有自己的特点和个性,其需要也各不相同,强化因素必须因人制宜地进行奖励。

13.2.3 过程型激励理论

过程型激励研究的重心是激励过程,该理论关注的是动机的产生以及从动机产生到采取具体行为的心理过程,试图揭示出用于解释激励行为的普遍过程。

1. 公平理论

公平理论(Equity Theory)是美国心理学家亚当斯于1963年提出的,也称社会比较理论。该理论主要讨论报酬的公平性对人的工作积极性的影响,即人除了关注自己报酬的绝对量外,还关注与相关他人报酬相比较的相对量,每个人都会根据对投入产出的比较结果决定今后的行为,如图13.4所示。

在公平理论中,员工所选择的与自己进行比较的参照对象可以划分为三种类型:"他人"、"制度"和"自我"。"他人"包括同一组织中从事相似工作的其他个体,还包括朋友、邻居及同行。"制度"指组织中的薪金政策以及这种制度的运作。对于组织层面上的薪金政策,包括明文规定和一些隐含的不成文规定。"自我"指的是员工自己在工作中付出与所得的比率。它反映了员工个人的过去经历及交往活动,受到员工过去的工作标准及家庭负担程度的影响。

基于公平理论观点,当员工感到不公平时,他们可能会采取以下几种做法:① 曲解自己或他人的付出或所得；② 采取某种行为使得他人的付出或所得发生改变；③ 采取某种行为改变自己的付出或所得；④ 选择另外一个参照对象进行比较；⑤ 辞去他们的工作。

大量研究支持了公平理论的观点：员工的积极性不仅受其绝对收入的影响，而且受其相对收入的影响。一旦员工感知到不公平，他们会采取行动纠正这种情境，其结果可能会降低或提高生产率，改善或降低产出质量，提高或降低缺勤率或自动离职率。但是，公平理论在一些关键问题上并不十分明了。例如，员工如何来界定付出与所得？他们对二者又是怎样衡量的？不过，公平理论仍是一个颇具影响力的理论。

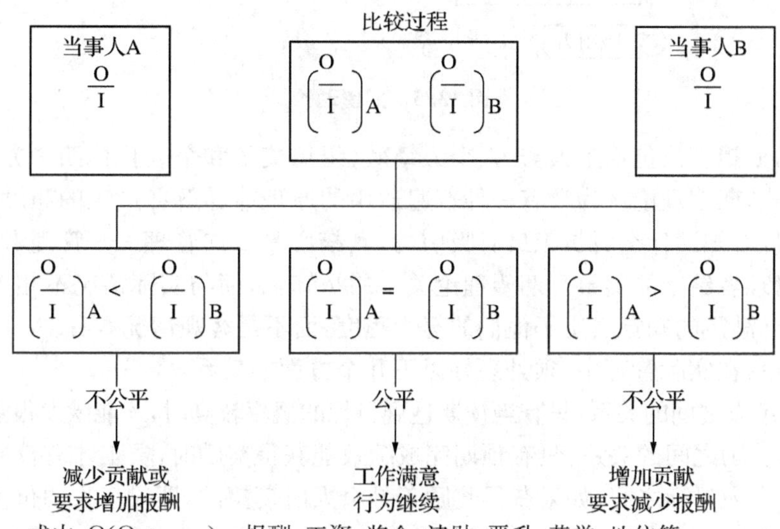

图 13.4　公平理论示意图

2. 期望理论

美国心理学家弗鲁姆于 1964 年提出了期望理论(Expectancy Theory)。期望理论认为，人是理性的人，人们在采取一定的行为之前，总是要对自己行为所指向的目标的价值及成功的概率进行一番估计。当他认为行为指向的目的物正是自己所期望的，对自己的价值较大时，其行动的激发力量就会增大。同时，当他估计到自己的行为成功的可能性较大时，其激发力量也会增大；反之，如果成功的概率微乎其微或者根本不可能，那么他的激发力量也就微乎其微或者为零。用公式表示如下：

$$激励力量(M)＝效价(V)×期望值(E)$$

可以看出，V 和 E 任何一个出现其值小的情况，则 M 的值都将变小。

期望理论认为当人们预期到某一行为能给个人带来既定结果，且这种结果对个人有吸引力时，个人才会采取这一特定行为。它包括以下三种联系(如图 13.5 所示)：

① 努力—绩效的联系：个体感觉到通过一定程度的努力可以达到某种工作绩效的可能性。即需要多大的努力才能达到某一绩效水平？是否真能达到？概率多少？

② 绩效—奖赏的联系：个体对于达到一定绩效水平后即可获得理想的奖赏结果的信任程度。即达到这一绩效水平后，会得到什么奖赏？

③ 奖赏的吸引力：如果工作完成，个体所获得的潜在结果或奖赏对个体的重要性程度，与个人的目标和需要有关。即这一奖赏能否满足个人的目标？吸引力多大？

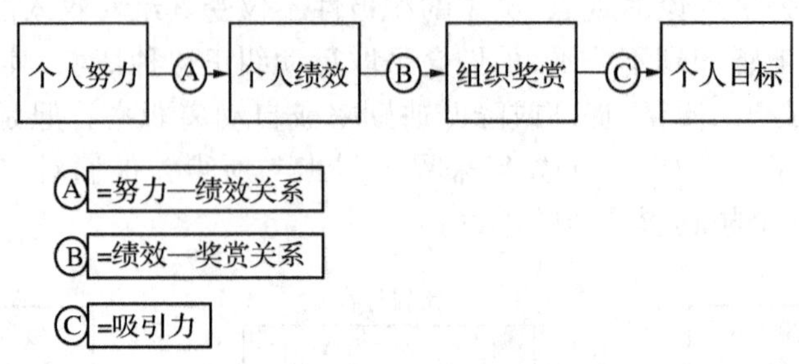

图 13.5 期望理论

由此可见，期望理论包括个人努力、个人绩效、组织奖赏和个人目标四个方面的内容。作为一种权变模式，期望理论认为没有一种普遍适用的原理能够解释员工的激励问题。期望理论的假设是管理者知道什么对员工最有吸引力，其核心是双向管理——管理者期望员工的行为，员工期望管理者给予的奖赏。期望理论关心的是知觉，而与实际情况不相关，个体对工作绩效、奖赏、目标满足的知觉决定了他们的努力程度，而不是客观情况本身。

根据该理论，在实际管理中，须处理好以下几个方面的关系：

① 努力和绩效之间的关系：只有当预期达到目标的概率较高时，才能激发很强的工作力量。

② 绩效与奖励之间的关系：只有预期完成绩效能获得奖励时，员工才有较高的工作热情。

③ 奖励与个人目标之间：如果获得奖励正是个人所期望的，即对个人的价值较大，则激发的工作力量也较大。

期望理论虽然也受到了一些批评，但有大量研究支持这一理论。

13.2.4 相关理论的评价

上述各种激励理论主要是由美国心理学家建立起来的，并在研究美国产业工人中得到了验证。但在不同的文化背景下需要进行调整。如集体主义文化中的员工，更容易接受以集体为基础的职务设计、群体目标和群体绩效评估。事实上只有将各个激励理论融会贯通，才会对如何激励个体加深理解。管理者在运用激励理论对员工施加影响时，应该根据情境，灵活运用激励理论，以此来达到更好的激励效果。

需要指出的是，激励理论从根本上来说是以对人的心理特征和行为特征假定为出发点，激励的结果不能事先感知。而人的心理需求难以加以观察、评估和衡量，属于内涉变量；同时心理特征必然因人、因时、因事而异，动机行为是动态变化的，各种激励方法实施的可重复性差，由此难以把握；再次，随着人们对于激励条件的适应性，任何激励因素都会变成保健因素，致使组织激励资源的稀缺性和激励因素（如工资、奖金）的刚性之间存在着严重的冲突，使得管理激励难以持久。

从激励的程度上看，激励不能超过人的生理和能力的限度，应该讲究适度的原则。激励的目的是使人的潜力得到最大限度的发挥。但是，人的潜力不是无限的，受到生理因素和自身条件的限制，不同的人发挥的能力是不同的。因此，激励往往被认为是属于管理艺术和领导艺术的范畴，是一种令人望而生畏的工作。

近年来，激励理论呈现出一些新的发展趋势：(1) 研究手段和研究结果数量化。数量分析、博弈论等方法越来越多地被应用于管理理论与实践，更深入精确地解释激励方法与效率的关系。(2) 群体激励、跨文化激励成为激励理论的热点之一。这是企业组织结构趋于扁平化、虚拟化、组织边界模糊的结果。(3) 激励的类型和动因也不断得到丰富。道德理论成为激励中一个不可忽视的问题，员工特别是经理人的道德伦理影响激励的操作和效果的现象越来越受到重视；减少信息不对称和责任不对等，能使经营者和所有者之间、各级管理者之间激励趋于相容；在员工与组织之间建立良好的心理契约关系，激发人的主动性、积极性和创造性，是激励理论关注的难点问题。

阅读材料：激励的原则

1. 授人以欲。授人以鱼，不如授人以渔；授人以渔，不如授人以欲。人的需求有显性需求和隐形需求之分，能够识别并激发出对方的隐形需求是管理者在激励实施中的着力点。

2. 认清个体差异。激励严格意义上讲应该因人而异，尽管对于人性有着一般性的假定，但个体之间在个性、能力、价值观和需求方面都有着很大的差异性，通常的激励手段未必符合个体的需求。

3. 使人与职务相匹配。对于表现出色的员工要将其提升到合理的职务岗位上去，让其承担更大的责任并拥有更多的权力，也将激发其工作的努力程度。

4. 运用目标。目标对人的行为具有导向作用，目标为员工的行为指明了方向，经过科学设定的目标对员工具有很强的激励效应。

5. 奖励与绩效挂钩。必须对员工的绩效进行客观评价，并给予相对应的奖励。通过两者之间的挂钩，形成对员工行为的引导和固化效应。

7. 检查公平性系统。不患寡而患不均，组织内部超过一定限度的不公平性会对组织成员的积极性造成巨大的伤害，管理者要努力创造一个相对公平的环境。

8. 辩证地看待钱的作用。不要忽视钱的因素，但不能简单依靠钱。财聚人散、财散人聚，物质刺激仍然是最有效的激励手段；但钱不能解决所有激励问题。

13.3　激励方法

使外在的激励手段与被激励者的内在需求相结合是激励的要旨。合理的激励措施应有利于充分调动员工的积极性，发挥员工的潜力，提高员工的工作效率，从而提高企业效益。本节重点介绍以下两种基本激励方法：(1) 工作设计激励，通过设计合理的工作内容，分配恰当的工作来激发员工内在的工作热情；(2) 绩效管理激励，在正确评估员工工作成果的基础上给予其合理的奖惩，以保持员工行为的良性循环。

13.3.1　工作设计的激励效应

恰当的工作设计具有激励效应。组织内部的工作是指单个员工负责完成的一项工作。工作之所以重要的原因在于完成工作能够得到奖励，而奖励能够满足人们的需求。管理者需要了解工作的哪些方面能够给员工带来激励。工作设计的激励效应在于运用激励理论设计工作结构，以提高员工的生产率和工作满意度。在组织中，人们承担的工作并不是随意产生的，管理者应该仔细考虑组织结构中的岗位设计，能够反映出环境变化、组织技能和员工偏好的要求。只有在进行职务设计时牢记这些因素，才能激发员工充分发挥其生产潜能。

1. 工作设计与方法

工作设计的方法通常包括工作简化、工作轮换、工作扩大化和工作丰富化。

(1) 工作简化

工作简化(Job Simplification)是指通过减少某位员工必须完成的任务的数量来提高工作效率。工作简化要求设计的工作任务应该简单化、重复化和标准化。由于工作任务不再复杂，因此员工可以实现较高的效率。但是，作为激励方法，工作简化是失败的。人们不喜欢例行公事般的枯燥的工作。

(2) 工作轮换

工作轮换(Job Rotation)是指系统地将员工从一个工作岗位转换到另一个工作岗位，从而在不增加任何一件工作的复杂性的情况下提高员工完成各项工作的数量。工作轮换既享受了工程技术带来的效率，又为员工提供了多样化的选择和激励手段。但是，随着员工对重复性工作的熟悉，新鲜感会逐渐消失。

(3) 工作扩大化

工作扩大化(Job Enlargement)是指将几种工作任务综合成一个新的，涉及面更广泛的任务，让员工感受到工作的多样性以及由此带来的挑战。这是为了避免员工由于工作过度细化导致工作缺乏变化所带来的不满。工作扩大化关注增加任务完成的数目，其效果并不尽如人意，它不能给员工提供挑战性和有意义的活动。

(4) 工作丰富化

工作丰富化(Job Enrichment)是指不仅改变工作任务的数量和频率，而且将工作责任、赏识、发展机会、学习机会和成就感等高效的激励因素融入工作之中。要注意的是在工作丰富化的基础上，员工对完成工作必需的资源有控制权，工人对完成任务拥有更大的自主权、独立性和责任感。尽管工作丰富化有助于改善工作的质量、员工积极性和满意感，但仍缺乏足够的研究支持。

2. 工作特征模型

理查德·海尔曼(Richard Hackman)和格雷格·奥尔德姆(Greg Oldham)提出的工作特征模型是工作设计的重要方法之一。工作特征模型关注的是工作再设计，即通过改变工作提高员工的工作质量和生产率。工作特征模型由以下主要部分组成：工作内核、关键心理状态和员工成长需求强度。工作特征模型认为我们可以把一个工作按照它与核心维度的相似性或者差异性来描述，按照模型中的实施方法丰富化了的工作就具有高水平的核心维度，并可由此而创造出高水平的心理状态和工作成果，如图 13.6 所示。

根据工作特征模型，任何工作都可以用以下五个核心维度进行描述。

① 技能多样性：工作中要求员工使用各种技能和才干以完成不同类型的活动的程度；

② 任务同一性：工作中要求完成一件完整的和可辨识的任务的程度；

③ 任务重要性：工作对员工生活或其他人工作的实际影响程度；

④ 自主性：工作给任职者在安排工作内容、确定工作程序方面，实际上提供了多大的自由度、独立性和自主权；

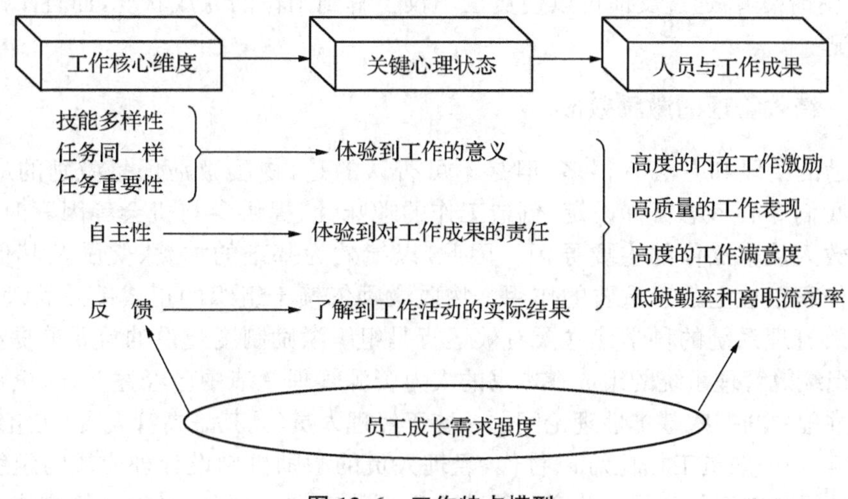

图 13.6　工作特点模型

⑤ 反馈:员工在完成任务的过程中,可以直接而明确地获得有关自己工作绩效信息的程度。

技能多样性、任务同一性和任务重要性这三个维度都会影响到员工体验工作意义的心理状态。也就是说,如果一项工作中存在这三种特点,那么员工会觉得他的工作是重要的、有价值的和有意义的。从激励角度看,当员工认识到他所看重的工作自己干得很好时,就会获得一种内在的奖赏。对于自主性和反馈这两个维度,值得注意的是,如果员工拥有工作自主权,他们会感到自己对结果承担责任;如果给员工的工作提供反馈,员工会了解到自己工作的效率如何。工作的上述 5 个特点对于体验工作意义、体验责任感和了解实际工作成果这 3 种心态的影响,带来了 4 种个人成果和工作成果:高度的工作激励、质量的工作绩效、高满意度、低缺勤率和离职率。

工作特征模型的最后一个要素是员工成长需求强度,即人们具有不同的成长和发展要求。员工成长需求强度是一个调节变量,他们对核心工作特征和关键心理状态及个人工作结果都产生影响。如果一个人希望满足低层次需求,如安全和归属需求,那么工作特征模型的效果就很小。当一个人迫切需要成长和发展时,如挑战自我、成功的欲望或者从事有挑战的工作时,工作特征模型就比较有效。

工作特征模型为管理者进行工作设计提供了具体的指导原则,下面这些建议都是在这一模型的基础上提出的。

① 合并任务:管理者应该将现有任务碎块重新组合起来,构成新的更大的工作模块(工作扩大化)以增加技能多样性和任务同一性。

② 形成自然的工作单元:管理者应该把工作设计成完整的、具有意义的整体,以提高员工对工作的"拥有感",鼓励员工感觉到自己工作的意义重大。

③ 建立客户关系:管理者应该让员工与客户建立直接的联系,以提高技能多样性、工作自主性,并增加反馈信息。

④ 纵向拓展工作:工作的垂直拓展把过去只有管理者才有的责任和控制权交给员工,增强员工的自主性。

⑤ 开通反馈渠道:通过反馈可以使员工不仅了解到工作的完成状况,而且了解到自己的工作业绩情况。

13.3.2 绩效管理的激励效应

尽管激励的手段和方法有很多,但是不可否认的是,物质激励仍是激励的最有效的主导方式。当我们专心考虑目标设定、创造工作的趣味性、提供参与机会等因素时,很容易忘记钱是大多数人从事工作的主要原因。因此,以绩效为基础的加薪、奖励及其他物质刺激在决定员工作积极性上起着重要的作用。物质激励依赖于组织的正式绩效管理系统,确保组织内部绩效管理系统的科学建立及有效运行是组织激励制度建设的重要前提和基础。

关于组织绩效管理系统的组成在本书的人力资源管理章节中已经述及,这里重点关注激励机制设计过程中的一些基本性理论问题。鉴于经理人员(尤其是高管人员)在组织绩效中扮演的重要角色,与一般员工相比难以替代,经理人员的激励机制设计理应成为组织关注的重点。经理人员报酬制度是公司总体竞争策略中不可分割的一部分,必须要给有能力的管理者巨额的报酬。关键之处是要吸引,保留并激励有才能的经理人员为公司服务,为股东利益服务。经理人员报酬在水平和结构上的适当安排,与企业经营之间确实存在着非常强的以及非常明显的关联。

在一定程度上,借助法律及市场竞争等外在力量可以使经理兢兢业业;借助于诚信、道德和声誉等内在力量也可以让经理人克己奉公,但不解决根本问题。报酬激励设计的最重要问题在于对经理进行物质激励,合同的关键是如何将经理人的物质报酬与其为企业的发展所作出的努力联系起来。

报酬合同问题的焦点在于如何衡量经理的努力程度?由于经营过程中的经理人员的努力程度往往难以观测,实际工作中往往使用经理人员努力的结果来推测经理人员的努力程度。但这面临着以下两个问题:

① 首要问题,用什么指标衡量经理业绩?是用利润指标,还是销售指标?是用长期指标,还是短期指标?是用股票价值,还是用市场份额?实践证明,选用不同的指标会导致经理人员的不同努力方向,导致的后果有可能是实际的结果与最初的期望相差甚远。

② 企业业绩是受经理努力程度(人为因素)和环境因素(各种偶然因素)共同作用的结果,那么如何从企业的业绩里去剥离各种环境因素的影响,以便更好地考察经理人员的努力程度?不剥离意味着风险全部由经理人承担,这在环境因素对企业发展不利的时候对经理人员显得尤为不公平,而在环境因素有利的时候则更易于掩饰经理人员的努力水平不够。

那么如何确定合理的激励目标呢?这主要取决于影响企业价值的关键因素。合理的激励目标并不是一成不变的,它需要根据企业的具体情况不断调整。如成长阶段的时候更看重市场份额指标,而在成熟阶段的时候则更看重利润指标。

在企业确定激励目标之后,对经理人员的激励具体分为两个问题:给多少和如何给?“给多少”这个问题在经济学上就是参与约束问题,即企业为了吸引和留住人才,经理人从企业得到的预期效用水平不能低于他在市场上的“保留效用”水平,保留效用水平是该经理人在一个企业工作的机会成本,它等于该经理人在其他工作机会中所能得到的最高报酬。“如何给”这个问题则涉及激励相容问题,报酬制度要诱导经理人员向企业的目标方向去努力,政策导向不一样,经理人的对策不一样。比如,若按照市场份额来给经理人员提升,经理人员就会不计一切代价地把市场份额给搞上去，至于对利润的影响就不在他的考虑范围之内。衡量一个激励政策的正确与否，就要看该激励政策下，经理人员的行为取向是否能实现这个政策所希望达到的目标。如果一个政策所诱致的行为不是政策制定者的初衷，这个政策就是一个失败的政策（张维迎，2005）。

阅读材料：非金钱激励

在激励员工的实践中金钱并不总是唯一的解决办法，在许多方面它也不是最好的解决办法。下面是非金钱激励员工的14种方法。

1. 认可。员工最需要得到的是上司对其工作的肯定。管理者选择恰当的认可时机和认可方式对员工的激励作用会上升很多。

2. 称赞。这是认可员工的一种形式。任何可能之时之地给予称赞，就可达成意想不到的激励效果。当面的赞扬会取得更好的效果，关键在于及时性。

3. 职业生涯。员工都希望了解自己的潜力是什么，他们将有哪些成长的机会。在组织内部为员工设计职业生涯可以起到非常明显的激励效应。

4. 工作头衔。组织在使用各种工作头衔时，要有创意一些。这是在成就一种荣誉感，荣誉产生积极的态度，而积极的态度则是成功的关键。

5. 良好的工作环境。在雇主们看来，激励员工的因素中“工作条件”的重要性很低，但员工非常在意他们在哪儿工作。

6. 给予一对一的指导。指导意味着员工的发展，而主管人员花费的仅仅是时间。但这一花费的时间传递给员工的信息却是你非常在乎他们！

7. 领导角色。给员工领导角色以酬劳其表现，不仅可以有效地激励员工，还有助于识别未来的备选人才。如让员工主持短的会议，组织领导一个培训。

8. 团队精神。创造一个以团队为导向的氛围，这会让员工产生自豪感。在工作中，尽量设定以团队驱动力为导向的目标。不定期的聚会也有助于增强团队精神，营造一个积极向上的工作氛围。

9. 培训。对员工而言，培训永远没有结束的时候。给员工提供培训本身就是最好的激励方式。

10. 特殊着装日。对那些要求每天穿工作服的雇员来说，有一天能穿非正式装上班成为一个普遍的奢望。利用假日或节日创造以颜色为主题的非正式服装日，足以产生许多效果或以惊讶、自豪为基础的激励作用。

11. 休假。实行争取休假时间的竞赛。在许多情况下，当员工面临选择现金和休假奖励时，他们都会选择休假。

12. 额外的责任。作为经理人要能识别出那些使责任与其能力和愿望相匹配的人。这对那些希望承担额外责任的员工来说是一个最大的激励。

13. 主题竞赛。组织内部的主题竞赛不仅可以促进员工绩效的上升，更重要的是，这种方法有助于保持一种积极向上的环境。

14. 重点管理。可在组织内部展开一个关于重点管理技巧的研讨会,会让员工从中学到很多东西,会让他感觉到待在组织内是有意义的。

上述14种方法可在不同场合下综合运用,要记住的是,每一种方法的使用都必须考虑其频率,不宜过多地使用同一种方法激励员工。

本章小结

1. 激励和约束是管理者发挥下属潜能的两种重要手段,相较约束的自外而内的压力施加方式而言,激励作为自内而外的一种动力机制,其在发挥下属潜能方面效果更佳。

2. 激励,具有激发和鼓励的意思。在管理工作中可以将其定义为激发人的内在动机,鼓励人朝着所期望的目标采取行动的过程。

3. 激励过程的起点是人们的需要,对人性假定的认识是准确把握人们一般性需要的重要前提。

4. 根据激励原理,激励理论可以分为三种类型:内容型激励理论、行为改造型激励理论和过程型激励理论,划分的依据主要在于理论强调的着重点方面有所不同。

5. 内容型激励理论从研究需求入手,着重探讨什么东西能使一个人采取某种行为,包括需要层次理论、双因素理论、ERG理论、成就需要理论。

6. 行为改造型激励理论从行为控制着手,着重探讨如何引导和控制人的行为,包括目标设置理论、强化理论。

7. 过程型激励理论研究一个人被打动的过程,着重研究行为产生、发展、改变和结束的过程,包括公平理论、期望理论。

8. 合理的激励措施应有利于充分调动员工的积极性,发挥员工的潜力,合理的工作设计和绩效管理都具有很强的激励效应。

思考题

1. 激励和约束是影响员工行为的两种主要方式,分别适用于什么情况?

2. 专业技术人员(如软件设计师)和非专业人员(如酒店服务人员),管理者在设计激励方案时要注意哪些问题?

3. 在进行高管人员薪酬设计的时候,如何考虑激励相容原则?

4. 管理者在激励当今员工队伍时面临着哪些挑战?

5. 是否存在着最优激励问题,你认为最优激励应该包括哪些内容?

万科的员工激励

万科企业股份有限公司成立于1984年，总部设在深圳，于1988年进入房地产行业，并于1991年在深圳证券交易所上市，是该所第二家上市企业。万科目前是中国最大的专业住宅开发企业，主营业务包括房地产开发和物业服务。二十多年来，万科的营业收入和净利润复合增长率均超过30%，在2010年成为国内首个年销售金额超千亿的房地产企业，相当于美国四大住宅公司高峰时的总和，2015年销售金额达2 614.7亿元，销售规模持续居全球同行业首位。截至2015年底，万科进入中国大陆66个城市，以珠三角、长三角、环渤海以及中西部中心城市组成的区域为核心，并自2013年起开始进行海外投资，已进入香港、新加坡、旧金山、纽约、伦敦等5个海外城市。

万科的成就与万科的激励制度密切相关，其在激励人才方面有许多开创性的举措。

1. 万科创业期提出“人才是资本”，高度重视人才

万科通过吸引各种人才参与创业过程，保证企业的快速成长。如何吸引人才，首先要对每一个员工高度重视与关心。万科创始人王石曾说过，对于员工“你是一个人，你是一个在社会上有自尊、有家庭、上有老下有小的人。首先要尊重，对生命的尊重。”王石曾讲过两个如何对待员工的事情。

第一个故事主人公叫李波，是万科一名普通的一线员工。他在跑马拉松时出现生命危险。那时王石在国外，高度关注李波的病情，与万科总裁郁亮多次通话，了解抢救效果如何，家属有什么要求，公司应采取什么措施。当李波换肝出院后，王石还带领团队研究治疗方案，鼓励他勇敢面对生活。并且得知李波还是单身时，万科还特别找到他曾经暗恋的一个女孩子，安排到医院看望他。

第二个故事是新“三顾茅庐”的故事。王石认为员工没有违反公司本身政策的前提下离职，万科都欢迎回来。特别的人才甚至可以来回几次。在万科创业早期，有位西南财大硕士毕业，曾任校长办公室副主任的冯佳被王石非常器重。因为冯佳的特点是喜欢唱反调，也就是团队中的“鲶鱼”角色，王石认为团队中不能没有这样的人。冯佳第一次离开万科同朋友开了一家餐馆。王石就跑到餐馆表示诚意请他回去。后来冯佳又离开万科，王石又把他请回来。后来冯佳做到了深圳最大的广告公司——万科下属国际企业服务公司的董事长兼总经理。但是冯佳还是想辞职，出去做自己的广告公司。王石就让冯佳把这家企业直接带走。但是冯佳没钱买下这家企业，王石说“你没钱就对了，有钱肯定是吃里爬外，你是职业经理，没钱就对了”，然后把公司赊账卖给了冯佳。后来冯佳还被聘为万科的独立董事。

2. 成长期提出“人才是第一资本”，推行职业经理人制度

度过了创业期后，为保证企业长期稳定发展，引入职业经理人制度成为必然，但是在中国，乃至整个东南亚华人圈，职业经理人的引进都比较困难，这与中国的文化有一定的关系，也就是中华文化相对西方文化缺少了契约精神。

万科在1997年开始确立了全面培养职业经理人的管理思路。为了构建职业经理人队伍，万科进行了业务架构的调整，完善分权和授权机制，并快速建立了投资、决策的专业委员会运作模式，为职业经理人建造运作良好的平台，以推动整个公司的经营能力和管理能力的提升。

万科甚至把1998年定为公司的“职业经理人年”，全面对职业经理人进行培训和开发，以实现职业经理人在万科的可持续发展。1999年年初，万科创始人王石甚至辞去了总经理职务，将万科交给郁亮，实现了万科由创始人向职业经理人的成功过渡。

为了实现发展目标，万科建立了完善的以职业经理人制度为主体的人力资源管理体系。万科将经理人员业绩直接与职位积分和当事者利益（工资、奖金等）挂钩，积分又直接与职业经理的职位升降挂钩。万科鼓励称职的职业经理为公司长期服务，不合格的职业经理将被淘汰。另外，万科还根据经理人员的级别及所担负职责的不同，根据计划授权体系给予相应程度的授权：如战略参与权、信息知情权、专业管辖范围内的决策权、人力物力财力的分配与使用权，使责任与权力对等，增强经理人员的责任感和使命感。授权体现了万科重视经理人员作用和地位的态度。为培养经理人员后备力量和提高现任经理人员水平，万科给经理后备人选提供并创造条件和机会。首先，万科设计各种培训以提高职业经理人的自身素质；其次，万科给予经理人员高期望，为经理人员设立较高的目标，帮助他们逐步提高自己，开发潜在能力。

万科职业经理人制度高风险、高回报。高回报体现在不仅向经理人员提供较高的工资报酬，还提供较高的其他福利待遇，比如提供各种培训机会、优惠购买住房、长期住房补贴、通信费用合理报销等。此外，万科还决定对经理人员实施股权激励计划，第一轮股权激励计划由于历史原因没有实现。2006年万科决定实施第二轮股权激励计划。按照万科的初步计划，在满足净资产收益率高于12%的前提下，以净利润增长率15%为最低要求，按照实际情况，从每年净利润的增长部分中提取激励基金，并委托信托公司买入万科A股，如果满足于股价挂钩相当的条件，经第一年储备期，第二年等待期后，第三年可以交到高管手上。高管拿到这些股票后，每年最多可以卖出25%。2008年受房地产市场环境影响，万科全面摊薄净资产收益率只有12.65%，而社会平均值在12%左右。管理团队主动放弃了这一计划。

3. 稳定期提出“事业合伙人制度”，调和经理人员跟股东利益矛盾

由于股权激励计划受到外部环境影响而没有达成预期效果，万科开始考虑事业合伙人制度。职业经理人制度强调“共创”和“共享”，万科提出的事业合伙人加入了“共担”。在对经理人员进行激励的同时更看重对于风险的承担。

(1) 高层的合伙人持股

基于2008年股权激励计划没有达到预期效果，万科在2010年推出了经济利润奖金制度，如果万科的ROE（净资产收益率，即净利润与平均股东权益的百分比）超过社会平均收益水平，股东将按规定比例计提相应的经济利润作为奖金，否则，按相同比例从账户中扣除相应金额。EP（经济利润）奖金作为集体奖金统一管理，三年内不进行分配。万科把滚存下来的集体奖金，委托第三方购买公司股票。该计划使得万科骨干员工持有了超过万科百分之四的股票，成为万科的第二大股东。骨干经理人员身份变成职业经理人和事业合伙人二合一，既为股东打工也为自己打工。

(2) 中层的事业跟投

除了合伙人持股外的其他员工，万科采取了项目跟投制度，这是向投行和万科在美国的合作伙伴学来的机制。对项目获取和经营质量影响最大的那部分员工，即项目操作团队和城市公司的管理层，需要拿出自己的钱和公司共同投资。如果项目利润额超出设定阈值，那么最终的利润分成比例将远远超出个人投资比例，与此同时，万科也明确了退出机制，分别在开发贷到位、现金流回正、按揭放款及销售额达到70%比例时回笼本金及分红。从2014年4月开

始，万科所有的新获取项目都必须配套跟投计划。跟投计划是公司最终决定是否投资的首要考虑因素之一。这一制度解决了投资问题，同时也可以督促项目操作者从客户的角度提供性价比高的产品和服务。

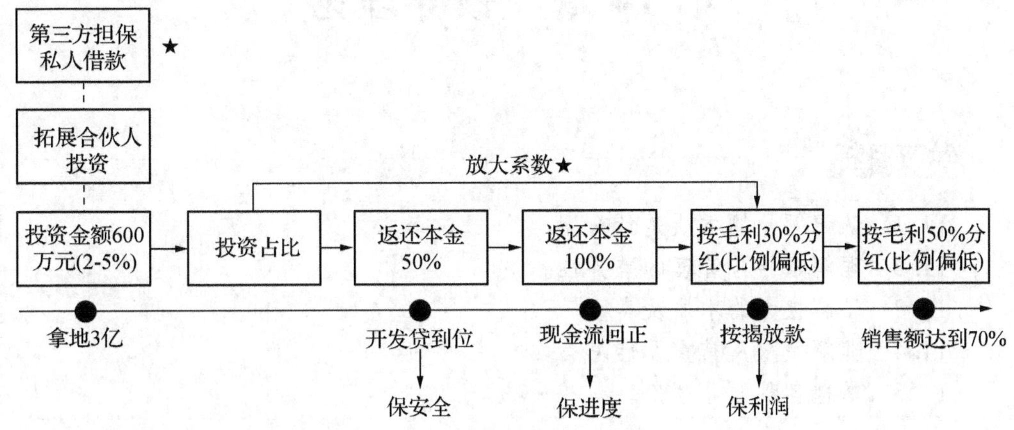

（3）执行层的事件合伙人管理

为了改变公司部门之间责权利划分不清的弊端，万科成立了事件合伙人制度，就是根据项目开发过程中的一件具体事情，临时组织事件合伙人参与到任务中去，事情解决了就解散，回到各自部门。以前都是职位高的人担任组长，在事件合伙人制度下可以推选最有发言权的人来做组长，这个人对这个事情最有研究，最有发言权，做组长才可以收到最好的效果。这是一种非常好的工作激励的方式。

讨论题

1. 你如何评价万科对于不同层级员工的激励制度？
2. 事业跟投机制可能存在哪些弊端？
3. 你认为万科还可以尝试哪些激励方式？

第 14 章　领导理论

学习目标

14.1　认识领导的本质是什么。
14.2　理解领导与管理的差异性。
14.3　了解权力的本质及类型。
14.4　理解授权及其重要性。
14.5　掌握各种领导理论。

情境案例

李先生有着多年的军队经历,后创办某制造企业。在企业管理上,李先生积极借鉴了军队的一些做法,制定了详尽和严格的规章制度,要求全体员工必须严格执行。在工作作风上,李先生作风强势,强调服从。在他的强力领导之下,企业取得了不错的业绩。几年后,李先生所在企业因发展需要并购了一家软件研发企业,但他发现这里的工作氛围非常散漫,完全没有以前单位的那种紧张感,上班后经常是先喝茶,再聊天,然后才打开电脑开始工作。单位员工都是一些年轻人,在工作上会有很多创意,但非常不愿意接受单位规章制度的约束。尽管软件企业经营现状不错,李先生还是觉得目前状况不利于企业的长期发展,于是试图引进先前单位的管理方式,改变员工的工作面貌,却发现员工的抵触情绪很大。面对越来越低沉的公司氛围,李先生开始反思该如何正确地领导这些员工。

为了更好地实现组织目标,管理者需要指挥、带领、引导和鼓励组织成员为实现目标而努力。组织应该选取合适的领导者来从事管理工作,并把每个管理者都培养成好的领导者。同时,为了使组织运作更有效,这就需要管理者思考在组织中,什么样的领导方式是有效的,即领导的有效性问题。领导是管理的基本职能,它贯穿于管理活动的整个过程。

14.1　领导的本质

人们生活在各种各样的社会组织之中,你要么在领导别人,要么被别人领导。那么领导的本质是什么?对于这一问题的正确认识,是进行有效领导的重要前提。在普通人眼里,对领导本质的认识总是与职务交织在一起,领导似乎变成了职务的象征。然而在现实生活中,我们往往发现领导与职务两者之间并不具有完全的对等关系。一个具有职务的人往往无法让组织成员从内心产生尊崇，而一个不具有职务的人却让组织成员愿意追随于他。这就需要我们对于领导的本质有一个正确地理解。

14.1.1　领导的含义

领导作为名词，是指领导者或领导人，即组织中确定和实现组织目标的首脑。管理工作关注的是其作为动词时的意义，即领导是指一项管理职能。此时，领导的主体是组织的高级别管理者，客体是低级别的被领导者或追随者。作为一项管理职能，领导是指在一定的社会组织和群体内，为实现组织的预定目标，领导者运用其法定权力和自身影响力，通过沟通、指挥、激励等手段，影响被领导者的行为，并将其导向组织所期望目标的整个动态过程。

对于领导定义的正确理解需要明确领导的四个构成要素。一是权力，对权力的性质以及权力与职权的差别我们将在下文论述。二是对人要有基本的理解。领导的重要手段是激励，而激励的前提是对人的需要的把握，如何在不同的时间，针对不同的人和情境运用这类知识的能力，是一件很重要的事情。三是一种杰出的鼓舞能力，鼓舞追随者为了从事一个项目而能全力以赴地工作的能力。领导者可能具有这类素质：有魅力，能激发追随者的忠诚、奉献精神和强烈的希望来推动实现组织目标。四是同领导者的作风和领导者所营造的组织气氛有关。以某种活动方式来形成一种有利的气氛，以此引起激励并使人们响应激励。

14.1.2　领导的实质

加里·A·尤克尔(Gary A. Yukl)在《组织中的领导》一书中把领导定义为“个人的特征”、“个人的行为”、“对别人做出影响”、“相互影响模式”、“不同角度的关系”、“一项管理阶层的工作”、“别人对合法影响的看法”等。这一定义明确了领导的实质是一个影响别人的过程。

领导的实质在于通过人与人之间的相互作用这么一个过程，使被领导者能义无反顾地追随他前进，自觉自愿而又充满信心地把自己的力量奉献给组织，促进组织目标的更有效实现。其中包含了以下关键工作，一是影响，二是目标，三是沟通。

第一，明确领导的主体，能够通过其法定权力和自身影响力，对被领导者和追随者形成影响的主体，才能被称之为领导。

第二，领导作为管理的一项重要职能，它是一个以实现组织所期望目标为最终目的的动态过程。

第三，领导过程必须在领导者和被领导者紧密沟通下完成，以形成一种相互合作的关系。

14.2　领导与管理

作为管理的重要职能，领导与管理的关系是相辅相成的。管理是在特定的环境下，对组织所拥有的资源进行有效的计划、组织、领导和控制，从而达到既定组织目标的过程；领导是沟通、指挥、引导和激励下属为实现目标而努力的过程。虽然领导和管理的关系相当密切，两者的根本目的都是为了实现组织所期望的目标；但是从管理的角度而言，领导和管理两者之间仍然有着明显的区别。一般人在区别领导与管理时，尽管缺少相对专业的衡量标准，一般也不会认为领导和管理是完全等同的概念。相比较而言，管理的范围要大一些，其职能包括计划、组织、领导和控制，领导是其主要职能之一；同时，领导更加依靠一种权力和影响力，其效能是通过依靠这种权力和影响力进而发挥引导作用;而管理更加依靠一种职权所赋予的力量,通过这种职权力量去寻求问题的最佳解决方法。

那么,管理者与领导者之间又有怎样的联系呢?随着管理学科的发展,领导越来越被作为一项独立的活动被学者们研究和应用,现代社会的领导活动和管理活动已经在社会活动中各有侧重,而且领导者和管理者的关注点也存在着一定的区别。沃伦·本尼斯(Warren G. Bennis)和伯特·耐纳斯(Burt Nanus)就曾在《领导者:成功谋略》(Leaders :The Strategies for Taking Charge)一书中提出"管理者是去正确地做事情,而领导者则是去做正确的事情"。

人们常把领导者与管理者混为一谈,但其实它们并不完全相同。领导者不一定是管理者,管理者也并不一定是领导者。领导从根本上来讲是一种影响力,是一种追随关系。人们往往追随那些他们认为可以提供满足自身需要的人,正是人们愿意追随他,才使他成了领导者。因此,领导者既存在于组织中,也存在于一定的群体中;既存在于正式组织中,也存在于非正式组织中。管理者是组织中有一定的职位并负有责任的人,他存在于正式组织之中。有的管理者可以运用职权迫使人们去从事某一件工作,但不能影响他人去工作,他并不是领导者;有的人并没有正式职权,却能以个人的影响力与魅力去影响他人,他是一位领导者。对于上述领导者和管理者之间差异性正确认识的重要意义在于,在组织管理中,为了使组织更有效地开展各项工作,应该选取领导者来从事管理工作,同时也应该把每个管理者都培养成好的领导者。管理者同时就应该是领导者,管理学探讨的是管理者如何成为领导者。表 14.1 描述了领导者和管理者之间的区别。

表 14.1 领导者和管理者的区别

管理者	领导者
理性的	有洞察力的
坚持不懈的	灵活的
善于解决问题	善于鼓舞人
意志坚强	勇敢
分析力强	有想象力
有条文的	有创新精神
计划周密	鼓励变革

14.3 权力及其类型

管理心理学认为,领导者要想实现其领导功能,关键在于领导的影响力,即在同他人的交往中,影响和改变他人心理与行为的能力,我们可以称之为领导力。这种影响力,其实质是个人所具有的推动组织前进、完成组织目标、统筹系统要素的综合能力。领导力是一种特殊的人际影响力,组织中的每个人都需要去影响他人,同时接受他人的影响,因此每个人都具有潜在和现实的领导力。

构成领导影响力的基础有两方面,一方面是权力影响力,即强制性影响力;另一方面是非权力影响力,也称非强制性影响力。权力影响力主要源于法律、职位、习惯和暴力等,它对人的影响带有强迫性、不可抗拒性，它是通过施加外在压力的方式发挥其作用的。在这种方式作用下，权力性影响力对人的心理和行为的激励是有限的。权力影响力对于领导者来说尤其重要，是领导者地位的最直观体现。但是，管理者在组织内部的领导行为并不能完全依赖于权力影响力，在更大程度上还需要依赖于非权力影响力。非权力影响力也称非强制性影响力，它主要来源于领导者个人的人格魅力，来源于领导者与被领导者之间的相互感召和相互信赖。构成非权力性影响力的因素主要有：品格因素、才能因素、知识因素、情感因素。因此，对于领导权力的定义，就是领导者必须在遵循相关法律法规的基础上，通过运用多种方法与手段，在实现特定组织目标的过程中，通过一定的权力行使对追随者施行一定的影响和控制。

社会心理学家约翰·弗伦奇（John. French）和伯特伦·雷文（Bertram. Raven）在他们1959 年发表的一篇迄今不朽的论文中，提出了五种权力类别的模型，这个模型折射出权力拥有者依赖的不同基础或资源，如图 14.1 所示。

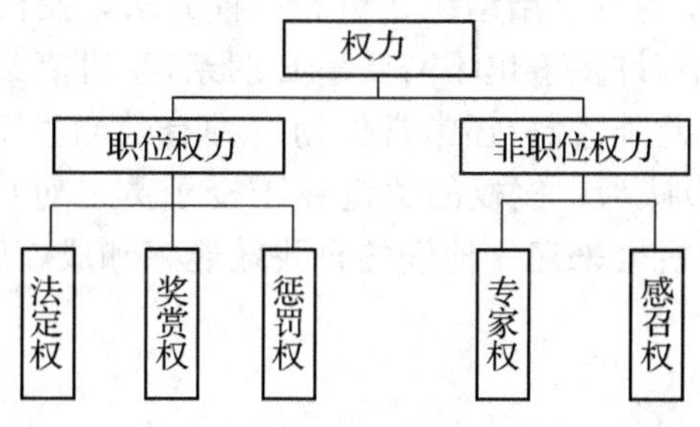

图 14.1　权力的五种来源

（1）法定性权力。是指领导者因担任某种职务所得到的正式职权，通常由组织根据法定程序并按照认可的形式所赋予领导者的权力，这种权力不可动摇。

（2）奖赏性权力。领导者能够给予追随者因执行命令而可以被奖励的权力。这种权力大大地区别于强制性权力，领导者可以通过给予还是取消奖励，是给予物质奖励还是其他奖励等方面对追随者进行一定的激励，领导者对这种激励程度的控制力越大，他对追随者的控制力也就越大。

（3）惩罚性权力。建立在追随者的恐惧感上，通过对下属在主观和客观上的压迫和制约，使其对权力的强制服从。这种服从不一定是无条件的，但如果拒绝服从，其产生的不利后果往往是无法想象的；同时追随者由于对不利后果的过分恐惧，可能会使其对这种强制性权力产生一定的过激反应，因此这种权力常被看作是一种惩罚性权力。

（4）专家性权力。又称为专长性权力，领导者由于具有某种专业知识和特殊技能而获得的权力，其基础是这种专长需赢得追随者的崇拜、认可、尊重和服从。

（5）感召性权力。是指因领导者具有特殊的思想品格、工作作风、个人魅力等而形成的权力。同样的，该权力的基础是需要赢得被领导者的崇拜、认可、尊重和信赖，领导者可以通过其优秀的领导艺术来得到追随者的这种认可。

在权力的上述五种来源中，法定性权力、奖赏性权力和惩罚性权力，都是来源于职位所赋予的行政力量，即领导者在其岗位上所拥有的特定权力，这种权力的合法性和在其职权范围中的支配地位是不可撼动的，唯一可以改变的是领导者施加权力的程度，领导者可以根据形势改变对权力的使用程度来确保领导的有效性，但这种领导权力不能分配给其他人，每一个岗位的不同领导者，其所拥有的权力是不同的。而专家性权力和感召性权力则是领导者自身所获得的，权力大小无关职位高低，因此需要领导者对其自身发展提出较高的要求。

14.4 授权

为什么主管们总是没有时间？为什么下属们总是没有工作？为什么能力强的主管容易带出一帮平庸的下属？这些问题普遍存在于各种组织之中，对组织的有效运作也构成了严重的负面影响。上述问题的根源在于组织内没有形成有效的授权制度。“管理就是让别人做你想做的事”，一些事情可以委托给其他人去做，也就是授予对方某种权力。

14.4.1 授权的含义

授权是指权力的分享，即领导者在完成组织既定目标的前提下，为了满足下属更高层次需求以提高工作的有效性，将权力分享给组织成员的一种方法。授权的必要性在于：管理者要做很多事情，但一个人精力有限，许多事也不需要事必躬亲；管理者还会经常遇到一些问题超过了自己的知识和技能范围。此外，授权还常常作为一种有效激励下属的手段。安弗莎妮·纳哈雯蒂（Afsaneh Nahavandi）认为：“授权的关键在于授予员工对自己如何工作和工作环境的控制权以及通过提供成功的机会来建立他们的自我效能感和成就感。”

14.4.2 授权方式

针对领导者的权力范围、领导者的领导能力、被领导者的工作能力、组织层级、工作的难易程度和重要性等情况差异，我们将授权方式分为以下几种。

（1）根据授权的媒介和方式，可将授权分为书面授权和口头授权。

书面授权，是指领导者通过授权书、授权协议、工作说明书、工作分配表等文字形式针对组织情况、等级规范、分层负责办法，依照正确的处理规则和程序明确规定被领导者目标任务、工作职责范围、工作权力大小等。当组织情况复杂、所需工作资源较多、完成工作花费时间较长时，多采取书面授权。

口头授权，是指领导者仅通过口头交代对被领导者所做的工作进行授权，可通过工作面谈，上下级工作会议或者电话会议等形式进行。该授权形式具有一定的临时性且弹性较大，可较多用于不宜公开和任务较轻的事宜上。

（2）根据授权的合法程度，可将授权分为正式授权和非正式授权。

正式授权，是指授权主体依据法律规定并按照法定程序进行权力授予，须依照特定的处理规则和程序进行。

非正式授权，是指无法律特别规定，或组织体系之外的非程序性授权，具有一定的临时性和随机性，虽无须按照法律的明确规定步骤执行，但并不意味着这种授权方式可以违背法律依据。

（3）根据工作内容的重要程度、上级主体的管理水平以及下级主体的工作能力等综合情况，可将授权分为充分授权、不充分授权、制约授权和弹性授权。

充分授权，又称为一般授权，是指上级领导者对下级被领导者授权时，允许被领导者按照领导者的思路和方式制定行动方案，通过发布一般工作指示而非完成特定任务，要求被领导者发挥主观能动性去完成既定目标。绝大多数的授权都属于这种方式。该方式存在三种授权方法：一是柔性授权，由领导者对被领导者指示方向而不作具体的工作指派，被领导者在工作中发挥主观能动性；二是懒惰授权，领导者将事务全权授予被领导者处理，将个人完全排除在工作事务以外；三是混合授权，由领导者授权被领导者处理工作事务时，仅仅提出指示方向和既定目标，其他方面一概不过问，将个人部分排除在工作事务以外，该方法需区别于下文中的复合授权方式。

不充分授权，又称为特定授权或刚性授权，是指上级领导者对下级被领导者的工作目标、工作范围、工作内容、工作绩效、完成工作的具体方法都有明确的规定，被领导者必须严格按照上级领导者的规定进行工作，执行上级领导者发布的各项指示。该授权形式主要用于一些重大的事项或任务，该任务需要由上级领导者担负起最主要责任，并授予下级被领导者以有限且特定的权力以便开展工作。

制约授权，又称为复合授权，是指上级领导者将工作任务的职权，分解授予两个或多个子级被领导者或被领导系统，使子级被领导者或被领导系统产生相互的掣制作用。该授权方式是对不充分授权的一种弥补，需要领导者充分得到被领导者的支持和协助，因此不适用于工作难度较大、技术性较强且容易出现纰漏的事项或任务中。

弹性授权，又称为动态授权或过程授权，是指在完成同一事项或任务时，在不同阶段采取不同的授权方式。该授权方式适用于组织情况复杂、所需工作资源较多、完成工作花费时间较长或对被领导者能力水平无充分把握以及客观环境多变的情况。

14.4.3　授权的原则

领导者在进行授权时，除了选择合适的授权方式以外，还要遵循一些基本原则以保证授权的合理性。授权遵循的原则一般有以下几条：

(1) 目标明确。权力的大小最终是为完成组织既定目标服务的，所以领导者在授权前最先要明确的就是组织要实现的目标。

(2) 责权明确。在传统的组织原则中规定，职权和责任必须对等，也就是要求领导者应明确而充分地授予被领导者所需要的权力，这样才能使被领导者顺利完成委授的工作任务。

(3) 有限授权。最核心的就是区别“授权”与“分权”两个概念。领导者的授权是有限的，不是把所有的职权悉数授予出去，而是在目标和权责已相对明确的基础上，针对组织目标所需要被领导者完成的工作性质和工作量等因素来合理授予权力大小。

(4) 有效掌控。在明确授予对象所授予的权力之后，便要求领导者对其所授予的权力拥有明确掌控权，领导者必须承担对被授权的下属监督和控制的掌控责任。一旦确认授权之后，领导者就要通过有效地掌控程序和方法，使自己所授予的权力能够随时掌握甚至收回。

(5) 动态应变。因为领导过程是动态的，所以这就要求领导者在进行授权时应时刻遵循动态应变原则，针对组织、环境、政策等在时间空间各方面的发展变化，灵活地调整被授权对象、授权内容、授权方式、授权时机等条件。

阅读材料：如何授权

授权常常会给组织带来许多好处，让恰当的层级去进行决策，可以给低层员工以鼓舞，同时也可以培养他们的决策能力。有效授权需要做到以下几点。

1. 授予整个任务。将一项工作交给一个人去完成，而不是分给几个人做，这就使得一个人承担完全的责任，从而提高他的积极性和主动性。同时，也使经理对任务的最终结果具有某种控制权。

2. 挑选合适的人。不是所有的员工都具有同样的能力和同样的积极性。如果要使授权工作卓有成效,必须量才授权。找有意愿和能力的下属。

3. 确保责权一致。授权除了分配任务外,还必须让下属承担起相应的责任,但整个责任不能超出他的决策范围。除了承担完成任务的责任外,在如何最好完成这个任务方面,也必须让下属有决策权。

4. 给予全面的指示。要想使授权工作获得成功,必须在6W方面交代清楚,what,when,why,where,who,how。下属必须清楚地了解任务和所要求得到的结果。

5. 保持反馈。与下属保持通畅的沟通渠道,以便上级了解情况和提供建议,但不是过多的干预,保证下属不偏离正确的工作轨道。

6. 对工作成绩加以考核和奖励。

14.4.4 授权的意义

有效授权对组织意义重大,主要表现在以下几个方面:

(1) 对于领导者来说,授权的最直接意义就是减轻其繁重的工作负担,使其能够集中精力解决组织面临的重要问题。

(2) 正确的授权是对下属的一种信任,下属创造性能力得到充分发掘。

(3) 正确的授权会调动下属的积极性,赋予下属一定的权力是对有权力需要下属的满足。

(4) 正确的授权有利于领导发现人才,锻炼人才,培养人才。

(5) 正确的授权有利于团队建设,有利于发挥专长,互补不足,提高组织的整体力量。

(6) 正确的授权有利于避免领导专断,减小错误决策的发生。

14.5 领导理论

领导理论解释了什么是有效的领导者,或者讲如何实现有效领导。简而言之,就是有效领导行为究竟依赖于哪些因素。对于这个问题,不同的理论给出了不同的解释,目前比较有代表性的理论包括领导特质理论、领导行为理论和领导权变理论,如表14.2所示。近年来,伴随着理论研究的不断深入,领导理论也出现了很多新观点。

表14.2 领导理论:什么是有效的领导者?

领导理论	基本观点	研究基本出发点	研究结果
领导特质理论	领导的有效性取决于领导者个人特性	好的领导者应该具备怎样的素质?	各种优秀领导者的图像
领导行为理论	领导的有效性取决于领导行为和风格	怎样的领导行为和风格是最好的?	各种最佳的领导行为和风格
领导权变理论	领导的有效性取决于领导者、被领导者和环境的影响	在怎样的情况下,哪一种领导方式是最好的?	各种领导行为权变模型

14.5.1　领导特质理论(Trait Leadership)

早在 20 世纪 30 年代,心理学家已经重点对领导者个人特征进行了大量研究,希望发现领导者与非领导者在个性、社会、生理或智力因素方面的差异。领导特质理论的出发点认为,领导行为效率的高低取决于领导者自身所具备的特质,这些成功的领导者之间必定存在一些共同点,因此找出好的领导者与差的领导者在个人特质方面的差异,就可以确定优秀领导者所应该具备的条件,再以此来评价一个领导者优秀与否。

领导特质理论一般分为传统特质理论和现代特质理论两大类,其中传统特质理论更加强调领导者所具有的特质是天生的,认为生来就拥有领导才能;而现代特质理论则大大摒弃了这种观点,从更加理性的角度强调后天实践对形成领导特质的重要性,认为领导特质是可以通过后天训练培养的。

1. 传统特质理论

1936 年,人格心理学家戈登·奥尔波特(Gordon W. Allport)和奥德伯特(H. S. Odbert)第一次从科学的角度将内容宽泛的人格维度划分为三种特质。他们认为,人的特质主要分为三大类,所谓首要特质(Cardinal Trait),是一个人最典型、最具概括性的特质。所谓中心特质(Central Trait),是构成个体独特性的几个重要特质,在每个人身上大约有 5—10 个中心特质。所谓次要特质(Secondary Trait),是个体不太重要的特质,往往只有在特殊情境下才表现出来。

1949 年,美国行为科学家亨利(W. Henry)提出了“成功领导者应具备的十二种特质”理论,这十二种特质是:① 成就需要强烈,工作成就是大于金钱多少和职位攀升的最大乐趣;② 工作努力干劲足,渴望承担富有挑战性的工作;③ 态度积极地处理与上级的关系;④ 组织能力强,能妥善处理杂乱事务,同时预测能力强,能准确把握组织事态的发展动向;⑤ 决绝果断,具有在较短时间内权衡利弊的能力;⑥ 自信心强,坚持自己而不受外界干扰;⑦ 思维敏捷,进取向上;⑧ 竭力避免失败,不断接受新任务,树立新目标,驱使自己前进;⑨ 讲求实际,一切从实际出发,脚踏实地;⑩ 避免亲近上级而忽视下级行为的产生;⑪ 对父母没有情感牵扯,工作独立;⑫ 忠于职守,忠于上级,忠于组织,忠于目标。

1954 年,吉伯(C. A. Gibb)指出天才的领导者应具备七种先天特质,分别是:能言善辩;外表俊朗;智力过人;超凡自信;心理健康;倾向于支配他人;敏感且外向。

拉夫·斯托格迪尔(Ralph M. Stogdill) 在 1948 年和 1974 年两次对领导特质理论进行调查研究。1948 年他提出了领导特质差异理论,总结了领导者所需要具备的五种共同特质,这五种特质是智力、成就、韧性、欲望和社交能力。1974 年通过进一步的调查研究,他在《领导手册》一书中对结论加以延伸,得出了作为领导者必须具备十个方面共同素质的结论,即成就、韧性、宽容、主动性、自信心、责任感、合作性、协调力、社交能力和处理事务能力。

2. 现代特质理论

领导特质理论经过 20 世纪中期的进化,到了 1977 年,组织行为学教授罗伯特·豪斯(Robert J. House) 提出了魅力型领导理论。该理论认为,魅力型领导者具有四种特质,即高度自信、充满激情、能言善辩和对未来有完美规划。这种观点的提出进一步激发了人们对领导者自身特质的研究。

美国普林斯顿大学的经济学教授威廉·杰克·鲍莫尔(William Jack. Baumol)针对美国

企业家展开调查，最后得出了“鲍莫尔领导素质论”，该结论反映出优秀的企业家普遍在以下10个特质方面表现优秀：合作精神、决策能力、组织能力、授权能力、应变能力、责任感、创新能力、风险意识、尊重他人、道德观念。这10项特质也得到了美国管理协会的认可。

随后，沃伦·本尼斯(Warren G. Bennis)在对90名美国最有成就的领导者进行研究之后，将“鲍莫尔领导素质论”总结成为魅力型领导者所具有的四种共同能力，即有远大的目标、向下级阐明目标并获得认同、对该目标的执着奋斗以及善于利用自己的权力去完成目标。

康格(J. A. Conger)和沙米尔(Boas Shamir)曾经对魅力型领导的言辞方式进行了具体研究，他们发现魅力型领导喜欢使用隐喻、类比和故事，因此他们都很擅长演讲，并且乐于通过这种形式将自己的思想进行传递。康格(J. A. Conger) 和卡南格(R. N. Kanungo)进一步延伸了此项研究，指出了魅力型领导最关键的七大特质：自信、目标、阐明目标的能力、完成目标的坚定信念、不循规蹈矩的行为、变革的代表、环境敏感性。康格(J. A. Conger) 和卡南格(R. N. Kanungo)的结论彻底摒弃了传统的“天赋”特质理论，确定了领导特质是领导者通过不断学习和培养，并在实践中不断形成的。

经过一个世纪的不断发展和完善，领导特质理论已经趋于客观和科学。斯蒂芬·P·罗宾斯(Stephen P. Robbins)说过，特质可以预测领导行为，而不是去区分有效和无效的领导者。这句话强调了领导者应更多地将领导特质运用在领导行为中，但同时也反映了领导特质理论存在的一些缺陷。尽管拥有恰当的特质能够使个体更有可能成为有效的领导者，但仅仅依靠特质并不足以识别有效的领导者，尤其是特质理论对于领导者与下属相互关系以及情境因素的忽略，使得领导特质理论的应用存在着一定的局限性。

阅读材料：领导者必备的十大素质

美国管理学家拿破仑·希尔认为，领导者必须具备以下十大素质：

1. 每一个领导都要对自己所从事的职业、工作有一种毫不动摇的勇气和一份难舍难分的爱。没有任何一位追随者愿意接受一个缺乏勇气与自信的领导的支配。

2. 自制力。无法控制自我的人绝对无法控制别人。自制力可以为追随者树立榜样，聪明的人会努力效仿。

3. 强烈的正义感。如果没有公平与正义感，领导者就无法指导追随者，无法得到他们的尊重。

4. 果断的决策。政策摇摆、举棋不定表明对自己没有信心，这种人无法成功的领导他人。

5. 明确的计划。成功的领导者必须规划工作，并且身体力行。一个领导者如果仅仅臆测行事，而没有明确、实际的计划，就好比一艘无舵的船，迟早会触礁。

6. 不计报酬的工作习惯。作为领导者，必然要付出的代价就是必须以身作则，甘愿比手下的人做更多的工作。那种把工作布置下去就完事离开的人注定会失败，因为这是规律。

7. 愉悦随和的个性。一个散漫、草率的人不会成为成功的领导者。领导权需要得到尊重。不重视培养随和个性的人得不到下属的尊重。

8. 同情与体谅。成功的领导者必须对下属有同情心。此外，必须理解下属，体谅他们的困难。

9. 掌握细节。成功的领导者必须掌握领导职位所涉及的一切细节，就像拆弹专家要熟悉炸弹线路一样，因为领导是一项极为重要的工作。毕竟细节决定成败。

10. 愿意负全部责任。成功的领导者必须甘愿为下属所犯的错误与过失承担责任。假如他企图推卸责任，那么他的领导地位就无法保全。假如下属中有人犯了错而且无法胜任他的职位，领导者就必须认为这是自己的失败。

14.5.2　领导行为理论

20 世纪 40 年代开始，由于在特质理论的研究中遇到了瓶颈，管理学家们试图改变对领导者主体的研究，转而通过研究领导者在领导过程中所采取的领导行为，寻找出最有效的领导方式。与领导特质理论相比，领导行为理论显得更加立体，并且通过建立多元化的维度组合，使得理论体系更加规范化和构面化。具有代表性的领导行为理论包括勒温的领导风格类型理论、弗莱西曼的二维构面理论、利克特的领导方式理论、布莱克和穆顿的管理方格图等。

1. 勒温的领导风格类型理论

美国爱荷华大学的著名心理学家库尔特·勒温(Kurt Lewin)及其团队发现，领导者并不是以某一固定的方式来表现其组织角色，他们往往会通过不同的领导风格来寻找更合适的领导方式，从而对组织成员的工作绩效和工作满意度产生不同程度的影响。

勒温将领导风格分成三种，即专制型、民主型和放任型，而这三种不同的领导风格在权力分配、决策方式、对待下属方式、领导影响力和对员工评价及反馈方式上的不同，会形成不同的组织氛围，造成不同的影响。

专制型领导者又称为权威型领导者，其权力集中在个人手中。这类领导者只注重工作目标、工作任务和工作效率，所有决策都由领导者独自决定，通过权力及强大的威慑力和影响力介入具体的工作任务中，对组织成员缺乏关心，并以极其个人化的评价对成员进行奖惩反馈。专制型领导容易扩大领导者与被领导者之间的社会心理差距，领导者对被领导者缺乏敏感性，被领导者对领导者存在强烈的隔阂感，使得被领导者的幸福感降低，进而产生挫折感和机械化的行为倾向。

民主型领导者的权力分布在组织和团队当中，由团队参与决策任务，成员的工作由团队统一分配，领导者主要负责指导和协助工作，并通过其优秀的能力和积极的影响力成为团队活动中的决策者、指导者、指挥者和组织者。民主型的领导者注重对团体成员的工作加以鼓励和协助，关心并满足团体成员的需要，营造一种民主与平等的氛围，拉近领导者与被领导者之间的社会心理差距。在民主型的领导风格下，团体成员自己决定工作的方式和进度，主观能动性有了更强的发挥空间，工作效率较高。

放任型领导者的权力分散在各个组织成员手中，团队成员拥有完全的决策自主权，领导者几乎不用参与其中，领导者的唯一任务就是为组织工作提供必要的资源，领导影响力在团队工作中发挥的作用并不明显，也缺少一定的工作反馈。放任型领导者更多的是采取一种“无政府主义”、“无为而治”的领导风格，这类领导者往往缺少规则、缺乏要求、缺失评估，工作效率低，人际关系淡薄，对工作和团体成员的需要都不重视，对团体目标和工作方针的指示、具体工作安排和人员调配也不做明确指导，只是起到一种被动服务的作用。

2. 弗莱西曼的二维构面理论

1945年,美国俄亥俄州立大学的研究者弗莱西曼(E. A. Fleishman)利用两个构面加以描述领导行为,这两个构面是关怀维度(Consideration)和定规维度(Initiatingstructure),因此这种理论常被称之为"俄亥俄学派理论"或"二维构面理论"。

所谓关怀维度是指领导者更愿意通过尊重和关心与被领导者建立相互信任的良好关系,通常高关怀维度的领导者更加重视群体关系和谐,也更容易得到被领导者的更高满意度。所谓定规维度是指领导者通过计划、安排、策略等一系列措施对被领导者的角色与工作方式制定一定的工作规定,一般高定规维度的领导者更加重视这个过程,可能会造成员工满意度较低并形成较高的流动率,而低定规维度的领导者则不热衷于参与该过程。

弗莱西曼将这种二维构面建立在一个领导行为坐标中,将横坐标设置为定规维度,纵坐标设置为关怀维度,如图14.2所示。该坐标图表明高关怀低定规的领导者注意关心下属但忽视执行制度,低关怀高定规的领导者严格执行制度但忽视关心下属,高关怀高定规的领导者严格执行制度同时关心下属,低关怀低定规的领导者忽视关心爱护下属也忽视执行规章制度。

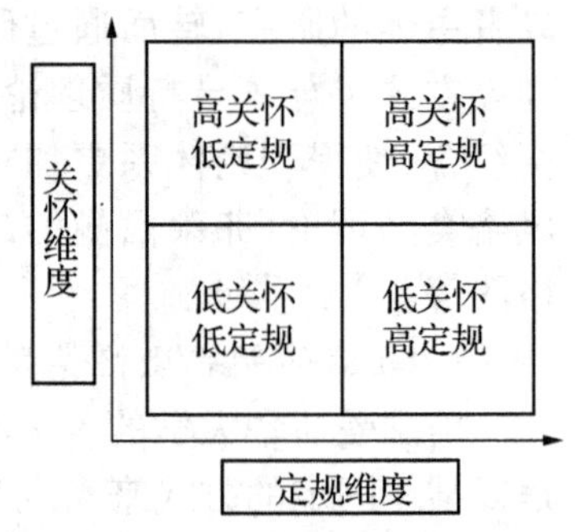

图14.2 弗莱西曼二维构面理论

3. 利克特的四种领导方式理论

1961年,密歇根大学的管理学家伦西斯·利克特(Rensis Likert)首先提出了"工作中心"与"员工中心"理论,该理论将领导者分为两种基本类型,一种是"以工作为中心"的领导者,另一种是"以员工为中心"的领导者。以员工为中心的领导者被描述为强调人际关系;与此相反,以工作为中心的领导者往往强调工作的任务层面。与其他几项研究不同,该项研究得出结论,以员工为中心的领导者能够实现高水平的群体生产率和群体成员满意度。

在此基础上,1967年,利克特提出了四种领导方式理论,构建了领导的四系统模型,即把领导方式分成四类系统:专制式的独裁领导、温和式的集权领导、协商式的民主领导和参与式的民主领导,但其中只有参与式的民主领导才是实现真正有效领导的最正确方式。配合四种领导方式理论,利克特同时提出了四种管理方法假设,如图14.3所示。

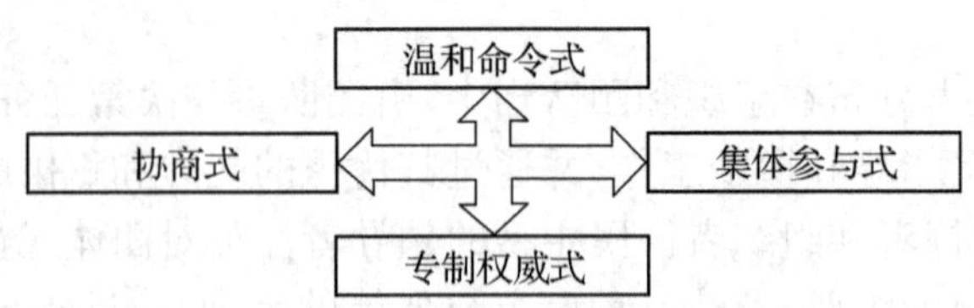

图14.3 利克特四种领导方式理论

第一种是专制权威式,类似于勒温领导风格类型理论中的专制型领导者,这种方式的领导者普遍较为专制,通过权力及强大的威慑力和影响力介入具体的工作任务中,很少信任组织成员同时对组织成员缺乏关心,并以极其个人化的评价对成员进行奖惩反馈。这种管理方法采取自上而下的沟通方式,决策权也只限于最高层,领导者与被领导者并没有有效的双向沟通渠道。

第二种是温和命令式,采用这种方式的领导者对被领导者充满信任,通过自上而下和一定程度的自下而上的双向沟通渠道,向组织成员寻求合理的意见,授予被领导者一定的决策权但权力在领导者的掌控范围内,并进行奖惩并行的绩效反馈方法。

第三种是协商式,采取这种方式的领导者对被领导者带有一定程度的信任,因此该管理方法的最大优势就是通过完全的双向沟通渠道了解被管理者意见,在领导者制定主要政策和总体决策的同时,充分考量被领导者的意见,并在一定情况下允许其参与决策。

第四种是集体参与式,采取这种方式的领导者对被领导者在一切工作中都拥有完全的信任,同温和命令式不同的是,集体参与式更加强调组织群体参与工作,鼓励各级组织做出决策,善于从成员处获得对工作有益的意见并积极采纳,对于实现目标所取得的进展给予物质奖赏而非实施惩罚,甚至领导者本人能够作为群体成员参与到被领导者的工作中。

4. 布莱克和穆顿的管理方格图

1964 年,美国德克萨斯大学的行为科学家罗伯特・布莱克(Robert R. Blake)和简・穆顿(Jane S. Mouton)在《管理方格》一书中设计了一个巧妙且有效的管理方格图,如图 14.4 所示,他们认为通过方格图来研究领导方式,能够将所需要研究的要素有机结合,从而减少过去领导方式研究中的绝对化。

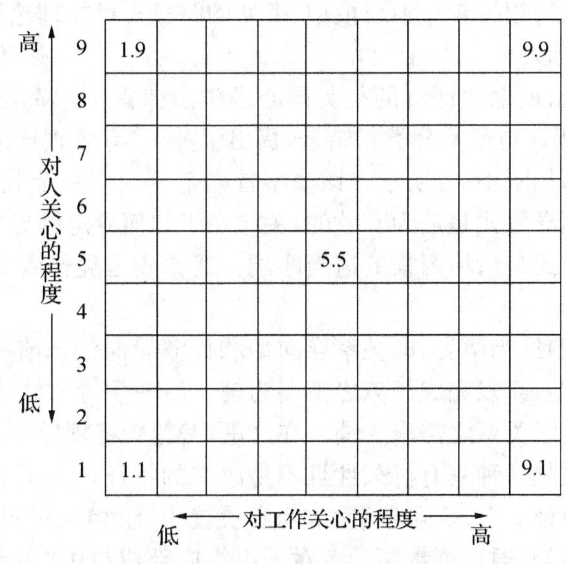

图 14.4　管理方格理论

该图的横坐标与纵坐标分别设置为“对工作关心的程度”和“对人关心的程度”,每个小方格就表示上述两个基本维度在不同程度上相结合的某一种领导方式。这种理论和上述的弗莱西曼的二维构面理论极为相似,只是它将两个基本维度变换成“对工作关心的程度”和“对人关心的程度”,同样以坐标方式展现两个维度所构成的二维面的各种组合方式,但相比于弗莱西曼的二维构面理论,布莱克和穆顿的管理方格图横纵坐标各包含了 9 种程度,因此形成的 81 个方格代表了 81 种不同维度组合,这就是所谓的“管理方格”。

在管理方格图中存在有 5 种典型的维度组合(分别是图 14.4 中的 1.1,9.1,1.9,5.5,9.9 五个方格),它们代表了 5 种典型的领导方式。“1.1”方格表示领导者对人和工作都缺少关心,称之为“贫困型领导”;“9.1”方格表示领导者重点放在工作上,而对人缺少关心,称之为“任务型领导”;“1.9”方格表示领导者关心满足职工的需要,而对工作缺少重视,称之为“俱乐部型领导”;“5.5”方格表示领导者对工作的重视和对人的关心保持相对平均状态;只有“9.9”方格表示领导者对人和工作都很关心,形成最有效的领导行为方式。

14.5.3 领导权变理论

尽管领导特质理论和领导行为理论在解释领导有效性方面取得了一定的成果，但是都存在着一定的片面性。以领导特质理论来解释领导有效性，并不是所有的领导者都具备研究得出的一切特质，许多非领导者也可能具备其中的大部分特质。同时，以领导行为理论来解释领导有效性，由于将领导行为置于一个真空条件下，使得缺少对环境等因素的研究。基于上述认识，从 20 世纪 60 年代开始，领导学的研究进入了权变理论，又称情境理论阶段，一些权变理论体系相继得以建立。

权变的意思是权宜而变。在领导特质理论和领导行为理论基础之上，领导权变理论将领导行为中的主观动机因素和客观环境因素相结合，摒除了一种领导方式普遍适用于各种情况的片面结论，其所遵循的函数关系是：领导有效性＝f(领导者，被领导者，情境因素)，从而得出更加完善的领导理论。具有代表性的领导权变理论包括费德勒的权变模型、赫塞和布兰查德的情境领导理论、弗鲁姆的领导者—参与模型、豪斯的路径—目标理论等。

1. 费德勒的权变模型

最早对权变理论做出理论性评价的是美国心理学家弗雷德·费德勒(Fred E. Fiedler)。1965 年，费德勒将人格测评与情境分类相结合，提出了关于“有效领导的权变模式”的理论，该理论被称为费德勒模型，如图 14.5 所示。该模型首先基于这样一个假设：在不同类型的情境因素影响下，总有某种领导方式是最为有效的，关键在于如何界定领导方式的不同以及情境因素的不同，并建立领导方式与情境因素的适当匹配。费德勒也凭借着该权变模型被誉为权变理论之父。

费德勒将领导方式归纳为两类，即关系导向型和任务导向型。前一领导方式以维持良好的人际关系为其主要需要，而以完成任务之需要为辅。后一领导方式则以完成任务为其主要需求，而以维护良好的人际关系之需求为辅。在这里，费德勒将领导方式认定为领导者的一种人格特质，这种人格特质是一种具有持久性且不易改变的特征。为了对两种类型领导方式进行具体衡量，菲德勒又设计了 LPC 问卷量表，问卷设置 16 组相互对应形容词如快乐—伤心，友善—粗暴，热情—冷淡等，通过测量领导者对于组织内部成员中“最不能/不愿意合作共事”的人按照双极式的差别标度加以描述并进行评分。一般来说，采用关系导向的宽容型领导方式的领导者其 LPC 表所对应的分值较高，采用任务导向的指令型领导方式的领导者其 LPC 表所对应的分值较低。

关于影响领导有效性的情境因素，费德勒提出了对领导工作影响最大的三个情境变量，它们是领导—成员关系、任务结构和职位权力。领导与成员的关系是指团体成员对其领导者的情感，它包括尊重、友谊、信任、合作、接纳、支持以及忠诚程度。任务结构是指团体目标与任务的界定是否充分明确而妥当，它包括目标对成员来说是否清晰，成果的可测度如何，解决问题的方法是否具有正确性及完成任务的途径或手段之多寡等。职位权力则指领导者现居职位所具有的权力之多寡或能使部属服从指挥的程度。换句话说，也就是领导者现居职位能对部属施展多大影响力，包括领导者的地位、权威与责罚、升贬、任黜、加薪、指派等能力。在领导情境的三个因素中，领导与成员的关系是最重要的因素。

费德勒模型指出，当个体的 LPC 分数与三项环境变数的评估分数相匹配时，则会达到最佳的领导效果。费德勒将 3 个环境变数任意组合成 8 种情况，对 1 200 个团体进行了观察，收集了将领导风格同对领导有利或不利条件的 8 种情况关联起来的数据，得出在各种不同的情况下所应当采取的有效领导方式。费德勒模型表明，在对领导者最有利和最不利的情况下(1，2，3，8 项)，采用任务导向效果比较好。在对领导者中等有利的情况下(4，5 项)，采用关系导向效果比较好。

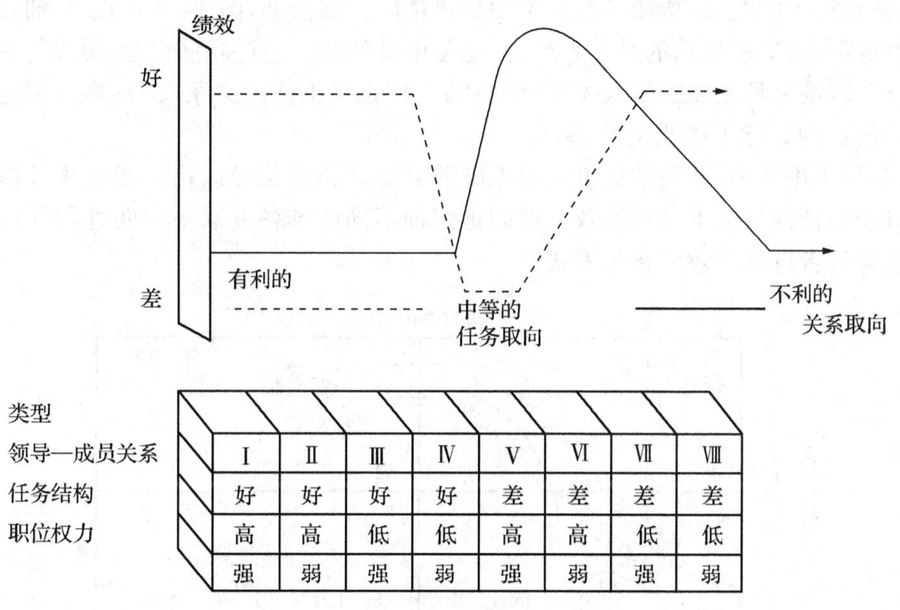

类型	Ⅰ	Ⅱ	Ⅲ	Ⅳ	Ⅴ	Ⅵ	Ⅶ	Ⅷ
领导—成员关系	好	好	好	好	差	差	差	差
任务结构	高	高	低	低	高	高	低	低
职位权力	强	弱	强	弱	强	弱	强	弱

图 14.5　费德勒的领导权变模型

2. 赫塞和布兰查德的情境领导理论

保罗·赫塞(Paul Hersey)一生致力于领导力研究，他同肯·布兰查德(KenH. Blanchard)在 1969 年合作提出了情境领导模式。情境领导(situational leadership)认为领导者应随组织环境及个体变换而改变领导风格及管理方式。任何领导总是在一定的环境条件下，领导者通过与被领导者的交互作用，去完成某个特定目标的行为。情境理论认为领导的有效性是领导者、被领导者、环境相互作用的函数，有效的领导取决于环境、被领导者的状态和领导者的行为三者的相互作用。情境领导被誉为 21 世纪重大领导理论之一。有别于传统的领导特质理论，不仅只重视领导者行为能力的修炼，情境领导特别强调领导要因人而异，因材施教。

情境领导理论模型的运用分三步：第一步是识别对员工的任务和要求；第二步是判断和评估员工的准备度；第三步是选择适宜的领导风格。

准备度是指被领导者完成某项特定工作所表现出来的能力和意愿水平。其中能力是指表现出来的知识、经验与技能，意愿是指表现出来的信心、承诺与动机。根据员工能力与意愿的高低程度不同组合，可以形成四种不同的准备度水平。需要注意的是，识别对员工的任务和要求，这是评估被领导者准备度的前提。因为准备度与具体任务有关，由于被要求完成的工作任务不同，员工的准备度往往也会处于不同的水平。为了更准确地评估被领导者的准备度，一个有效的方法就是对工作进行细分。

准备度一(R1)：没能力，没意愿并不安。

准备度二(R2)：没能力，有意愿或自信。

准备度三(R3)：有能力，没意愿或不安。

准备度四(R4):有能力,有意愿并自信。

在评估准备度之后,领导者接下来的任务就是确定领导风格。工作行为是指导性的,就是告诉被领导者应该做什么,在哪做,如何做,以及在什么时间内完成,这是一种上对下的单向行为。而关系行为是一种双向或多向的行为,强调倾听、让被领导者参与决策,并允许试错。工作行为与关系行为的组合,构成一个关于领导风格的二维模型,图 14.6 中的 X 轴显示的是工作行为,由低到高;Y 轴显示的是关系行为,也是由低到高。通过高低组合,可以把领导风格简化为四种模式:第一种是高工作低关系(S1);第二种是高工作高关系(S2);第三种是低工作高关系(S3);第四种是低工作低关系(S4)。

情境领导理论认为,不同的情境对应不同的领导风格。领导风格只能在某种情境下最有效,而不可能在任何情境下都最有效。他们把四种不同的准备度水平与四种领导风格联系起来,以帮助领导者选择高效的行为模式。

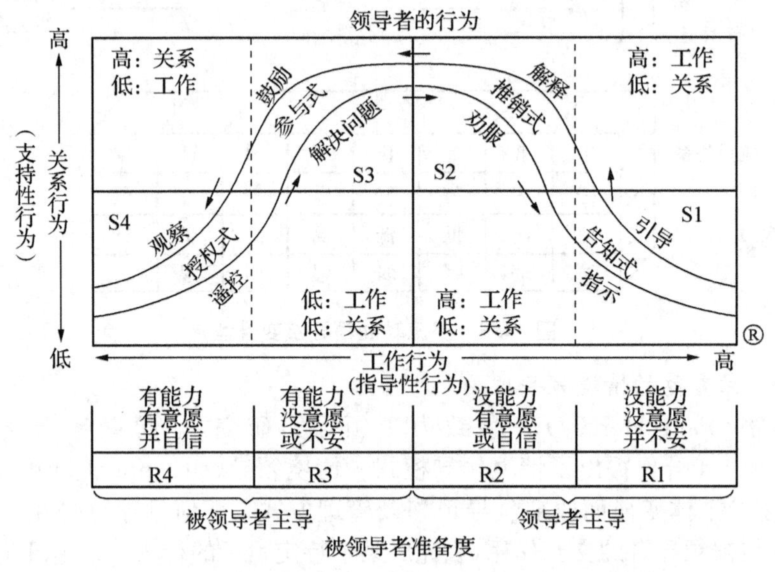

图 14.6 情境领导理论

告知式领导风格。由于 R1 水平的员工对工作完全没有准备,所以,领导者需要明确地告诉他们做什么,哪里做,什么时候做及怎么做。这一阶段最佳的领导风格就是高工作低关系行为。因为领导者需要做出详细的指示,所以又称为“告知式领导风格”,接近于通常所说的命令式。

推销式领导风格。对于处于 R2 水平的员工,他们虽然缺乏必要的知识与技能,但具有工作的意愿和学习的动机,由于能力的不足,领导者要进行较多的工作指导。这一阶段要采用高工作高关系行为的领导风格,领导者要通过向被领导者解释决策的原因,试图让被领导者感觉得到重视,从心理上完全接受,因此可称作“推销式领导风格”。

参与式领导风格。处于 R3 水平的员工具备足够的能力,但缺乏信心,或承诺度低。他们不需要大量的有关提升能力的指导和具体指示,但需要领导者在心理和氛围上予以支持和鼓励。这一阶段的领导风格是低工作行为与高关系行为,领导者对具体任务可以放手,但要强化沟通和激励,通过鼓励员工参与决策激发其工作意愿,建立信心。这种方式强调部下的参与,所以称之为“参与式领导风格”。

授权式领导风格。达到 R4 水平的员工有足够的能力、意愿和信心。对于这样的被领导者，领导者基本上可以放手、充分授权。这种领导风格是低工作行为与低关系行为。由于领导者对这类员工要给予充分的信任，决策权与执行权都会下移，所以称为“授权式领导风格”。

3. 豪斯的路径—目标理论

20 世纪 70 年代，多伦多大学的组织行为学教授罗伯特・豪斯(Robert House)以激励理论和领导行为四分图理论为基础，提出了一种新颖的领导权变理论。该理论认为，领导者的工作是帮助下属达到他们的目标，并提供必要的指导和支持以确保各自的目标与群体或组织的总体目标相一致。“路径—目标”的概念来自于这种信念，即有效领导者通过明确指明实现工作目标的途径来帮助下属，并为下属清理各项障碍和危险，从而使下属达成目标的这一履行更为容易。

豪斯设定了四种相互区别的领导方式：指导型领导、支持型领导、参与型领导、成就导向型领导。

① 指导型领导。指导型领导要求领导者不定时地向被领导者提供相关的工作指示，包括明确他们的期望、完成工作的时间以及方法等，确保被领导者知道他们应该做些什么，而被领导者所要做的就是接收领导者提出的指示，保证按时保质保量地完成工作。

② 支持型领导。支持型领导要求领导者优先处理好与被领导者及下属的关系，领导者尽力为被领导者提供舒适的工作环境以及一定的福利，同时人性化地满足一些合理需求，通过关怀行为提高员工的工作满意度以更好地进行工作。

③ 参与型领导。参与型领导要求领导者与被领导者一起协商，了解他们的看法和意见。不过参与型领导存在一定的缺陷，假如工作任务已经十分明确，那么参与型领导方式无法起到更大的作用，因为被领导者已经明确路径—目标的完整过程，员工主观能动性充分发挥，工作效能已经到了最大化，因此参与型领导方式的功能被弱化了。

④ 成就导向型领导。成就导向型领导要求领导者为被领导者设置极具挑战性的目标，并且充分激励他们去完成这一目标，通过建立起来的高标准，期望被领导者能够持续得到最大幅度的发展，对于提升被领导者的能力很有帮助。同样，假如工作任务已经十分明确，成就导向型领导方式的功能也会被弱化。

费德勒认为领导者无法改变自己的领导风格。而豪斯则截然相反，豪斯强调，领导者的责任就是根据不同的环境因素来选择不同的领导方式。如果强行用某一种领导方式在所有环境条件下实施领导行为，必然会导致领导活动的失败。

如图 14.7 所示，路径—目标理论提出了两类情境作为领导行为与结果之间关系的中间变量，它们是下属控制范围之外的环境(任务结构、正式权力系统以及工作群体)，以及下属个性特点中的一部分(控制点、经验和感知能力)。要想使下属的产出最多，环境因素决定了所要求的领导行为类型，而下属个性特点决定了对环境和领导者行为做出何种解释。该理论认为，如果领导者行为与环境结构及内容彼此重复，或者与下属的个人特征不一致，领导者行为就不会达到理想的效果。

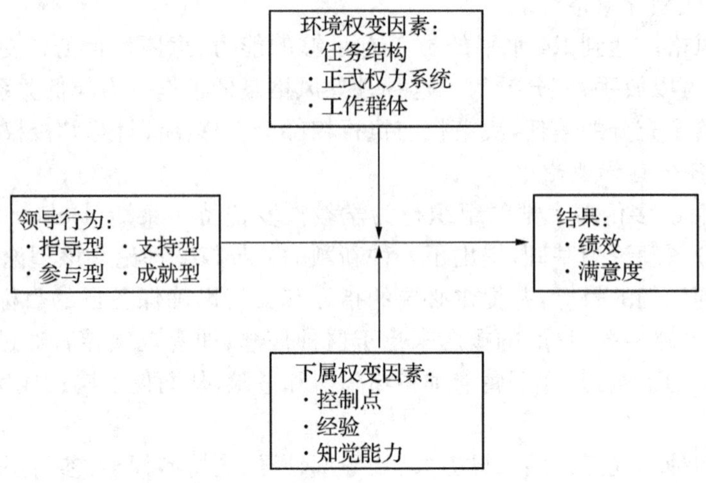

图 14.7 路径—目标理论

例如，路径—目标理论得出的一些结论如下：

① 如果下属是教条的和权力主义的，任务是不明确的，组织的规章和程序是不清晰的，那么指导型领导方式最适合。

② 对于结构层次清晰、令人不满意或者是令人感到灰心的工作，那么，领导者应该使用支持型方式。当下属从事机械重复性的和没有挑战性的工作时，支持型方式能够为下属提供工作本身所缺少的"营养"。

③ 当任务不明确时，参与型领导效果最佳，因为参与活动可以澄清达到目标的路径，帮助下属懂得通过什么路径和实现什么目标。另外，如果下属具有独立性，具有强烈的控制欲，参与型领导方式也具有积极影响，因为这种下属喜欢参与决策和工作建构。

④ 如果组织要求下属履行模棱两可的任务，成就导向型领导方式效果最好。在这种情境中，激发挑战性和设置高标准的领导者，能够提高下属对自己有能力达到目标的自信心。事实上，成就导向型领导可以帮助下属感到他们的努力将会导致有效的成果。

路径—目标理论证明：当领导者弥补了员工或工作环境方面的不足，就会对员工的绩效和满意度起到积极的影响。一名优秀的领导者应该寻找出一条有效的路径来帮助员工们明确并实现他们的目标。

14.5.4 其他领导理论

除了上述的三种类型领导理论外，其他各种领导观也不断涌现。我们主要考察以下一些观点。

1. 交易型领导理论

1969 年，霍兰德尔(Edwin P. Hollander)提出了社会交易概念，他认为领导行为发生于特定情境之下，领导行为的实质是领导者和被领导者基于社会价值所产生的公平原则完成的相互满足的交易过程，即领导者通过明确的任务及角色的需求来引导与激励被领导者完成组织既定目标的过程。

1978 年，詹姆斯·麦格雷戈·伯恩斯(James McGregor Burns)在其领导学代表作《领袖论》中首次提到了交易型领导理论。交易型领导理论,又称为交换型领导理论,该理论的基本假设是领导者和被领导者的关系建立在一系列的交换契约基础上,其重点是强调交换,即在领导者与被领导者间存在着契约式交易关系。当被领导者服从命令、完成指定的任务之后,作为交换,领导需要为被领导者提供一定的口头鼓励、实物奖励、报酬、晋升机会、荣誉等以满足被领导者的需要,从而形成一个完整的交易过程。交易型领导理论具有以下四个重要特征:

① 范围明确。交易型领导需明确职位角色、决策权力、工作目标、工作流程等方面的范围,同时应明确自己希望从被领导者那里得到什么,同时作为交换,自己能够给予被领导者什么,这样才能获得工作结果的预期性。

② 掌控得力。只有让所有因素的范围处于掌控之中,才能获得工作结果的可控性。

③ 管理有序。只有通过对于时间、空间高度有序的管理,才能获得工作结果的一致性。

④ 道德标准。道德标准是交易型领导最为重视的一个方面,任何有违道德标准的行为都坚决不允许发生,这样才能获得工作结果的一致性和可预测性。

交易型领导理论又可以分为权变奖励领导理论和例外管理领导理论两种。权变奖励领导理论是指领导者和被领导者之间的一种积极主动的交换过程,领导者肯定员工完成工作的能力和态度,同时给予员工奖励;例外管理领导理论是指领导者更多关注被领导者在完成工作期间的问题和失误,又分为在问题发生之前的主动例外管理领导和在问题发生之后的被动例外管理领导。

2. 转化型领导理论

1978 年,同样是在詹姆斯·麦格雷戈·伯恩斯(James McGregor Burns)的领导学代表作《领袖论》中,与交易型领导理论一同被提出的还有转换型领导理论。转换型领导理论又称为变革型领导理论,它结合了交易型领导理论和魅力型领导理论,是以促进组织变革为目的的一种新颖的领导理论。

与交易型领导理论类似,转化型领导理论也肯定了领导行为是个过程,不过不同的是,交易型领导理论强调的是一个相互交换过程,而转化型领导理论强调的是一个相互激励过程。伯恩斯认为,转化型领导理论的前提是领导者明确组织的发展前景和目标,在满足这个前提之下,试图在领导者与被领导者之间创造出一种能相互提高能力水平和思想层级的过程。在这个过程中,领导者作为层级较高者除了引导被领导者的行为以外,还会通过个人魅力影响被领导者的世界观、价值观、人生观,使他们明确自己的目标,增加工作满意度并提高工作积极性。

转化型领导理论具有以下特征:强调领导者激发成员的工作动机,以提高被领导者的需求层次;强调领导者对被领导者的个体关怀以获得自我实现的需求;强调领导者透过对成员的激励和启发,促进共同成长与良性互动;强调领导者通过引导使被领导者自愿付出额外努力以表现出高水准;强调领导者和被领导者集中关注长期目标,运用发展眼光发挥创新能力;强调被领导者对自身发展承担更多责任;强调领导者建立优质的组织文化;强调领导者通过展现其个人魅力来增加认同感;强调在组织成长的过程中,亦能带动领导者与成员的成长;强调提升组织效能和领导者与被领导者的自我实现。

1. 领导是指为实现组织的预定目标，领导者运用其法定权力和自身影响力，通过沟通、指挥、激励等手段，影响被领导者的行为，并将其导向组织所期望目标的整个动态过程。领导的本质在于影响力，领导的实质是一个影响别人的过程。

2. 为了使组织更有效，应该选取领导者来从事管理工作，也应该把每个管理者都培养成好的领导者。

3. 领导权力的来源分为五个方面：法定性权力、奖赏性权力、惩罚性权力、专家性权力、感召性权力。法定性权力、奖赏性权力、惩罚性权力都是来源于职位所赋予的力量，专家性权力和感召性权力是领导者自身所获得的，权力大小无关职位高低。

4. 授权是指权力的分享，即领导者在完成组织既定目标的前提下，为了满足下属更高层次需求以提高工作的有效性，将权力分享给组织成员的一种方法。授权不但可以减轻管理者的工作负担，培养下属，更是一种有效的激励手段。

5. 领导特质理论认为领导的有效性取决于领导者个人特性，它的出发点是探讨好的领导者应具备怎样的素质，最后得出各种优秀领导者的图像。

6. 领导行为理论认为领导的有效性取决于领导行为和风格，它的出发点是探讨怎样的领导行为和风格是最好的，最后得出各种最佳的领导行为和风格。

7. 领导权变理论认为领导的有效性取决于领导者、被领导者和环境的影响，它的出发点是探讨在怎样的情况下，哪一种领导方式是最好的，最后得出各种领导行为权变模型。

1. 管理者如何成为一个领导者？
2. 你认为影响领导有效性的因素有哪些，如何提高领导的有效性？
3. 除了书本中的领导理论外，是否有其他一些增加领导有效性的视角？
4. 当今组织面临着哪些新的领导问题，如何解决？

引领华为——任正非的七大领导力启示

目前，在跻身《财富》世界500强的中国大陆企业中，华为是唯一一家海外收入超过国内收入的中国企业，其海外收入占总收入的67%。事实上，公司现在变得越来越强大。2014财年，华为销售收入再创新高，达到2 881.97亿人民币，净利润达到278.66亿人民币。

任正非让华为成长为一家全球领先的企业，这证明了他的巨大影响力和远见卓识。在本文里，大卫·德克莱默和田涛根据对华为员工、华为高管以及任正非本人的访谈，总结了华为成功的七大领导力启示（见图1）。

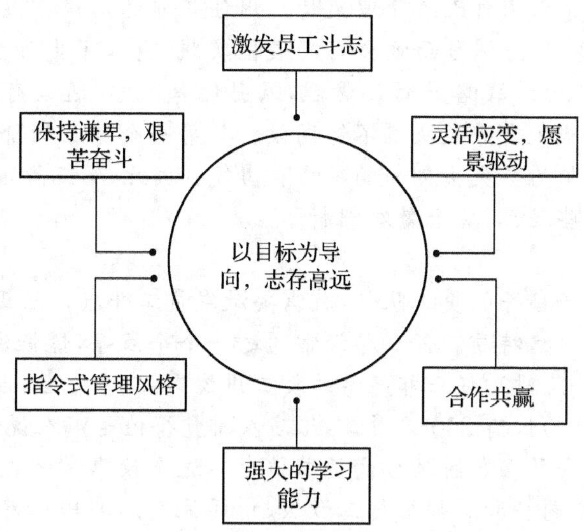

图 1　任正非的七大领导力启示

1. 以目标为导向，志存高远

毫无疑问，任正非领导力的核心在于他非常清楚华为的目标——成就客户梦想，他总是想方设法为客户创造价值，不断向员工传递一个理念：华为员工应致力于实现公司使命，即提供通信技术实现连接。

要成就客户梦想，就需要提供最好的服务，这也是公司取得成功的关键。在华为成立之初，华为产品不如竞争对手的产品，任正非就另辟蹊径，通过提供优质服务吸引客户。例如，由于早期华为的设备经常出问题，华为的技术人员就经常利用晚上客户设备不使用的时间段去维修设备，并且 24 小时随时响应客户提出的问题。这种做法与西方公司有很大的不同。西方公司有好的技术和好的设备，但却忽略了服务。华为的优质服务为公司赢得了真正关心客户需求这一美誉，并同时让华为赢得了竞争优势。再如早期中国沙漠和农村地区老鼠很多，经常会钻进机柜将电线咬断，客户的网络连接因此中断。当时，在华的跨国企业都对此不屑，认为这是客户的问题，他们认为只需为客户提供技术。而华为却不这么认为，在设备外增加了防鼠网，帮助客户解决了这一问题。

2. 灵活应变，愿景驱动

任正非充满激情，努力将公司目标转化成公司愿景，将华为发展成为国际领先企业。在这个过程中，他不断证明了自己的战略规划能力，根据公司面临的挑战适当调整愿景。他的管理有一点至关重要：虽然他推崇灵活应变的理念，但是从来不会偏离公司的目标和价值观。这种领导能力源自他积极主动的态度。他总是关注未来，很少停留在过去。人们总会说：任正非总是展望十年后华为会变成什么样子。例如，华为通常以十年为周期制定发展计划，而爱立信和摩托罗拉等竞争对手通常按财季或财年制定发展计划。

任正非能用批判的眼光审视过去的成功，同时识别未来十年将面临的挑战。的确，任正非制定了最为有效的战略，带领华为通过三个阶段(每个阶段约为十年)的发展，让华为成长为一家全球领先的企业。有意思的是，华为在每个发展阶段都会有特定的关注点和战略。

任正非称在第一个发展阶段(1987 年至 1997 年)，华为处于创业初期，公司一片混沌，力图生存下来。要想提供高质量服务，只能靠艰苦奋斗。在第二个发展阶段(1997 年至 2007

年)，华为与 IBM 合作，建立了自己的管理架构。用任正非的话说："混乱得以消除，秩序得以确立。"通过与 IBM 合作，华为学习西方公司的最佳实践，引入了更加全球化的视角。在第三阶段，即 2007 年以后，华为的战略是简化管理，吸引优秀人才，通过有效创新成就客户梦想。任正非担心第二阶段的模式会导致决策不够高效。与第一个混乱的阶段相比，在第二阶段决策周期更长；有人担心，华为会失去创新的魄力和勇气。因此，第三阶段聚焦简化管理，在结构化的管理框架下允许一些混乱，从而激发创新。

3. 激发员工斗志

要打造一支甘于艰苦奋斗的员工队伍，就需要激发员工斗志。任正非能够激发他人斗志，这也是他一直被称道的人格特质。任正非经常通过一个个故事，慷慨激昂地向员工传递他的理念。在华为早期(第一阶段)，任正非经常给员工讲故事：二十年后，世界通信市场三分天下，华为必有其一。当时，华为仅有 200 名员工，很多人都觉得他是痴人说梦。尽管如此，多年来，任正非一直秉承这一信念并在各种场合向员工传递。这个故事常常被人津津乐道，华为成立第五年的时候，任正非在厨房和厨师给员工做饭，中间他突然冲出厨房，大声宣布：二十年后，世界通信市场三分天下华为有其一！

醉翁之意不在酒，他的故事之道在于：让员工充满斗志地投入到项目中去。特别是在公司创业初期，他运用这一战略，成为员工的思想导师和领袖。作为一位领袖，他不断传递公司愿景；作为一位思想导师，他引领员工朝目标迈进。例如，在创业初期，华为产品开发不尽人意，任正非便亲自访问了很多海外研发机构。1997 年，他访问了美国贝尔实验室。据说，任正非当时对贝尔实验室的工作成果惊叹不已，竟然感动得哭了。回到深圳后，任正非告诉所有员工：他已经深深地爱上了贝尔实验室！这一激昂陈词旨在鼓舞员工，让华为研发人员坚信：他们终有一天会超越贝尔实验室的研究人员！

4. 保持谦卑，艰苦奋斗

任正非在引领华为追求梦想时，他非常清楚自己的不足，他从不认为自己无所不知。在谈到他所具备的才能和特质时，他总是强调：他的知识并不是最丰富的。很显然，他拥有远大抱负和很强的执行力，但同时保有谦卑的心态。尽管他的这种领导风格激励了很多人，引领公司渡过了转型期，但他还是经常讲：自己能力有限，在团结员工这方面可能不如很多人认为的那样好。他总是避免被扣上"传奇领袖"的帽子，而是强调没有艰苦奋斗，就没有华为的成功。

同样，任正非不是一个技术专家，这早在华为成立之初就是人尽皆知的事实。但他从不认为这是劣势。相反，他认为这恰恰是他的优势，因为他坚信，他的组织才能加上其他高管和员工的 IT 背景，定能创造奇迹。任正非曾说过："我不懂技术，不过我可以让大家朝着共同的目标努力。"

责任共担、利益共享是华为的一项基本理念。截至 2014 年 12 月 31 日，任正非个人仅持有华为 1.4%的股份，其余的由 82 471 名员工持有(数据来源：《华为 2014 年年报》)，这是华为与员工分享利益的最好例证。这种激励机制能够激发每个员工艰苦奋斗，共同帮助公司取得成功；更重要的是，它确保了华为是一家真正由员工持有的公司。

5. 指令式管理风格

在中国，领导体制往往具有自上而下、等级分明的特点，华为大致上也沿袭了这种风格。但与这种十分强调"控制"的管理风格相比，任正非的领导风格呈现出不同特点。一方面，任正非大小决策必须亲力亲为，这也许与他曾经在军队服役有关。他严肃，有着强大的意志力，时刻把握决策权，在华为发展之初，他的意志力体现在坚持把奋斗和生存当作公司首要战略。当时华为的口号是："胜则举杯相庆，败则拼死相救。"

但在决策执行上，任正非给了员工很大的自由空间。在华为发展的早期，在公司的发展战略、文化建设等重大决策方面，任正非坚持“大权独揽，小权分散”，但在研发、干部任用、薪酬分配等方面却充分放权，这既最大程度上激发了各层管理者的主动性与创造性，也带来了很大的随意和混乱；向西方全面学习了近 20 年的华为，今天在决策体系上越来越规范化和制度化，集体决策确保了华为更少地犯错误，更广泛地吸收集体智慧，但僵化的一面也凸显了出来，因此，任正非在华为高层决策过程中，有时更像“鲶鱼”，总是搅起不平衡，以激发组织的活力。华为今天的决策体制形成了一种“有限民主＋适度集权”的风格，既避免了个人独裁带来的“一人兴邦，一人丧邦”的积弊，也防止了过度民主带来的效率低下、集体不作为现象。

6. 合作共赢

与竞争对手合作是华为文化的一大特点。一般来说，公司要么选择进攻，要么选择妥协；换句话说，要么竞争，要么合作。在华为发展的前 20 年，华为为了生存、成为更好的服务提供商，主要采取主动出击的策略。很显然，任正非当时认为竞争可以推动公司向前发展。不过，他认为竞争的核心是尊重竞争对手。

华为采用“竞合”策略是受到英格兰光荣革命的启示，任正意识到合作也可以取得胜利。华为在英国也同样采取了竞合策略。例如，华为在英国班伯里成立网络安全认证中心，确保设备质量，并与英国信号情报机构英国政府通信总部（GCHQ）进行合作，保证网络设备和软件安全可靠。华为的这些举措旨在让英国政府和广大客户相信华为和华为的流程。实际上，华为之所以能在欧洲发展壮大，除了其坚持以服务为中心的理念外，在一定程度上也要归功于其竞合战略。起初，欧盟官员确实想针对华为产品发起反倾销调查。但爱立信和诺基亚相信华为不存在倾销行为，鼎力支持华为。

7. 强大的学习能力

作为一个领袖，任正非坚持自我批判、慎思笃行。他有一句话常被引用：思考能力是最重要的。他所说的思考能力不单单是指人的一项重要能力，还是华为文化的精髓。他认为员工智慧是华为最珍贵的资产。通过思考，我们可以连点成线，制定灵活的愿景和战略。任正非坚信，只有具备大视野，才能做出明智的战略决策。

有趣的是，这种战略需要将思考能力与全员学习结合起来。华为大力投资营造良好的学习氛围，鼓励员工进行思想碰撞。如前文所述，以史为鉴，可以引导我们采取行动，树立信念，创造未来。同时还要确保公司内部能实现知识共享。华为鼓励高管除了阅读专业书籍外，还要阅读专业领域以外的书籍。此外，华为还设有面向全球华为员工内部论坛——心声社区。任正非和其他高管的想法经常会放在心声社区，让 15 万员工去评头论足。例如 2014 年，公司有个关于奖金的决定，遭遇到了 7 万多人次的批评。任正非和其他高管经常会在心声社区遭受员工激烈的批评。

（作者：大卫・德克莱默、田涛，浙江大学睿华创新管理研究所。案例对原文有删减。）

讨论题

1. 任正非具有什么样的个人领导特质？

2. 根据领导理论，你认为任正非是什么样的领导风格？

3. 比较国内其他几个代表性企业家的领导风格，如柳传志、张瑞敏、马化腾、马云等，谈谈你对领导力的理解。

第6篇

控　制

第15章　控制导论
第16章　控制技术与方法

第 15 章　控制导论

学习目标

15.1　理解控制基本理论。
15.2　掌握控制的基本过程。
15.3　理解管理控制的基本分类。
15.4　了解如何实现有效控制。

情境案例

HJ 是国内大型的 OEM 型玩具生产商，为世界三大玩具品牌代工。然而，它却成了中国实体企业受金融危机影响倒闭的第一案。金融危机导致资金链断裂其实只是压倒 HJ 的最后一根稻草。HJ 的 OEM 商业模式本身存在着巨大风险，而 2007 年收购某个后来发现没有开采许可证的矿业的失败，更令其陷入资金崩溃的泥沼。内部管理失控导致管理混乱才是 HJ 倒闭的真正原因。某员工反映，其所在的一个普通生产部门，却设有一个香港经理，一个大陆经理，一个主任，一个经理助理，一个高级工程师，一个工程师，一个组长，还有就是三个工人。“工人做事是十个人做的事没有十五个人他们不干，一天能干完的事拖也要拖到明天。”此外，HJ 的物料管理也很松散，公司物品经常被盗，原料当废品卖。生产上也没有质量监控，一批货多次返工甚至报废的情况经常发生，而厂里的质控人员却啥事也不干。从 HJ 的案例中，你认为如何解决其内部管理失控问题？

管理的四大职能中，控制工作在其中起着非常重要的作用。控制就是监督各项活动，以保证它们按计划进行并纠正各种重要偏差的过程。管理者需要掌握控制的基本理论，并在管理过程中实现有效控制。尽管各级管理人员控制的范围不同，但他们都应有完成计划的责任，所以控制工作是包括从总经理到班组长在内的各级管理人员的职能，而绝不仅仅是组织高层管理者的责任。

15.1　控制的基本理论

管理学意义上的控制有着其明确的含义，也借鉴了控制论中的许多思想。在管理的四大职能中，控制与计划密不可分，控制对于计划起到重要的支持作用。建立一个良好的控制系统对于组织目标的实现及各项计划任务的完成有着至关重要的作用。

15.1.1 控制的概念

法约尔认为，在一个组织中，控制就是核实所发生的每一件事是否符合所规定的计划、所发布的指示以及所确定的原则，其目的就是要指出计划实施过程中的缺点和错误，以便加以纠正和防止重犯。罗宾斯认为，控制是监控、比较和纠正工作绩效的过程；所有的管理者都应当实施控制职能，控制措施是否有效取决于它们如何帮助员工和管理者实现他们的目标。从上述定义可以理解，控制其实就是监视各项活动以保证它们按计划进行并纠正各种重要偏差的过程。从控制的概念中我们可以清楚地看到如下三点：(1) 控制有很强的目的性，即保证组织各项活动按计划进行；(2) 控制是通过"监督"和"纠偏"来实现的；(3) 控制是一个过程。

控制与其他管理职能有着紧密的联系。控制是计划、组织、领导有效进行的必要保证，离开了适当的控制，计划、组织、领导都有可能流于形式，组织目标就有可能无法实现。在上述四大职能中，计划与控制之间的联系最为紧密，两者之间存在着以下关系：

(1) 计划为控制提供衡量的标准，没有计划，控制就成了无本之木；同时控制又是计划得以实现的保证，没有控制，计划就等于是一纸空谈。

(2) 计划和控制的效果分别依赖于对方，计划越明确、全面和完整，控制工作就越好进行，效果也就越好；而控制越准确、全面和深入，就越能保证计划的顺利执行，并能更多地反馈信息以提高计划的质量。

(3) 一切有效的控制方法首先就是计划方法，如预算、政策、程序和规则等，选择控制方法和设计控制系统时必须要考虑到计划本身的特点。

(4) 计划工作本身也必须要有一定的控制，如对计划的程序、计划的质量等实施控制；控制工作本身也必须要有一定的计划，如对控制的程序、控制的内容等进行的预先设定。

15.1.2 反馈原理

管理控制理论中的许多观点借鉴了控制论的相关内容。控制论(Cybernetics)是美国数学家罗伯特·维纳(Robert Wiener)于1948年创立的，它是研究系统的调节与控制的一般规律的科学，它的任务是使系统在稳定的运行中，实现自己的目标。其后，控制论的概念、理论和方法被许多学科广泛借鉴和吸收，用来丰富各学科的理论和方法体系。

控制论是研究具有通讯和控制功能的系统，通讯的目的是为了控制，而要实现控制就必须有反馈。因此，反馈既是控制论的一个基本原理，也是控制论的一种重要方法。反馈概念萌芽于自动装置的技术经验，在20世纪二三十年代被引入无线电技术中并形成电子学的一个重要概念。战后控制论的创立，使反馈概念又扩展为控制论的一个基本原理。在控制论中，系统的控制过程就是通过信息的传输和反馈以实现系统有目的的活动的过程。控制部分有控制信息输入到受控部分，受控部分也有反馈信息返送到控制部分，从而形成闭合回路。控制部分正是根据反馈信息才能比较、纠正和调整它发出的控制信息从而实现控制的。事实上，反馈控制是一切客观事物相互作用的一种普遍形式。没有反馈，客观事物就难以存在和发展，人类也就失去了对自然、社会和思维的控制能力，整个世界就会处于混沌和混乱之中。维纳曾明确指出，反馈是控制论的一种方法，即将系统以往的操作结果再送入系统中去。它的特点是根据过去的操作情况去调整未来的行为，这种以系统活动的结果来调整系统活动的方法即反馈方法。反馈控制方法是最重要、最基本的控制论方法，已经被广泛运用于各个领域。

从一般的角度讲，任何控制系统，特别是人工控制系统，都是由施控系统和受控系统两个子系统构成的。其反馈控制过程是：施控系统将输入信息变换成控制信息，控制信息作用于受控系统后产生的结果通过反馈通道再被返送到原输入端，并对受控系统的再输出发生影响，从而起到控制作用并达到预定目的。

任何控制系统和控制过程，由于环境变化和干扰信息的作用，总会使受控系统的输出状态偏离给定状态。反馈控制的依据，就是受控系统运行的现实状态与给定状态之间的偏差信息。反馈控制也就是根据这种系统偏差信息，调整和改变受控系统的输入信息（控制信息）。要实现控制的目的，必须不断解决“系统的偏差与反馈控制措施”之间的矛盾。反馈控制措施的实施，可能产生两种不同的效果。正反馈是系统偏差不断扩大的过程，而负反馈则是不断消除系统偏差的过程。反馈控制的作用就是减少或消除系统偏差，以使受控系统的运行状态维持在一个给定（或允许）的偏差范围内，提高受控系统运行过程中的稳定性，实现受控系统的行为、活动、功能和结果的最优化，达到对系统进行控制的目的。

15.1.3　控制的目的

控制具有多种目的，组织缺少有效的控制就会产生错乱，甚至偏离正确的轨道。具体而言，控制有以下几个目的：

(1) 适应环境的变化。“物竞天择，适者生存”的原则要求组织作为一个系统必须顺应环境的各种变化。组织必须能够尽早识别出内外部环境中的这些变化并做出及时恰当的反应是组织生存发展的前提条件。通过构建有效的控制系统，有助于管理者预测和确定组织内外部环境的变化，对由此带来的机会与威胁做出反应。

(2) 保证活动的有序。在现代管理系统中，人、财、物等要素的组合关系是多种多样的，时空变化和环境影响很大，内部运行和结构有时变化也很大，加上组织关系错综复杂，随机因素很多，处在这样一个十分复杂的系统中，要想实现既定的目标，执行为此而拟订的计划，求得组织在竞争中的生存和发展，不进行控制工作是不可想象的。管理权力分散，也要求必须持续适当地应用控制系统衡量绩效，使各部门的活动紧紧围绕组织目标，保证每项工作顺利进行。

(3) 限制偏差的累计。任何组织在其发展过程中，都不可避免地会犯一些错误，出现一些失误。虽然小的偏差和失误不会立即给组织带来严重的损害，但在组织运行一段时间后，随着小差错的积少成多和积累放大，最终就可能对计划目标的实现造成威胁，甚至给组织酿成灾难性的后果。控制的关键是要能够及时获取偏差信息，采取有效矫正措施。防微杜渐，及早地发现潜存的错误和问题并进行处理，就有助于确保组织按预定的轨迹运行下去。

阅读材料："破窗理论"

美国斯坦福大学心理学家詹巴斗曾做过这样一项试验：他找来两辆一模一样的汽车，一辆停在比较杂乱的街区，一辆停在中产阶级社区。他把停在杂乱街区的那一辆的车牌摘掉，顶棚打开，结果一天之内就被人偷走了。而摆在中产阶级社区的那一辆过了一个星期也安然无恙。后来，詹巴斗用锤子把这辆车的玻璃敲了个大洞，结果，仅仅过了几个小时，它就不见了。后来，政治学家威尔逊和犯罪学家凯琳依据这项试验，提出了一个"破窗理论"。这一理论认为：如果有人打坏了一个建筑物的窗户玻璃，而这扇窗户又未得到及时维修，别人就可能受到暗示性的纵容去打烂更多的窗户玻璃。久而久之，这些破窗户就给人造成一种无序的感觉。那么在这种公众麻木不仁的氛围中，犯罪就会滋生、蔓延。"破窗理论"在社会管理和企业管理中都有着重要的借鉴意义，它给我们的启示是：必须及时修好"第一个被打碎的窗户玻璃"，管理控制也是这样。中国有句成语叫"防微杜渐"，说的也正是这个道理。

15.2 控制的基本过程

管理控制的基本过程借鉴了上述控制论中的相关内容，反馈原理也构成了管理控制的核心概念。管理控制的工作过程如图 15.1 所示，控制的基本过程划分为三个步骤：确立标准；衡量绩效；采取纠偏措施。

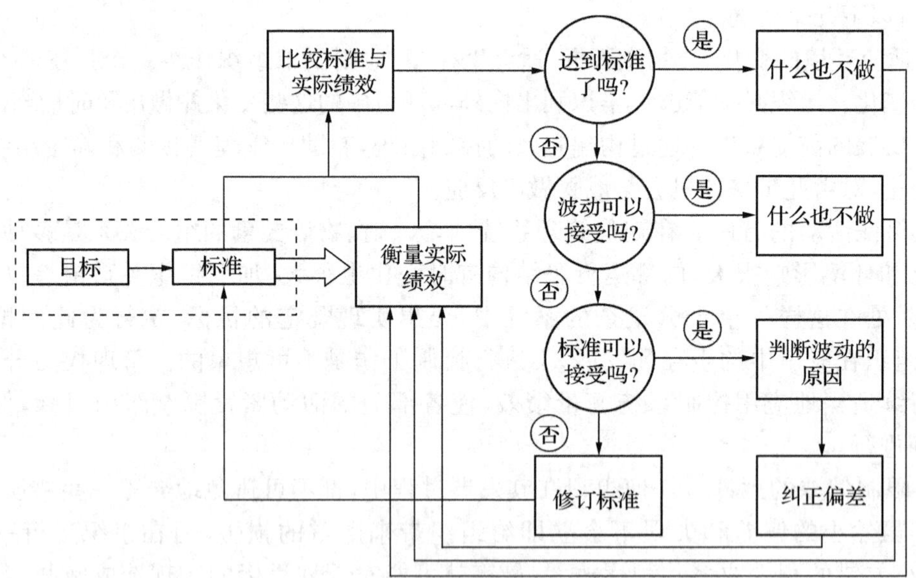

图 15.1 控制过程示意图

15.2.1 确立标准

一般来说，计划目标并不可能直接地用做控制的标准。组织中的计划是各种各样的，而各种计划在详尽程度和复杂程度上又各不相同，同时主管人员往往能注意到计划的每一个细节，如果直接用计划作为控制标准并对全部计划内容进行控制，就会因这种标准的实际无效而导致控制工作的随意性和盲目性。因此，需要将制定专门的控制标准作为管理控制过程的开始。

标准有两种控制作用，一是为执行提供明确的规范和指标，使计划在执行者心中具体明确，以便按标准行动；二是为监测实际执行情况是否正常提供判别标准，以便及时发现问题。

1. 标准的含义

所谓标准，是一种作为模式或规范而建立起来的测量单位或具体的尺度，是从整个计划方案中选出的对工作成效进行评价的关键指标。标准的设立应当具有权威性。最理想的标准是以可考核的目标直接作为标准，但更多的情况往往是需要将某个计划目标分解为一系列的标准，如将利润率目标分解为产量、销售额、制造成本、销售费用等。

控制标准设定有以下基本要求：

(1) 简明性。即对标准的量值、单位和可允许的偏差范围要有明确说明，对标准的表述要通俗易懂，便于理解和把握。

(2) 适用性。建立的标准要有利于组织目标的实现，要对每一项工作的衡量都明确规定具体的时间幅度和具体的衡量内容与要求，以便能准确地反映组织活动的状态。

(3) 一致性。建立的标准应尽可能地体现协调一致、公平合理的原则。管理控制工作覆盖组织活动的各个方面，制定出来的各项控制标准应该彼此协调，不可相互冲突。同时，控制标准应在所规定的范围内保持公平性。

(4) 可行性。标准的建立必须考虑到工作人员的实际情况，即标准不能过高也不能过低，要使绝大多数员工经过努力后可以达到。

(5) 操作性。标准要便于对实际工作绩效的衡量、比较、考核和评价；要使控制便于对各部门的工作进行衡量，当出现偏差时，能找到相应的责任单位。

(6) 稳定性。所建立的标准既要在一段时期内保持不变，又要具有一定的弹性，能对环境的变化有一定的适应性，特殊情况能够例外处理。

(7) 前瞻性。建立的标准既要符合现时的需要，又要与未来的发展相结合。

2. 选择控制重点

(1) 确立控制对象。进行控制首先遇到的问题是“控制什么”，这是在决定控制标准之前首先需要妥善解决的问题。组织活动的成果应该优先作为管理控制工作必须考虑的重点，基于此，管理者需要明确分析组织活动想要实现什么样的目标，提出详细规定组织中各层次、各部门人员应取得什么样的工作成果的完整目标体系。按照该目标体系的要求，管理者就可以对有关成果的完成情况进行考核和控制。

在确定控制对象时，为了确保实现组织预期活动成果，管理者理应对所有影响组织目标实现的因素都进行控制。但这种全面控制既不现实，也不经济。管理控制中更通常的做法是，选择那些对实现组织目标成果有重大影响的因素作为控制对象进行重点控制。一般地，影响组织目标成果实现的主要因素有：

第一，组织环境。组织管理活动是根据决策者对特定经营环境的认识和预测未来计划和安排的。如果环境没有出现预期的变化，或者发生了某种无法预料和无法抗拒的变化，那么，原来计划的活动就可能无法继续进行，组织预期目标也无法达成。因此，制定计划时应将所依据的对环境的认识、把握的各种因素作为控制对象，列出“正常”与“非正常”环境的具体测量指标或标准。

第二，资源投入。组织成果是通过对一定资源的加工转换而得到的。投入的资源如何，不仅会影响到组织活动能否按期限、数量、质量和品种的要求完成经营任务指标，而且在获取资源的成本费用方面也会影响到经营活动的经济效果指标。因此，必须对资源投入进行控制，使之在各方面都符合预期经营成果的要求。

第三，活动过程。输入到生产经营中的各种资源经过加工处理就转换成组织成果产出，是通过全体员工利用一定技术和设备对输入的资源进行加工劳动而最终得到的。转换过程的工作质量是决定经营成果的重要因素，因此，必须建立各项活动的工作规范，明确各部门、各单位、各个人员在各时期的阶段成果指标，以便于对他们的活动进行切实有效的控制。

(2) 选择关键控制点。重点控制对象确定下来后，还必须具体选定控制的关键点，才能够制定控制标准。比如啤酒酿造企业中，啤酒质量是控制的一个重点对象。尽管影响啤酒质量的因素很多，但只要抓住了水的质量、酿造温度和酿造时间，就能保证啤酒的质量。基于此，企业就要对这些关键控制点制定出明确的控制标准。俗话说，"牵牛要牵牛鼻子"，企业控制住了关键点，实际上也就控制了全局。良好的控制来源于关键控制点的正确选择，因而这种选择或决策的能力也就成为判断管理者控制工作水平的一个重要标准。

对关键控制点的选择，一般应统筹考虑如下三个方面因素：

第一，影响整个工作运行过程的重要操作与事项，它们当然是管理者应该予以关注的领域。

第二，能在重大损失出现之前显示出差异的事项。这意味着，并不是所有的重要问题都作为控制的关键点。通常情况下，管理者应该选择那些易于检测出偏差的环节进行控制，这样才有可能对问题做出及时、灵敏的反应。

第三，若干能反映组织主要绩效水平的时间与空间分布均衡的控制点，因为关键控制点数量的选择应足以使管理者对组织总体状况形成一个比较全面的把握。

3. 制定控制标准

控制标准制定中最为简单的情况是，可以把计划过程中形成的可考核目标直接作为控制标准。但如前所述，现实中更多的情况往往是需要通过一些科学的方法将某一计划目标分解为一系列具体可操作的控制标准。控制标准可分为如下几类：

(1) 实物标准。非货币衡量标准，普遍用于操作层，如原材料使用、雇佣劳动力、提供服务和生产产品等。

(2) 成本标准。是货币衡量标准，通用于操作层，是用货币价值来衡量因作业造成的消耗。

(3) 资本标准。是以货币形式衡量实物，这些标准与投资于公司中的资本有关而与经营成本无关，所以它们主要是同资产负债表有关，而同损益表无关，对于新的投资和总体控制来说，用得最广泛的标准是投资回报率。

(4) 收益标准。是销售额的货币价值形式，管理人员可能会去编制一个可变动预算方案，一个新产品开发计划或一个改进销售人员素质的计划。尽管在评估计划的执行绩效时难免会运用一些主观判断，但还是可以运用时间和其他因素作为客观标准。

(5) 无形标准。真正困难的是建立那些既不能以实体衡量也不能以货币衡量的标准，如广告计划是否满足长期目标，管理人员是否忠于公司目标等，对这些问题建立清晰的定量和定性标准存在很大的困难，只能反复试验、设想判断，必要时甚至以纯粹的预感为依据。

制定控制标准常用的方法有三种：

(1) 统计计算法。也即根据企业的历史数字或者对比同类企业的水平，运用统计学方法来确定企业经营各方面工作的标准。用这种统计计算法制定的标准便称为统计标准。制定该类标准所使用的数据可以是来自本企业的历史数据，也可能是来自其他企业的统计数据。

(2) 经验估计法。我们把使用经验估计法建立的标准称为经验标准。现实中，并不是所有工作的质量和成果都能用统计数据来表示的，也不是所有的企业活动都保存着历史统计数据。对于新近从事的工作或者缺乏统计资料的工作，企业可以根据有经验的管理人员或对该工作熟悉的人员凭借经验、判断和评估来为之建立标准。

(3) 工程方法。使用工程方法建立的标准，称为工程标准。工程标准是通过对工作情况进行客观的分析，并以准确的技术参数和实测的数据为基础而制定的。比如，机器的产出标准是其设计者计算出来的在正常情况下被使用的最大产出量等。严格地说，工程标准也是一种用统计方法制定的控制标准。

15.2.2 衡量绩效

确立了控制标准之后，下一步就是衡量实际工作绩效，需要注意确定适宜的衡量方式，并建立起有效的信息反馈系统。

(1) 通过衡量工作成效检验标准的客观性和有效性。衡量工作成效是以预定的标准为依据来进行的，这就出现了一个问题：偏差到底是执行中出现的问题还是标准本身存在的问题呢？如果是前者，当然需要纠正；如果是后者，则要修正和更新预定的标准，这样，利用预定标准去检查各部门、各阶段和每个人工作的过程同时也是对标准的客观性和有效性进行检验的过程。

检验标准的客观性和有效性，是要分析对标准执行情况的测量能否取得符合控制需要的信息。在为控制对象确定标准的时候，人们可能只考虑了一些次要的非本质因素，或只重视了一些表面的因素，因此，利用既定的标准去检查人们的工作，有时候并不能够达到有效控制的目的。衡量过程中的检验就是要辨别并剔除那些不能为有效控制提供信息及容易产生误导作用的不适宜标准，以根据控制对象的本质特征制定出科学合理的控制标准。

(2) 确定适宜的衡量方式。具体如下：

① 衡量的项目。衡量什么是衡量工作中最为重要的方面。管理者应该针对决定实际工作成效好坏的重要特征项进行衡量。但实际中容易出现一种取向，即侧重于衡量那些易衡量的项目，而忽视那些不易衡量、较不明显但实际相当重要的项目。实绩衡量应该围绕构成好绩效的重要特征项来进行，而不能够偏向那些易衡量的项目。

② 衡量的方法。管理者可通过亲自观察、利用报表和报告、抽样调查等几种方法来获得实际工作绩效方面的资料和信息。应当看到，组织中常存在一些无法直接衡量的工作，它们做的好坏有时可通过某些现象做出推断。比如，从员工的合理化建议增多或许可以推断企业的民主化管理有所加强，员工工作热情下降的现象增多可以推断出管理工作也许存有不当之处等。在衡量实际工作成效过程中必须多种方法结合使用，以确保所获取信息的质量。

③ 衡量的频度。衡量成效的次数或频率，通俗地说就是间隔多长时间衡量一次成效。是每时、每日、每周，还是每月、每季度或者每年？是定期的衡量，还是不定期的衡量？对不同的衡量项目，衡量的频度可能不一样。有效的控制要求确定适宜的衡量频度。对控制对象或要素的衡

量频度过高，不仅会增加控制的费用，而且还会引起有关人员的不满，影响他们的工作态度，从而对组织目标的实现产生负面影响；但是衡量和检查的次数过少，则有可能造成许多重大的偏差不能被及时发现，不能及时采取纠正措施，从而影响组织目标和计划的完成。

④ 衡量的主体。衡量实际工作成效的人是工作者本人，还是同一层级的其他人员，抑或是上级主管人员或职能部门的人员？衡量的主体不一样，控制工作的类型也就形成差别。例如，目标管理之所以被称为是一种“自我控制”方法，就是因为工作的执行者同时成了工作成果的衡量者和控制者。相比之下，由上级主管或职能人员进行的衡量和控制则是一种强加的、非自主的控制。衡量的主体不同，会对控制效果和控制方式都产生影响。

(3) 建立有效的信息反馈系统。对实际工作情况进行衡量的目的是为控制提供有用的信息，为纠正偏差提供依据。然而，并不是所有衡量实绩的工作都直接由负责制定纠偏措施的主管人员或部门进行，这样就有必要建立有效的信息反馈系统，使反映实际工作情况的信息既能迅速地收集上来，又能适时地传递给恰当的主管人员，并且能够将纠偏指令迅速地传达到有关人员以便对问题做出处置。

15.2.3 纠正偏差

对实际工作成效加以衡量后，下一步就应该将衡量结果与标准进行对比。如果有较大偏差，则要分析造成偏差的原因并采取矫正措施；如果没有偏差，则宜首先分析控制标准是否有足够的先进性。在认定标准水平合适的情况下，将之作为成功经验予以分析总结并用于指导今后或其他方面的工作。

偏差的原因可能比较复杂，必须花大力气找出真正原因。切忌头痛医头，脚痛医脚。对偏差原因判断不准确，纠偏措施就会无的放矢，不可能奏效。管理人员应记住，某项工作产生偏离标准的原因是多种多样的。并非所有偏离标准的情况均需采取纠偏行动，有时需要个人的判断。通常产生偏差的原因主要有：(1) 因标准本身是基于错误的假设和预测，从而使该标准无法达成；(2) 从事该项工作的职工不能胜任此项工作，或是由于没有给予适当的指令；(3) 和该项工作有关的其他工作发生了问题；(4) 从事该项工作的职工玩忽职守。

因此，采取纠偏行动的第一步是分析事实，以确定产生偏差的原因。只有对问题做了彻底的分析后，管理人员才能采取适当的纠偏行动。纠偏工作可能涉及一些主要的管理职能，如重订计划、修改目标、调整组织结构、改善领导方式等，纠偏的具体操作体现了管理活动是一个完整的统一体。管理人员需要决定采取何种补救措施，以便在将来能得到较好的结果。通常纠偏行动可分别采取两种不同的措施，一种为立即执行的临时措施，另一种是永久性的根治措施。

解决急性问题，多是为了维持现状；而要打破现状，就必须解决慢性问题。急性问题的影响是显而易见的，因此容易被人们发现、承认和解决。但人们往往只注意解决急性问题而忽视解决大量存在的慢性问题，这是因为人们对其存在已经习以为常，以至适应了它的存在，不可能发现或者即使是已经发现了也不愿意承认和解决由于慢性问题所带来的对组织素质的影响。而要使控制工作真正起作用，就要像医生治病那样，标本兼治，重点解决慢性问题，虽然它需要一定的时间和过程。

对于某些“症状”，可能迅速和直接影响组织正常活动的“急性问题”，多数应立即采取行动。例如，某一特殊规格的部件一周后要交货，否则其他部门会受其影响而出现停工待料。一旦该部件的加工出现了问题，此时不应考虑追究什么人的责任问题，而是必须按计划如期完成任务。凭借管理者的权力，一般可采取以下行动：要求工人加班加点；增添工人和设备；派专人负责指导完成；请求工人努力抓紧；短期“突击”；如仍不能解决，只得重新设计程序，变更整个生产线等。危机克服后，可转向永久根治纠偏措施。这里不仅要分析问题是如何发生的和为什么会发生，而且为了避免重蹈覆辙，分析应采取什么预防措施。不少管理人员在控制工作中常常充当“救火员”的角色，而不认真探究“失火”的原因。

15.3　管理控制的基本分类

根据控制的侧重点不同，管理控制可以划分为前馈控制、现场控制和反馈控制三种类型，如图 15.2 所示。

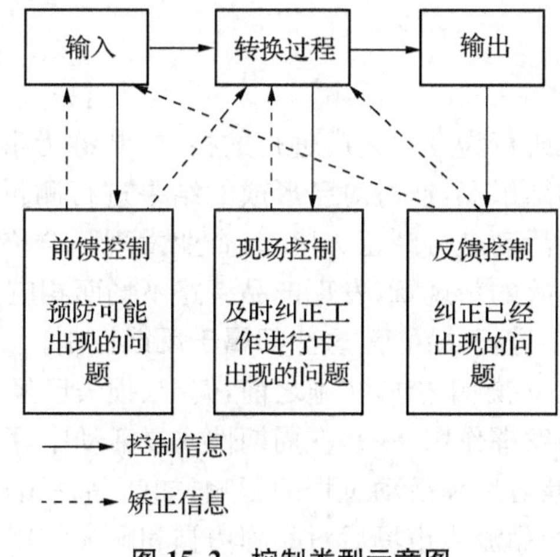

图 15.2　控制类型示意图

15.3.1　前馈控制

前馈控制是在工作正式开始前对工作中可能产生的偏差进行预测和估计并采取防范措施，将可能的偏差消除于产生之前，所以通常亦称为事前控制或者预先控制。如组织总要制定一系列规章制度让员工遵守，以这种事前对基本行为的规范保证工作的顺利进行。再如，企业为了生产出高质量的产品而对进厂原材料进行检验，对员工进行上岗前培训等，这些都属于前馈控制。

前馈控制的相对优点表现在：首先，前馈控制是在工作开始之前进行的，可以防患于未然，以避免事后控制对已铸成的差错无能为力的弊端；其次，前馈控制是在工作开始之前针对某项计划行动所依赖的条件进行控制，不针对具体人员，因而不易造成面对面的冲突，易于被员工接受并付诸实施。但是，前馈控制需要及时掌握准确的信息，并要求管理人员能充分了解前馈控制因素与计划工作的影响关系。从现实看，要做到这些是十分困难的，因此，组织也必须依靠其他方式的控制。

15.3.2 现场控制

在工作正在进行中所施予的控制，叫作现场控制，也称为同步控制或同期控制。现场控制主要有监督和指导两项职能。监督是按照预定的标准检查正在进行的工作，以保证目标的实现；指导是管理者亲临现场，针对工作中出现的问题，根据自己的经验指导下属改进工作，或与下属共同商讨，使他们能正确地完成所规定的任务。

现场控制具有指导的职能，有助于提高工作人员的工作能力和自我控制能力。但是现场控制也有很多弊端：首先，运用这种控制方式容易受到管理者的时间、精力和业务水平的制约。管理者不能时时事事都进行现场控制，只能偶尔或在关键项目上使用这种控制方式；其次，现场控制的应用范围较窄，一般来说，对于便于计量的工作较易进行现场控制，而对一些难以计量的工作就很难进行现场控制；再次，容易在控制者与被控制者之间形成对立情绪，伤害被控制者的工作积极性。

15.3.3 反馈控制

反馈控制是在工作结束或行为发生之后进行的控制，常称为事后控制。这种控制把注意力主要集中于工作或行为的结果上，通过对已形成的结果进行测量、比较和分析，发现偏差情况，依此采取措施，对今后的活动进行纠正。比如，企业发现不合格产品后追究当事人的责任且制定防范再次出现质量事故的新规章，发现产品销路不畅而相应做出减产、转产或加强促销的决定，以及学校对违纪学生进行处罚等，这些都属于反馈控制。

反馈控制的主要弊端是，在矫正措施实施之前，偏差、损失已经产生，只能“亡羊补牢”。但反馈控制可在如下四个方面发挥作用：一是在周期性重复活动中，可以避免下一次活动发生类似的问题；二是可以消除偏差对后续活动过程的影响，如产品在出厂前进行最终的质量检验，剔除不合格品，可避免这些产品流入市场后对品牌信誉和顾客使用所造成的不利影响；三是人们可以总结经验教训，了解工作失误的原因，为下一轮工作的正确开展提供依据；最后是反馈控制可以提供员工奖惩的依据。因此，在实际工作中，反馈控制得到了相当广泛的应用。

15.4 有效控制的实现

有效控制，就是以比较少的人力、财力和物力，较少的精力与时间使组织的各项活动处于控制状态。一旦组织的某项活动出现偏差，则能及时纠正偏差，而且能使偏差所导致的损失降低到最低限度。管理者必须关注控制过程中的有效性问题，为了实现有效控制，管理者必须遵循相关原则，并在此基础上努力构建一个有效控制系统。

15.4.1 有效控制系统的原则

任何组织要想达到计划目标，必须有一个适宜有效的控制系统做保证，构造这个系统应遵循以下基本原则。

(1) 反映计划要求原则。控制的目标是实现计划，控制是实现计划的保证，因此，计划越是明确、全面、完整，控制系统越能反映计划，则控制越有效。所以，在设计控制系统时，每个管理者都必须紧紧围绕计划进行，要根据计划的特点确定控制标准、衡量方法和纠偏措施。

(2) 组织适应性原则。组织结构设计的越是明确、完整和完善，所设计的控制系统越是符合组织结构中的职责和职务的要求，就越有助于纠正脱离计划的偏差。这是因为组织结构既然是对组织内各个成员担任职务的规定，也就成为明确执行计划和纠正偏差职责的依据。例如，如果产品成本不按制造部门的组织结构分别进行核算和累计，如果每个车间主任都不知道该部门所生产产品的成本目标，那么，他们就不可能知道实际成本是否合理，也就不可能对成本负责任，就更谈不上成本控制了。

(3) 关键控制点原则。控制关键点是控制工作的一条重要原理，主管人员要将注意力集中于计划执行中的一些主要影响因素上，控制住了关键点，也就控制住了全局。选择关键点除了要有丰富的经验和敏锐的洞察力和决策能力外，还可以借助有关方法。例如，如何在有着众多作业的大型项目中控制整个工期的时间进度，就可用计划评审技术来确定关键路线和关键作业，通过控制关键作业的进度就可以控制整个工期。像美国的北极星导弹研制工程和杜邦化工厂的建造就是由于运用了计划评审技术使工期大大缩短。

(4) 控制趋势原则。对控制全局的主管人员来说，重要的不是现状本身，而是现状所预示的趋势。由于趋势往往被现象所掩盖，不易察觉，因此控制变化的趋势比仅仅改变现状要困难得多。当趋势可以明显地描绘成一条曲线，或是可以描述为某种数学模型时，控制起来就为时已晚了。控制趋势的关键在于从现状中揭示趋势，特别是在趋势显露苗头时就明察秋毫。例如，在美国汽车市场上，日本汽车的市场份额就是在美国几大汽车厂商的眼皮底下慢慢蚕食的，等到他们回过神来，日本汽车已经在市场上占有了一席之地，不容易被打败了。

(5) 例外原则。主管人员不可能控制所有活动，而应把控制的主要精力集中于一些重要的例外偏差，以取得更高的控制效能和效率。需要指出的是，仅仅注意例外情况是不够的，对它们也要区别对待。有些例外情况，如利润的下降、产品废品率的上升、市场投诉的增加等必须引起重视；而像春节期间福利费用超出预算 15%等情况，则可以不必紧张。实际工作中，例外原则必须与控制关键点原则相结合，集中精力于关键点的例外情况控制上。控制关键点原则强调控制点的选择，而例外原则强调观察在这些点上所发生的异常偏差。

(6) 直接控制原则。直接控制是相对于间接控制而言的。间接控制着眼于发现工作中的偏差，分析产生的原因，并追究其个人责任使之改进以后的工作。其显而易见的缺点是在出现了偏差，造成损失之后才采取措施，代价较大。而直接控制原则的含义是：主管人员及其下属的工作质量越高，对所担当的职务越能胜任，也就越能在事先察觉偏差，及时采取预防措施，于是就越不需要进行间接控制，从而减少偏差的发生及进行间接控制的费用。

15.4.2　有效控制系统的特征

依据上述控制原则设计的有效控制系统多倾向于一些共同的特性，尽管在不同情况下各特性的重要性显现不同。

(1) 精确性。有效控制系统能够提供准确、及时的数据。在实施管理的过程中，难免有许多主观因素影响管理人员的判断和评价，但如果有一套严密的、客观的控制系统，则其效果要好得多；同时，由于标准准确客观，操作人员也有明确的目标和行为准则。

(2) 经济性。控制所支出的费用必须要有所值。控制系统的相对经济性在很大程度上决定了管理人员只能在他们认为是重要的问题中选择一些关键因素加以控制。

(3) 灵活性。有效的控制系统应当能够在出现未预见到的情况，甚至计划全盘错误时，报告失常情况，能够有充分的灵活性保持对失常情况下运行过程的管理控制。一般来说，灵活的计划有利于灵活的控制。

（4）合理性。标准太高或不合理都不能起到激励作用。控制标准应该是一套富有挑战性的、能激励员工表现得更好的标准。

（5）可理解性。即要求控制系统要符合有关管理人员的特性，有些具体的设计必须满足他们个性特定的要求，让他们能够理解，乐于使用，精于使用。比如，有的人喜欢开会听汇报，有的人喜好看书面报告，有的人喜欢看文字材料，有的人喜欢用数据表达，设计时应充分考虑这些细节，有的放矢，才能使控制高效快捷。

（6）战略高度。管理层不可能控制组织中的每一件事。有效控制系统就是控制那些对组织行为有战略性影响的因素，包括组织中关键的活动、作业和事件。

（7）强调例外。有效控制系统的例外系统能够保证当出现偏差时管理层不至于不知所措。

（8）纠正措施。有效控制系统除了能揭示哪些环节出了差错、谁应当对此负责外，还应当能确保采取适当的纠正措施，通过适当的计划、组织、人员配备、指导与领导等方法，纠正已显示出的或所发生的偏离计划的情况。这说起来简单，但在实际工作中往往有人只重视计划，重视检查，就是不重视落实纠正。

本章小结

1. 所谓控制，就是监督各项活动，以保证它们按计划进行并纠正各种重要偏差的过程。控制工作是包括从总经理到班组长在内的各级管理人员的职能，而绝不仅仅是组织中高层管理者的责任。

2. 控制的目的包括适应环境的变化、处理组织活动的复杂性以及限制偏差的累计。

3. 控制的核心概念是反馈。所谓反馈，是指系统的输出信息返送到输入端，与输入信息进行比较，并根据二者的偏差进行控制的过程。

4. 控制的基本过程划分为三个步骤：确立标准，衡量绩效和采取纠偏措施。

5. 根据控制的侧重点不同，管理控制可以划分为前馈控制、现场控制和反馈控制三种类型。

6. 管理者必须关注控制过程中的有效性问题，为了实现有效控制，管理者必须遵循相关原则，并在此基础上努力构建一个有效控制系统。

思考题

1. 简述管理控制的基本过程。

2. 控制可以分为哪几种类型，各有什么优缺点？

3. 一个有效控制系统应该具备哪些条件。

4. 如何评价一个组织的控制系统，有哪些标准？

5. 信息技术给组织控制系统带来了哪些改变？

企业内部控制基本规范

2008 年，财政部发布了《企业内部控制基本规范》，该规范连同 2010 年发布的《企业内部控制配套指引》，共同构建了中国企业内部控制规范体系。

第一章　总则

第一条　本规范的目的是为了加强和规范企业内部控制，提高企业经营管理水平和风险防范能力。

第二条　本规范适用于大中型企业。小企业和其他单位可以参照本规范建立与实施内部控制。

第三条　本规范所称内部控制，是由企业董事会、监事会、经理层和全体员工实施的、旨在实现控制目标的过程。内部控制的目标是合理保证企业经营管理合法合规、资产安全、财务报告及相关信息真实完整，提高经营效率和效果，促进企业实现发展战略。

第四条　企业建立与实施内部控制，应当遵循下列原则：

（一）全面性原则。内部控制应当贯穿决策、执行和监督全过程，覆盖企业及其所属单位的各种业务和事项。

（二）重要性原则。内部控制应当在全面控制的基础上，关注重要业务事项和高风险领域。

（三）制衡性原则。内部控制应当在治理结构、机构设置及权责分配、业务流程等方面形成相互制约、相互监督，同时兼顾运营效率。

（四）适应性原则。内部控制应当与企业经营规模、业务范围、竞争状况和风险水平等相适应，并随着情况的变化及时加以调整。

（五）成本效益原则。内部控制应当权衡实施成本与预期效益，以适当的成本实现有效控制。

第五条企业建立与实施有效的内部控制，应当包括下列要素：

（一）内部环境。内部环境是企业实施内部控制的基础，一般包括治理结构、机构设置及权责分配、内部审计、人力资源政策、企业文化等。

（二）风险评估。风险评估是企业及时识别、系统分析经营活动中与实现内部控制目标相关的风险，合理确定风险应对策略。

（三）控制活动。控制活动是企业根据风险评估结果，采用相应的控制措施，将风险控制在可承受度之内。

（四）信息与沟通。信息与沟通是企业及时、准确地收集、传递与内部控制相关的信息，确保信息在企业内部、企业与外部之间进行有效沟通。

（五）内部监督。内部监督是企业对内部控制建立与实施情况进行监督检查，评价内部控制的有效性，发现内部控制缺陷，应当及时加以改进。

第六条　企业应当制定本企业的内部控制制度并组织实施。

第七条　企业应当运用信息技术加强内部控制，实现对业务和事项的自动控制，减少或消除人为操纵因素。

第八条　企业应当建立内部控制实施的激励约束机制，将内部控制的情况纳入绩效考评体系。

第九条　国务院有关部门可以根据相关法规对企业建立与实施内部控制的情况进行监督检查。

第十条　接受企业委托从事内部控制审计的会计师事务所，应对企业内部控制的有效性进行审计，出具审计报告，对发表的内部控制审计意见负责。会计师事务所不得同时提供内部控制咨询服务和内部控制审计服务。

第二章　内部环境

第十一条　企业应当根据国家有关法律法规和企业章程，建立规范的公司治理结构和议事规则，明确股东(大)会、董事会、监事会和经理层在决策、执行、监督等方面的职责权限，形成科学有效的职责分工和制衡机制。

第十二条　董事会负责内部控制的建立健全和有效实施。监事会对董事会建立与实施内部控制进行监督。经理层负责组织领导企业内部控制的日常运行。

企业应当成立专门机构或者指定适当的机构具体负责组织协调内部控制的建立实施及日常工作。

第十三条　企业应当在董事会下设立审计委员会，负责审查企业内部控制，监督内部控制的有效实施和内部控制自我评价情况，协调内部控制审计及其他相关事宜等。

审计委员会负责人应当具备相应的独立性、良好的职业操守和专业胜任能力。

第十四条　企业应当结合业务特点和内部控制要求设置内部机构，明确职责权限，将权利与责任落实到各责任单位。

第十五条　企业应当加强内部审计工作，保证内部审计机构设置、人员配备和工作的独立性。

第十六条　企业应当制定和实施有利于企业可持续发展的人力资源政策。

第十七条　企业应当将职业道德修养和专业胜任能力作为选拔和聘用员工的重要标准，切实加强员工培训和继续教育，不断提升员工素质。

第十八条　企业应当加强文化建设，树立现代管理理念，强化风险意识。

第十九条　企业应当加强法制教育，增强高级管理人员和员工的法制观念，严格依法决策、依法办事、依法监督，建立健全法律顾问制度和重大法律纠纷案件备案制度。

第三章　风险评估

第二十条　企业应当根据设定的控制目标，全面系统持续地收集相关信息，及时进行风险评估。

第二十一条　企业应当准确识别与实现控制目标相关的内部风险和外部风险，确定相应的风险承受度，包括整体风险承受能力和业务层面的可接受风险水平。

第二十二条　企业识别内部风险，应当关注下列因素：

（一）董事、监事、经理及其他高级管理人员的职业操守、员工专业胜任能力等人力资源因素。

（二）组织机构、经营方式、资产管理、业务流程等管理因素。

（三）研究开发、技术投入、信息技术运用等自主创新因素。

（四）财务状况、经营成果、现金流量等财务因素。

（五）营运安全、员工健康、环境保护等安全环保因素。

（六）其他有关内部风险因素。

第二十三条 企业识别外部风险，应当关注下列因素：

（一）经济形势、产业政策、融资环境、市场竞争、资源供给等经济因素。

（二）法律法规、监管要求等法律因素。

（三）安全稳定、文化传统、社会信用、教育水平、消费者行为等社会因素。

（四）技术进步、工艺改进等科学技术因素。

（五）自然灾害、环境状况等自然环境因素。

（六）其他有关外部风险因素。

第二十四条 企业应当确保风险分析结果的准确性，按照风险发生的可能性及其影响程度等，对识别的风险进行分析和排序，确定关注重点和优先控制的风险。

第二十五条 企业应当根据风险分析的结果，结合风险承受度，权衡风险与收益，确定风险应对策略。

企业应当合理分析、准确掌握高级管理人员、关键岗位员工的风险偏好，采取适当的控制措施，避免因个人风险偏好给企业经营带来重大损失。

第二十六条 企业应当综合运用风险规避、风险降低、风险分担和风险承受等风险应对策略，实现对风险的有效控制。

第二十七条 企业应当结合不同发展阶段和业务拓展情况，持续收集与风险变化相关的信息，进行风险识别和风险分析，及时调整风险应对策略。

第四章 控制活动

第二十八条 企业应当结合风险评估结果，通过手工控制与自动控制、预防性控制与发现性控制相结合的方法，运用相应的控制措施，将风险控制在可承受度之内。

控制措施一般包括：不相容职务分离控制、授权审批控制、会计系统控制、财产保护控制、预算控制、运营分析控制和绩效考评控制等。

第二十九条 不相容职务分离控制要求企业全面系统地分析、梳理业务流程中所涉及的不相容职务，实施相应的分离措施，形成各司其职、各负其责、相互制约的工作机制。

第三十条 授权审批控制要求企业根据常规授权和特别授权的规定，明确各岗位办理业务和事项的权限范围、审批程序和相应责任。

企业对于重大的业务和事项，应当实行集体决策审批或者联签制度，任何个人不得单独进行决策或者擅自改变集体决策。

第三十一条 会计系统控制要求企业严格执行国家统一的会计准则制度，加强会计基础工作，明确会计凭证、会计账簿和财务会计报告的处理程序，保证会计资料真实完整。

企业应当依法设置会计机构，配备合格的会计从业人员。大中型企业应当设置总会计师。设置总会计师的企业，不得设置与其职权重叠的副职。

第三十二条 财产保护控制要求企业建立财产日常管理制度和定期清查制度，采取财产记录、实物保管、定期盘点、账实核对等措施，确保财产安全。

企业应当严格限制未经授权的人员接触和处置财产。

第三十三条 预算控制要求企业实施全面预算管理制度，明确各责任单位在预算管理中的职责权限，规范预算的编制、审定、下达和执行程序，强化预算约束。

第三十四条　运营分析控制要求企业建立运营情况分析制度，经理层应当综合运用生产、购销、投资、筹资、财务等方面的信息，通过科学方法定期开展运营情况分析，发现存在的问题，及时查明原因并加以改进。

第三十五条　绩效考评控制要求企业建立和实施科学的绩效考评制度，对内部各责任单位和全体员工的业绩进行定期考核和客观评价，将考评结果作为确定员工薪酬以及职务晋升、评优、降级、调岗、辞退等的依据。

第三十六条　企业应当根据内部控制目标，结合风险应对策略，综合运用控制措施，对各种业务和事项实施有效控制。

第三十七条　企业应当建立重大风险预警机制和突发事件应急处理机制，明确风险预警标准，对可能发生的重大风险或突发事件，制定应急预案、明确责任人员、规范处置程序，确保突发事件得到及时妥善处理。

第五章　信息与沟通

第三十八条　企业应当建立信息与沟通制度，促进内部控制有效运行。

第三十九条　企业应当提高所收集的各种内部和外部信息的有用性。

第四十条　企业应当将内部控制相关信息在企业内部以及与外部等有关方面之间进行沟通和反馈。信息沟通过程中发现的问题，应当及时报告并加以解决。

第四十一条　企业应当利用信息技术促进信息的集成与共享。

第四十二条　企业应当建立反舞弊机制。

第四十三条　企业应当建立举报投诉制度和举报人保护制度。

第六章　内部监督

第四十四条　企业应当根据本规范及其配套办法，制定内部控制监督制度。内部监督分为日常监督和专项监督。

第四十五条　企业应当制定内部控制缺陷认定标准，及时消除监督过程中发现的内部控制缺陷，提出整改方案，并向董事会、监事会或者经理层报告。

第四十六条　企业应当结合内部监督情况，定期对内部控制的有效性进行自我评价，出具内部控制自我评价报告。

第四十七条　企业应当以书面或者其他适当的形式，妥善保存内部控制建立与实施过程中的相关记录或者资料，确保内部控制建立与实施过程的可验证性。

第七章　附则

（选自中华人民共和国财政部发布的《企业内部控制基本规范》，有删减。）

讨论题

1. 以上企业内部控制规范主要包括哪些内容？
2. 应该如何去构建一个企业的内部控制系统。
3. 本规范适用于大中型企业，小企业在建立内部控制方面有什么不同。

第 16 章　控制技术与方法

学习目标

16.1　理解预算控制的基本原理。
16.2　理解非预算控制的基本原理。
16.3　理解生产控制的基本原理。
16.4　了解其他控制技术与方法。

情境案例

总经理发现员工在公司上班时喜欢上网闲聊，玩游戏，包括也会去公司员工论坛，这个论坛有讨论专业问题的工作版，也有讨论平时生活的休闲版，还有讨论各种八卦的搞怪版，这种行为让总经理心里疙疙瘩瘩。经过反复思考，他决定引进监控系统并将情况告知员工，目的是管理者可以更好地进行直接管理和监控，对那些上网干私事的员工形成威慑作用。规定实施后，大家干起活来似乎都比平时认真了许多，但是从宣布员工上网的新规定开始，除了点击数字在增加，包括公司内部论坛在内的网页就再也没有什么动静了……有些员工对这种被称为"电子警察"的系统感到很不高兴，管理者可以对他们所有的行动进行监视并通过"遥控"来威胁他们，认为管理得力的管理者通常是那些在员工和他们自己之间创造信任的人，但是电子监控系统破坏了信任关系。你认为应该使用这种电子监控系统吗？管理者是否有权监管员工的工作细节？

为了更好地实现控制目标，管理者除了掌握基本控制理论之外，还需要掌握科学的控制技术与方法。这些控制技术与方法的运用有助于管理者能够更加及时有效地去发现计划执行中发生的偏差，找出问题的根源，并采取相关举措予以纠正。本章主要介绍预算控制、非预算控制、生产控制和一些其他控制技术与方法。

16.1　预算控制

企业未来的活动几乎都可以利用预算进行控制。所谓预算，就是用数字，特别是用财务数字的形式来描述企业未来的活动计划，它预估了企业在未来时期的经营收入和现金流量，同时也为各部门或各项活动规定了在资金、劳动、材料、能源等方面的支出的额度。预算控制就是根据预算规定的收入与支出标准来检查和监督各个部门的生产经营活动，以保证各种活动或各个部门在完成既定目标、实现利润的过程中对经营资源的利用，从而使费用支出受到严格有效的约束。

16.1.1 预算的编制

为了有效地从预期收入和费用两个方面对企业经营全面控制，不仅需要对各个部门、各项活动制定分预算，而且要对企业整体编制全面预算。

分预算是按照部门和项目来编制的，它详细说明了相应部门的收入目标或费用支出的水平，规定了他们在生产活动、销售活动、采购活动、研究开发活动或财务活动中筹措和利用劳力、资金等生产要素的标准。

全面预算则是在对所有部门或项目分预算进行综合平衡的基础上编制而成的，它概括了企业相互联系的各个方面在未来时期的总体目标。只有编制了总体预算才能进一步明确组织各部门的任务、目标、制约条件以及各部门在活动中的相互关系，从而为正确评价和控制各部门的工作提供客观的依据。

任何预算都需要用数字形式来表述。全面预算必须用统一的货币单位来衡量，而分预算则不一定用货币单位计量。这是因为对一些具体的项目来说，用时间、长度或重量等单位来表述能提供更多、更准确的信息，如果单用货币金额来表达原材料预算，我们就只知道原材料消耗的总费用标准，而不能知道原材料使用的确切种类和数量，也难以判断价格变动会产生何种影响。当然，不论以何种方式表述的各部门或项目的分预算，在将它们综合平衡以编制企业的全面预算之前，必须转换成用统一的货币单位来表达的方式。

16.1.2 预算的种类

对于不同生产活动的企业而言，其预算表中的项目会有所不同，但一般来说，预算内容都要涉及以下几方面内容：收入预算、支出预算、现金预算、资金支出预算、资产负债预算。

1. 收入预算

收入预算和支出预算提供了关于企业未来某段时期经营状况的一般说明，即从财务角度计划和预测了未来活动的成果以及为取得这些成果所需付出的费用。

由于企业收入主要来源于产品销售，因此收入预算的主要内容是销售预算。销售预算是在销售预测的基础上编制的，即通过分析企业过去的销售情况、目前和未来的市场需求特点及其发展趋势，比较竞争对手和本企业的经营实力，确定企业在未来时期为了实现目标利润必须达到的销售水平。

由于企业通常不止生产一种产品，这些产品也不会只在某一个区域市场上销售。因此，为了能为控制未来的活动提供详细的依据，便于检查计划的执行情况，往往需要按产品、区域市场或消费者群，为各经营单位编制分项销售预算。同时，由于在一年中的不同季度和月度，销售量也往往不稳定，所以通常还需预计不同季度和月度的销售收入。这种预计对编制现金预算是很重要的。

2. 支出预算

企业销售的产品是在内部生产过程中加工制造出来的，在这个过程中，企业需要借助一定的劳动力，利用和消耗一定的物质资源。因此，与销售预算相对应，企业必须编制能够保证销售过程得以进行的生产活动的预算。关于生产活动的预算，不仅要确定为取得一定销售收入所需要的产品数量，而且更重要的是要预计为得到这些产品、实现销售收入需要付出的费用，即编制各种支出预算。不同企业，经营支出的具体项目可能不同，但一般都包括以下几种：

① 直接材料预算。直接材料预算是根据实现销售收入所需的产品种类和数量,详细分析企业为了生产这些产品必须利用的原材料的种类数量。它通常以实物单位表示,考虑到库存因素后,直接材料预算可以成为采购部门编制采购预算、组织采购活动的基础。

② 直接人工预算。直接人工预算需要预计企业为了生产一定数量的产品,需要哪些种类的工人,每一种类的工人在什么时候需要多少数量,以及利用这些人员劳动的直接成本是多少。

③ 附加费用预算。直接材料和直接人工只是企业全部经营费用的一部分,企业的经营管理、营销宣传、销售服务、设备维修、固定资产折旧、资金筹措以及税金等,也要耗费企业的资金。对这些费用也需要进行预算,这就是附加费用预算。

3. 现金预算

现金预算是对企业未来生产与销售活动中现金的流入与流出进行预测,通常由财务部门编制。现金预算只能包括那些实际包含在现金流程中的项目:赊销所得的应收款在用户实际支付以前不能列作现金收入,赊购所得的原材料在未向供应商付款以前也不能列入现金支出,而需要今后逐年分摊的待摊费用却需要当年实际支出现金。因此,现金预算并不需要反映企业的资产负债情况,而是要反映企业在未来活动中的实际现金流量和流程。

企业的销售收入很大,利润即使相当可观,但大部分尚未收回,或收回后被大量的库存材料或在制品所占用,那么它也不可能在目前给企业带来现金上的方便。通过现金预算,可以帮助企业发现资金的闲置或不足,从而指导企业及时利用暂时过剩的现金,或及早筹齐维持营运所短缺的资金。

4. 资金支出预算

上述各种预算通常只涉及某个经营阶段,是短期预算,而资金支出预算则涉及几个阶段,是长期预算。如果企业的收支预算被很好地执行,企业有效地组织了资源的利用,那么利用这些资源得到的产品销售以后的收入就会超出资源消耗的支出,从而给企业带来盈余。

企业可以利用盈余的一个很重要的部分来进行生产能力的更新和扩大。这些支出由于具有投资的性质,因此对其计划安排通常被称为投资预算或资金支出预算。资金支出预算的项目包括:用于更新改造或扩充包括厂房、设备在内的生产设施的支出,用于增加品种、完善产品性能或改进工艺的研究与开发支出,用于提高职工和管理队伍素质的人员培训与发展支出,用于广告宣传、寻找顾客的市场发展支出等。

5. 资产负债预算

资产负债预算是对企业会计年度末的财务状况进行预测。它通过将各部门和各项目的分预算汇总在一起,表明如果企业的各种业务活动达到预先规定的标准,在财务期末企业资产与负债会呈现何种状况。作为各分预算的汇总,管理人员在编制资产负债预算时虽然不需做出新的计划或决策,但通过对预算表的分析,可以发现某些分预算的问题,从而有助于采取及时地调整措施。

比如,通过分析流动资产与流动债务的比率,可能发现企业未来的财务安全性程度和偿债能力的强弱,可能要求企业在资金的筹措方式、来源及其使用计划上作相应的调整。另外,通过将本期预算与上期实际发生的资产负债情况进行对比,还可以发现企业财务状况可能会发生哪些不利变化,从而指导事前控制。

16.1.3 预算的作用及局限性

由于预算的实质是用统一的货币单位为企业各部门的各项活动编制计划，因此它使得企业在不同时期的活动效果和不同部门的经营绩效具有可比性，可以使管理者了解企业经营状况的变化方向和组织中的优势部门与问题部门，从而为调整企业活动指明了方向；通过为不同的职能部门和职能活动编制预算，也为协调企业活动提供了依据。

更重要的是，预算的编制与执行始终是与控制过程联系在一起的，编制预算是为企业的各项活动确立财务标准，用数量形式的预算标准来对照企业活动的实际效果极大地方便了控制过程中的绩效衡量工作，也使之更加客观可靠。在此基础上，很容易测量出实际活动对预期效果的偏离程度，从而为采取纠正措施奠定了基础。

由于这些积极作用，预算手段在组织管理中得到了广泛运用。但在预算的编制和执行中，也暴露出了一定的局限性，只有充分认识这些局限性，才能有效地利用预算这种控制手段。预算的局限性主要表现在：

(1) 它只能帮助企业控制那些可以计量的，特别是可以用货币单位计量的业务活动，而不能促使企业对那些不能计量的企业文化、企业形象、企业活力等业务活动的改善予以足够的重视。

(2) 编制预算时通常参照上期的预算项目和标准，从而会忽视本期活动的实际需要，因此导致上期有的而本期不需的项目仍然沿用，而本期必需但上期没有的项目会因缺乏先例而不能增设。

(3) 企业活动的外部环境是在不断变化的，这些变化会改变企业获取资源的支出或销售产品实现的收入，从而使预算变得不合时宜。因此，缺乏弹性、非常具体、特别是涉及较长时期的预算可能会过度束缚决策者的行动，使企业经营缺乏灵活性和适应性。

(4) 项目预算或部门预算，不仅对有关负责人提出了希望他们实现的结果，而且也为他们得到这些成果而能够开支的费用规定了限度，这种规定可能使得主管们在活动中精打细算，小心翼翼地遵守不得超过支出预算的准则，而忽视了部门活动的本来目的。

(5) 在编制费用预算时通常会参照上期已经发生过的本项目费用，同时在预算获得最后批准的过程中，主管人员也知道预算申请多半是要被削减的，因此他们的费用预算申报数要多于其实际需要数，特别是对于那些难以观察、难以量化的费用项目更是如此。所以，费用预算存在按先例递增的习惯。故在预算编制的过程中，应仔细地复查相应的程序和标准，以避免因预算控制而造成的浪费。

16.2 非预算控制

常用的非预算控制的主要方法有：比率分析、经营审计等。

16.2.1 比率分析

单独去考虑反映经营成果的某一个数据，往往不能说明任何问题。只有根据数据之间的内在关系，相互对照分析才能说明某个问题。同时，这些反映经营状况的比率也通常需要进行横向或纵向的比较，才更有意义。

比率分析就是将企业资产负债表和收益表上的相关项目进行对比，形成一个比率，从中分析和评价企业的经营成果和财务状况。利用财务报表提供的数据，我们可以列出许多比率，常用的有两种类型，财务比率和经营比率。

1. 财务比率

财务比率分析可以帮助我们了解企业的偿债能力和盈利能力等财务状况。

（1）流动比率。流动比率是企业的流动资产与流动负债之比。它反映了企业偿还需要付现的流动债务的能力。一般来说，企业资产的流动性越大，偿债能力就越强；反之，偿债能力则越弱，这样会影响企业的信誉和短期偿债能力。因此，企业资产应具有足够的流动性。资产若以现金形式表现，其流动性最强。但要防止为追求过高的流动性而导致财务资源的闲置，以避免使企业失去本应得到的收益。

（2）速动比率。速动比率是从流动资产中减去存货再除以流动负债。该比率和流动比率一样是衡量企业资产流动性的一个指标。当企业有大量存货且这些存货周转率低时，速动比率比流动比率更能精确地反映客观情况。因为存货变现需要时间，而且往往会有折价损失。

（3）负债比率。负债比率是企业总负债与总资产之比。它反映了企业营运资金中债务所占的比例，也可以从中推算出企业所有者提供的资金与外部债权人提供的资金的比例关系。只要企业全部资金的利润率高于借入资金的利息，且外部资金不在根本上威胁企业所有权的行使，企业就可以充分地向债权人借入资金以获取额外利润。一般来说，在快速扩张期，债务比率可以很高。但是，过高的负债比率对企业的经营不利。

（4）盈利比率。盈利比率是企业利润与销售额或全部资金等相关因素的比例关系。它们反映了企业在一定时期从事某种经营活动的盈利程度及变化情况。常用的比率有销售利润率和资金利润率。

销售利润率是销售净利润与销售总额之间的比例关系，它反映企业从一定时期的产品销售中是否获得了足够的利润。将企业不同产品、不同经营单位在不同时期的销售利润率进行比较分析，能为经营控制提供更多的信息。

资金利润率是指企业在某个经营时期的净利润与该期占用的全部资金之比，它是衡量企业资金利用效果的一个重要指标，反映了企业是否从全部投入资金的利用中实现了足够的净利润。同销售利润率一样，资金利润率也要同其他经营单位和其他年度的情况进行比较。

一般来说，要为企业的资金利润率规定一个最低的标准。同样一笔资金，投入到企业营运后的净利润收入，至少不应低于其他投资形式（比如购买短期或长期债券）的收入。

2. 经营比率

经营比率是与资源利用有关的几种比例关系。它们反映了企业经营效率的高低和各种资源是否得到了充分利用。常用的经营比率有三种：

（1）库存周转率。库存周转率是销售总额与库存平均价值的比例关系，它反映了与销售收入相比库存数量是否合理，表明了投入库存的流动资金的使用情况。

（2）固定资产周转率。固定资产周转率是销售总额与固定资产之比，它反映了单位固定资产能够提供的销售收入，表明了企业资产的利用程度。

（3）销售收入与销售费用的比率。这个比率表明单位销售费用能够实现的销售收入，在一定程度上反映了企业营销活动的效率。由于销售费用包括了人员推销、广告宣传、销售管理等费用组成部分，因此还可进行更加具体的分析。比如，预测单位广告费用能够实现的销售收入，或单位推销费用能增加的销售收入等。

16.2.2 经营审计

审计是对反映企业资金运动过程及其结果的会计记录和财务报表进行审核、鉴定，以判断其真实性和可靠性，从而为控制和决策提供依据。根据审查主体和内容的不同，可将经营审计分为三种主要类型：一是由外部审计机构的审计人员进行的外部审计；二是由内部专职人员对企业财务控制系统进行全面评估的内部审计；三是由外部或内部的审计人员对管理政策及绩效进行评估的管理审计。

1. 外部审计

外部审计是由外部机构（如会计师事务所）选派的审计人员对企业财务报表及其反映的财务状况进行独立的评估。为了检查财务报表及其反映的资产与负债的账面情况与企业真实情况是否相符，外部审计人员需要抽查企业的基本财务记录，以验证其真实性和准确性，并分析这些记录是否符合公认的会计准则和记账程序。

外部审计实际上是对企业内部虚假、欺骗行为的一个重要而系统的检查，因此起着鼓励诚实的作用。由于知道外部审计不可避免地要进行，企业就会努力避免做那些在审计时可能会被发现的不光彩的事。外部审计的优点是审计人员与管理当局不存在行政上的依附关系，不需要看企业经理的眼色行事，只需对国家、社会和法律负责，因而可以保证审计的独立性和公正性。但是，由于外来的审计人员不了解内部的组织结构、生产流程的经营特点，在对具体业务的审计过程中可能会产生困难。此外，处于被审计地位的内部组织成员可能产生抵触情绪，不愿积极配合，这也可能增加审计工作的难度。更有甚者，出现外部审计单位与企业相勾结的情况。

2. 内部审计

内部审计提供了检查现有控制程序和方法能否有效地保证达成既定目标和执行既定政策的手段。例如，制造质量完善、性能全面的产品是企业孜孜以求的目标，这不仅要求利用先进的生产工艺、工人提供高质量的工作，而且对构成产品的基础—原材料提出了相应的质量要求。这样，内部审计人员在检查物资采购时，就不仅限于分析采购部门的账目是否齐全、准确，而且试图测定材料质量是否达到要求。

根据对现有控制系统有效性的检查，内部审计人员可以提供有关改进公司政策、工作程序和方法的对策建议，以促使公司政策符合实际，工作程序更加合理，作业方法被正确掌握，从而更有效地实现组织目标。

内部审计有助于推行分权化管理。从表面上来看，内部审计作为一种从财务角度评价各部门工作是否符合既定规则和程序的方法，加强了对下属的控制，似乎更倾向于集权化管理，但实际上，企业的控制系统越完善，控制手段越合理，越有利于分权化管理。因为主管们知道，许多重要的权力授予下属后，自己可以很方便地利用有效的控制系统和手段来检查下属对权力的运用状况，从而可能及时发现下属工作中的问题，并采取相应措施。内部审计不仅评估了企业财务记录是否健全、正确，而且为检查和改进现有控制系统的效能提供了一种重要的手段，因此有利于促进分权化管理的发展。

虽然内部审计为经营控制提供了大量的有用信息，但在使用中也存在不少局限性，主要表现在：

(1) 内部审计可能需要很多的费用，特别是进行深入、详细的审计。

(2) 内部审计不仅要搜集事实，而且需要解释事实，并指出事实与计划的偏差所在。要能很好地完成这些工作，而又不引起被审计部门的不满，需要对审计人员进行充分的技能训练。

(3) 即使审计人员具有必要的技能，仍然会有许多员工认为审计是一种“密探”或“检查”，从而在心理上产生抵触情绪。如果审计过程中不能进行有效的信息和思想沟通，那么可能会对组织活动带来负激励效应。

3. 管理审计

外部审计主要核对企业财务记录的可靠性和真实性；内部审计在此基础上对企业政策、工作程序与计划的遵循程度进行测定，并提出必要的改进企业控制系统的对策建议；管理审计的对象和范围则更广，它是一种对企业所有管理工作及其绩效进行全面系统地评价和鉴定的方法。管理审计虽然也可以由组织内部的有关部门进行，但为了保证某些敏感领域得到客观的评价，企业通常聘请外部的专家来进行。

管理审计的方法是利用公开记录的信息，从反映企业管理绩效及其影响因素的若干方面将企业与同行业其他企业或其他行业的著名企业进行比较，以判断企业经营与管理的健康程度。

反映企业管理绩效及其影响因素主要有：

(1) 经济功能。检查企业产品或服务对公众的价值，分析企业对社会和国民经济的贡献；

(2) 企业组织结构。分析企业组织结构是否能有效地达到企业经营目标；

(3) 收入合理性。根据盈利的数量和质量(指盈利在一定时期内的持续性和稳定性)来判断企业盈利状况；

(4) 研究与开发。评价企业研究与开发部门的工作是否为企业的未来发展进行了必要的新技术和新产品的准备，管理当局对这项工作的态度如何；

(5) 财务政策。评价企业的财务结构是否健全合理，企业是否有效地运用财务政策和控制来达到短期和长期目标；

(6) 生产效率。保证在适当的时候提供符合质量要求的必要数量的产品，这对于维持企业的竞争能力是相当重要的。因此，要对企业生产制造系统在数量和质量上的保证程度以及资源利用上的有效性等方面进行评估；

(7) 销售能力。销售能力影响企业产品能否在市场上顺利实现，这方面的评估包括企业商业信誉、代销网点、服务系统以及销售人员的工作技能和工作态度；

(8) 对管理当局的评估。即对企业主要管理人员的知识、能力、勤奋、正直、诚实等素质进行分析和评价。

管理审计在实践中遭到许多批评，其中比较重要的意见认为，这种审计过多地评价组织过去努力的结果，而不致力于预测和指导未来的工作，以至于有些企业在获得了极好的管理审计评价后不久就遇到了严重的财政困难。

尽管如此，管理审计不是在一两个容易测量的活动领域进行比较，而是对整个组织的管理绩效进行评价，因此为指导企业在未来改进管理系统的结构、工作程序和结果提供了有用的参考。

16.3 生产控制

企业运营可以认为是一个动态过程，企业首先获得原材料、零部件、劳动力等投入，经过企业系统的转换和运营，生产出产品或劳务。在这个过程中，为了达到企业预定的目标，就必须对企业的经营管理活动进行控制。

16.3.1 对供应商的控制

供应商为本企业提供了所需的原材料或零部件，根据波特的竞争力模型，他们又是本企业竞争力的影响因素之一。供应商供货及时与否，所供货物质量的好坏、价格的高低，都对本企业最终产品产生重大影响。因此，对供应商的控制可以说是从企业运营的源头抓起，能够起到防微杜渐的作用。

供应商的选择主要有两种理念：一种是选择唯一的供应商，使得企业和供应商之间成为一种利益共同体，促进双方的忠诚和密切合作，因为不合作的结果是使得双方的利益受损。另一种是至少选择三个供应商，其供货比例分别是 60%、30%和 10%。如果供应商选择多于 3 个，可以按照 50%、25%、12.5%、6.5%，并以 1/2 的比例递减来分配供货比例。目前比较流行的做法是在全球范围内选择供应商，其原因是为了能够有保障地获得高质量、低价格的原材料，同时也可避免只选择少数几家供应商可能构成的威胁。对供应商的控制除了供应商数量和供货数量以外，还要包括对供应商的供货质量、供货方式和供货条件等方面的控制，这样才能实现对生产和产品质量的有效控制。

16.3.2 对库存的控制

对库存的控制主要是为了减少库存，降低各种占用，提高经济效益。库存量过大和过小都会造成库存总费用的增加。

库存量过大的不利之处主要有以下几个方面：(1) 增加仓库面积和库存保管费用，从而提高了产品成本；(2) 占用大量的流动资金，造成资金呆滞，既加重了货款利息等负担，又会影响资金的时间价值和机会收益；(3) 造成产成品和原材料的有形损耗和无形损耗；(4) 造成企业资源的大量闲置，影响其合理配置和优化；(5) 掩盖企业生产、经营全过程的各种矛盾和问题，不利于企业提高管理水平。

库存量过小时也会存在一些不利之处，主要表现在：(1) 造成服务水平的下降，影响销售利润和企业信誉；(2) 造成生产系统原材料或其他物料供应不足，影响生产过程的正常进行；(3) 使订货间隔期缩短，订货次数增加，造成订货(生产)成本提高；(4) 影响生产过程的均衡性和装配时的成套性。

库存控制的作用主要是：在保证企业生产、经营需求的前提下，使库存量经常保持在合理的水平上；掌握库存量动态，适时、适量提出订货，避免超储或缺货；减少库存空间占用，降低库存总费用；控制库存资金占用，加速资金周转。

库存控制需要利用信息化手段，每次进货都记录下来；要有盘库功能，库存的价值与市场同步涨跌；要有生产计划，根据生产计划和采购周期安排采购。需要进行单件成本核算，对节约进行奖励；对供货商进行管理，根据价格和服务，均衡采购，保持供货商的竞争才能得到优质的服务和低廉的价格。

从广义的角度理解库存控制，应该包括以下几点：

第一，库存控制的根本目的。我们知道，所谓世界级制造的两个关键考核指标(KPI)就是客户满意度以及库存周转率，控制库存周转率就是库存控制的根本目的。

第二，库存控制的手段。库存周转率的提高，仅靠所谓的实物库存控制是远远不够的，它应该是整个需求与供应链管理这个大流程的输出，而这个大流程除了包括仓储管理这个环节之外，更重要的还包括预测与订单处理，生产计划与控制，物料计划与采购控制，库存计划与预测本身，以及成品、原材料的配送与发货的策略，甚至包括海关管理流程。而伴随着需求与供应链管理流程整个过程的，则是信息流与资金流的管理。也就是说，库存本身贯穿于整个需求与供应链管理流程的各个环节，要想达到库存控制的根本目的，就必须控制好各个环节上的库存，而不是仅仅管理好已经到手的实物库存。

第三，库存控制的组织结构与考核。既然库存控制是整个需求与供应链管理流程的输出，要实现库存控制的根本目的就必须要有一个与这个流程相适应的合理的组织结构。直到现在，很多企业都只有一个采购部，采购部下面管仓库。这远远不能适应库存控制的要求。从需求与供应链的管理流程分析知道，采购与仓储管理都是典型的执行部门，而库存的控制应该以预防为主，执行部门是很难去“预防库存”的，原因很简单，它们的考核指标在很大程度上是为了保证供应(生产、客户)。如何根据企业的实际情况，建立合理的需求与供应链管理流程，从而设置与之相应的合理的组织结构，是一个值得探讨的问题。

多级库存优化控制是对供应链资源的全局性优化控制方法，它是在单级库存控制的基础上形成的。多级库存控制的方法有以下两种：

第一，中心化策略。中心化库存控制策略是将库存中心放在核心企业上，由核心企业对供应链系统进行控制，协调上游企业与下游企业的库存活动，核心企业也因此同时成了供应链上的数据交换中心，担负着数据的集成与协调功能。在多级库存控制策略中，可采用“级库存”取代“点库存”来解决需求放大现象这个问题。在一个销售系统中，每一阶段或层次称为一级。系统每一阶段或层次的库存等于本级库存加上所有下游库存。采用级库存控制策略后，每个库存点不但要检查本级库存点的库存数据，而且还要检查其下游需求方的库存数据。级库存控制策略的库存决策是基于对其下游企业的库存状态掌握的基础上的，因此完全避免了信息扭曲现象。

第二，非中心化策略。非中心化控制策略是各个库存点独立地采取各自的库存策略。它把供应链的库存控制分为三个成本归结中心，即制造商成本中心、分销商成本中心和零售商成本中心。各个中心根据自己的库存成本最优化原则做出库存控制策略，订货点的确定可完全按照单点库存的订货策略进行。非中心化库存控制策略在管理上比较简单，能够使企业根据自己的情况独立地做出决策，有利于发挥企业的自主性和灵活性。

库存预警时间系统也是库存控制过程必不可少的环节。通常情况下，企业的库存应由两部分组成:安全库存与批量库存。前者直接决定了企业服务水平的高低，或者有效地保证了企业生产与销售的顺利进行。根据这两类库存的特点，可以认为若由企业自备安全库存，而物流公司为企业提供批量库存，则是更现实、更有效的做法。该种库存控制方法主要由一个库存预警时间系统组成。它是指当企业发现自己该批“批量库存”处于需要补充的时候，向物流公司发出“警告指示”，要求物流公司立即送下一批批量库存来补充。在这一过程中，企业该于何时发出送货指示便成为关键，它称为库存预警时间点。显然，库存预警时间点不能太早，但也不能太晚。如果太早，那么当物流公司将货送来时，企业势必得自备仓库来容纳这些货物，这就违背了企业要求库存最小的原意；如果太晚，那么物流公司就没有充足的时间来备货与送货，势必造成货物无法及时到达，从而使企业遭受一定的损失。库存预警时间点是否得到合理确定直接影响到该系统能否发挥出最佳的作用。

16.3.3 对质量的控制

质量有狭义和广义之分。狭义的质量指产品的质量；而广义的质量除了涵盖产品质量外，还包括工作质量。产品质量主要指产品的使用价值，即满足消费者需要的功能和性质。这些功能和性质可以具体化为以下五个方面：性能、寿命、安全性、可靠性和经济性。工作质量主要是指在生产过程中，围绕保障产品质量而进行的质量管理工作的水平。

迄今为止，质量管理和控制已经经历了三个阶段，即质量检验阶段、统计质量管理阶段和全面质量管理（Total Quality Management，TQM）阶段。质量检验的工作重点在产品生产出来之后的质量检查。统计质量管理中，管理人员主要采用统计方法作为工具，对生产过程加强控制，提高产品的质量。全面质量管理就是一个组织以质量为中心，以全员参与为基础，目的在于通过让顾客满意和本组织所有成员及社会受益而达到长期成功的管理途径。

（1）生产过程的质量监控在产品质量控制中的地位。20 世纪 90 年代以来，质量控制学说已发生了较大的变化，现代质量工程技术把质量控制划分为若干阶段，在产品开发设计阶段的质量控制叫作质量设计；在制造中需要对生产过程进行监测，该阶段称作质量监控阶段；以抽样检验控制质量是传统的质量控制，被称为事后质量控制。在上述若干阶段中最重要的是质量设计，其次是质量监控，最后是事后质量控制。对于那些质量水平较低的生产工序，事后检验是不可少的，但质量控制应源头治理，预防越早越好，事后检验控制要逐渐取消。事实上一些发达国家中的企业已经取消了事后检验。综上所述，过程监控是产品质量源头控制的关键。

（2）要保证产品质量，必须加强对生产过程的质量进行控制。质量控制是为了达到质量要求所采取的作业技术和活动，其目的在于监视过程并排除质量环上所有阶段中导致不满意的因素，以此来确保产品质量。无论是零部件产品还是最终产品，它们的质量都可以用质量特性围绕设计目标值波动的大小来描述。若波动越小则质量水平越高。当每个质量特性值都达到设计目标值，即波动为零，此时该产品的质量达到最高水平，但实际上这是永远不可能的，所以必须进行生产过程质量控制，最大限度地减少波动。世界上大部分企业的成功都与严格的生产过程质量控制分不开，波音公司的 D1—9000 质量文件、日本的 SPC 控制图技术，都是关于生产过程控制技术的文件。美国福特汽车公司有一套非常严密的适合自身实际的质量规范体系，这个质量规范体系基本上是按照 QS9000(包括了 ISO9000)的质量操作程序运作的。这些体系文件涵盖了质量管理的全方位、全过程，覆盖整个产品的形成过程，并具体、详细规定了每个过程要完成的工作，以及如何记录各种质量数据。这不仅保证了产品质量而且为以后的质量改进提供了大量的技术材料。福特公司不仅制定了这些质量规范，而且还认真组织实施和严格执行这些规范要求，为了保证和评价质量规范的执行情况，福特公司每年要进行两次内部质量审核，并针对审核检查出的问题及时制定纠正措施，限期整改，并严格进行跟踪检查和控制。

16.4　其他控制技术与方法

除了上述的一些控制技术与方法外，管理者还可以通过以下一些技术与方法实施控制。

16.4.1　正式组织结构控制

正式的组织结构有助于高层管理者对组织进行控制。在一般的组织当中都有记录在案的组织图、工作规则或岗位责任制。它们说明了组织中的每个职位拥有的权力和责任，如何合理地建立这种正式的权力及责任对管理控制影响很大。权力和责任划分合理，人们就能够有效地工作并互相合作，否则就可能导致管理失控。

要注意的是，对于不同层次的职位，权力和责任的规定方式也应不同。对于低层的职位，最好严格划定权力和责任的界限，而且要尽可能标出细节；对于高层的职位则应标出主要权力和责任界限，一些细节问题可以灵活处理。

正式的组织结构有助于通过正式信息沟通渠道来进行控制。组织的结构关系也就是信息沟通渠道。通过沟通渠道各级管理者可以知道在自己负责管理范围之内，工作进展情况，人员的行为和态度，以及与组织目标相脱离的大部分偏差，从而确保对自己负责范围的控制。

控制跨度是影响正式控制的另一个结构变量。控制跨度与管理跨度的含义基本相同，即向同一个人报告的人员数量。改变管理者的控制跨度将影响到他对下级控制的程度。控制跨度小，控制就能紧些；控制跨度大，控制就可能松些。这是由于跨度小，只有较少的下级向上级报告，上级就有可能对每一个下级抽出更多的时间和精力进行控制。与此相反，管理者可能没有足够的时间和精力来控制下级。

16.4.2　政策与规则控制

政策与规则是实施控制的重要方式。许多组织活动都采用这种方式进行控制，这种控制方式或手段有助于限定部门或个人的主观判断以及要采取的活动。

政策是一种活动的指导，它往往是一般性的，而不是专门性的。例如，某企业提出一条一般性人事政策——“提升将取决于职工对组织的贡献”。规则是对一种行为过程的说明。由于建立规则是为了创造一种活动的制度，它有可能是禁令，也可能不是，但在行为过程中必须遵从规则。

政策与规则的基本差别在于灵活性的大小。政策由高层管理者制定而且可以用来作为许多规则的指导，这种指导可以渗透到各个管理层面。如在企业中，内部政策往往都由厂长和职工代表大会制定，具体的规则可能由各个部门根据政策的要求自己制定，并报上级批准。

规则反映了正式职权，它有助于控制个人或部门之间的结构关系，有效地利用规则可以保证各部门以及各个人的活动同组织目标一致。例如，规则可以限定人事部门的相对职权，也可以限制组织中其他管理人员在人员任用方面的相对职权。规则可以淡化感情色彩，对下级规定了最小可接受的工作标准或工作定额，下级需要服从。规则还可以作为一种结束的信号。如一个商店规定 17:00 停止营业，当顾客正站在柜台前准备购买某种物品时，下班铃声响了，营业员就可以根据这种规定拒绝服务，顾客也会意识到营业员的这种拒绝是有章可循的。规则还有派生新规则的作用。如一项规则规定，职工的住房应根据工作年限进行分配，但是划分工作年限的等级和分房标准可以继续商定，最后制定出另外的规则。

16.4.3 自适应控制

随着科技的进步,机器变得更复杂了,然而也变得易于人们的操作和控制,这大大提高了劳动生产率。自适应控制就是科技发展的结果。目前一些企业中所采用的人—机对话就是一种人与机器共同控制的系统。而自动化又提供了一种基本的机器自己控制系统。自动化通常是把控制机同工作机相结合,一些机器控制着另外一些机器,而无须人去直接控制,人只要注意各种机器是否正常运转就足够了。例如,用计算机来控制原油提炼过程,一旦过程中出现偏差,计算机就能帮助冶炼设备自行调整。这种自适应控制多用于大批量生产或批量生产的企业当中,当然要采用这种控制手段需要大量的资金才能得以完成,也就要考虑控制的经济性问题。

此外,还存在着其他一些控制技术与方法。如统计分析就是管理人员通过对过去的资料或未来的预测进行分析,从中发现规律,对比自己企业的经营实绩并实行有效的控制。以及主要为基层主管人员所采用的现场控制方法,管理者在现场对正在进行的活动或行为给予必要的指导、监督,以保证活动和行为按照规定的程序和要求进行。

1. 预算控制就是根据预算规定的收入与支出标准来检查和监督各个部门的生产经营活动,以保证各种活动或各个部门在完成既定目标、实现利润的过程中对经营资源的利用,从而使费用支出受到严格有效的约束。

2. 常用的非预算控制的主要方法有:比率分析、经营审计等。

3. 比率分析就是将企业资产负债表和收益表上的相关项目进行对比,形成一个比率,从中分析和评价企业的经营成果和财务状况,常用的有两种类型,财务比率和经营比率。

4. 审计是对反映企业资金运动过程及其结果的会计记录及财务报表进行审核、鉴定,以判断其真实性和可靠性,从而为控制和决策提供依据。

5. 生产控制是指企业运营过程中,对包括投入阶段、转换阶段和产出阶段的控制活动,包括对供应商的控制、对库存的控制和对质量的控制等。

6. 管理者还可以通过正式组织结构、政策与规则和自适应等多种方式实施控制。

1. 什么是预算控制,包括哪些内容?
2. 什么是非预算控制,包括哪些内容?
3. 什么是生产控制,包括哪些内容?
4. 列举其他一些实施控制的技术与方法。

案　例

悦达集团:非相关多元化下复合管控模式的实践者

悦达集团为全国520户重点大型国有企业之一,集团以汽车和纺织为两大支柱产业,涉足工业制造、公路投资、矿产开发、现代服务业、房地产业、金融服务产业六大产业。集团下属工商注册企业共193家,以集团总公司为一级企业,集团下属二级企业31家,三级企业70家,四级企业58家,五级及以下企业34家(分别为五级23家、六级9家、七级2家)。悦达集团规模庞大、股权关系复杂、行业分布广泛。而随着集团的迅速发展,总部对子集团的掌控力也逐渐变弱,一些子公司各自为政;子公司投资一味求大求快,盲目投资;总部指令不能有效下达,决策效率降低……那么,有没有一种有效的管控模式来解决上述问题?这个问题已经很迫切地摆在了宋总面前。

表1　悦达集团主要业务单元情况表

序号	业务单元	主要业务构成情况
1	汽车产业	汽车生产及其4S店、物流、汽车配件和专用车
2	纺织产业	棉业、纺纱、纤维、织布、家纺、服装和妇女内衣
3	拖拉机行业	四轮和手扶拖拉机、农机具及农机配件
4	公路行业	公路投资企业
5	煤炭行业	煤炭开采企业
6	有色金属	有色金属采选
7	连锁业态	连锁超市和咖世家餐饮连锁
8	房地产业	房地产项目
9	金融产业	小贷公司、基金及其他金融产品
10	宾馆旅游	宾馆、酒店、旅行社和休闲公园
11	一般贸易	煤炭、钢材、油品、农副产品等贸易业务,北方车辆公司贸易业务
12	其他	广告和包装、新能源、电厂以及集团和股份本部等其他业务

1. 集团复合管控模式的设计目标

悦达集团在"十二五"期间明确了"产业多元化、子公司专业化"的总体发展战略,有效发挥多元化的风险防范和专业化的高效运作之双重优势,即:集团坚持多元化发展,调整提高现有产业,大举进军新兴产业,培育新的经济增长极;子公司坚持专业化经营,将具体业务做精做强,提高行业竞争力,培育核心优势产业。基于悦达集团的总体发展战略和实施管控的指导思想,悦达集团从母子公司角度提出复合管控模式的思路。

(1) 在集团总部方面:进一步完善集团总部战略投资、财务审计、人力资源和信息共享服务"四大中心"职能。将核心资源掌握在集团总部中,由集团总部来引领集团的多元化发展。

(2) 在母子公司关系方面:进一步理顺集团总部与子公司之间的权力分配关系,明确相互之间的权利和义务。按照子公司的股权性质、所处行业重要程度和所处的发展阶段,相应分配投资、财务、运营等相关自主权利。

(3) 在子公司关系方面：通过统一的发展战略指导相关子公司进行专业化发展，规避子公司多元化的风险；同时，通过统一的战略协调，规避子公司之间的同质竞争，实现子公司之间协调高效发展。

随着股权治理结构的进一步完善，子公司的定位将更加专业，集团的管控着力点将集中在具体业务单元上，对煤矿、有色金属、地产、汽车零部件等规模较大的核心业务实施战略管控，并根据其所处发展周期的不同而有选择性地采取战略控制型管控和战略指导型管控；对地产、汽车零部件等处于初创期、成长期的核心业务采取战略控制型管控，着力培养，形成未来支柱产业；对汽车、煤矿等处于成熟稳定期的核心业务采取战略指导型管控，参与决策，共建核心竞争能力；对公路、旅游、贸易等规模较小的非核心业务实施财务管控，强化监控，提高资产价值；对新能源、新材料等处于培育发展期的新兴产业则采取运营管控，提高盈利水平，实现规模扩张，增强抗风险能力。

2. 复合管控模式的实施方案

基于集团的管控现状，直接实施复合管控的条件尚不具备，宋总在会上经过讨论决定集团将按照先易后难、逐步完善，有序调整以及重点突出的原则规划实施路线。

表 2　悦达集团复合管控体系实施路线表

发展阶段	选择标准	具体划分	管控模式
第一阶段	股权关系	纺织、煤矿、有色金属、地产、现代服务业等控股企业	战略管控
		汽车、公路等参股企业	财务管控
第二阶段	股权关系 & 规模大小	五大经营平台等规模较大的控股企业	战略管控
		贸易、包装、金融等规模较小的控股企业	财务管控
		汽车、公路等参股企业	财务管控
第三阶段	业务的战略地位	汽车零部件、地产、金融等处于初创期、成长期的核心业务	战略控制型管控
		汽车、纺织、煤矿、有色金属等处于成熟稳定期的核心业务	战略指导型管控
		新能源、新材料等处于培育发展期的新兴产业	运营管控
		公路、旅游、贸易等非核心业务	财务管控

第一阶段：以股权关系为区分，对控股公司和参股公司进行区别管控：对所有的控股公司都采取战略管控，对所有的参股公司则规范地使用财务管控。具体来说，对现有的纺织、煤矿、有色金属、地产、现代服务业等重点控股企业实施战略管控，通过强化战略指导和对重大事项的运营监控与结果控制，促使各产业和企业战略清晰，目标明确；对汽车、公路以及其他参股企业，根据集团现阶段掌控的技术资源、市场资源、人力资源和供应链资源等实际状况实施财务管控，通过强化目标管理和结果控制，实现投资收益最大化。

第二阶段：在股权关系基础上以规模大小为区分，对于控股公司，按照规模大小区别管控，对规模大的控股公司采取战略管控，对规模小的控股公司采取财务管控；而对参股公司采取的财务管控不变。随着多元化程度的加深和产业规模的扩大，悦达集团对相关产业和业务单元进行了战略整合，煤矿生产和贸易板块整合成立了上海新实业集团，房地产和商业地产板块整合成立了地产集团，商业零售板块整合到南方控股公司，加之既有的两家上市公司，悦达产业发展的架构和格局进一步清晰。集团重点针对这些规模较大的控股企业实施战略管控，而对其他规模较小的控股企业则继续实施财务管控。

第三阶段：在前两个阶段实施的基础上以所属企业的核心业务为区分，按照所处的战略地位区别对待，即对处于战略核心地位的业务单元，采取战略管控；对不处于战略核心地位的业务单元，采取财务管控；对处于培育发展期的新兴业务单元，则采取运营管控。

3. 复合管控模式之间的有机结合

将管控模式分为三种类型——战略型管控、财务型管控、运营型管控，仅仅是集团公司在探索管理子公司的一种思考方向与理念。在实际操作中，很多公司直接用理念替代工具，直接采用三种模式的一种，进而依据此种管控模式管理所属子公司，其后果可想而知。考虑到这个层面的问题，悦达集团对复合管控模式之间的结合可谓是下足了功夫。

财务管控是集团公司以财务指标考核控制为主对下属企业的授权，其主要是以财务的相关指标为核心管控内容。战略管控模式则是集团公司作为战略决策和投资决策中心授予下属企业经营决策权，只对个别重大事项行使决策权。悦达集团采用两种管控的结合方式可以更好地处理控股企业和参股企业的股权关系问题，减少集团的管理难度和管理成本。同时悦达集团对规模大的控股公司采取战略管控，对规模小的控股公司采取财务管控的区分对待方式，可以给形成规模的控股公司更大的决策权且不失管控，同时合理地管理规模小的控股公司让其逐渐发展。

当以业务的战略地位为选择标准时，悦达集团则还要相应地考虑运营管控模式，在运营管控模式下，集团公司作为生产管理中心和经营决策中心，整个集团的集权到极致。对于那些处于培育发育期的新兴企业而言，集团的集权管控可以更好地带动这些新兴企业更好地渡过经营的前期，使得这些企业能够更好地适应集团的管理模式。

4. 总部功能定位优化与完善

对于非相关多元化企业集团来说，总部功能的完善至关重要，总部不仅承载了管理中心的作用，还积聚了集团的核心资源与公共关系。集团通过总部“四大中心”建设来完善总部的功能，强化总部的作用。

(1) 战略与投资中心

在管理创新中，总部对整个悦达集团的战略进行集中管理，确定各业务板块和二级公司的发展规划，提高行业投资的有序性，减少集团的管理难度和管理成本。

(2) 财务与审计中心

集团公司对下属单位履行管理和监督职能，而预算监督、委派人员评价、会计核算与报告则是实现集团管理职能的有效手段。

(3) 人力资源中心

在人力资源管控方面，总部主要通过委派下属单位董事、监事、高管和骨干管理人员来实施对下属单位的管理。

(4) 公共资源与共享服务中心

为了发挥集团的整体优势，总部就应当在集团各构成企业内部进行综合平衡，提高集团综合效益。如平衡各企业间的资源需求、公共关系的共享、文化、品牌管理、最佳典范经验的分享等，以培养并强化自己的经营协调能力。

5. 预算管理体系的完善与产业运营平台的搭建

悦达集团通过推行全面预算管理体系，优化预算编制，强化预算审核，实现对整体经营活动的量化安排，发挥财务管控功能。通过强化内部控制，狠抓责任落实，明确各级责权，明确考核依据，实现集团战略目标的分解、实施、控制和有效达成。

按照总体发展战略和中长期规划，悦达集团以股权整合为手段，以板块经营为载体，对现有相关业务进行了战略整合以提高运营管控能力，成立子集团的形式搭建运营实体，而且子集团的负责人均由各运营平台的分管副总裁兼任，中高层管理人员也均由集团委派，人事关系在集团总部，实际上相当于形成了虚拟的事业部，只是将其“派驻”到运营实体中去。同时，搭建五大运营平台，也是为了促进管理架构扁平化，着力解决管理层级过多、委托—代理链条过长的问题。集团决定以成立子集团的形式搭建运营实体，分别搭建能源运营平台、地产运营平台、有色矿业平台、商业零售平台、资产管理平台。

6. 构建现代化管理信息系统

为提高集团管控效率，悦达集团在既有信息系统的基础上进行整合和提升，构筑了以三大系统为核心的信息平台。

(1) 财务信息系统

通过购置财务专属服务器，搭载用友财务软件，并聘请用友公司针对集团财务状况对相关模块进行二次开发，建立起总部与子公司之间高效的 NC 财务信息系统。

(2) 运营信息系统

通过以战略为导向，以业务单元分析为基础，构建 OIMS 运营信息管理体系，强调战略引导，涵盖业务单元管理、运营信息收集、分析、评价以及信息共享和决策支持，并在此基础上评估战略实施情况，检讨调整战略规划。

(3) 办公信息系统

通过 OA 办公信息系统，建设智能总部大楼。OA 系统基本实现了总部的无纸化办公，相关文件的行文、审批与发放，财务票据的报批，相关流程与手续均实现了网络办公，同时，还通过无线网络功能实现了异地办公，极大地提升了办公效率。

自 2009 年实施管理创新，采用复合管控模式以来，集团的营业收入与净利润均取得了较快增长，2013 年集团营业收入更是首次突破 1 000 亿元，成为苏北第二家营业收入超千亿的企业。同时，集团的净利润也始终保持稳定，收益率维持在一个较高的水平。

(选自“悦达集团：非相关多元化下复合管控模式的实践者”，作者蔡成喜)

讨论题

1. 如何看待多元化集团在复合管控模式方面的探索？如何从主客体视角来分析？

2. 你认为悦达多元化集团，在复合管控模式中，战略管控与财务管控、运营管控之间的联系是什么？

3. 你认为悦达集团如果实行通过子集团来搭建运营实体，对于总部的功能地位有没有影响？

4. 非相关多元化企业集团根据发展周期不同而实行复合管控模式，需要什么样的管理手段和条件才能实现？

附　录
中国古代管理思想

附录1　中国古代管理思想概览
附录2　先秦古代管理思想

附录1　中国古代管理思想概览

就现代管理理论的发展历程来看，西方学者率先运用科学研究方法构建了一整套管理理论，同时，这一理论体系又带有浓重的西方文化情境。中国企业界和学术界吸收了这些理论的精华，并有力地促进了中国企业管理实践水平的提升。但是，由于社会文化的差异、思维习惯以及体制环境的不同，西方管理理论对中国企业管理实践的指导具有一定的局限性。为了解决上述问题，伴随着中国企业实践活动的不断丰富，中国企业界和学术界也在积极地从历经二千多年发展的中国古代管理思想中寻找管理经验，并且通过理解应用，在实践中创新，以期形成新的管理思想。可以说，随着中国经济的快速发展，中国古代管理思想经过融合创新，必将构建起适应东方文化，能够与西方管理理论并驾齐驱的一整套管理理论体系。这套理论体系的形成，首先需要从中国古代管理思想中汲取营养，对古代管理思想有完整深刻的认识与理解。

1.1　中国古代管理思想形成背景与演化过程

1.1.1　中国早期国家形成的特殊性

恩格斯通过对古希腊和古罗马早期社会的分析，提出国家并不是从来就有的，而是社会发展到一定阶段上的产物，由于经济发展到一定阶段形成阶级后而产生。家族—私产—国家是人类社会国家产生的脉络，这一演变过程中，传统维系社会稳定与发展的家族被国家所取代。但是中国古代社会国家的形成与古希腊、古罗马的国家进程存在一些差异，这导致了东西方文明的巨大差异，这种差异延续至今，这也是东西方管理思想差异的原因之一。

在中国民族从原始社会走向文明的过程中，谢维扬借鉴塞尔维斯和弗里德的观点，用“早期国家”和“酋帮”等概念探讨东西方的差异。“酋帮”的特点是一个民族在进入国家这一阶段前已经在一定程度上形成了中央集权的权力，社会最高权力在一定形式上被占据社会特殊地位的个人所掌握。

古希腊和古罗马国家形成之前的氏族部落或部落联盟其典型特征在于平等与分权，也就是各部落地位平等、部落联盟没有首脑，议事原则是全体一致通过。酋帮模式则以集权为显著特征。首先酋长具有真正的实权，不仅可以分配土地，还控制了社会剩余产品和物质，乃至人力资源。更为重要的是酋帮首领的权力不受部落成员的制约，人民相信他的权力来自上天。其次酋长拥有听从其旨意的各种官员，组成一个较为正式的政治机构，这一政治机构以金字塔形的结构为特征。第三酋长及其所属的官员都拥有特权，受到全体成员的尊敬，已经逐步形成了一系列的礼仪规定来维护他们的地位。第四酋长的地位日益成为“永久性”，整个社会权力结构逐步以他们为中心、为了他们的目的而存在。从酋帮的特征可以看出，在由酋帮向国家转型过程中，中央集权已经形成，国家首领的权力直接从酋帮首领的权力演变而来。

中国五帝，特别是尧舜禹时期可以看出"酋帮"社会的典型特征。首先尧舜禹都是他们所在部落联合体的最高首领，拥有特殊的、只属于他们的一些权力，包括对部落首领的处置权等。其次部落联合体官员的任命都由他们的最高首领决断，禅让制下的权力转移已经逐步演变为个人意志决定了。第三，部落联合体只有最高首领这一权力中心，古希腊和古罗马那种议事机构并未在尧舜禹时代发现，并且部落平等、全体一致通过的决策原则也未出现。

1.1.2 中国血缘宗法组织

恩格斯将"家族、私有和国家"作为人类文明路径的指标，但是由于中国经历了"酋帮"社会，进入文明社会的方式与西方存在差异，也就是由家族向国家演进过程中并没有类似西方那样将家族观念清除。中国的国家观念混合在家族之中，家国不分，相互融合，由此形成了中国特殊的血缘宗法体系，影响了中国二千多年的发展。中国古代管理思想其实是建立在以血缘宗法为基础的社会组织基础之上，这与以工商企业为基础的西方现代管理理论存在根本性的差别。

宗族是由男系血缘关系的各个家族在宗法观念的规范下组成的社会全体，其核心要素包括：以男性血缘系统的人员关系；家庭为单位；聚族而居或有相对稳定的居住区；有组织原则、组织机构和领导人进行管理。宗族内部所存在的亲疏贵贱等级关系和相应的行为尊则成为宗法。宗法的核心精神为嫡长子继承制，这一制度在我国第一个朝代夏朝即成为社会组织的基本准则。所谓嫡长子继承制是指王位和财产必须由嫡长子继承，嫡长子是嫡妻（正妻）所生的长子。《春秋·公羊传》就有"立嫡以长不以贤，立子以贵不以长"的观点。除了推行嫡长子继承制，在周代还实行"分封制"维系宗法制度。"分封制"也称"封建制"，指根据宗族成员在宗族中的地位，将其分封到王都之外去建立一个新的、次一级的具有明确政治权力和空域界限的领地。《左传·定公四年》就用"封建亲戚，以藩屏周"描述周王朝将同姓子弟亲属封为地方邦国，以血缘纽带联系起来作为保护周王朝的屏障。

随着国家的建立，国家君主通过宗法制度构建"宗君合一"，以维护自己的统治。所谓"宗君合一"是指用宗法制度内部的等级序列组织国家，实施国家的管理，以血缘关系来表达政治关系，用政治关系复写血缘关系，形成家国复合体。宗族内部的血缘亲疏和辈分序列的升降与政治地位的升降保持一致。随着中国社会的演进，保证社会正常运行的宗法观念逐步演化成为"治国之道"，也就是中国古代管理思想。

1.1.3 中国古代管理思想的演进

中国古代管理思想形成的萌芽期是夏商西周时期。其时以士人为中心建立起来的"官学"（治国之道）蕴含着中国古代管理思想的萌芽。以道德为本位，核心是维护以周天子为中心的宗法等级秩序。由于这种"治国之道"完全为了维护周王室的政治稳定与发展，忽略或者轻视诸侯国和民众的利益，这些"治国之道"无法解决日益激化的社会矛盾，"官学"逐步分化。

中国古代管理思想的发展阶段是春秋战国时期，此时周王朝势力渐弱，权力下移，士族崛起以及专门从事思想性创造并且具有自由身份的士人阶层逐步形成。为了适应各诸侯国称霸的目标，统一的"官学"逐步演化为以"治国之道"为核心的为各个诸侯国服务的"私学"，同时也造就了中国古代管理思想的"百家争鸣"局面。中国古代管理思想的主干构成要素（指儒、道、法、墨等诸子百家"治国之道")及要素之间结构性关系(如仁与义、礼与法、义与利、王与霸、有为与无为等)在此阶段也逐步形成,确定了中国古代管理思想的走向。

中国古代管理思想的定型期为秦汉时期。经过春秋战国"百家争鸣"到汉武帝时期形成以"儒学为主、道法相辅"为学派结构的中国古代管理思想,其后虽然随着社会发展不断变化,但是始终没有越出以儒家"德治教化、修身治国"作躯干,添加"援道入儒、无为而治"、"阳儒阴法、德主刑辅"为两翼的"内圣外王"治国模式。

1.2 中国古代管理思想基本特征与核心框架

与西方定位于工商企业的管理理论不同,中国古代管理思想占统治地位的是关于国家治理的思想。虽然随着新中国的建立,这种治国思想在管理活动上已经成为历史,但中国企业家在对于企业管理的实践中发掘了这些管理思想的积极意义,因此仍然深刻影响着今天的企业管理活动。

1.2.1 中国古代管理思想的核心特征

历经二千多年的中国古代管理思想具有以下与西方管理理论不同的特征。

1. 天人之道的世界观

中国一直没有形成西方自文艺复兴起高度推崇的理性主义思想。东西方文化的差别从本质上看在于人的差异,而人的差异其实又是体验与理念的差异。西方很早就形成了人的主体与外在客观的世界观,而中国古人的体验以"天人合一"的大一统观念为根本特征。中国古人对于"天"的理解其实不是自然界中"天"的概念,而是对宇宙整体的认识和天下大一统的观念。

中国古人对于"天"的认知形成源自于春秋战国,在秦汉时期逐步形成了"天地人"大一统的思想,为中国古代管理思想奠定了思想基础。"所谓天人合一,其实是说'天'(宇宙)与'人'(人间)的所有合理性在根本上建立在同一个基本依据上。它实际上是古代中国知识与思想的决定性的支持背景"。"道"体现了中国古代人们的终极依据,这一依据也与"天"联系在一起的。"天人之道"直接构成了中国古代管理思想的合理依据。自汉董仲舒以"天人之策"提出治国体系以后,在这种终极依据之上建立起了中国古代的治国管理体系,构成了中国古代管理思想的根基。

2. 人治式管理的基本管理形式

"人治"思想源于中国的宗法制度。由于早期中国历史发展中的家国同构、正统与宗统合一,血缘关系与阶级关系交混,使管理之中血缘、阶级、社会组织功能"无法分清,形成独特的治国之道"。在中国古代管理思想中,"人治"是"以人治人","治理"国家就是对人的治理,而对人的治理的关键在于得人心,因此必须依靠贤人,并用人道来治理人。

"人治"式的管理在中国历史上与专制结合在一起,形成独特的专制式人治管理,何似龙对专制式人治管理界定为"整个社会或该组织存在着一个权力高于一切、大于一切,不受任何限制和可以为所欲为的最高领导者,这个领导者按个人的意志及情感对整个社会或组织实施管理"。专制式人治管理体现在两个方面。第一是皇帝至上观念:皇帝功盖一切,拥有一切并支配一切;皇帝为民立极,实施对整个社会的管理;从根本上讲就是由皇帝对所有臣民的行为准则和道德规范做出详尽、具体的规定,并强制所有臣民按皇帝的意志和命令形式。第二是皇帝极欲与重罚并重。以秦始皇为例,统一天下,诏令一统,至尊至贵,权力无限并且欲望无穷,而至高无上的权力加上极欲，必然导致重罚主义。这在秦末体现的极为显著。

3. 国家作为管理的对象，与修身、齐家一脉延续

中国社会中长期以来占统治地位的是关于国家治理的思想。中国古代管理思想发展的根基是中国二千多年长期发展而相对稳定的农业社会和封建社会的国家历史。在这漫长的历史中占统治地位的管理思想是儒、道、法共同架构的治国思想。汉董仲舒提出“罢黜百家、独尊儒术”时，以“大一统天下”为治国理想的儒、道、法共同架构的治国思想成为中国古代的主干管理思想。此时中国历史上的一次重大社会转型得以完成，即由奴隶制向封建制过渡完成，农业经济成为中国社会的主要经济，建立在这样经济基础之上的中央集政的君主专制主义政治制度获得确立。由于中国古代管理思想适应了中国的具体环境，使得中央集权的君主专制体制维持二千多年，促使中国长期成为世界社会经济的中心区域。

4. 以“官僚”作为核心的管理阶层

中国的官僚统治是中国传统管理思想中的管理者，理解中国古代管理思想就必须深刻理解中国语境下“官”的意义。时至今日，中国社会对“官”的认识依然与“管理”联系在一起。王亚南曾在总结中国官僚政治的特殊性时就特别指出，“中国文化中的每一因素，好像是专门为专制官僚统治特制的一样，在几千年的专制时代中，仿佛都与官僚政治达到了水乳交融的调和程度。”

“官”文化在当前中国企业中仍有深厚的基础，作为传统管理的官体及其体制，形成了迄今为止最丰富的管理思想，保持了中国社会二千年来的稳定发展，也造成了近代的封闭衰落，需要辩证看待。

1.2.2 中国古代管理思想的核心框架

中国古代管理思想到汉武帝时期董仲舒“独尊儒术”基本定型，自始开始，中国古代管理思想的核心框架基本成型，历经二千余年历史，具体内容在中国历史发展演化过程中不断发生变化，但是其基本内容并未发展根本性的变动，形成了与西方管理文化迥异的管理思想。

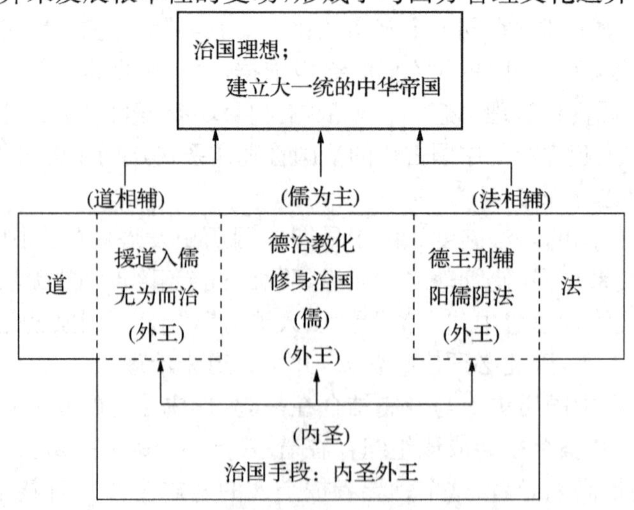

图1 中国古代管理思想的总体框架

引自：何似龙，施祖留。儒道法共同架构下的中国古代主干管理思想．江海学刊 2002.3

中国古代管理思想的目标以反映中国民众的根本愿望为出发点。由于这一管理思想源于春秋战国，其时长期的诸侯混战给社会和人民带来了深重的灾难，因此诸子百家的管理理念大

都有着寻求统一与安定的基本诉求，这就构成了中国古代管理思想的核心目标，即实现中华的“大一统”。这一管理目标非常符合封建政治的需要，对于维护皇权统治意义显著，因此自汉王朝开始始终得到各朝帝王的重视及巩固。“大一统”管理目标随着中国二千多年的朝代更迭，逐渐形成了“建立大一统”的管理思想目标。时至今日，这一治国目标仍然在影响着华人社会。

儒家学说对于中国人，犹如基督教文明对于西方人一样，实际上久已转化成民族文化的烙印，是一个民族无论如何都难以真正彻底摆脱的文化符号。

儒家思想治国模式为“内圣外王”，即治国主体要实现内在的道德修养，再通过治国活动将其体现到管理体制中，而“德治教化、修身治国”是治国的根本模式。“内圣外王”要求以“德”为先，这无法解释刘邦武力得天下之一事实，其次“内圣外王”不排斥多人通过“内圣”而“成王”，这直接挑战了刘家皇权地位。董仲舒在其“天人三策”中完成了儒家思想如何应用到汉朝治理国家实践的转型，为刘家皇权的延续提供了理论支撑，得到了汉武帝的认可。董仲舒首先提出“天人感应”一说，改“以圣定王”为“以王定圣”，认为天的根本属性就是德，天按照德行创造人类社会，君主则是天在人间的化身，君主之权来自天，天有仁德，君主当然也有仁德，有天之德，自然为圣。其次，董仲舒创造“天人相类”之说进行圣贤分层，人的一切都是天的副本，“王者配天”是最高等级，是圣；其下便是君子、善人和正直的人，他们的政治地位依次递降。君子、善人和正直的人之德行获得通过察举决定。第三，通过“君权神授”解决众“圣”与一“王”的矛盾基础上，通过血亲关系，上下辈关系的唯一和不可变更性，在君臣关系、忠亲关系、孝的解释上进行界定，强化君主的唯一性。董仲舒的这套理论体系对儒家思想进行改造，实现了统治阶层的政治化要求，“独尊儒术、罢 百家”成为现实，由此儒家思想终于成为中国古代管理思想的主干，影响着中国二千多年的历史演进。

儒家管理思想核心—“内圣外王”的提法其实出自道家中的庄子学说，而思想根源更可以溯至老子，所以说儒家的学说本身就吸收了道家的思想，因此“援道入儒”是中国古代管理思想的框架之一，“道家”的思想构建了中国古代管理思想核心框架的一翼。《老子》中提出“修之于身，其德乃真；修之于家，其德乃余；修之于乡，其德乃长；修之于邦，其德乃丰；修之于天下，其德乃普。故以身观身，以家观家，以乡观乡，以邦观邦，以天下观天下”显然是儒家“修身齐家平天下”的思想源泉。道家管理思想的根本观点“无为而治”更为儒家“外王”提供了参考，通过把人们束缚在“老外不相往来”的土地上，实现“治国主体”维持社会稳定。到了董仲舒那里，其“天人三策”开头就提出“道者，所用适于治之路也”，把道定义为适合于治理国家的所由之路。其后董仲舒在《春秋繁露》中直接将道家的无为而治与儒家的“德治教化”交融在一起。

儒家在思想演变过程中吸纳了多家学说的思想，特别是战国后期法家被秦朝采纳，法家的思想更为深刻的影响儒家学说。孔子的传承之人孟子认为“以德行仁者王”，“以力假仁者霸”，即实行德治仁政者为王道政治；假借仁义之名义而靠武力征伐者，为霸道政治。而孔子思想的另一传承人荀子并不像孟子一样反对霸道，他更加重视治理国家过程中法的作用。他认为法不能单独发挥作用，必须依靠善于治理国家的人。法是治理国家的根本，必须由君子制定，并且靠人去实行，人比法更重要。到了董仲舒那里，其构建的儒术体系不论在理论框架的设计还是具体思想的塑形都充分借鉴了春秋诸子百家学说。董仲舒在其思想得到汉武帝认可后，作为实际的国家治理策略，董仲舒实际主张“阳为德、阴为刑，刑主杀而德主生”，即“阳德阴法”。

研究《春秋繁露》中董仲舒的言语可以发现，董仲舒并非不要法治，而是不公开宣扬，将其作为德治的一个补充手段。由此，从儒家思想演化本身所接纳的"法家"思想到董仲舒对于"法家"观点的采纳，"法家"的思想构成了中国古代管理思想核心框架的另一翼。

孟子曰："以力假仁者霸，霸必有大国；以德行仁者王，王不待大。汤以七十里，文王以百里。以力服人者，非心服也，力不赡也；以德服人者，心悦而诚服也，如七十子之服孔子也。诗云：'自东自西，自南自北，无思不服。'此之谓也。"

《孟子·公孙丑上》

国者，天下之制利用也；人主者，天下之利势也。得道以持之，则大安也，大荣也，积美之源也。不得道以持之，则大危也，大累也，有之不如无之，及其綦也，索为匹夫不可得也，齐湣、宋献是也。故人主，天下之利势也，然而不能自安也，安之者必将道也。

故用国者，义立而王，信立而霸，权谋立而亡。三者，明主之所谨择也，仁人之所务白也。

《荀子·王霸》

附录2 先秦古代管理思想

2.1 儒家管理思想

孔子是中国传统文化主流思想奠基者，其创立的儒家学说蕴含着深厚的管理思想，其后经孟子、荀子等门徒的进一步发展，成为中国古代管理思想的主干。儒家学说虽然不构成今天意义下的科学知识体系，但是已经具备了完整的理论体系，包含了管理基本原理和管理哲学范畴。其以人为本是管理实质，道德教化为管理手段，修己安人为管理过程，知人善用为管理艺术的管理思想体系，蕴含着丰富的睿智，足以成为现代管理理论与实践的资源。

2.1.1 思想出发点

孔子管理思想的中心概念是“仁”。“仁，亲也，从人以二”，即“仁”是“二人”的复合，这里孔子实际上是把人以及人际关系作为自己理论的出发点，管理就是在于搞清人以及人与人之间的关系。在孔子眼里管理的本质是“治人”，管理的前提是理解人性(善恶)。管理的方式是“人治”，管理的关键是“择人”“得人”，管理的组织原则是“人伦”，管理的最终目标是“安人”——总之，一切都离不开“人”。在管理的手段方面，孔子强调“为政以德”，主张用道德教化的手段感化百姓，从而达到治理的目的。孔子说：“道之以政，齐之以刑，民免而无耻；道之以德，齐之以礼，有耻且格。”在他看来，用道德教化感动人心，要比一味地采用惩罚的管理手段会收到更好的效果。

而就一个国家，一个社会来讲，孔子具体提出了两个方面的管理目标：一个是“礼乐征伐自天子出”(《论语·季氏》)、“老者安之，朋友信之，少者怀之”(《论语·公冶长》)；另一个是“远人不服，则修文德以来之”(《论语·季氏》)。孔子提出了对内、对外的管理目标，对内孔子要求安定统一，有良好的社会风气，当然要先“富之”、“教之”(《论语·子路》)，以此为基础和前提。对外孔子要求处理好远近关系，奉行和平协调原则，即今天所说的“和平共处”原则，使“近者悦，远者来”(《论语·子路》)。

2.1.2 人性假设

孔子以仁为核心构建的儒家学说，围绕着人性为何这一基本要素，但是孔子并没有对于人性进行深入的解释，这一工作由孟子予以完成，并由此构建了中国古代管理思想的人性假设。这一人性假设与西方管理理论创立时的人性假设截然对立，这也是东方文化与西方文化的差异根源之一。

孟子提出了“性善论”，认为人生具有向善的要求和为善的能力，这种内在要求及潜能是“人之所以异于禽兽”和使人对礼、义做出肯定性判断的依据。孟子基于儿童将落井的一刹那人人都会产生“恻隐之心”，认为人性是先天的。“仁义礼智，非由外铄我也，我固有之也，弗思耳矣”(《孟子·告子上》)；“君子所性，仁义礼智根于心”(《孟子·尽心上》)。因此在孟子观点里，人人都有仁、义、礼、智“四端”，只不过有人没有认真思考过。只要能好好体验、扩充、每个人都能成为善人。由人性本善出发，孟子提出了存心养性、反身而诚、养浩然之气的修身方法和仁政治国的思想。

此外，同为孔子门生的荀子则提出了“性恶论”的人性假设。荀子认为，“人之性恶，其善者伪也”，也就是人的本性是恶的，善是后天的人为而形成的。荀子认为人之所以由性恶变成性善，是后天礼法教育的结果。因此尽管荀子认为人的本性是恶的，但人的本性不是不可以改变的，通过礼法的教化，化性起伪，可以变恶的本性为向善的本性。“今人之性恶，必将待圣王之治，礼仪之化，然后皆出于治，合于善也”(《荀子·性恶》)

由此，孟子的“性善论”为孔子的“为仁由己”提供了人性依据，而荀子的“性恶论”则为个人修身时必须“约之以礼”提供了人性依据。这构建了儒家管理思想的基础。

2.1.3 管理思想核心

儒家管理思想源于对中国传统管理哲学思想“允执其中”的继承。《尚书·大禹谟》记载的十六字心经“人心惟危，道心惟微，唯精唯一，允执厥中”表述了中华管理文化的主流传统。它的主旨是允执其中。而实现执中的方法是“执两用中”。中式管理的传统就是“执两用中，持中致和”。“允执其中”是变异达到和谐的通路，这要借重于“执两用中”的思维工具。孔子则把古代的智慧集中用到一点上来，提出“执其两端，用其中于民”的办法(《中庸章句》)，用一套社会成本较低的中庸之道来达成持中致和。

所谓中庸，庸者，用也，“中庸”也就是用中。《礼记·仲尼燕居》载：子曰“礼乎礼，夫礼所以治中也”。礼的基本作用是治中，中庸思想要求人们“无过无不及”的用中，而所守的中就是“礼”。中庸就是谨守礼制，无过无不及，不偏不倚，不改不易。经过这一番苦心的改造，使民众易于信守。孔子在《论语·学而》中说：“礼之用，和为贵。先王之道，斯为美”。古代圣贤所教导的“允执厥中”被孔子转换成了比较简单的礼、义、和等信条，用于教化万民，达成社会的和谐。《论语·泰伯》记载孔子曰：“民可使由之，不可使知之”。道出了孔子认为百姓可以使他们按指引的道路走，不可能使他们都知道为什么要走这条路的本意。明确地宣示了孔子将古代流传下来的“允执其中”的智慧改造成让老百姓照着做的“中庸”信条的良苦用心。孔子的智慧是：老百姓掌握“执两用中”实在太难，只好取其次，给老百姓“中庸”的信条，老百姓遵循“中庸”的哲理，依循“守礼”、“重义”的路走就得了，简单易行。

孔子“道之以德”的管理内控思想“道之以德”控制，是管理的基本手段，其对象包括人、事、物和行为的控制，孔子的“道之以德”主要讲的是对人的控制，他主张以“德治”为核心，虽然他也承认“齐之以礼”，即以礼义制度为规范行为的外在控制。但他最强调的组织管理要以道德价值为导向进行控制，这是最根本的控制，是最佳的控制。在管理方面，管理人的行为是表面的，能管住一个人的心才是高境界的管理控制。所以，孔子的主要管理思想可概括为强调以人的思想为中心的“人治”，同时辅之以礼为法规的“法治”。

2.1.4 治国手段

构成儒家管理思想核心的是其治国模式，即“德智教化，修身治国”，这是从人性本善这一根本人性假设推演而来。“德治教化”的目的在于发扬美好光明的德行，并用教育感化人民，使之能去其陈旧思想。“德治教化”强调了教育和道德标准对于人民教化的重要性，孔子设立“私学”，广招门徒，“弟子三千，七十二贤”，同时周游列国，宣讲自己的治国思想，正是孔子自身对于“德治教化”的具体实践。“修身治国”指的是修养个人道德，提高个人道德品性，以齐家、治国、平天下。强调的是作用于自身的努力，“吾有知乎哉？无知也。”“吾尝终日不食，终夜不寝，以思，无益，不如学也”。正是由于对自身的不断叩问，让孔子认识到了“修身”对于“治国”的重要性。

《大学》开篇就提出“大学之道，在明明德，在亲民，在止于至善”，治理国家，根本原则是明明德，根本任务是亲民，根本目的是止于至善，构成了治国的三纲。随后又提出了格物、致知、诚意、正心、修身、齐家、治国、平天下，称之为“八目”（《大学》），“古之欲明明德于天下者，先治其国；欲治其国者，先齐其家；欲齐其家者，先修其身；欲修其身者，先正其心；欲正其心者，先诚其意；欲诚其意者，先致其知；致知在格物。”又有“物格而后知至，知至而后意诚，意诚而后心正，心正而后身修，身修而后家齐，家齐而后国治，国治而后天下平。”八目之间有着一定的逻辑关系，对个人，对内在，要做到修己，修炼自身美好、光明的德性，不断提高个人道德品德；对周围环境，对外在，要做到教化感染人民，治人，革旧布新，使之成为新道德新思想的载体，内在外在的不断修习，使天下达到至善至美的最高境界。

治国模式的基本构架建成后，儒家古代管理思想又对治国的具体操作进行了思考，孔子思想中的治国方法延续了治国模式的侧重点，即从“对外”和“对内”两个方面制定治国方法。即对外以“礼”，对内以“仁”。

第一，外礼。从夏、商开始，礼与刑融合共同组成了法。到西周经周公旦制作“周礼”后，礼不仅变成国家机器正常运转所遵循的准则“道德仁义，非礼不成，教训正俗，非礼不备。纷争辨讼，非礼不决。君臣上下父子兄弟，非礼不定。宦学事师，非礼不亲。班朝治军，莅官行法，非礼威严不行”。而且从外部环境和社会影响因素考虑，用“礼”来规范人们的思想，约束人们的行为，协调人与人之间的关系，以达成社会的有序、统一和稳定的直接目的。“礼”不仅从意识形态方面影响着百姓，更渗透到了社会生活的方方面面，单单是周之九礼就包括了“冠、婚、朝、聘、丧、祭、宾主、乡饮酒、军礼”，在当时的社会上至统治阶层，下至黎民百姓，都必定会经历的活动，“礼”所涉及的范围之广，影响之大，正说明了其作为治国手段的可行性。“礼”作为法律的一种形式，具有强制性，并得到国家政权的支持，因此礼作为外在的制度和规范，产生了制约人们行为的力量。

第二，内仁。“仁”是儒家思想的核心之一。单《论语》中就出现了 109 次，以“仁”治国，侧重于通过对个人内心的道德修养的塑造，来达到人与人之间和谐，使社会有序统一。“仁者爱人”，孔子主张任何情况下都要遵守“仁”的原则，“仁”的思想在人们心理、情感、道德等方面都设立了道德标准。如果说选择“仁”有劝导和自愿性的意味，那么选择“不仁”则会受到惩罚，最终仍然会受到强制性的约束。“人而不仁，如礼何？人而不仁，如乐何？”如果选择了“不仁”，就是触犯了“礼”，而“礼”是法的一种表现，触犯了法，最终会受到社会或统治阶层的惩罚。因此，“内仁”和“外礼”之间存在着一致性，子曰：克己复礼为仁。“仁”中也包含着“克己”这一内在约束。仁礼应当是一体的。

2.2 道家管理思想

道家学说的创始人老子与孔子同时代的，以《老子》(又称《道德经》)留存其学说观点，与儒家古代管理思想具有政治伦理型文化分型特征相对应。老子的管理思想表现出了强烈的政治谋略型特征，深刻影响着中国古代的治国理念，是中国古代管理思想的主干之一。

2.2.1 思想出发点

道家之所以称为道家，主要是因为这一学派主要讲道，以道为宗。道是道家学说的核心和基本概念。根据道家“道法自然”可以引出道家管理思想的出发点。

第一，道是万物之本原、万物之母。老子认为名为“太”的道早在天地形成之前就已经浑然而成，它无声无形，独立长存而不变化，周而复始永不消失，因此是万物的创始者。《老子》第四十二章“道生一，一生二，二生三，三生万物”中，“一”是宇宙在混沌时混成一体；“二”则指出宇宙一分为阴阳二者；阴阳合得和，也就是“三”；然后“形气质”具备生成万物。这说明道比“一”更为本质，是万物本原。那么什么是“道”呢？《老子》第二十一章写到“道之为物，惟恍惟惚。惚兮恍兮，其中有象；恍兮惚兮，其中有物；窈兮冥兮，其中有精，其精甚真，其中有信，自今及古，其名不去，以阅众甫”。因此，《老子》第一章就点名“道可道，非常道；名可名，非常名”，道是一种独立而不可名状的存在，构建了道家学说的宇宙本体论。

第二，万物皆由道而生，以道而存，道法自然。《老子》第六十二章中“道者，万物之奥，善人之宝”指明道由于是万物之母，所以万物必须以道而存，循道而行。《老子》第二十五章“人法地，地法天，天法道，道法自然。”即指人以地为发，地以天为法，天以道为法，道则唯以自己为法，别无所法。

第三，道蕴涵着万物运动与变化的总规律—变与反。万物之生死及运动变化途径，也就是所遵循的规律就是道。但是万物所遵循的规律并非毫无相干，它们为更根本的规律所统一，这一总规律也就是道。那么变化的规律是什么？张岱年总结为“反复”，也就是“事物在一方向上演变、达到极度，无可再进，则必变而为其反面，如是不已。失误有无有而发生，既发生乃渐充盈，进展以至于极盛，乃衰萎退而终于消亡，而终则有始，又有新事物发生”，“一反一复，是事物变化的规律”。

最后，治理国家应遵循“道”，实行“无为而治”。道作为万事万物的根本，并不是像上帝一样主宰一切、统治一切；万物皆由道而生，而道之生万物和万物遵循于道，都是无为而自然的。因此君主治理国家必须遵循于道而“无为而治”。

2.2.2 管理目标

“小国寡民”是老子的治国理想，也是其管理目标的最高境界。冯友兰认为老子所说的并不是一个社会，而是一种精神境界，老子追求的就是这种精神境界。他这样解释“小国寡民”：“《老子》第八十章描绘了它的理想社会的情况。从表面上看起来，这好像是一个很原始的社会，其实也不尽然。这种社会并不是没有舟舆，不过是没有地方用它。并不是没有甲兵，不过是用不着把它摆在战场上去打仗。并不是没有文字，不过是用不着文字，所以又回复到结绳了。用《老子》的表达方式，应该说是知其文明，守其素朴。《老子》认为，对于一般所谓文明，它的理想社会并不是为之而不能，而是能之而不为。”

2.2.3　治国手段

老子在《老子》一书中多次提到“自然”、“无为”这两个概念，它们也是老子管理思想的核心。在某种程度上讲，老子的管理思想和管理学说都是建立在“道法自然”和“无为而治”基础上的，在此基础上又进一步引出来治大国若烹小鲜、守柔、处下，不争以及以退为进等一系列治国手段。

第一，道法自然。老子在《老子》第二十五章中提出：“人法地，地法天，天法道，道法自然。”这不是说“道”要效法“自然”，而是说“道”的本性就是自然而然。老子认为在自然界中存在着一条生物繁衍、生生不息的自然规律，整个世界就是由这条规律主宰着，人类作为其中的一部分，就一定要遵循这条自然规律，而自然规律要遵循宇宙规律，宇宙规律要遵循一个法度，这就是自然而然。

第二，无为而治。无为而治是道家思想的核心内容，《老子》的主要内容都是谈政治，这个政治就是无为而治，道法自然、道常无为等观点的论述，是为了从自然道向社会道的过渡中，逻辑的、合理的得出无为而治的结论。所以，有的学者认为老子实际上就是一个政治思想，他以自然之道来介入政治。老子认为应该用自然原则来处理政治问题。无为，并非人们通常所理解的字面意思“无所作为”，什么都不做，相反，老子讲无为是不妄为，“无为而无所不为”，并把“无为无不为”当作最高原则。老子主张治国者不要干涉百姓事务，任凭百姓自作自息。在《老子》第三章，老子提到：“常使民无知无欲，使夫智者不敢为也。为无为，则无不治。”就是要求圣人无为而百姓有为。老子的“无为而治”思想是建立在“道法自然”基础上的，就是要求统治者要顺应自然，遵循事物的发展规律，按事物的客观规律办事，做出正确的决策。

第三，治大国若烹小鲜。老子在《老子》第六十章中提出：“治大国，若烹小鲜。以道莅天下，其鬼不神；非其鬼不神，其神不伤人；非其神不伤人，圣人亦不伤人。夫两不相伤，故德交归焉。”老子在后面提到了一个重要的原则“不伤人”，这是治理国家的目标，而要实现这个目标就要以道莅天下，就是用道来治理国家，只有这样才能达到不伤人的目标，而只有达到不伤人的目标才说明你的政策是合乎道的。倒过来再看前面的话，可见烹小鲜的要点就是不伤小鲜也就是小鱼，凡是有利于这个目标的就是对的，可以做，而不利于这个目标的就是错的，不能做。这其实和庄子说的庖丁解牛的故事相通，庖丁顺着肌肉文理骨头缝隙来解牛，不伤害肌肉骨头，而反过来肌肉骨头不会伤害刀子，这就是两不相伤，所以刀子才会用了十九年还是新的。圣人不伤人，而人也不伤圣人，不会造反推翻圣人的统治，两不相伤，德交归焉。至于说烹小鲜不要翻来翻去，这只是烹小鲜的特有情况，未必适合治国，治国有自身的特殊情况，就好像庖丁解牛就没有要求不能翻来翻去。如果发现法令有错误，别说朝令夕改，就是朝令朝改都可以，你改得越慢，伤民就越厉害，这就不符合不伤人的原则了。

第四，守柔处弱。守柔处弱对于治国者来说，就是要实行柔性管理。老子在《老子》第八章中提出：“上善若水。水善利万物而不争；处众人之所恶，故几于道。”这段话意在说明至上的善要像水一样。而在《老子》第十七章又提出：“天下莫柔弱于水，而攻坚强者，莫之能胜，以其无以易之。弱之胜强，柔之胜刚，天下莫不知，莫能行。”意思是说，天下之物，没有比水更柔弱的了，但在攻克坚强的东西方面却没有什么能够胜过它，没有其他的东西能够改变它。弱可以胜强，柔可以胜刚，天下没有人不知道这个道理，可是却很少有人能够真正实践这一真理。老子强调守柔处弱，不是为柔弱而柔弱，不是以柔弱为目的，而是以守柔处弱为手段，为实现真正的坚强以战胜现实的“强者”这一目的的手段。因此，守柔处弱只是一种手段，一种策略，其真正目的是为实现“强”。

2.3 法家管理思想

战国以秦国一统天下而终结，而秦国之所以能够在混战中获胜，很大程度上在于其采纳了商鞅的学说。法家学说如同道家学说一样，构成了中国古代管理思想的主干之一。法家之间很少讲师承关系，因此只能从法家学说中核心的“法”、“术”、“势”之间的内在联系，探讨若干法家代表人物所阐释的管理思想。

2.3.1 人性假设

将法家思想构建成完整体系的韩非提出了“人性好利”的人性假设，这也是法家管理思想的出发点。他认为人性好利恶害。获利是人们行为的真正动力，人“皆用计算之心相待”，人与人之间的关系完全是利害关系。可以看出，法家的人性假设与西方管理理论中古典管理理论时期的人性假设基本类同。

由于人的本性是“自为”、“好利”，君主治国就应该把全部活动自觉建立在“利”的基础之上，以促使各种“利”相互协调而为君主所用。

2.3.2 管理思想

法家的管理思想主要由商鞅、慎到、申不害分别提出，最终由韩非总结构成一套完整的体系。

1. 商鞅的管理思想

法家的代表人物商鞅所推行的变法，其实可以看作是一场提倡法治的管理革命，其推行的法治思想为中国封建专制社会提供了辅助于“人治”管理的“治国之道”。

商鞅强调“法”，其管理思想的治国模式是“以法治国”。商鞅认为法令是对人民的命令，是治理国家的根本手段。“凡将立国，制度不可不察也，治法不可不慎也”(《商君书·壹言》)，也就是要建立一个国家，制度不能不仔细审查，政策法令不能不慎重对待。“古之明君错法而民无邪”(《商君书·错法》)，“治法”即政策法令，“错”指施行，也就是君主施行法治，政策法令明确就能使官吏和民众都不会有邪恶的行为。

商鞅的“以法治国”思想主要内容包括：

第一，立法明分。国家治理好首先需要的是法度，“立法明分”则治。所谓的“分”指的是“名分”，各种与人名称相对应的职分、地位、界限、标准，“立法明分”也就是使用法令将人的职分与地位、财产所有钱都一一确定下来。因此“明分”被看作治国的根本手段。

第二，任法去私。这是君主“立法明分”的关键，“立法明分，而不以私害法，则治”。商鞅对于“公”与“私”设立了二层含义，一方面凡是由法规定的都属于公，与法相背离的则算私，私应服从于公，即使君主也应该有公私之分。君主应该把法和公置于首位。另一方面，“公”指国家和君主，“私”指贵族大家，在此含义下，私家必须服从国家利益，只有为国效力者才能个人富贵；要禁绝贵族大家的法外权，无功不受禄。

第三，耕战政策。国家要想强盛就必须把民众引导耕战的轨道上，而可以采取的办法只有一个字"利"，"民之欲利者，非耕不得；避害者，非战不免"（《商君书・慎法》）。商鞅提出"利出一孔"主张，也就是用立法的办法，只留出一条利途，把其他的利途都堵死，而这利途就是耕战。如何使民众愿意耕战呢？因为无论如何，耕战都是苦差事。商鞅指出，从事耕战的有一千人，但是只要有一个学习《诗》、《书》而能言善辩的人在哪里，这一千个人对耕战就会松劲；从事耕战的有一百个人，只要有一个搞手工业的人在哪里，这一百个人耕战的人就会松劲。商鞅认为必须把官爵只授予在耕战中主动的人，对那些不务耕战的儒生、说客、商人和手工业者要从政治、经济上进行打击，取缔一切不利于耕战的思想。要让不务农者受到的刑罚比耕战还苦，并且把赏作为驱使民众务农的一条鞭子，提倡用粮食换官爵，此外还采用价格、税收和加强行政管理使民务农。让民勇于战的办法主要依靠法的妙用，一方面鼓励人们去打仗，另一方面造成一种环境，也就是重罚和株连。让民感到比流血和死更难受，相比之下民更愿意去流血打仗。商鞅还提出耕与战要交替使用，以维持国家的发展。

第四，胜民弱民。由于民厌恶耕战，法却驱使民耕战，因此民与法是一对矛盾。解决这一矛盾的唯一办法是要求人民服从法，法一经颁布就必须服从，不得违反，这就是"法胜民"。另外商鞅还主张借助民众所厌恶、害怕的刑罚等措施来治理国家，使民众懦弱守法；任用奸者（为自己私利而残害别人者）使民众依从国家之法制；让民众在贫富循环转化，使国君坐收渔利；采取措施使民众愚昧无知。

2. 慎到和申不害的管理思想

慎到高度看重权力，他认为不应以才能、是非或道德决定谁服从于谁，而应该看权势的大小。这是因为臣民中无论是才能、道德或者见识，超过君主的都大有人在，但是他们仍然必须听命于君主，这是因为君主有权势，也就是"势"。由此引申到君主必须把权势紧紧抓住，否则就只能与匹夫为伍了。此外，慎到认为把国家治理完全依赖于君主一人是非常危险的，因为人的能力有限，所以治国之道在于法治。

申不害认为威胁君王地位的主要危险来自于左右大臣，因此君主应该隐藏自己的情感、意志以及其他心理，使别人难以和无法揣摩，这样君主就能洞察下属的思想而加以控制，这就是"术"。

3. 韩非的管理思想

韩非在综合吸收商鞅、慎到和申不害思想基础上，构建了较为完整的法家学说，其管理思想的核心体现在"抱法、处势、用术"，也就是以法治为中心，法、术、势相结合，君主必须做到法莫如显、势至于尊、术不欲见，以此驾驭臣民，把国家治理好。

韩非倡导的"法治"其实就是"以法管理"，"明其法禁，必其赏罚"，要做到有法可依、有法必依、违法必究，以实现"上尊而不浸"。首先，"法治"之"法"，应该是公布于众的成文法，并且法的制定必须详细具体，举国上下，事无巨细，一切决断于"法"。其次，基于"人性好利"的人性假设，"法"必须根据人情或人性来制定，因此"法"的内容实质就是赏与罚。第三，韩非强调立法的权力应在君主，由于"法"是国家政治运作中唯一的标准和尺度，因此为了集中权力，立法的权力应在君主。韩非认为任何人都靠不住，总有人时刻想着要篡权夺位，因此君主唯一可信的只有法。第四，执行法的时候必须是法律面前人人平等，而且要做到赏罚严格谨慎。韩非要求贵族与平民在法律面前地位平等。但是另一方面韩非又提出"君不同于群臣"、"君臣不同道"，在君主面前，人人都要绝对服从君主。因此，韩非的"法"仍然是为了树立君主至高无上的绝对权威以实现国家治理。

韩非认为,君主光有“法”还不够,还必须有“势”,或者说“权势”,源自于“慎到”的“势”是一种具有绝对权威的强制力,也就是君主对于国家的统治权,包括用人之权、赏罚之权等。韩非认为只有统治权掌握在手,才是真正的统治者,才能统驭臣民。在“法”与“势”的关系上,“势”是对“法”的权威性保证。如果没有“法”,君主就只能事必躬亲、劳而不周;反过来,如果没有“势”,“法”就会因丧失权威而有“法”不治。因此,有“法”无“势”则“法”不行,有“势”无“法”则君不安,“法”、“势”相各,则天下大治而君主不劳。由此,韩非的观点可以总结为:君主不可以把权势借给臣下使用,君主不可以与臣下共同使用权势,要运用法术赏罚来巩固权势,君主要保持自己的独尊地位,不能使臣下太贵重,以防下属篡权。

韩非还重视申不害“术”的观点,“术”就是藏在君主心里用来对照验证各方面的事情,从而暗地里用它来驾驭群臣的东西。韩非认为,“术”还有君主按下属各人能力来授予相应的官职、按照官职名分来责求其实际的作用,“术”是掌握生杀大权,考核各级官吏才能的管理方法和措施。此外,韩非还认为用“术”还包括用臣下的言论去衡量其所做的事及所取得的绩效,用下属的职位去考察其职权与业绩。此外用“术”还要求君主必须单独掌握用人的权力,君主的根本任务是“治吏不治民”(《韩非子·外储说右下》)。

2.4 诸子百家其他重要管理思想

2.4.1 《易经》的管理思想

《易经》,又称《周易》,是中国古代最早涵盖天、地、人三界的哲学著作。中华文明史,易学始终贯穿于中国文化脉络之中,大到安邦治国,兼济天下;小到独善其身,明达君子之志。《易经》六十四卦中不仅体现了管理的理念、管理的法则,也蕴涵着丰富的管理方法、管理工具和管理模型。

1. 管理思想核心

《易经》讲:“立人之道,曰仁与义”(《易传·说卦》第二章),认为仁与义是人道的根本,是实现管理的核心问题。在《易经》中民本思想主要表现在对民要诚,爱民、畏民、知民、利民。所谓“爱民”,就是君主要用出自内心的喜悦与爱对待人民,从而实现“说(悦)以先民,民忘其劳;说以犯难,民忘其死”。所谓“畏民”,指对于君主而言,老百姓也是虎,不能轻视。《尚书》中指出君主要有“如临深渊,如履薄冰”的心理治理天下,不考虑人民的要求,就难以当好领导。“水可以载舟,亦可以覆舟”,对百姓要敬畏。所谓“知民”,就是要坚持正确的做事做人原则。《观卦象》说,“先王以省方观民设教”,《九五》爻说,“观我身,君子无咎”,《象》说,“观我生,观民也”。所谓“利民”,治国靠法治,并且执法要光明,不能搞暗箱操作。君主要用宽宏至诚慎重的心来处理案件,尽量少用死刑。执法不公正,用酷刑草菅人命是对百姓的伤害。要尽力减轻人民负担,让人民过好日子。君主要克制无尽的贪欲,尽量减少损民的行为,多做对人民有利的事。富人不能只顾自己富,国家不能只管自己富,还应注意人民也要富。

2. 管理目标

《易经·乾·彖》:“乾道变化,各正性命,保合太和,乃利贞。首出庶物,万国咸宁。”“乾道”即天道,天道的变化使得万物各得其性命之正。天所赋为命,物所受为性,万物由此而具有各自的禀赋，成就各自的品性，呈现一幅仪态万方，丰富多彩的世界图景，形成了最高的和谐，这称之为“太和”。“太和”是管理的最高目标，太和即最高的和谐。

所谓“保合太和”是人类事务有待争取的理想目标，是管理行为最高的指导原则。主要着重于对客观规律的理论的认识，并应用于管理行为的实际中。此二者有机联结，明体达用，是《周易》管理哲学的基本纲领。实现“太和”的最高目标，主要体现在其视阴阳交感平衡协调为吉，要求人们中正得道而趋吉避凶。《易经》说：“一阴一阳之谓道”，以阴阳交感平衡协调即和谐作为管理标准，来衡量事物之吉凶、得失、利弊，还体现在爻辞的分析上。《易经》认为中正是管理中追求的较为理想的结果。“说以行险，当位以节，中正以通”（《节卦・彖辞》）认为中正可以观天下得吉利，有利于上下级关系的协调。《易经》视阴阳交感平衡协调为吉的原则乃是衡量管理和谐状态的基本原则。故此《易经》要求管理者把握和遵循这一原则，使自己的管理行为最终处于和谐状态。这就是《易经》的所谓得道而趋吉避凶。

《易传》从巩固封建国家，加强中央集权制的政治目的出发，提出“建万国，亲诸侯”（《象・比》）的主张，要求君主亲和诸侯，诸侯亲赴中央。保持诸侯国与宗主国和谐统一的政治局面。这一主张数千年来实际上起着巩固中华民族团结统一的历史作用。朱熹说：“万国各得其说而咸宁，有万物之各正性命而保合太和也。”（《周易本义・乾》）中华大地虽有短暂分裂，仍保持长期国家统一、民族团结的局面，绝非偶然。《泰卦》中“泰，小往大来，吉亨。则是天地交，而万物通也；上下交，而其志同也。”认为领导者要通过上下沟通，使下情上传，达到认识上的统一。君主与臣民要上下通气，《彖》云：“天地不交而万物不生也，上下不交而天下无邦也。”又说“惟君子能通天下之志。”朱熹说：“通天下之志，乃为大同。”（《周易本义・同人》）上下一心，保持安定和睦的政治局面，即《咸》卦所谓：“圣人感人心而天下太平”。天下太平是《易经》提出的理想政治蓝图，也是管理的最高目的。

3．治国手段

《易经》主要通过“天感应人、人感应天”的天人合一方式，通达世间万象的变化之道，预知和解释天下万事万物。所谓天人合一，是重视天意和人心的契合。其中天意指自然界的刺激，是“变易”的，而人心也是“变动”的，可以掌握天意，表现出合宜的行为。《易经》本身为讲究变易、变通的理论学说，强调“穷则变，变则通，通则久”的道理。《易经》中用于决策的八项基本元素即为代表自然界八种现象的八卦，通过重叠交错形成六十四种管理决策结果。在占卜的过程中，还必须考虑变爻，以提供现象的可能性变化以及可行方案的变动方向。另外，还要判断该卦象各爻是否符合得位（即阳爻在阳位、阴爻在阴位）、得中（二爻及五爻）和有应（即初爻和四爻互为阴阳爻、二爻和五爻互为阴阳爻、三爻和上爻互为阴阳爻，六爻不可全为阴爻或阳爻）的原则，如有不符，表明该卦象代表的管理决策存在转好或转坏的可能。决策者根据占卜所得的卦象，对照《易经》中赋予的卦名、卦辞和爻辞的解释，进一步的主观诠释，做出最终的决策。

《易经》决策模式的管理决策步骤可归纳为：决策者确认问题及可行方案并确认依赖占卜协助决策；进行占卜取得卦象并对照《易经》中对应的卦名、卦辞和爻辞；解读古文卦名、卦辞和爻辞的意义，并应用于所面临的问题与可行方案的解释；根据《易经》的建议进行决策。主要通过以下三种原理进行：

第一，乾坤原理。乾、坤是易经 64 卦中的第一第二卦，是易经的总纲。乾卦六爻皆阳，象征旺盛的生命力不断进取的精神。正如孔子所说：“天行健，君子以自强不息”。君王要效法这种自强不息的精神，不断增强自身和国家的生命力，永不停息；还要教育人民也这样做，使全国上下都能奋发有为，成不骄，败不馁，以坚强不屈意志和毅力摆脱困境，创造奇迹。坤卦六爻皆阴，象征柔顺包容、负重奉献的高尚品德。孔子说"地势坤，君子以厚德载物"。坤的本义为顺，一是顺从天道，生养万物；二是坤代表人民，人民顺从君王，个人要顺从组织，遵纪守法；三是大地承载万物，默默奉献，从不索取，从无怨言，这叫作厚德载物。

第二，否泰原理。否、泰卦讲的上下沟通之道。"泰"就是通畅，天地相交为"泰"；"否"就是阻塞，天地不交为"否"。天在上而地在下；在企业中"天"代表君王、上层，"地"代表人民、下层。如果"地"之气上升为"天"，"天"之气下降于"地"，这就是"泰"，象征成功、吉利。否则，天地之气不相交，那就是"否"，象征困难凶险。俗话所说"否极泰来"，泛指坏运已经过去，迎来了好运；实际上应该是消除了阻塞的因素，加强了沟通；"否"转为"泰"。

第三，损益原理。损—损下益上为损；益—损上益下为益。易经认为：贤明的国君，宁肯自己少享受一些，也要让老百姓多得点实惠，这样国家就会兴旺；愚昧的君主，不顾老百姓的疾苦，搜刮民间财富以供自己挥霍，这样国家就要衰亡。

2.4.2 荀子的管理思想

荀子的管理思想是先秦时期最为系统的管理思想，他有着自己独特的管理理论、策略与措施，它以儒家为本，兼采道、法、名、墨等诸家之长，特别是法家管理思想的精髓，并对它们进行了系统的比较与批判，从而建立起自己的系统而庞大的管理体系。

1. 管理思想核心

荀子管理思想是以 "性恶论"为基础的。荀子认为，人的天生本性为恶。其理由是："今人之性，生而有好利焉，顺是，故争夺生而辞让亡焉；生而有疾恶焉，顺是，故残贼生而忠信亡焉；生而有耳目之欲，有好声色焉，顺是，故淫乱生而礼义文理亡焉。然则纵人之性，顺人之情，必出于争夺，合于犯分乱理而归于暴。故必将有师法之化，礼义之道，然后出于辞让，合于文理，而归于治。用此观之，然则人之性恶明矣，其善者伪也。"（《性恶》）按照这种说法，人性天生具有逐利、嫉妒、声色欲望，顺着人的本性，肯定会产生争夺、残贼、淫乱。这就是人性之恶。但荀子认为人性恶是可以转变的，即"化性起伪"，于是荀子接着论述必须建立礼义、制定法度，用来强制整治人们的性情而端正他们，用来驯服感化人们的性情而引导他们，使他们都能从社会安定出发、合乎正确的道德与管理原则，从而为其"隆礼重法"的社会管理思想提供理论基础。

荀子强调实施管理要以人为本。他在《荀子·王制》中指出："君者，舟也；庶人者，水也。水则载舟，水则覆舟。"荀子在《王霸》中又指出："用国者，得百姓之力者富，得百姓之死者强，得百姓之誉者荣。"其意思是，管理国家的人，能使百姓为他尽力，国家就会很富足；能使百姓为他效死，国家就会强大；国君能得到百姓的称赞夸奖，他才能获得光荣。荀子主张量能授官。他在《王制》中指出："无能不官"，"尚贤使能，而等位不疑"。其意思是，没有能力的人不能任命为官吏，对于贤能者所给的等级地位要与他们的贤能程度相当。荀子在《君道》中还说："量能而授官，皆使其人载其事而各得其所宜。"假如不这样做，"能小而事大，辟之是犹力之少而任重也，舍粹折无适也。"其意思是，能力小而任重职的人，除了碎骨折腰再没有其他的出路。

荀子把他理想的政治管理叫作"王"，其次等的叫作"霸"，这就是荀子的王霸观。荀子认为霸虽然不错，但在程度上比王还差一层，没有王那么"纯粹"，还有一点"杂驳"，还需要在程度上更进一步，于是，荀子提出"力术止，义术行"即停霸道，行王道的管理办法，并特别提出实行"仁政"与"修礼"等施行王道的具体管理办法与措施。

2. 管理目标

荀子提出管理的最终目标是“上下俱富”，即富国富民。他说：“马骇舆，则君子不安舆；庶人骇政，则君子不安位；马骇舆，则莫若静之；庶人骇政，则莫若惠之。”又说：“庶人安政，然后君子安治。传曰‘君者，舟也，庶人者水也。水则载舟，水则覆舟。“此之谓也。”(《荀子·王制》)荀子强调君主和老百姓谁也离不开谁，是一个利益共同体。具体来说“下贫则上贫，下富则上富。百姓时和、事业得叙者货之源也，等赋府库者货之流也。故明主谨养其和，节其流，开其源；而时斟酌焉。潢然使天下必有余，而上不忧不足。如是则上下俱富，交无所藏之，是知国计之极也。”(《荀子·富国》)他认为农村是财的根本，粮仓是财物的枝末，百姓得到好的天时，耕作又适时，这是财货的源，征收的赋税和国库是财货的流。所以，聪明的君主必须谨慎地适应时节的变化，节约开支，发展生产，并适时考虑这些问题，荀子反对君主官吏放弃应做的事业，对百姓搞些小恩小惠苟且的做法，更反对官吏吆五喝六地强迫百姓没日没夜去帮他们干活，失掉民心的极端做法。他主张“使民夏不宛，冬不冻寒，急不伤力，缓不后时，事成功立，上下俱富”(《荀子·富国》)。特别强调要“节用裕民”，“节用裕民”包括两个方面，一方面指“以礼节用”，另一方面指“以政裕民”。“以礼节用”的意思是“德必称位，位必称禄，禄必称用，由士以上则必以礼乐节之，百姓必以法数制之”，做到“出入相，必时藏余”。也就是按礼仪的规定节约使用，使用和身份能做到等级相配。“以政裕民”，就是指“轻田野之税，平关市之征，省商贾之数，罕兴力役，无夺农时。”(《荀子·富国》)。减轻田地的赋税，适当地征收关卡集市的税收，减少商人的数量，少兴力役，不夺农时。“养万民，兼利天下”(《荀子·富国》)。达到“其法治，其佐贤，其民愿，其信美”(《荀子·王霸》)的境界，使国业昌盛。

3. 治国手段

首先荀子提出了“为君之道”。在《君道》中，荀子开宗明义就强调：“有乱君，无乱国；有治人，无治法。”所以，他认为治理国家的根本在君主的自身修养。“请问为国？曰：闻修身，未闻为国也。君者仪也，民者景(影)也，仪正而景正。君者槃(盘)也，民者水也，槃圆而水圆。君射则臣决。楚庄王好细腰，故朝有饿人。”荀子论证说，君主的职责就是“能群”，具体表现为生养人、班治人、显设人、藩饰人四个方面。所谓生养，包括“省工贾，众农夫，禁盗贼，除奸邪”，即造成富足稳定的社会环境；所谓班治，包括“天子三公，诸侯一相，大夫擅官，士保职，莫不法度而公”，即建立国家的组织体系；所谓显设，包括“上贤使之为三公，次贤使之为诸侯，下贤使之为士大夫”，即形成治理国家的运作队伍，论德而定次，量能而授官，人事相适，各得所宜；所谓藩饰，包括“修冠弁衣裳、黼黻文章，琱琢刻镂，皆有等差”，即用礼仪文饰标志社会阶梯。按照荀子的思路，君主做到上述四个方面，就是“至道”。“隆礼至法则国有常，尚贤使能则民知方，纂论公察则民不疑，赏克(免)罚偷则民不怠，兼听齐明则天下归之；然后明分职，序事业，材技官能，莫不治理，则公道达而私门塞矣，公义明而私事息矣。如是，则德厚者进而佞说者止，贪利者退而廉节者起。”(《荀子·君道》)

其次荀子要求“尚贤使能”。荀子提出要“贤能不待次而举”(《荀子·王制》)，提出要破格任用有才能的人。什么样的人才是贤能之人？“所谓贤者，非能遍能人之所能之谓也”(《荀子·儒效》)。君子所说的贤，并不是说能够全面做到一切人所能做到的一切事情。言外之意，贤能并不是全知全能，而是具有一定才能可以承担一定责任的人，也就是说“贤”、“能”是分层次的。关于如何任用贤人，荀子还指出，“无德不贵，无能不官，无功不赏，无罪不罚。朝无幸治，民无幸生。尚贤使能，而等位不遗；折愿禁悍，而刑罚不过。”(《荀子·王制》)即根据人们德行、能力、功劳大小和所作所为，做到赏罚分明，崇尚贤人，使用有才能的人，并且在给予他们一定职能时使之与他的贤能相当；制裁狡诈的人，禁止凶暴的人，使刑罚与其罪行相当，从而形成赏罚分明、尚贤使能、打击坏人的社会氛围，吸引更多的贤能为社会出力。

第三，荀子提出“明分使群”。荀子认为组织是在“分”的基础上形成的。“水火虽有气而无生，草木有生而无知，禽兽有知而无义；人有气、有生、有知亦且有义，故最为天下贵也。力不若牛，走不若马，而牛马为用，何也？曰：人能群，彼不能群也。人何以能群？曰：分。”（《荀子·王制》）“分”指什么呢？是一定的等级和分工。荀子强调，分工组群是人类社会存在的基本方式。“人道莫不有辨，辨莫大于分”（《王制》）；“离居不相待则穷，群而无分则争。穷者患也，争者祸也。救患除祸，则莫若明分使群也”（《富国》）。因此，分工的意义，在于使人类获利避害。“无分者人之大害也，有分者天下之本利也。”（《富国》）

2.4.3 墨子的管理思想

墨子虽然受儒家学说的影响，但是在此基础上构建了与儒家学说分庭抗争的墨家学说，形成了广泛的影响。墨子的管理思想围绕兼爱、非攻、尚同、节用、节葬、非乐、非命、尊天、事鬼而展开。

1. 管理思想核心

墨家古代管理思想的核心可以归纳为：从“以天为法”出发的“兼爱天下之百姓”。墨子认为无论从事什么工作的人，都不能没有法度，没有法度不可能把事情办成功。无论是身为将相的士人还是从事各种职业的工匠，都要遵循一定的法则。君主、诸侯治理天下和国家更要有准则。那么，应当用什么作为治国的法则呢？墨子认为“法不仁，不可以为法”，天的德行广博而无私，施给人们丰富的恩惠却不以为自己有功德；天的光明经久而不衰，所以圣王都以其为准则。既然以天为法则，那无论什么活动都必须揣摩天意，天希望的就去做，天不希望的就不要做。至于什么是“天之所欲”与“天之不欲”，因为天对于人是“兼而爱之，兼而利之”，所以“天欲人相爱相利，而不欲人相恶相贼也”（《墨子·法礼》）。因而，墨子认为，只要明白了要顺从天意，遵照天意并广泛地推行于天下，就能实现人民所理想的社会。

2. 治国模式

墨子构建了“兼爱”义政和“兼爱非攻、兼爱交利”的治国模式。所谓“兼爱”就是平等的、无差别地爱所有人。它与儒家“仁爱”的“爱有差等”对立。墨子主张不分亲疏远近、上下尊卑，全心地爱全天下之人。即上自国君下至民众都要“相爱”，要使人人做到“视人之国若视其国，视人之家若视其家，视人之身若视其身”（《墨子·兼爱中》）。这样，就不会有诸侯间的战争杀戮，就不会有士大夫之间的争权夺势和人民之间的伤残虐害，君臣、父子、兄弟之间必然和睦相处。墨子认为，“若使天下兼相爱，国与国不相攻，家与家不相乱，盗贼无有，君臣父子皆能慈孝”（《墨子。兼爱上》）。社会就可变成“强不执弱，众不劫寡，富不侮贫，贵不敖贱，诈不欺愚”（《墨子·兼爱中》）的太平盛世。因此，墨子不仅把“兼爱”当作人人所应遵守的道德标准与行为准则，更将其作为“圣王”必须奉行的治国义政。

“非攻”是墨子治国理念的另一方面，“非”指非议、谴责。“攻”指非正义的侵略战争与争斗。墨子把战争分为两类，一类称之为“诛”，类似武王伐纣的讨伐暴君的战争，应极力支持；一类称之为“攻”，就是大国攻打小国、强国欺凌弱国的不正义侵略战争，应非议与谴责之。

墨子的“兼爱”与“交利”紧密相连。既然反对不相爱，那用什么来改变呢？墨子提出用彼此相爱、大家互利的办法来改变它。“交”是相互之间的意思，从墨家反对“自爱”、“自利”而提倡“兼相爱、交相利”，可以看出墨家追求的“交利”，不是谋取一己之“私利”，而是谋求社会之“公利”。墨家不仅主张(兼)爱与利相合，而且还把“义”与“利”也结合一起。墨家以公利作为“义”的标准，利于人就是义，否则为不义。墨子提出只有以“义”作为治国的指导思想，才能使人民得“利”，才能达到“人民必众，刑政必治，社稷必安”的理想局面。

由此，可以总结墨家的治国模式就是：兼爱非攻，兼爱交利。兼爱非攻就是平等地、无差别地彼此相爱，反对不义之战争与争斗，反对诸侯之间的战争杀戮，反对士大夫之间的争权夺利，反对人民之间的伤残虐害，实现君臣、父子、兄弟的和睦相处及建立全天下的太平盛世。兼爱交利就是平等地、无差别地彼此相爱，提倡大家互利，实现“人民必众，刑政必治，社稷必安”的天下一家社会理想。

2.4.4　孙子的管理思想

《孙子兵法》享有“兵学圣典”之美誉，是我国璀璨文化遗产中的瑰宝。其成于我国春秋末期，是中国古代军事思想的奠基作和代表作，也是世界上最早形成战略思想体系的军事专著。《孙子兵法》通篇博大精深、结构严谨，有丰富的辩证法思想，书中探讨了与战争有关的一系列矛盾的对立和转化，如敌我、主客、众寡、强弱、攻守、胜败、利害等。这当中体现的辩证思想，在中国辩证思维发展史中占有重要地位。

1. 管理思想

《孙子兵法》一共十三篇，为后世兵法家所推崇，被誉为“兵学圣典”。概括起来，十三篇可以分为两部分，前 6 篇是“战争理论”，后 7 篇是“战争实践”，贯穿于《孙子兵法》全书的思想是谋略思想。《孙子兵法》军事管理思想的基本特征可概括为以下几个方面：

① 道德本位。所谓道德本位，是指一切社会实际事务应以一定的社会道义为基准，反对人的功用取舍与其价值判断的对峙和分离，它实际上是中国古代“体用不二”哲学思想在社会领域的体现和运用。在《孙子兵法》的首篇里，孙子不仅把“道”列为“五事”即战争中最主要的五种因素之首，而且把“主孰有道”作为敌我力量对比的优先着眼点。而孙子所谓的“道”即所谓“令民与上同意”，换言之，“道”即儒家仁政学说中强调的所谓“人和”、所谓“得民之心”。另外，这种道德本位的思想不仅表现在孙子把“上下同意”的“道”视为战争中的优选因素，而且还表现在其“不战而屈人之兵”这一极富人道主义的军事最高境界的提出。

② 实用理性。这种实用理性精神首先在于，孙子要求人们对战争各方面的情势做出实事求是的客观准确分析，反对任何不切实际的纸上谈兵与主观臆断。孙子提出：“不知诸侯之谋者，不能预交；不知山林、险阻、沮泽之形者，不能行军；不用乡导者，不能得地利。四五者，不知一，非霸王之兵也”(《地篇》)，“不知敌之情者，不仁之至也，非人之将也，非主之佐也，非胜之主也。故明君贤将，所以动而胜人，成功出于众者，先知者也。先知者，不可取于鬼神，不可象于事，不可验于度，必取于人，知敌之情者也”。(《用间篇》)

③ 权变机智。孙子所强调的权变，即《计篇》中所谓的“因利而制权”，《军争篇》中的所谓的“悬权而动”，概言之，即根据战争中条件的变化而采取灵活机动的战略战术。通观《孙子兵法》，这种权变机智构成为贯彻、统御全书的活的灵魂，一部《孙子兵法》堪称一部“军事之《易经》”。在《虚实篇》里，孙子提出“夫兵形象水，水因地而制流，兵因敌而制胜。故兵无常势，水无常形；能因敌变化而取胜者，谓之神。故五行无常胜，四时无常位，日有短长，月有死生”。

④ 辩证法则。《孙子兵法》从纷纭复杂的战争万象中概括出具有普遍性的各种对应项，如敌我、胜负、和战、利害、生死、强弱、进退、动静、攻守、奇正、虚实、劳佚、勇怯、众寡、远近、得失、迂直，等等。孙子的"奇正相生"，即所谓"乱生于治，怯生于勇，弱生于强"，"智者之虑，必杂于利害。杂于利而务可信也，杂于害而患可解也"等等。换言之，物极必反是宇宙之常则，"五行无常胜，四时无常位，口有短长，月有死生"。没有一种事物处于常胜的地位，在一定的条件下，总要被它的对立面所战胜，军事活动也是如此，用兵取胜在于避实击虚，"能因敌变化而取胜"就达到了出神入化、极其高超的境地。

2. 管理目标

"夫用兵之法，全国为上，破国次之；全军为上，破军次之；全旅为上，破旅次之；全卒为上，破卒次之；全伍为上，破伍次之。是故百战百胜，非善之善也；不战而屈人之兵，善之善者也。故上兵伐谋，其次伐交，其次伐兵，其下攻城。"

孙武强调的不是百战百胜，而是要不战而获得全胜。也就是说，要用最小的代价去实现最大的战略目标。首先强调的是"自保"而"全胜"，对己方来说，代价最小，对敌方来说，反抗最小，遭受的破坏和灾难也最小，不是以消灭敌人为目标，而是迫使敌人屈从我方意志而求得胜利，实质上是提倡全赢，不仅赢得战争，更要赢得和平，赢得人心，最终达到兵不顿而利可全，实现互利共赢的目的。"不战而屈人之兵"是《孙子兵法》追求的理想战略目标，但这需要以军事实力为前提。孙武主张在充分备战的基础上，尽量争取最少耗费的取胜方法，最好是"伐谋"，其次才是"伐交"，不得已时才"伐兵"，最下策才是强行"攻城"。"不战而屈人之兵"离不开武力的威慑，"夫霸王之兵，伐大国，则其众不得聚；威加于敌，则其交不得合。是故不争天下之交，不养天下之权，信己之私，威加于敌，则其城可拔，其国可隳"。这里，孙子强调以强大的军事实力为后盾，威慑敌国，可使得其无法与别国结交。

3. 治国手段

① 胜可为也，兵无常势。《孙子兵法》提出重要的思想—"胜可为也"，即战争的胜利是可以通过人的努力达到的。孙武不迷信鬼神和算卦，重视战争中将帅的主观能动性，"故明君贤将，所以动而胜人，成功出于众者，先知也。先知者，不可取于鬼神，不可象于事，不可验于度，必取于人，知敌之情者也。"孙武强调先知的重要性，而先知的取得不能靠鬼神，不能从表象上推知，不能从日月星辰的位置推断，而是要依靠能掌握准确敌情、有能力深入分析敌情的人的主观努力。不仅如此，孙武还反对教条死板的努力行为，强调发挥权变灵活的主观能动性，"故兵无常势，水无常形；能因敌变化而取胜者，谓之神。"孙武认为能根据敌情变化而取胜的，就是用兵如神。强调发挥权变灵活的主观能动性在《孙子兵法》中多处可见，如"利而诱之，乱而取之，实而备之，强而避之，怒而挠之，卑而骄之，佚而劳之，亲而离之"。即在军事战争中，敌人贪利，就用小利引诱；敌人混乱，就要乘机攻取；敌人力量充实，要加倍防备；敌人强大，要暂时避开；敌人易怒，就设法挑逗激怒；对于鄙视我方的敌人，要使其更加骄傲；对于休整充分的敌人，要设法使其疲劳；对于内部团结的敌人，要设法离间。孙武"因敌而制胜"的因变观，是对周初以来以《易经》为代表的阴阳变易精神的继承与深化。人本管理强调人是组织中最重要的资源，要善于发挥人的主观能动性，对于一国的君王而言，决策更要因时、因地、因人制宜，不能迷信算卦、鬼神，不能教条固执，要灵活权变地决策以促进国家发展。

② 智信仁勇严，将能而君不御者胜。孙武非常重视选才，"故知兵之将，民之司命。国家安危之主也"。辅臣、将帅称职与否关系到国家的治乱、安危和强弱。因此，选才十分重要又要

十分慎重。孙武认识到辅臣、将帅应该德才兼备，不可偏废。“将者，智、信、仁、勇、严也”。“智”指多谋善断；“信”就是言而有信，守信用，孔子也说过“自古皆有死，民无信不立”；“仁”就是爱民爱兵思想，“唯民是保”，“视卒如婴儿，故可以与之赴深溪；视卒如爱子，故可与之俱死；”“勇”就是指战争危急的时候，要求将帅身先士卒，勇敢顽强，不贪生怕死；“严”是指军队的严整和军纪的严肃，是强调军队的纪律性，要求从严治军，严格要求，严格训练。孙武认为治军不严将导致混乱和失败，即“将弱不严，教道不明，吏卒无常，陈兵纵横，曰乱”。孙武重视军队纪律的思想源自《易经》的“师”卦思想，“师”卦初六：师出以律，否臧凶。象曰：师出以律，失律凶也。意思是说军队初出必须纪律严明，如果带兵纪律不明，将遭遇凶险。孙武在此基础上，提出要处理好“仁”与“严”的关系，“爱而不能令，乱而不能治，譬若骄子，不可用也”。意思是说要爱护士兵，但不能溺爱和娇惯士兵，否则贻害无穷。因此，君王要处理好“仁”与“严”的关系，把握好二者的尺度，实现宽严相济。

③ 不战而屈人之兵，静以幽，正以治。引申到国家中的君王要决策理性，即对重大决策要理性分析，重大决策时不能情绪化和过于随意，“主不可以怒而兴师，将不可以愠而至战。”意为君王不可以因为一时愤怒而发动战争，将帅也不可以因为一时气愤而出战。孙武对此的解释是“怒可以复喜，愠可以复悦；亡国不可以复存，死者不可以复生”。因此要注意修养、气度，即“将军之事，静以幽，正以治”，这里强调为将者要沉稳老练、幽深莫测，喜怒不形于色，精明公正，不能情绪化，不能乱发脾气和随意决策，也不能过于追求表面的廉洁名声，否则容易让对手抓住弱点，招致失败，因为“故将有五危，必死可杀，必生可虏，忿速可侮，廉洁可辱，爱民可烦。凡此五者，将之过也，用兵之灾也。”

参考文献

[1] Robert L. katz. Skills of an Effective Administrator[J]. Harvard Business Review, 1974, 52(5):90.

[2] Prahalad C. K. and Hamel, Gary. The Core Competence of the Corporation[J]. Harvard Business Review, 1990, 68(3):79 - 91.

[3] Thompson J. D. Organizations in Active: Social Science Bases of Administrative Theory[M]. New York: The McGraw-Hill Companies, 1967.

[4] Arrow, K. J. Social choice and individual values[M]. New Haven: Yale University Press, 2012.

[5] Combs, B. and Slovic, P. Newspaper coverage of causes of death[J]. Journalism & Mass Communication Quarterly, 1979, 56(4):837 - 849.

[6] Kahneman, D. and Tversky, A. Prospect Theory: An Analysis of Decision under Risk[J]. Econometrica, 1979, 47(2):263 - 291.

[7] Levin, I., Schneider, S., Gaeth, G. All frames are not created equal: A typology and critical analysis of framing effects[J]. Organizational Behaviour and Human Decision Processes, 1998, 76(2):149 - 188.

[8] Lichtenstein, S. and Slovic, P. Reversals of preference between bids and choices in gambling decisions[J]. Journal of Experimental Psychology, 1970, 89(1):46 - 55.

[9] Plous, S. The psychology of judgment and decision making[M]. New York: McGraw-Hill Book Company, 1993.

[10] Simon, H. A. Administrative behavior [M]. New York: Macmillan, 1947.

[11] Simon, H. A. Rational choice and the structure of the environment [J]. Psychological Review, 1956, 63(2):129 - 138.

[12] Simon, H. A. Rationality as process and product of thought [J]. American Economic Review, 1978, 68(2):1 - 16.

[13] Simon, H. A. Barriers and bounds to rationality [J]. Structural Change and Economic Dynamics, 2000, 11:243 - 253.

[14] Tversky, A. and Kahneman, D. Availability: A heuristic for judging frequency and probability[J]. Cognitive Psychology, 1973, 5(2): 207 - 232.

[15] Tversky, A. and Kahneman, D. Judgment under Uncertainty: Heuristics and Biases[J]. Science, 1974, 185(4157): 1 124 - 1 131.

[16] Tversky, A. and Kahneman, D. The framing of decisions and the psychology of

choice[J]. Science, 1981, 211(4481): 453 - 461.

[17] Tversky, A. and Kahneman, D. Choices, values, and frames[J]. American Psychologist, 1984, 39(4):341 - 350.

[18] Quinn J. B., Strategic Outsourcing: Leveraging Knowledge Capabilities[J]. Sloan Management Review, 1999, 40(4):9 - 21.

[19] Kenneth R. Andrews. The Concept of Corporate Strategy[M]. Homewood, IL: Dow Jones-Irwin, 1971.

[20] Peter Mckierman. Historical Evolution of Strategy Management[M]. Dartmouth Publishing Company,1996.

[21] Quinn J. B., Strategic Outsourcing: Leveraging Knowledge Capabilities[J]. Sloan Management Review, 1999, 40(4):9 - 21.

[22] Mayo, Elton. The human problems of an industrial Civilization [M]. London: Routledge,2003.

[23] Armenakis, A. A. and Harris, S. G. Reflections: Our journey in organizational change research and practice[J]. Journal of Change Management, 2009, 9(2):127 - 142.

[24] Beer, M. Developing an effective organization: Intervention method, empirical evidence, and theory research in organizational change and development (Vol. 19, pp. 1 - 54): Emerald Group Publishing Limited, 2011.

[25] Blake, R. R. and Mouton, J. S. The managerial grid: Key orientations for achieving production through people[J]. Personnel Journal, 1964, 43(7): 391 - 392.

[26] Guido, M., & Geert Van, H. Toward a dynamic description of the attributes of organizational change research in organizational change and development (Vol. 19, pp. 191 - 231): Emerald Group Publishing Limited, 2011.

[27] Herscovitch, L. and Meyer, J. P. Commitment to organizational change: Extension of a three-component model[J]. Journal of Applied Psychology, 2002, 87(3): 474 - 487.

[28] Kotter, J. P. Leading change[M]. Boston, MA: Harvard Business School Press, 1996.

[29] Kurt Lewin. Frontiers in group dynamics [J]. Human Relations, 1947, 1(2):143 - 153.

[30] Rafferty, A. E. and Griffin, M. A. Perceptions of organizational change: A stress and coping perspective[J]. Journal of Applied Psychology, 2006, 91(5): 1154 - 1162.

[31] Schein, E. H. Organizational psychology[M]. Englewood Cliffs, NJ: Prentice Hall, 1965.

[32] Fred E. Fiedler, Martin M. Chemers, and Linda Mahar. Improving leadership effectiveness: The Leader Match Concept[M]. New York: Wiley, 1976.

[33] Paul Hersey and Kenneth H. Blanchard. Management and Organizational Behavior [M]. Englewood Cliffs, NJ: Prentice-Hall,1988.

[34] Robert J. House. A Path-Goal Theory of Leader Effectiveness[J]. Administrative Science Quarterly, 1971, 16(3): 219 - 339.

[35] Berlo D. K. The Process of Communication[M]. New York: Holt, Rinehart and Winston, 1960.

[36] Kotter J. P. What Effective General Managers Really Do[J]. Harvard Business Review,1999, 77(2):145 - 159.

[37] McAfee A. P. Enterprise 2.0: The Dawn of Emergent Collaboration[J]. MIT Sloan Management Review, 2006, 47(3): 21 - 28.

[38] Robbins Stephen, Mary Coulter. Management[M]. 11th ed. New York: Pearson Education Limited, 2011.

[39] Scott W. G. and Mitchell T. R. Organization Theory: A Structural and Behavioral Analysis [M]. Homewood, IL: Richard D. Irwin, 1976.

[40] Weinstein M. Employee E-Mail Blunders[J]. Training, 2009, 46(7): 8.

[41] Adams, J. Stacy. Inequity in Social Exchange[A], in: Berkowitz, Lenard. Advance in Experimental Social Psychology[C]. New York: Academic Press, 1965:267 - 289.

[42] V. H. Vroom. Work and Motivation[M]. New York: Wiley,1964.

[43] Merchant K. A. The Control Function of Management[J]. Sloan Management Review, 1982, 23(4):43 - 55.

[44] [美]斯蒂芬・P・罗宾斯,玛丽库尔特. 管理学[M]. 第11版. 北京:中国人民大学出版社,2012.

[45] [美]哈罗德・孔茨,海因茨・韦里克. 管理学:国际化与领导力的视角 [M]. 精要版第9版. 北京:中国人民大学出版社,2013.

[46] [美]理查德・L. 达夫特. 管理学[M]. 第7版. 北京:清华大学出版社,2009.

[47] [美]达夫特,马西克. 管理学原理[M]. 第7版. 北京:机械工业出版社,2012.

[48] [美]里基・格里芬. 管理学[M]. 北京:中国市场出版社,2008.

[49] [美]莱斯利・W. 鲁. 管理学:技能与应用[M]. 第13版. 北京:北京大学出版社,2013.

[50] 周三多,陈传明,贾良定. 管理学——原理与方法[M]. 第六版. 上海:复旦大学出版社,2014.

[51] 邢以群. 管理学[M]. 第三版. 杭州:浙江大学出版社,2013.

[52] 芮明杰. 管理学[M]. 上海:上海财经大学出版社,2005.

[53] 袁辉. 管理学[M]. 北京:北京邮电大学出版社,2013.

[54] 顾锋. 管理学[M]. 上海:上海人民出版社,2004.

[55] 王凤彬,李东. 管理学[M]. 第3版. 北京:中国人民大学出版社,2008.

[56] 王利平. 管理学原理[M]. 第3版. 北京:中国人民大学出版社,2009.

[57] 徐光华,暴丽艳. 管理学——原理与应用[M]. 北京:清华大学出版社,2004.

[58] [英]威廉・配第. 赋税论[M]. 北京:商务印书馆,1978.

[59] [法]萨伊. 政治经济学概论[M]. 北京:商务印书馆,2011.

[60] [英]阿尔弗雷德・马歇尔. 经济学原理[M]. 北京:商务印书馆,2010.

[61] [美]赫伯特・西蒙. 现代决策理论的基石:有限理性说[M]. 北京:北京经济学院出

版社,1989.

[62] [法]亨利·法约尔.工业管理与一般管理[M].北京:机械工业出版社,2013.

[63] [美]切斯特I.巴纳德.经理人员的职能[M].北京:机械工业出版社,2013.

[64] [美]彼得·德鲁克.管理:使命、责任、实务[M].北京:机械工业出版社,2006.

[65] [美]彼得·德鲁克.管理的实践[M].北京:机械工业出版社,2006.

[66] [美]彼得·德鲁克.卓有成效的管理者[M].北京:北京机械工业出版社,2005.

[67] [加]H·明茨伯格.经理工作的性质[M].北京:团结出版社,1999.

[68] [美]罗伯特·卡茨.高效管理者的三大技能[J].哈佛商业评论(中文版),2005(7):118-130.

[69] 张维迎.产权、激励与公司治理[M].北京:经济科学出版社,2005.

[70] [美]F.W.泰勒.科学管理原理[M].北京:团结出版社,1999.

[71] [德]马克斯·韦伯.新教伦理与资本主义精神[M].西安:陕西师范大学出版社,2002.

[72] [美]梅欧.工业文明的社会问题[M].北京:商务印书馆,1964.

[73] [美]威廉·大内.Z理论:美国企业界怎样迎接日本的挑战[M].北京:中国社会科学出版社,1984.

[74] [美]理查德·帕斯卡尔,安东尼·阿索斯.日本的管理艺术[M].北京:科学技术文献出版社,1987.

[75] [美]迈克尔·波特.竞争战略:分析产业和竞争者的技巧[M].北京:华夏出版社,1997.

[76] [美]丹尼尔A.雷恩.管理思想的演变[M].北京:中国社会科学出版社,2000.

[77] 孙耀君.西方管理学名著提要[M].南昌:江西人民出版社,2002.

[78] 李智辉.凭依科学——管理科学学派[J].IT经理世界,1999(18):64-65.

[79] 索颖.系统管理学派[J].IT经理世界,2000(8):79-81.

[80] [英]伊迪丝·彭罗斯.企业增长理论[M].上海:上海人民出版社,2007.

[81] [美]劳拉P.哈特曼,乔·德斯贾丁斯.企业伦理学[M].北京:机械工业出版社,2011.

[82] [美]理查德T.德·乔治.企业伦理学[M].原书第7版.北京:机械工业出版社,2012.

[83] [美]费雷尔O.C.,约翰·弗雷德里希,琳达·费雷尔.企业伦理学——伦理决策与案例[M].北京:中国人民大学出版社,2012.

[84] 陈炳富,周祖城.企业伦理学概论[M].第2版.天津:南开大学出版社,2008.

[85] 刘可风,龚天平,冯德雄.企业伦理学[M].武汉:武汉理工大学出版社,2011.

[86] 千高原.企业伦理学:企业决策者成功通道[M].北京:中国纺织出版社,2000.

[87] 徐金发等.企业伦理学[M].北京:科学出版社,2008.

[88] 周祖城.企业伦理学[M].第2版.北京:清华大学出版社,2009.

[89] [美]约翰·S·哈蒙德,拉尔夫·L·肯尼,霍华德·莱福.决策的艺术[M].上海:上海人民出版社,2003.

[90] [美]斯科特·普劳斯.决策与判断[M].北京:人民邮电出版社,2004.

[91] 卢盛忠.管理心理学[M].第四版.杭州:浙江教育出版社,2008.

[92] 王重鸣.管理心理学[M].第1版.北京:人民教育出版社,2001.

[93] [美]哈罗德·科兹纳.项目管理:计划、进度和控制的系统方法[M].第11版.北京:电子工业出版社,2014.

[94] [美]加雷思·琼斯,珍妮弗·乔治.当代管理学[M].北京:人民邮电出版社,2005.

[95] [日]JMAM目标管理项目组.目标管理:赢得时间的技巧[M].北京:科学出版社,2007.

[96] 胡运权.运筹学教程[M].第3版.北京:清华大学出版社,2007.

[97] [美]艾尔弗雷德·D.钱德勒.战略与结构[M],昆明:云南人民出版社,2002.

[98] [美]亨利·明茨伯格,布鲁斯·阿尔斯特兰德,约瑟夫·兰佩尔.战略历程:纵览战略管理学派[M].北京:机械工业出版社,2002.

[99] [英]格里·约翰逊,凯万·斯科尔斯.战略管理[M].第6版.北京:人民邮电出版社,2004.

[100] [美]加里·哈梅尔,C.K.普拉哈拉德.竞争大未来[M].北京:昆仑出版社,1998.

[101] [美]迈克尔·A.希特,R.杜安·爱尔兰,罗伯特E.霍斯基森.战略管理:竞争与全球化[M].北京:机械工业出版社,2005.

[102] [丹]尼古莱·J·福斯,克里斯第安·克努森.企业万能:面向企业能力理论[M].大连:东北财经大学出版社,1998.

[103] [美]小阿瑟A.汤普森,约翰E.甘布尔,A.J.斯特里克兰三世.战略管理:获取竞争优势[M].北京:机械工业出版社,2006.

[104] 李明芳,胡兴球,施国良.战略管理实践[M].北京:科学出版社,2008.

[105] 谭劲松,张阳.战略管理[M].中国水利水电出版社,1998.

[106] 张阳,周海炜,李明芳.战略管理[M].北京:科学出版社,2009.

[107] [美]理查德H.霍尔.组织:结构、过程及结果[M].上海:上海财经大学出版社,2003.

[108] [美]理查德L.达夫特.组织理论与设计[M].第9版.北京:清华大学出版社,2008.

[109] 程学旗,沈华伟.复杂网络的社区结构[J].复杂系统与复杂性科学,2011,8(01):57-70.

[110] 方振邦,徐东华.管理思想史[M].北京:中国人民大学出版社,2011.

[111] 许玉林.组织设计与管理[M].第二版.上海:复旦大学出版社,2010.

[112] [美]吉姆·柯林斯,莫滕·T·汉森.选择卓越(Great by choice)[M].北京:中信出版社,2012.

[113] 卢盛忠.管理心理学[M].第四版.杭州:浙江教育出版社,2008.

[114] 王重鸣.管理心理学[M].第1版.北京:人民教育出版社,2001.

[115] 付亚和.工作分析(第二版)[M].复旦大学出版社,2009.

[116] 萧鸣政.工作分析方法与技术(第三版)[M].中国人民大学出版社,2010.

[117] 郑晓明,吴志明. 工作分析实务手册[M]. 机械工业出版社,2012.

[118] [美]加里·德斯勒. 人力资源管理[M]. 第12版. 北京:中国人民大学出版社,2012.

[119] 董克用. 人力资源管理概论[M]. 第四版. 北京:中国人民大学出版社,2015.

[120] 李宝元等. 现代人力资源管理学(第二版)[M]. 北京师范大学出版社,2014.

[121] 方振邦. 绩效管理[M]. 北京:中国人民大学出版社,2015.

[122] 郭京生,张立兴,潘立. 人员培训实务手册[M]. 北京:机械工业出版社,2002.

[123] 刘昕. 薪酬管理[M]. 北京:中国人民大学出版社,2002.

[124] 廖泉文. 招聘与录用[M]. 第三版. 北京:中国人民大学出版社,2015.

[125] 林新奇. 绩效管理[M]. 大连:东北财经大学出版社,2010.

[126] 彭剑峰. 人力资源管理概论[M]. 上海:复旦大学出版社,2011.

[127] 石金涛. 培训与开发[M]. 北京:中国人民大学出版社,2003.

[128] 赵曙明. 人力资源战略与规划[M]. 北京:中国人民大学出版社,2002.

[129] 曾湘泉. 薪酬管理[M]. 第三版. 北京:中国人民大学出版社,2014.

[130] [美]戴维·迈尔斯. 社会心理学[M]. 第8版. 北京:人民邮电出版社,2006.

[131] [美]理查德·格里格,菲利普·津巴多. 心理学与生活[M]. 第16版. 北京:人民邮电出版社,2003.

[132] [美]斯蒂芬·罗宾斯, 蒂莫西·A·贾奇. 组织行为学[M]. 第12版. 北京:中国人民大学出版社,2008.

[133] [美]布莱克 R. R.,穆顿 J. S. 新管理方格[M]. 北京:中国社会科学出版社,1986.

[134] [美]华伦·本尼斯,伯特·耐纳斯. 领导者:成功谋略[M]. 北京:九州图文出版社,1999.

[135] [美]詹姆斯·麦格雷戈·伯恩斯. 领袖论[M]. 北京:中国社会科学出版社,1996.

[136] [美]基蒂·O·洛克. 商务与管理沟通. 原书第5版. 北京:机械工业出版社,2002.

[137] [英]维克托·迈尔-舍恩伯格,肯尼思·库克耶. 大数据时代[M]. 杭州:浙江人民出版,2014.

[138] 冯光明. 管理沟通[M]. 北京:经济管理出版社,2012.

[139] 康青,蔡惠伟. 管理沟通教程[M]. 上海:立信会计出版社,2009.

[140] [美]林·格伦辛格-波帕尔. 员工激励的实践与案例[M]. 第2版. 北京:电子工业出版社,2005.

[141] [加]史蒂文 L. 麦克沙恩, [美]玛丽·安·冯·格里诺. 组织行为学[M]. 原书第5版. 机械工业出版社,2012.

[142] [美]罗伯特·西蒙斯. 控制[M]. 北京:机械工业出版社,2004.

[143] 金观涛,华国凡. 控制论与科学方法论[M]. 北京:新星出版社,2005.

附录

[1] 张阳,周海炜,李信民. 东方战略管理思想[M]. 北京:科学出版社,2008.

[2] 何似龙. 转型时代管理学导读[M]. 南京:河海大学出版社,2002.

[3] 周三多等. 孙子兵法与经营战略[M]. 南京:复旦大学出版社,1995.

[4] 苏东水. 东方管理学[M]. 上海:复旦大学出版社,2005.

[5] 成中英. 中国管理哲学理论[M]. 北京:人民大学出版社,2006.

[6] 周海炜,张阳,唐震. 谋略与战略:管理文化的观点[M]. 北京:科学出版社,2007.

[7] 谢维扬. 中国早期国家[M]. 杭州:浙江人民出版社,1995.

[8] 左丘明. 春秋左传[M]. 昆明:云南人民出版社,2011.

[9] 张文儒. 中国兵家与儒道法各家的兼容互补[J]. 江汉论坛,1998(6):9-13.

[10] 苏东.《孙子兵法》与西方管理理论比较研究之我见[J]. 科学管理研究,1997(10).

[11] 何似龙,施祖留. 先秦儒家的古代管理思想综论[J]. 江海学刊,2000(10):115-211.

[12] 何似龙,施祖留. 儒道法共同架构下的中国古代主干管理思想[J]. 江海学刊,2002(06):49-53.

[13] 张阳,何似龙. 两个管理模式的界定与比较[J]. 江海学刊,2000(04):10-15.

[14] 管斌,何似龙. 墨家古代管理思想初探[J]. 商场现代化,2009(04):64-67.

[15] 管斌,何似龙. 道家古代管理思想初探[J]. 商场现代化,2008(06):98-99.

[16] 何似龙. 管理学:理论与实务[M]. 北京:水利水电出版社,1995.

[17] 何似龙. 先秦的儒家古代管理思想探讨[J]. 江海学刊,2000(5):115-120.

[18] 成中英,C理论:中国管理哲学[M]. 上海:学林出版社,1999.

[19] 杨恺钧.《周易》管理思想研究[M]. 上海:复旦大学,2004.

[20] 苏东水,赵晓康. 论东方管理文化复兴的现代意义[J]. 复旦大学学报(社会科学版),2001,43(6):109-113.

[21] 苏东水. 东方管理学[M]. 上海:复旦大学出版社,2005.

[22] 苏东水. 东方管理文化的探索[J]. 当代财经,1996(2):3-8.

[23] 张力丹.《孙子兵法》管理哲学及其对现代企业管理的启示[D]. 武汉:华中科技大学,2005.

[24] 肖时钧. 先秦儒家经权思想及其企业管理应用研究[D]. 武汉:武汉大学,2013.

[25] 李慧芬. 荀子管理思想研究[D]. 济南:山东大学,2010.

[26] 李玥. 荀子的管理思想及其现实意义[J]. 赤峰学院学报(汉文哲学社会科学版),2012,33(04):37-38.

[27] 陈欣. 先秦人本管理思想及其在企业人力资源管理中应用[D]. 鞍山:辽宁科技大学,2014.

[28] 梁琳娜,邢树. 试论荀子组织管理思想的当代价值与现实意义[J]. 中国新技术新产品,2013(20):166-167.

[29] 闫学军,王雷震. 论儒家管理思想的精髓[J]. 全国商情·理论研究,2010(13):103-104.

[30] 董艳. 孙子兵法与企业文化[J]. 当代经理人,2006(03):12-13.

[31] 陈鼓应. 老子今注今译[M]. 北京:商务印书馆,2003.

[32] 魏万磊,杨先举. 向老子学管理[M]. 沈阳:东北财经大学出版社,2011.

[33] 杨先举. 孔子管理学[M]. 北京:中国人民大学出版社,2002.

[34] [德]维尔纳·施万费尔德. 以人为本:孔子管理学[M]. 上海:上海译文出版社,2009.

[35] 彭淞，谢东升. 东方管理的应变思维模式研究：基于《易经》“不易”思想的探索[M]. 上海：上海管理科学，2009.

[36] 麻红晓.《易经》管理思想探究[J]. 兰台世界，2013(4)：49－50.

[37] 杨庆中. 周易经传研究[M]. 北京：商务印书馆，2005.

[38] 高原.《周易》管理学综述[J]. 周易研究，2008(4)：88－96.

[39] 余士军.《孙子》中的管理学思想及其现代启示[D]. 云南：云南师范大学，2001.

[40] 丁友良.《孙子兵法》与现代行政管理思想[J]. 中共浙江省委党校学报，1998(06)：92－95.

[41] 张增田. 孔子仁与礼的管理学诠释[J]. 孔子研究，2000(04)：34－39.

题库及答案